Zivilrechtliche Folgen von Verstößen gegen das SchwarzArbG

T0316493

Schriften zum Handels- und Wirtschaftsrecht

Herausgegeben von
Herbert Leßmann und Ralph Backhaus

Band 15

PETER LANG

Frankfurt am Main · Berlin · Bern · Bruxelles · New York · Oxford · Wien

Frank Fricke

Zivilrechtliche Folgen von Verstößen gegen das SchwarzArbG

PETER LANG

Europäischer Verlag der Wissenschaften

Bibliografische Information Der Deutschen Bibliothek
Die Deutsche Bibliothek verzeichnet diese Publikation in der
Deutschen Nationalbibliografie; detaillierte bibliografische
Daten sind im Internet über <http://dnb.ddb.de> abrufbar.

Zugl.: Marburg, Univ., Diss., 2004

Gedruckt auf alterungsbeständigem,
säurefreiem Papier.

D 4
ISSN 1439-4189
ISBN 3-631-54034-5

© Peter Lang GmbH
Europäischer Verlag der Wissenschaften
Frankfurt am Main 2005
Alle Rechte vorbehalten.

Printed in Germany 1 2 3 4 5 7

www.peterlang.de

Vorwort

Die vorliegende Arbeit wurde im August 2004 als Dissertation vom Fachbereich Rechtswissenschaften der Philipps-Universität zu Marburg angenommen. Für die Drucklegung ist das Manuskript auf den Gesetzesstand von April 2005 gebracht worden; soweit dies unbedingt erforderlich erschien, wurde auch das bis April 2005 veröffentlichte Schrifttum eingearbeitet.

Die Arbeit entstand während meiner Tätigkeit als wissenschaftlicher Mitarbeiter bei Herrn Prof. Dr. Ralph Backhaus am Institut für Rechtsgeschichte und Papyrusforschung, Romanistische Abteilung, der Philipps-Universität Marburg. Für seine hervorragende Betreuung – von der Ermutigung zur Bearbeitung des Themas über wertvolle Anregungen bis zur zügigen Erstellung des Erstgutachtens – danke ich ihm von ganzem Herzen. Weiteren Dank schulde ich Herrn Prof. Dr. Stephan Buchholz für die zügige Erstellung des Zweitgutachtens. Herrn Prof. Dr. Backhaus und Herrn Prof. Dr. Herbert Leßmann danke ich außerdem für die Aufnahme in die vorliegende Schriftenreihe.

Mein besonderer Dank gilt meiner Frau und meinen Eltern, die durch ihre Unterstützung und ihr Verständnis ihren Teil zur Entstehung dieser Arbeit beigetragen haben.

Steffenberg, im Mai 2005   Frank Fricke

VII

Inhaltsverzeichnis

XII

XIII

Einleitung

A. Problembeschreibung

Das SchwarzArbG a.f.[1] löste schon kurze Zeit nach seinem In-Kraft-Treten am 30.04.1957 in Rechtsprechung und Schrifttum Kontroversen über die zivilrechtlichen Folgen seiner Übertretung aus[2]. Im Mittelpunkt stand dabei vor allem die Frage der Wirksamkeit von Verträgen über die Erbringung von Dienst- oder Werkleistungen unter Verstoß gegen Tatbestände des SchwarzArbG a.f., bzw. – anders gewendet – die Frage der Vertragsnichtigkeit gemäß § 134 BGB[3]. Explizit beantwortete das SchwarzArbG a.f. diese Frage nicht, weshalb von Seiten des Schrifttums[4] sogar eine ausdrückliche gesetzliche Regelung dieses Problems gefordert wurde; ein Aufruf, dem der Gesetzgeber aber – trotz zahlreicher Änderungen des SchwarzArbG a.f.[5] – nicht gefolgt ist.

Die Klärung der zivilrechtlichen Folgen von Verstößen gegen das SchwarzArbG a.F., genauer: gegen § 1 I SchwarzArbG a.F. und/oder § 2 I SchwarzArbG a.F., blieb somit Rechtsprechung und Lehre überlassen. Vor diesem Hintergrund entwickelte die Rechtswissenschaft seit In-Kraft-Treten des SchwarzArbG a.f. eine Vielzahl unterschiedlicher Lösungsmodelle, die ihresgleichen sucht; in der Rechtsprechung bildete erst ein Beschluss des siebten Zivilsenats des *BGH*[6] vom 25.01.2001, bei dem es um die höchst umstrittene Frage der (halbseitigen) Vertragsnichtigkeit bei einseitigem Verstoß des Auftragnehmers gegen § 1 I Nr. 3 SchwarzArbG a.f. ging, den vorläufigen Schlusspunkt dieser Diskussion.

Am 01.08.2004 ist das SchwarzArbG a.f. durch das „Gesetz zur Bekämpfung der Schwarzarbeit und illegalen Beschäftigung (Schwarzarbeitsbekämpfungsgesetz – SchwarzArbG)"[7] – Art. 1 des „Gesetz zur Intensivierung der Bekämpfung

---

[1] Gesetz zur Bekämpfung der Schwarzarbeit v. 30.03.1957 (BGBl. I, S. 315), i.d.F. der Bekanntmachung der Neufassung des Gesetzes zur Bekämpfung der Schwarzarbeit v. 06.02.1995 (BGBl. I, S. 165), zuletzt geändert durch Art. 45 des Dritten Gesetzes für moderne Dienstleistungen am Arbeitsmarkt v. 23.12.2003 (BGBl. I, S. 2848), im Folgenden: SchwarzArbG a.f. Zum Text des SchwarzArbG a.f. in der zuletzt geltenden Fassung siehe Anhang A.

[2] Vgl. *ArbG Wilhelmshaven*, Westd. ArbRsprg. 14 (1961) S. 37 Nr. 54; *LG Osnabrück*, Urt. v. 17.4.1963 – 3 O 33/63 = BB 1964, S. 904, m. abl. Anm. *Wittmann*, BB 1964, S. 904 ff.; *AG Hamburg-Harburg*, Urt. v. 13.7.1966 – 12 C 387/66 = MDR 1967, S. 41 f.; *OLG Celle*, Urt. v. 18.10.1972 – 9 U 76/70 = JZ 1973, S. 246 ff.; *Schmidt*, MDR 1966, S. 463 ff.; *Benöhr*, BB 1975, S. 232 ff.

[3] Paragrafen des BGB werden im Folgenden ohne Gesetzesangabe zitiert.

[4] So *von Ebner*, ZRP 1978, S. 211 (215).

[5] Dazu sogleich, Erster Teil, A.

[6] *BGH*, Beschl. v. 25.1.2001 – VII ZR 296/00 = BauR 2001, S. 632 = ZfBR 296/00.

[7] Im Folgenden: SchwarzArbG. Zum Text der §§ 1, 8 und 9 SchwarzArbG in der durch Art. 5 des Gesetzes zur Änderung des Aufenthaltsgesetzes und weiterer Gesetze v. 14.03.2005 (BGBl. I, S. 721) geänderten Fassung siehe Anhang B.

der Schwarzarbeit und damit zusammenhängender Steuerhinterziehung" vom 23.07.2004[8] –, abgelöst worden[9]. Ziel dieses Gesetzes ist es, der Bevölkerung die „negativen Auswirkungen der Schwarzarbeit und damit die Notwendigkeit, Schwarzarbeit im Interesse aller ehrlichen Steuer- und Beitragszahler zu verringern", verstärkt deutlich zu machen und in der Bevölkerung „ein neues Unrechtsbewusstsein gegenüber der Schwarzarbeit zu schaffen"[10]. Das „neue" SchwarzArbG soll die vielfältigen Erscheinungsformen der Schwarzarbeit erstmalig definieren und die in verschiedenen Gesetzen enthaltenen Regelungen zur Verfolgung von Schwarzarbeit und der damit einhergehenden Steuerhinterziehung zusammenfassen; zudem sollen die Prüfungs- und Ermittlungsrechte der Zollverwaltung gebündelt und erweitert sowie Strafbarkeitslücken geschlossen werden[11]. Das SchwarzArbG enthält indes keine Regelung zur Frage der zivilrechtlichen Behandlung der Schwarzarbeit i.S. des § 1 II SchwarzArbG; die Klärung dieser Frage bleibt daher auch weiterhin Rechtsprechung und Schrifttum überlassen. Auch in der Begründung des Entwurfs der Fraktionen SPD und BÜNDNIS 90/DIE GRÜNEN sowie der Bundesregierung findet sich dazu keine Stellungnahme. Insoweit ist davon auszugehen, dass Änderungen der zivilrechtlichen Behandlung von Schwarzarbeitsverträgen nicht beabsichtigt waren.

Die neueren Entwicklungen geben dazu Anlass, die Frage der zivilrechtlichen Folgen von Verstößen gegen das SchwarzArbG (a.F.) erneut auf den Prüfstand zu stellen. Im Mittelpunkt dieser Untersuchung steht daher die Frage, wie Verträge über die Erbringung von Dienst- oder Werkleistungen zu behandeln sind, wenn eine oder beide Vertragsparteien im Zusammenhang mit dem Abschluss oder der Durchführung des Vertrages gegen Bestimmungen des SchwarzArbG verstoßen.

B. Problemabgrenzung

Das SchwarzArbG a.F. zählte ohne Übertreibung zu den umstrittensten Normen unserer Wirtschaftsordnung: Aus verfassungsrechtlicher Sicht wurden vereinzelt Zweifel an der hinreichenden Bestimmtheit der §§ 1 und 2 SchwarzArbG a.F. i.S. von Art. 103 II GG geäußert[12]; aus rechtspolitischer Sicht wurde die Effekti-

---

[8] BGBl. I, S. 1842.
[9] Gemäß Art. 26 I, II des Gesetzes zur Intensivierung der Bekämpfung der Schwarzarbeit und damit zusammenhängender Steuerhinterziehung trat die Änderung bereits am ersten Tag des auf die Verkündung folgenden Kalendermonats in Kraft. Mit Recht kritisch hierzu *Buchner*, GewArch 2004, S. 393 (395).
[10] BT-Drs. 15/2573, S. 1.
[11] BT-Drs. 15/2573, S. 1.
[12] Siehe dazu *Benöhr*, BB 1975, S. 233; *von Ebner*, ZRP 1978, S. 211 (212 ff.); *Helf*, S. 22 f.; Zur Vereinbarkeit mit Art. 12 I GG *Friebe*, S. 62 ff.

vität des SchwarzArbG a.F. bei der Eindämmung und Verhinderung von Schwarzarbeit stets angezweifelt[13] und bestritten.

Ob das „neue" SchwarzArbG all diese Zweifel auszuräumen vermag, ist fraglich[14]; diese Untersuchung beschränkt sich indes auf die *zivilrechtlichen Folgen* von Verstößen gegen das SchwarzArbG, genauer: gegen § 1 II Nr. 3 – 5 i.V.m. § 8 I SchwarzArbG (§§ 1, 2 SchwarzArbG a.F.) und § 1 II Nr. 1 und 2 SchwarzArbG. Es geht daher nicht um die Erforschung der Schwarzarbeit als soziales Phänomen[15]. Umfang[16] und Auswirkungen[17] der Schwarzarbeit, Ursachen und begünstigende Faktoren[18] bleiben daher für die folgende Untersuchung ebenso außer Betracht wie Strategien zur Bekämpfung der Schwarzarbeit außerhalb des Zivilrechts[19].

Aus der Beschränkung auf die zivilrechtlichen Folgen von Verstößen gegen das SchwarzArbG ergibt sich zugleich die Abgrenzung zu anderen Rechtsgebieten: Fragen des Ordnungswidrigkeiten- und des Strafrechts[20] werden nur erörtert, soweit sie für die zivilrechtlichen Fragestellungen bedeutsam werden; Gleiches gilt für die mit Verstößen gegen das SchwarzArbG zusammenhängenden sozial-[21], steuer-[22], gewerbe- und handwerksrechtlichen Fragestellungen. Darüber hinaus beschränkt sich die Darstellung auf die deutsche Rechtsordnung[23].

---

[13] Eine Ineffektivität des SchwarzArbG a.F. wurde bereits bei den parlamentarischen Beratungen zum SchwarzArbG v. 30.03.1957 (BGBl. I, S. 315) befürchtet, BT-Drs. 2/1111 S. 5; siehe auch die Begründung zum Gesetzentwurf des Bundesrates, BT-Drs. 8/1937 S. 5.

[14] Skeptisch *Kossens*, BB-Special 2/2004, S. 2 (9); *Buchner*, GewArch 2004, S. 393 (401).

[15] Siehe dazu *Sonnenschein*, JZ 1976, S. 497 ff.

[16] Das Institut für Angewandte Wirtschaftsforschung (IAW) Tübingen schätzt den Umfang der Schattenwirtschaft – was nicht mit Schwarzarbeit i.S. des SchwarzArbG gleichzusetzen ist, vgl. *Joecks*, wistra 2004, S. 441 (442) – für das Jahr 2005 auf 15,6 % des offiziellen Bruttoinlandsprodukts (Pressemitteilung des IAW vom 27.01.2005, abrufbar im Internet unter www.iaw.edu/de). Zur aktuellen Enwicklung vgl. auch *Berwanger*, BB-Special 2/2004 S. 10; *Kossens*, BB-Special 2/2004, S. 2, jeweils m.w.N.; kritisch zur Berechnungsmethode *Buchner*, GewArch 2004, S. 393 (396). Siehe ferner *Marschall*, Rn. 3; *Siegle*, S. 33 ff.; *Voß*, S. 20 ff.; *Büttner*, GewArch 1994, S. 7 f. Mittelbare Rückschlüsse auf die Entwicklungen der Schwarzarbeit im Bereich des Handwerks können aus den vom Zentralverband des Deutschen Handwerks halbjährlich veröffentlichten Statistiken über die verhängten Bußgelder innerhalb der einzelnen Branchen des Handwerks gezogen werden, vgl. *Helf*, S. 4 f.

[17] Dazu *Siegle*, S. 33 ff.; *Helf*, S. 3 f. Für den Bereich des Handwerks *Klinge*, WiVerw 1986, S. 154.

[18] Zusammenfassend *Voß*, S. 23; *Helf*, S. 2 ff. Siehe auch *Klinge*, WiVerw 1986, S. 154; *Müller*, GewArch 1997, S. 187 ff. Zu Entwicklung und Ursachen der illegalen Beschäftigung *Siegle*, S. 29 ff.

[19] Siehe dazu *Müller*, GewArch 1997, S. 187 ff.; *Siegle*, S. 173 f.

[20] Zum SchwarzArbG *Joecks*, wistra 2004, S. 441 ff.; zum SchwarzArbG a.F. umfassend *Schmidt*, Die Bekämpfung der Schwarzarbeit, Berlin, 2002.

[21] Siehe dazu *Voß*, S. 24 f.; *Marschner*, AuA 1995, S. 84 (86); *Mummenhoff*, Schwarzarbeit, in: Lexikon des Rechts, 12/1470, S. 2.

Aber selbst innerhalb des Zivilrechts kann die Untersuchung nicht alle rechtlichen Probleme des SchwarzArbG behandeln, so dass eine weitere Eingrenzung des Themas notwendig ist. Außer Betracht bleibt daher zunächst die dem Familienrecht zuzuordnende Problematik der unterhaltsrechtlichen Auswirkungen von Schwarzarbeit[24]. Arbeitsverträge und die arbeitsrechtlichen Folgen des SchwarzArbG[25] bleiben aufgrund der Besonderheiten des Arbeitsrechts für die vorliegende Untersuchung ebenfalls außer Betracht. Nicht behandelt werden schließlich die wettbewerbsrechtlichen Folgen von Verstößen gegen das SchwarzArbG[26].

C. Begriffsbestimmungen zur „Schwarzarbeit"

Schon in der Begründung der Bundesregierung zum Entwurf des SchwarzArbG a.F. wurde auf die unterschiedlichen Erscheinungsformen der Schwarzarbeit hingewiesen[27]. Erhebliche Unterschiede bestanden ferner zwischen der Terminologie des SchwarzArbG a.F. und dem allgemeinen Sprachgebrauch. Aber selbst im juristischen Sprachgebrauch wurde der Begriff der Schwarzarbeit bislang nicht immer einheitlich verwendet. Einen einheitlichen Begriff der Schwarzarbeit gab es insoweit nicht[28].

---

[22] Siehe dazu *Marschner*, AuA 1995, S. 84 (86); *Helf*, S. 223; *Voß*, S. 23 f.

[23] Zur rechtlichen Behandlung der Schwarzarbeit in der Schweiz siehe *Heller*, Das Recht der Illegalen: Unter besonderer Berücksichtigung der Prostitution, Zürich 1999, zugleich: Zürich, Univ., Diss., 1998; für Österreich *Helf*, S. 224 ff., *Schrittwieser*, WiVerw 1979, S. 229 ff.: Verträge mit Schwarzarbeitern werden dort als wirksam angesehen; für Frankreich *Helf*, S. 226 ff., *Bourgon*, WiVerw 1979, S. 244 ff.

[24] Nach einer Entscheidung des *OLG Hamm*, Urt. v. 19.1.1978 - 1 UF 259/77 hat Einkommen aus Schwarzarbeit bei der Berechnung des Unterhaltsanspruchs nach geschiedener Ehe in der Regel außer Betracht zu bleiben, da der Unterhaltsverpflichtete nicht darauf verwiesen werden darf, sich durch illegale Arbeit in die Lage zu versetzen, seinen künftigen Unterhaltsverpflichtungen nachzukommen.

[25] Siehe dazu *Buchner*, WiVerw 1979, S. 212, 229 ff.; *ders.*, in: Münchener Handbuch zum Arbeitsrecht, Bd. 1, § 40 Rn. 61 f. und § 46 Rn. 74; *Mummenhoff*, Schwarzarbeit, in: Lexikon des Rechts, 12/1470, S. 1 f.; *Marschner*, AuA 1995, S. 84 (86); *Voß*, S. 24 f.

[26] Nach *Helf*, S. 210 ff., 216 f. liegt bei einem Verstoß des Schwarzarbeiters gegen § 1 I SchwarzArbG a.F. zumeist auch ein Verstoß gegen § 3 UWG vor. Vgl. auch *Reuter*, Zivilrechtliche Probleme der Schwarzarbeit, S. 31 (45 f). Zu wettbewerbsrechtlichen Unterlassungsansprüchen nach §§ 3, 5 UWG bei Werbung für Schwarzarbeit *Erdmann*, GewArch 1998, S. 272 (273); *Büttner*, GewArch 1994, S. 7 (12); *Kreizberg*, AR-Blattei, SD 1430, Rn. 99. Ein Unterlassungsanspruch nach § 8 UWG i.V.m. §§ 3, 5 UWG besteht insbesondere dann, wenn nicht in die Handwerksrolle eingetragene Schwarzarbeiter durch Werbemaßnahmen den Eindruck erwecken, reguläre Meisterbetriebe zu betreiben und somit im geschäftlichen Verkehr zum Zwecke des Wettbewerbs irreführende Angaben machen.

[27] BT-Drs. 2/1111, Anl. 1, S. 3, 6 ff.

[28] So bereits *Achten*, S. 30 f.; *Friebe*, S. 15 f.; *Helf*, S. 7; siehe auch *Schmidt*, MDR 1966, S. 463; *Buchner*, GewArch 1990, S. 1 (2); *Marschner*, AuA 1995, S. 84; *Erdmann*, Schwarz-

I. Der allgemeine Sprachgebrauch

Wenn bislang im allgemeinen Sprachgebrauch von „Schwarzarbeit" die Rede war, wurden damit oftmals erwerbswirtschaftliche Betätigungen bezeichnet, die vom SchwarzArbG a.f. nicht erfasst wurden[29]. So wird insbesondere die Erbringung von Dienst- oder Werkleistungen gegen Entgelt unter Missachtung steuerrechtlicher Bestimmungen landläufig als Schwarzarbeit bezeichnet[30]. Darunter fällt etwa die Vereinbarung, dass Architekten- oder Handwerkerleistungen zur Umgehung steuerrechtlicher Vorschriften ohne Rechnungsstellung ausgeführt und bezahlt werden sollen[31]. Das SchwarzArbG a.f. erfasste solche Erscheinungsformen der „Schwarzarbeit" jedoch nicht[32]; es stellte keinen Verstoß gegen das SchwarzArbG a.f. dar, wenn Dienst- oder Werkleistungen unter Umgehung steuerrechtlicher Vorschriften erbracht wurden[33]. Leider wurden solche Fälle selbst im juristischen Sprachgebrauch mitunter als „Schwarzarbeit" bezeichnet[34].

Darüber hinaus erfasst der Begriff der „Schwarzarbeit" im allgemeinen Sprachgebrauch neben Fällen der Steuerhinterziehung auch Fälle der Hinterziehung von Sozialversicherungsbeiträgen[35], z. B. wenn im Rahmen eines Arbeitsverhältnisses im Einvernehmen zwischen Arbeitnehmer und Arbeitgeber die geschuldeten Steuern und Sozialversicherungsbeiträge nicht abgeführt werden[36] oder Arbeitnehmer nach Feierabend, am Wochenende oder gar während des Urlaubs Nebeneinkünfte unter Umgehung steuer- und sozialversicherungsrechtlicher Pflichten erzielen[37]. „Schwarzarbeit" im umgangssprachlichen Sinne liegt aber auch und vor allem dann vor, wenn Bezieher von Sozialleistungen wie Arbeitslosen- oder Sozialhilfe entgeltliche Tätigkeiten ausüben, ohne dies gegen-

---

ArbG, Vorbemerkung, Rn. 1, spricht gar von einem „babylonisch anmutenden Sprachgewirr". Zu den historischen Wurzeln des Begriffs „Schwarzarbeit" *Helf*, S. 9 ff.

[29] Die Vorsilbe „schwarz" wird im allgemeinen Sprachgebrauch oftmals als Synonym für illegale Tätigkeiten gebraucht, z.B. „Schwarzgeldgeschäft", „Schwarzmarkt", Schwarzfahren" etc., vgl. *Helf*, S. 9.

[30] *Kern*, in: FS Gernhuber, S. 191 (192); *Mummenhoff*, Schwarzarbeit, in: Lexikon des Rechts, 12/1470, S. 1; *Schaub*, Arbeitsrechts-Handbuch, § 43 III Rn. 20; *Siegle*, S. 7.

[31] *BGH* Urt. v. 21.12.2000 – VII ZR 192/98 (*OLG Köln*) = ZIP 5/2001, S. 202 (204); *OLG Düsseldorf*, BauR 1993, S. 507.

[32] *Kern*, in: FS Gernhuber, S. 191 (192); *Wenner*, EWiR § 134 BGB 1/01, S. 357 (358). Siehe auch *LAG Berlin*, Urt. v. 15.10.1990 – 9 Sa 62/90, DB 1991, 605 = BB 1991, 211 = LAG Berlin EWiR § 134 BGB 1/91, S. 223 f. m. Kurzkommentar *Tiedtke*.

[33] *Wenner*, EWiR § 134 BGB 1/01, S. 357 (358); *Mummenhoff*, Schwarzarbeit, in: Lexikon des Rechts, 12/1470, S. 1.

[34] So etwa *Schneider*, MDR 1998, S. 690 (692). Vgl. auch *LG Berlin*, Urt. v. 29.6.1990 – Az. 64 S 55/90 = Grundeigentum 1991, S. 1253 ff.: Verstoß gegen das Verbot der Beschäftigung von ausländischen Arbeitnehmern ohne Arbeitserlaubnis gemäß § 129 I 1 und 5 AFG.

[35] *Schaub*, Arbeitsrechts-Handbuch, § 43 III Rn. 20; *Helf*, S. 10.

[36] *Marschner*, AuA 1995, S. 84.

[37] *Helf*, S. 10; *Bohnert*, Grundeigentum 2001, S. 818.

über dem jeweiligen Träger der Sozialleistungen offenzulegen[38]. Auch in diesen Fälle lag nicht notwendig ein Verstoß gegen das SchwarzArbG a.F. vor[39].

Der Begriff der „Schwarzarbeit" ist daher im umgangssprachlichen Sinne recht unbestimmt; er könnte, in Anlehnung an *Kreizberg*[40], definiert werden als entgeltliche Betätigung, die unter Verstoß gegen spezifische Erlaubnis-, Anzeige-, Melde-, Abgabe- oder Beitragspflichten des Gewerberechts, des Berufszulassungsrechts, des Steuerrechts, des Sozialversicherungsrechts oder des Ausländerrechts ausgeübt wird[41]. Festzuhalten bleibt, dass der umgangssprachliche Begriff der „Schwarzarbeit" umfassender ist als der Begriff der „Schwarzarbeit" i.S. des SchwarzArbG a.F.[42], das nur einen kleinen Ausschnitt der Fälle aus dem Bereich der „Schattenwirtschaft"[43] erfasste.

II. Der Sprachgebrauch des SchwarzArbG a.F.

Der juristische Sprachgebrauch differenzierte bislang zwischen Schwarzarbeit im weiteren Sinne und Schwarzarbeit im engeren Sinne[44]. Der Begriff der Schwarzarbeit im weiteren Sinne entsprach dabei der umgangssprachlichen Bedeutung[45]; demgegenüber wurden mit Schwarzarbeit im engeren Sinne nur solche Verhaltensweisen bezeichnet, die einen der Tatbestände des § 1 I Schwarz-

---

[38] Nach *Helf*, S. 10, ist die unangemeldete Tätigkeit eines Arbeitslosen bei gleichzeitigem Bezug von Arbeitslosen- oder Sozialhilfe eine typische Form der Schwarzarbeit im umgangssprachlichen Sinn.

[39] Dazu im Einzelnen Erster Teil, B.

[40] *Kreizberg*, AR-Blattei, SD 1430, Rn. 4.

[41] Häufig wird Schwarzarbeit im allgemeinen Sprachgebrauch bzw. im weiteren Sinne auch definiert als „Teilnahme am Markt für entgeltliche Dienst- oder Werkleistungen ohne Übernahme der allen Wettbewerbern auferlegten öffentlich-rechtlichen Lasten", vgl. *Helf*, S. 7; *Marschner*, AuA 1995, S. 84; *Erdmann*, SchwarzArbG, Vorbemerkung, Rn. 2 m.w.N. Diese Definition erfasst allerdings nicht die unberechtigte Inanspruchnahme von Sozialleistungen.

[42] *Erdmann*, SchwarzArbG, Vorbemerkung, Rn. 1.

[43] *Mummenhoff* (Schwarzarbeit, in: Lexikon des Rechts, 12/1470, S. 1) beschreibt den Begriff der Schattenwirtschaft als „privatwirtschaftliche Wertschöpfung, die nicht in die Sozialproduktsberechnung eingeht, nicht besteuert wird und nicht unter hoheitlicher Kontrolle steht", und differenziert weiter zwischen legaler und illegaler Schattenwirtschaft, während *Kreizberg* (AR-Blattei, SD 1430, Rn. 2) den Begriff der Schattenwirtschaft umschreibt als „Oberbegriff für alle erwerbswirtschaftlichen Tätigkeiten [...], die sowohl legale Tätigkeiten, die mit einer Abgabenhinterziehung verbunden sind, als auch illegale Aktivitäten mit oder ohne Abgabenhinterziehung als ‚Untergrundwirtschaft' umfassen". Schwarzarbeit wird dabei überwiegend als ein Unterfall der (illegalen) Schattenwirtschaft angesehen, vgl. *Erdmann*, SchwarzArbG, Vorbemerkungen, Rn. 2; *Voß*, S. 17; *Mummenhoff*, Schwarzarbeit, in: Lexikon des Rechts, 12/1470, S. 1; *Kreizberg*, AR-Blattei, SD 1430, Rn. 4.

[44] *Mummenhoff*, Schwarzarbeit, in: Lexikon des Rechts, 12/1470, S. 1; *Kern*, in: FS Gernhuber, S. 191 (192); *Marschner*, AuA 1995, S. 84; *Voß*, S. 17 f.

[45] *Buchner*, in: Münchener Handbuch zum Arbeitsrecht, Bd. 1, § 40 Rn. 63; *Mummenhoff*, Schwarzarbeit, in: Lexikon des Rechts, 12/1470, S. 1; *Kern*, in: FS Gernhuber, S. 191 (192).

ArbG a.f. erfüllten und nicht unter einen Ausnahmetatbestand des § 1 III SchwarzArbG a.f. fielen[46]. Wie gesehen, erfasste § 1 I Nr. 1 bis 3 SchwarzArbG a.f. aber nicht alle im allgemeinen Sprachgebrauch als „Schwarzarbeit" bezeichneten Verhaltensweisen, sondern vielmehr nur einzelne, vom Gesetzgeber als besonders verwerflich eingestufte Erscheinungsformen[47]. Zwar enthielt das SchwarzArbG a.f. keine Legaldefinition des Begriffs der Schwarzarbeit[48], gleichwohl erfuhr der Begriff durch § 1 I Nr. 1 bis 3 und III SchwarzArbG a.f. doch eine gewisse Festlegung, so dass insoweit auch von Schwarzarbeit im Rechtssinne gesprochen wurde[49].

III. Die Definition des § 1 II SchwarzArbG

Durch § 1 II SchwarzArbG wird der Begriff der „Schwarzarbeit" erstmals gesetzlich definiert[50]. Nach § 1 II leistet Schwarzarbeit,

„wer Dienst- oder Werkleistungen erbringt oder ausführen lässt und dabei

1.) als Arbeitgeber, Unternehmer oder versicherungspflichtiger Selbständiger seine sich auf Grund der Dienst- oder Werkleistungen ergebenden sozialversicherungsrechtlichen Melde-, Beitrags- oder Aufzeichnungspflichten nicht erfüllt,

2.) als Steuerpflichtiger seine sich auf Grund der Dienst- oder Werkleistungen ergebenden steuerlichen Pflichten nicht erfüllt,

3.) als Empfänger von Sozialleistungen seine sich auf Grund der Dienst- oder Werkleistungen ergebenden Mitteilungspflichten gegenüber dem Sozialleistungsträger nicht erfüllt,

4.) als Erbringer von Dienst- oder Werkleistungen seiner sich daraus ergebenden Verpflichtung zur Anzeige vom Beginn des selbständigen Betriebes eines stehenden Gewerbes (§ 14 GewO) nicht nach-

---

[46] *Buchner*, GewArch 1990, S. 1 (2); *Erdmann*, SchwarzArbG, Vorbem. Rn. 3; *Kern*, in: FS Gernhuber, S. 191 (192); *Marschall*, Rn. 310/570; *Voß*, S. 18.

[47] *Erdmann*, SchwarzArbG, Vorbemerkungen, Rn. 3.

[48] Zutreffend bereits *Achten*, S. 30. Ebenso *Marschall*, Rn. 571; *Marschner*, AuA 1995, S. 84; *Kreizberg*, AR-Blattei, SD 1430, Rn. 4. Siehe auch *Buchner*, GewArch 1990, S. 1 (2). Dagegen erblicken *Helf* (S. 8) und *Voß* (S. 18) in § 1 SchwarzArbG a.f. eine Legaldefinition des Begriffs der Schwarzarbeit. Dies lässt sich allenfalls aus der amtlichen Überschrift „Schwarzarbeit" des § 1 SchwarzArbG a.f. schließen. Die Tatbestände verwenden diesen Begriff jedoch nicht.

[49] *Kreizberg*, AR-Blattei, SD 1430, Rn. 4.

[50] BT-Drs. 15/2573, S. 1; *Ambs*, in: Erbs/Kohlhaas, Strafrechtliche Nebengesetze, Bd. III, S 34, Vorbem. Rn. 1.

gekommen ist oder die erforderliche Reisegewerbekarte (§ 55 GewO) nicht erworben hat,

5.) als Erbringer von Dienst- oder Werkleistungen ein zulassungspflichtiges Handwerk als stehendes Gewerbe selbständig betreibt, ohne in der Handwerksrolle eingetragen zu sein (§ 1 HwO)."

Vom Anwendungsbereich des § 1 II SchwarzArbG – und damit zugleich von der Definition der „Schwarzarbeit" – ausgenommen sind jedoch gemäß § 1 III SchwarzArbG

„nicht nachhaltig auf Gewinn gerichtete Dienst- oder Werkleistungen, die

1.) von Angehörigen im Sinne des § 15 der Abgabenordnung oder Lebenspartnern,

2.) aus Gefälligkeit

3.) im Wege der Nachbarschaftshilfe oder

4.) im Wege der Selbsthilfe im Sinne des § 36 Abs. 2 und 4 des Zweiten Wohnungsbaugesetzes in der Fassung der Bekanntmachung vom 19. August 1994 (BGBl. I, S. 2137) oder als Selbsthilfe im Sinne des § 12 Abs. 1 Satz 2 des Wohnraumförderungsgesetzes vom 13. September 2001 (BGBl. I, S. 2376), zuletzt geändert durch Art. 7 des Gesetzes vom 29. Dezember 2003 (BGBl. I, S. 3076)

erbracht werden. Als nicht nachhaltig auf Gewinn gerichtet gilt dabei insbesondere eine Tätigkeit, die gegen geringes Entgelt erbracht wird."

Der Begriff der Schwarzarbeit i.S. der Legaldefinition des § 1 II SchwarzArbG ist demnach weiter gefasst als der Begriff der „Schwarzarbeit" i.S. des SchwarzArbG a.F.; er erfasst auch Verstöße gegen sozialversicherungsrechtliche Beitragspflichten (§ 1 II Nr. 1 SchwarzArbG) und steuerliche Pflichten (§ 1 II Nr. 2 SchwarzArbG), mithin solche Fälle, die bislang nur im umgangssprachlichen Sinne als „Schwarzarbeit" anzusehen waren. Insofern bringt das neue SchwarzArbG eine durchaus begrüßenswerte Annäherung zwischen allgemeinem und juristischem Sprachgebrauch mit sich.

9

Erster Teil: Das Gesetz zur Bekämpfung der Schwarzarbeit

A. Die Entwicklung des SchwarzArbG

Zum 01.08.2004 wurde das SchwarzArbG a.F., genauer: in der Fassung der „Bekanntmachung der Neufassung des Gesetzes zur Bekämpfung der Schwarzarbeit" vom 06.02.1995[51], geändert durch Art. 11 des Gesetzes zur Einordnung des Rechts der Gesetzlichen Unfallversicherung in das Sozialgesetzbuch (UVEG) vom 07.08.1996[52], geändert durch Art. 43 des Gesetzes zur Reform der Arbeitsförderung (Arbeitsförderungs-Reformgesetz – AFRG) vom 24.03.1997[53], geändert durch Art. 18 des Justizmitteilungsgesetzes und des Gesetzes zur Änderung kostenrechtlicher Vorschriften und anderer Gesetze (JuMiG) vom 18.06.1997[54], geändert durch Art. 15 des Ersten Gesetzes zur Änderung des Dritten Buches Sozialgesetzbuch und anderer Gesetze (Erstes SGB III-Änderungsgesetz – 1. SGB III-ÄndG) vom 16.12.1997[55], geändert durch Art. 2 Abs. 15 des Begleitgesetzes zum Telekommunikationsgesetz (BegleitG) vom 17.12.1997[56], geändert durch Art. 25 des Gesetzes zur Einführung des Euro im Sozial- und Arbeitsrecht sowie zur Änderung anderer Vorschriften (4. Euro–Einführungsgesetz) vom 21.12.2000[57], geändert durch Art. 19 des Gesetzes zur Reform des Wohnungsbaurechts vom 13.09.2001[58], geändert durch Art. 9 des Gesetzes zur Erleichterung der Bekämpfung von illegaler Beschäftigung und Schwarzarbeit vom 23.07.2002[59], zuletzt geändert durch Art. 45 des Dritten Gesetzes für moderne Dienstleistungen am Arbeitsmarkt vom 23.12.2003[60], durch das „neue" SchwarzArbG ersetzt.

In der ursprünglichen Fassung vom 30.03.1957 sanktionierte § 1 I SchwarzArbG a.F. die Erbringung von Dienst- oder Werkleistungen für andere in erheblichem Umfange unter vorsätzlichem Verstoß gegen eine der in § 1 I Nr. 1 bis 3 SchwarzArbG a.F. genannten Pflichten aus Gewinnsucht als strafrechtliches

---

[51] BGBl. I, S. 165.
[52] BGBl. I, S. 1254 (1312).
[53] BGBl. I, S. 594 (710).
[54] BGBl. I, S. 1430 (1438).
[55] BGBl. I, S. 2970 (2987).
[56] BGBl. I, S. 3108 (3115).
[57] BGBl. I, S. 1983 (2010).
[58] BGBl. I, S. 2376 (2402).
[59] BGBl. I, S. 2787 (2791 f.).
[60] BGBl. I, S. 2848 (2898 f.). Nicht wirksam in Kraft getreten sind die Änderungen durch Art. 11 Nr. 14 des Gesetzes zur Steuerung und Begrenzung der Zuwanderung und zur Regelung des Aufenthalts und der Integration von Unionsbürgern und Ausländern (Zuwanderungsgesetz) vom 20.06.2002 (BGBl. I, S. 1946, 1997). Das Gesetz wurde vom *BVerfG* (Urt. v. 18.12.2002 – 2 BvF 1/02) aufgrund formaler Fehler im Gesetzgebungsverfahren wegen eines Verstoßes gegen Art. 78 GG für nichtig erklärt.

Vergehen mit Geldstrafe zwischen fünf und zehntausend Deutsche Mark[61]. § 2 SchwarzArbG a.F. drohte auch dem Auftraggeber, der aus Gewinnsucht eine oder mehrere Personen mit der Ausführung von Dienst- oder Werkleistungen in erheblichem Umfange beauftragte, obwohl er wusste, dass diese Leistungen unter Verstoß gegen Vorschriften des § 1 I Nr. 1 bis 3 SchwarzArbG a.F. erbracht werden, mit Geldstrafe in gleicher Höhe. Das subjektive Tatbestandsmerkmal der Gewinnsucht[62] sollte dabei die Fälle schwerer, als besonders schädlich erachteter Schwarzarbeit von für die Allgemeinheit minder schädlichen Verstößen gegen bereits bestehende Rechts- und Strafvorschriften[63] abgrenzen[64].

Mit der Bekanntmachung der Neufassung des SchwarzArbG a.f. vom 31.5.1974[65] erfolgte die Umwandlung der §§ 1 und 2 SchwarzArbG a.f. in Ordnungswidrigkeitstatbestände[66]; die §§ 1 II und 2 II SchwarzArbG a.f. sahen nunmehr als Sanktionen Geldbußen bis zu dreißigtausend Deutsche Mark vor. Wenngleich die angedrohten Geldbußen erheblich höher waren als die ursprünglichen Geldstrafen, stellte die Ausklammerung aus dem strafrechtlichen Sanktionssystem eine Herabstufung des Unrechtsgehalts vom Kriminalunrecht zum Bagatellunrecht dar[67]. Zwar sah der Gesetzgeber die durch das SchwarzArbG a.f. missbilligten Verhaltensweisen damit nicht mehr als kriminell strafwürdig an, es darf jedoch nicht übersehen werden, dass die Umwandlung in Ordnungswidrigkeitstatbestände auch eine wirksamere Bekämpfung der Schwarzarbeit durch Verfahrensvereinfachung und -beschleunigung zum Ziel

---

[61] Str., wie hier (Strafrahmen nach § 27 StGB a.F.) *Sonnenschein*, JZ 1976, S. 497 (503); *v Ebner*, ZRP 1978, S. 211 (212). A.A. (Strafrahmen zwischen fünf und hunderttausend Deutsche Mark gemäß § 27a StGB a.F.) *Achten*, S. 49; *Friebe*, S. 42 f.

[62] Siehe dazu den Bericht des Abgeordneten *Kolb*, BT-Drs. 9/975, S. 20 (23).

[63] Vgl. dazu die Aufstellung „Übersicht über Gesetze und Verordnungen, gegen die bei Schwarzarbeit verstoßen wird" in BT-Drs. 2/1111, Anlage 1, S. 6.

[64] BT-Drs. 2/1111, Anlage 1, S. 4 f. Die Begründung des Gesetzesentwurfs ging davon aus, dass die Rechtsprechung hinsichtlich dieses Begriffs an die bereits bekannten Begriffe des Strafgesetzbuches anknüpfen könne, so dass sie sich insoweit auf gesichertem Boden befinde (BT-Drs. 2/1111, S. 5). Die Rechtsprechung, auf die in der Begründung Bezug genommen wird, definierte Gewinnsucht als „Steigerung eines berechtigten Erwerbssinnes auf ein ungewöhnliches, ungesundes sittlich anstößiges Maß. Sie ist vorhanden, wenn das Verlangen des Täters nach Gewinnerzielung mit solcher Gewalt beherrscht, dass er ihm hemmungslos unterliegt, ohne auf die Schranken zu achten, deren Innehaltung Gesetz und Recht, geschäftlicher Anstand und die schuldige Rücksicht auf seine Mitmenschen von ihm fordern" (*BGH* NJW 1952, S. 552). In der Praxis bereitete die Auslegung dieses Begriffes allerdings erhebliche Schwierigkeiten. Die Rechtsprechung versuchte daher, dieses Merkmal durch Berücksichtigung des erzielten Entgelts zu objektivieren.

[65] BGBl. I, S. 1252.

[66] Rechtsgrundlage war die Ermächtigung zur Neubekanntmachung aus den Art. 150, 323 Abs. 2 des Einführungsgesetzes zum Strafgesetzbuch (EGStGB) v. 2.3.1974, BGBl. I, S. 469 (579, 645).

[67] *Sonnenschein*, JZ 1976, S. 497 (503).

hatte, indem nunmehr die Verwaltungsbehörden im Bußgeldverfahren über Verstöße gegen das SchwarzArbG a.f. und die ihr zugrunde liegenden Pflichtverletzungen zu entscheiden hatten[68].

Bedeutende Änderungen erfuhr das SchwarzArbG a.f. durch Art. 5 des Gesetzes zur Bekämpfung der illegalen Beschäftigung (BillBG) vom 15.12.1981[69]. Auf der Rechtsfolgenseite erfolgte eine Erhöhung des Bußgeldrahmens auf fünfzigtausend Deutsche Mark für Verstöße gegen die §§ 1 I und 2 I Schwarz-ArbG a.f. Auf der Tatbestandsseite wurde das Merkmal der Gewinnsucht der §§ 1 I und 2 I SchwarzArbG a.f. durch das Merkmal der Erzielung wirtschaftlicher Vorteile in erheblichem Umfange ersetzt. Letzteres sollte dem Umstand Rechnung tragen, dass den Schwarzarbeitern und ihren Auftraggebern ein Handeln aus Gewinnsucht nur selten nachgewiesen werden konnte[70]. Das Merkmal „in erheblichem Umfange" bezog sich seinem Wortlaut nach nicht mehr auf die Dienst- oder Werkleistungen, sondern lediglich auf die wirtschaftlichen Vorteile; die Bundesregierung ging in ihrem Entwurf jedoch davon aus, dass Vorteile von erheblichem Umfang nur bei Tätigkeiten von erheblichem Umfang zu erzielen seien, hielt aber eine entsprechende Klarstellung im Gesetz für entbehrlich[71]. Mit dem BillBG wurde ferner § 2a in das SchwarzArbG a.f. eingefügt, der die Zusammenarbeit der zur Verfolgung von Verstößen gegen das Schwarz-ArbG a.f. zuständigen Behörden mit anderen Behörden ermöglichen sollte[72].

Die Änderungen durch das BillBG führten allerdings nicht zu der erhofften effektiveren Verfolgung der Schwarzarbeit. Insbesondere gelang es den zuständigen Behörden aufgrund mangelnder Belege und Zeugen nur selten, den Nachweis zu führen, dass durch Schwarzarbeit „wirtschaftliche Vorteile in erhebli-

---

[68] BT-Drs. 7/550, S. 399.

[69] BGBl. I, S. 1390.

[70] Siehe dazu die Begründung zum Gesetzentwurf des Bundesrates, BT-Drs. 8/1937, S. 1, 5; BT-Drs. 9/192, S. 1 f. und 5; Begründung zum Gesetzentwurf der Bundesregierung, BT-Drs. 9/847, S. 11; Begründung zum Gesetzentwurf der Fraktionen der SPD und FDP, BT-Drs. 9/800, S. 10. Aus dem Schrifttum *Helf*, S. 18 f. Nach einer Untersuchung des Instituts für Selbsthilfe und Sozialforschung in Köln führte nur jeder hundertste bekannt gewordene Fall der Schwarzarbeit zu einer Verurteilung nach dem SchwarzArbG a.f. (zitiert nach: *Friebe*, S. 39). Diese Ineffektivität wurde bereits bei den parlamentarischen Beratungen zum SchwarzArbG vom 30.3.1957 (BGBl. I, S. 315) befürchtet, siehe BT-Drs. 2/1111, S. 5.

[71] BT-Drs. 8/847, S. 11. Dies führte im Schrifttum zu einem Streit darüber, ob die Dienst- oder Werkleistungen selbst einen erheblichen Umfang haben müssen, vgl. *Voß*, S. 27 f. Zudem bestanden hinsichtlich der Auslegung des Tatbestandsmerkmals „Gewinnsucht" geteilte Auffassungen, siehe dazu *Thilenius*, S. 7 ff. m.w.N.

[72] Später § 3 SchwarzArbG a.f. (geändert durch Art. 1 Nr. 5 des Gesetzes zur Änderung des Gesetzes zur Bekämpfung der Schwarzarbeit und zur Änderung anderer Gesetze v. 26.7.1994, BGBl. I, S. 1792).

chem Umfange"[73] erzielt wurden[74]. Dieses Merkmal wurde daher durch Art. 1 Nr. 1, lit. a) aa) des Gesetzes zur Änderung des SchwarzArbG a.f. und zur Änderung anderer Gesetze vom 26.07.1994[75] dahingehend geändert, dass nunmehr lediglich die Erbringung von „Dienst- oder Werkleistungen in erheblichem Umfange" erforderlich sein sollte.

Daneben brachte das SchwArbÄndG vom 26.07.1994 weitere erhebliche Änderungen des SchwarzArbG a.f. Auf der Rechtsfolgenseite erfolgte eine weitere Erhöhung des Bußgeldrahmens auf hunderttausend Deutsche Mark bei Verstößen gegen die §§ 1 I und 2 I SchwarzArbG a.f. Auf der Tatbestandsseite wurde zum einen die in § 1 I Nr. 1 SchwarzArbG a.f. geregelte Verletzung der Mitteilungspflicht gegenüber einer Dienststelle der Bundesanstalt (nunmehr: Bundesagentur) für Arbeit um die Verletzung von Mitteilungspflichten gegenüber einem Träger der gesetzlichen Kranken-, Unfall- oder Rentenversicherung oder einem Träger der Sozialhilfe nach § 60 I Nr. 2 des Ersten Buches Sozialgesetzbuch[76] oder der Verletzung der Meldepflicht nach § 8a des Asylbewerberleistungsgesetzes[77] ergänzt[78]. Hierdurch sollte die Besserstellung von Beziehern von Krankengeld, Verletztengeld oder Renten der gesetzlichen Rentenversicherung oder laufender Hilfe zum Lebensunterhalt oder von Leistungen nach dem AsylbLG gegenüber Beziehern von Leistungen der Bundesagentur für Arbeit beseitigt werden[79]. Eingefügt wurde außerdem der Tatbestand des § 2 I Nr. 2 SchwarzArbG a.F.[80]. Danach handelte ordnungswidrig, wer als Unternehmer einen anderen Unternehmer beauftragte, von dem er wusste oder leichtfertig nicht wusste, dass dieser zur Erfüllung des Auftrags a) nichtdeutsche Arbeitnehmer ohne erforderliche Arbeitserlaubnis beschäftigt oder b) sich eines Nachunternehmers bediente, der seinerseits nichtdeutsche Arbeitnehmer ohne erforderliche Arbeitserlaubnis beschäftigt. § 2 I Nr. 2 SchwarzArbG a.F. wurde später durch

---

[73] § 1 I SchwarzArbG i.d.F. der Bekanntmachung v. 29.1.1982 (BGBl. I S. 109), zuletzt geändert durch Anl. I Kap. VIII Sachgebiet E Abschnitt II Nr. 3 des Einigungsvertrages v. 31.8.1990 in Verbindung mit Art. 1 des Gesetzes v. 23.9.1990 (BGBl. II, S. 885, 1038).

[74] *Grünberger*, NJW 1995, S. 14. So wurden im Jahr 1992 nur 504 Bußgeldbescheide gegen Schwarzarbeiter und Auftraggeber an das Gewerbezentralregister gemeldet (Quelle: BT-Drs. 12/7563, S. 7 f.)

[75] BGBl. I, S. 1792, im Folgenden: SchwArbÄndG. Ausführlich *Grünberger*, NJW 1995, S. 14 ff.; siehe auch *Marschner*, AuA 1995, S. 84 ff.

[76] Sozialgesetzbuch – Erstes Buch (I) Allgemeiner Teil (Art. 1 des Gesetzes v. 11.12.1975, BGBl. I, S. 3015) zuletzt geändert durch Art. 2 des Gesetzes zur Vereinfachung der Verwaltungsverfahren im Sozialrecht v. 21.3.2005 (BGBl. I S. 818). Im Folgenden: SGB I.

[77] Asylbeweberleistungsgesetz (Art. 1 des Gesetzes zur Neuregelung der Leistungen an Asylbewerber) v. 30.6.1993 (BGBl. I, S. 1074), i.d.F. der Bekanntmachung v. 5.8.1997 (BGBl. I, S. 2022), zuletzt geändert durch Art. 6 des Gesetzes zur Änderung des Aufenthaltsgesetzes und weiterer Gesetze v. 14.3.2005 (BGBl. I, S. 721). Im Folgenden: AsylbLG.

[78] Art. 1 Nr. 1 lit. a) hh) SchwArbÄndG.

[79] BT-Drs. 12/7563, S. 7 f.

[80] Art. 1 Nr. 2 lit. a) SchwArbÄndG.

13

Art. 15 des Ersten Gesetzes zur Änderung des Dritten Buches Sozialgesetzbuch und anderer Gesetze (Erstes SGB III-Änderungsgesetz – 1. SGB III-ÄndG) vom 16.12.1997[81] aus dem SchwarzArbG a.f. herausgenommen und in das Sozialgesetzbuch integriert[82]. Durch das SchwArbÄndG ebenfalls neu eingefügt wurde mit § 4 SchwarzArbG a.f. das bußgeldbewehrte Verbot der Werbung mit Schwarzarbeit i.S. des § 1 I Nr. 3 SchwarzArbG a.f. und mit § 5 Nr. 1 SchwarzArbG a.f. die Möglichkeit, Bewerber von der Teilnahme an einem Wettbewerb um die Vergabe öffentlicher Aufträge auszuschließen, wenn der Bewerber wegen eines Verstoßes gegen § 2 I SchwarzArbG a.f. mit einer Geldbuße von wenigstens fünftausend Deutsche Mark belegt wurde oder kein vernünftiger Zweifel an einem solchen schwerwiegenden Verstoß bestand[83].

Das Begleitgesetz zum Telekommunikationsgesetz (BegleitG) vom 17.12.1997[84] ergänzte das Werbeverbot des § 4 SchwarzArbG a.f. um einen unentgeltlichen Auskunftsanspruch der Handwerkskammern gegen Anbieter von Telekommunikationsdienstleistungen auf Nennung des Anschlussinhabers eines Telekommunikationsanschlusses, wenn Anhaltspunkte für einen Verstoß gegen § 4 I SchwarzArbG a.f. vorlagen und die Werbemaßnahmen ohne Angabe von Name und Anschrift erfolgt sind.

Durch Art. 15 des 1. SGB III-ÄndG erfolgte eine weitere Erhöhung des Bußgeldrahmens für Verstöße gegen § 1 I und § 2 I SchwarzArbG a.f. auf zweihunderttausend Deutsche Mark. Zugleich wurden die Mitteilungspflichten des § 1 I Nr. 1 SchwarzArbG a.f. auf die Bezieher von Leistungen aus der gesetzlichen Pflegeversicherung erstreckt. In § 4 SchwarzArbG a.f. wurde der Bußgeldrahmen für Verstöße gegen das Werbeverbot für Schwarzarbeit von zehntausend auf fünfzigtausend Deutsche Mark angehoben. Darüber hinaus wurde die Regelung des § 6 SchwarzArbG a.f. betreffs Zuständigkeit und Vollstreckung eingefügt. Durch die Zuweisung der Geldbußen gemäß § 6 II SchwarzArbG a.f. an die Behörde, die den Bußgeldbescheid erlassen hat, sollte ein leistungsbezogener Anreiz zur stärkeren Verfolgung und Ahndung von Verstößen gegen das SchwarzArbG a.f. geschaffen werden[85].

---

[81] BGBl. I, S. 2970 (2987).
[82] Die Vorschrift findet sich nun mit angehobenem Bußgeldrahmen in § 404 I Nr. 2 SGB III wieder.
[83] Art. 1 Nr. 6 SchwArbÄndG; BT-Drs. 12/7563, S. 10. Zu § 4 SchwarzArbG a.f. ausführlich *Erdmann*, GewArch 1998, S. 272 ff.; ferner *Marschner*, AuA 1995, S. 84 (85). Zu § 5 SchwarzArbG a.f. siehe *Kreizberg*, AR-Blattei, SD 1430, Rn. 40 ff.; *Marschner*, AuA 1995, S. 84 (85 f.).
[84] BGBl. I, S. 3108 (3115).
[85] *Müller*, GewArch 1997, S. 187 (189).

Nach § 1 II SchwarzArbG a.F., später § 1 III SchwarzArbG a.F., waren solche Dienst- oder Werkleistungen vom Anwendungsbereich des SchwarzArbG a.F. ausgenommen, die auf Gefälligkeit oder Nachbarschaftshilfe beruhten oder als Selbsthilfe i.S. des § 36 II und IV des Zweiten Wohnungsbaugesetzes (Wohnungsbau- und Familienheimgesetz) vom 27.06.1956[86] anzusehen waren. Diese Ausschlusstatbestände sollten den Anwendungsbereich des SchwarzArbG a.F. ebenfalls auf schwere, für die Allgemeinheit schädliche Fälle der Schwarzarbeit einschränken[87]. Verschiedene Initiativen, die Ausschlusstatbestände der Nachbarschaftshilfe und der Gefälligkeit zu präzisieren[88], wurden vom Gesetzgeber nicht in geltendes Recht umgesetzt. Durch Art. 19 des Gesetzes zur Reform des Wohnungsbaurechts vom 13.09.2001[89] wurde die Ausnahmeregelung des § 1 III SchwarzArbG a.F. um den Tatbestand der „Selbsthilfe im Sinne des § 12 I 2 des Wohnraumförderungsgesetzes" ergänzt. Damit wurden Leistungen vom Anwendungsbereich des SchwarzArbG a.F. ausgenommen, die zur Durchführung der nach dem Wohnraumförderungsgesetz[90] geförderten Maßnahmen vom Bauherren, seinen Angehörigen oder anderen unentgeltlich oder auf Gegenseitigkeit oder von Mitgliedern von Genossenschaften erbracht werden.

Durch Art. 25 des Gesetzes zur Einführung des Euro im Sozial- und Arbeitsrecht sowie zur Änderung anderer Vorschriften (4. Euro–Einführungsgesetz) vom 21.12.2000[91] erfolgte – mit Wirkung zum 01.01.2002 – die Umstellung des Bußgeldes von Deutsche Mark auf Euro[92]. Durch Art. 9 des Gesetzes zur Erleichterung der Bekämpfung von illegaler Beschäftigung und Schwarzarbeit vom 23.7.2002[93] wurde der Bußgeldrahmen des § 1 II SchwarzArbG a.F. bei Verstößen des Schwarzarbeiters gegen § 1 I Nr. 1 und Nr. 2 SchwarzArbG a.F. auf dreihunderttausend Euro angehoben, während es bei Verstößen gegen § 1 I Nr. 3 SchwarzArbG a.F. bei einer Geldbuße von bis zu einhunderttausend Euro

---

[86] BGBl. I, S. 523.
[87] BT-Drs. 2/1111, Anlage 1, S. 4 f.
[88] *Ambs*, in: Erbs/Kohlhaas, Strafrechtliche Nebengesetze, Bd. III, S 34, Vorbem. Rn. 9, hält die Begriffe Gefälligkeit und Nachbarschaftshilfe für viel zu unbestimmt. Zu den Versuchen einer Konkretisierung siehe die Gesetzentwürfe des Bundesrates, BT-Drs. 8/1937 sowie BT-Drs. 9/192 – Schwarzarbeit bei gewerbsmäßiger Nachbarschaftshilfe; Gesetzentwurf der Fraktion der CDU/CSU, BT-Drs. 9/199 – Schwarzarbeit bei gewerbs- oder gewohnheitsmäßiger Nachbarschaftshilfe.
[89] BGBl. I, S. 2376 (2402).
[90] Gesetz über die soziale Wohnraumförderung v. 13.9.2001 (BGBl. I, S. 2376), in Kraft getreten als Art. 1 des Gesetzes zur Reform des Wohnungsbaurechts v. 13.9.2001 (BGBl. I, S. 2376), zuletzt geändert durch Art. 4 des Zweiten Gesetzes zur Änderung wohnungsrechtlicher Vorschriften v. 15.12.2004 (BGBl. I, S. 3450).
[91] BGBl. I, S. 1983 (2010).
[92] Art. 68 X des 4. Euro – Einführungsgesetzes.
[93] BGBl. I, S. 2787 (2791 f.).

blieb; die Bußgelddrohung in § 2 II SchwarzArbG a.f. für den Auftraggeber wurde entsprechend angepasst.

Ausgangspunkt der Neufassung des SchwarzArbG a.f. durch Art. 1 des Gesetzes zur Intensivierung der Bekämpfung der Schwarzarbeit und damit zusammenhängender Steuerhinterziehung ist ein Entwurf der Fraktionen SPD und BÜNDNIS 90/DIE GRÜNEN[94] sowie der Bundesregierung[95], den der Deutsche Bundestag in seiner 108. Sitzung vom 06.05.2004 in der Fassung der Beschlussempfehlung des Finanzausschusses[96] mit den Stimmen von SPD und BÜNDNIS 90/DIE GRÜNEN und gegen die Stimmen von CDU/CSU und FDP angenommen hat[97]. Gesetz geworden ist dieser Entwurf jedoch nicht; vielmehr hat der Bundesrat das zustimmungsbedürftige Gesetz in seiner Sitzung vom 11.06.2004 zunächst gemäß Art. 77 II GG mit dem Ziel einer grundlegenden Überarbeitung an den Vermittlungsausschuss überwiesen[98]. Bereits am 30.06.2004 hat der Vermittlungsausschuss eine Beschlussempfehlung verabschiedet[99]; zwei Tage später, am 02.07.2004, hat der Deutsche Bundestag das „Gesetz zur Intensivierung der Bekämpfung der Schwarzarbeit und damit zusammenhängender Steuerhinterziehung" in seiner 119. Sitzung nach Maßgabe der Beschlussempfehlung des Vermittlungsausschusses geändert[100].

Dem neuen SchwarzArbG liegt eine vom bisherigen SchwarzArbG a.f. deutlich abweichende und mitunter eigentümliche Regelungstechnik zugrunde: Zwar enthält das SchwarzArbG in § 1 II, III SchwarzArbG nun erstmals eine gesetzliche Definition des Begriffs „Schwarzarbeit", jedoch ist diese weitgehend bedeutungslos, denn außer in § 7 SchwarzArbG nimmt das SchwarzArbG darauf keinen Bezug; auch die Ordnungswidrigkeiten- und Straftatbestände der §§ 8, 9 SchwarzArbG knüpfen nicht an die Definition des § 1 II SchwarzArbG an. Darüber hinaus setzt § 1 II SchwarzArbG lediglich das Erbringen oder das Ausführenlassen von Dienst- oder Werkleistungen unter Verstoß gegen die in § 1 II SchwarzArbG aufgeführten Pflichten voraus; im Unterschied zu den §§ 1 I, 2 I SchwarzArbG a.f. ist jedoch nicht erforderlich, dass es sich dabei um Dienst- oder Werkleistungen von erheblichem Umfang handelt. „Schwarzarbeit" i.S. des § 1 II SchwarzArbG leistet demnach auch, wer Dienst- oder Werkleistungen von nicht erheblichem Umfang erbringt oder ausführen lässt, sofern nicht ein Aus-

---

[94] BT-Drs. 15/2573.
[95] BT-Drs. 15/2948.
[96] BT-Drs. 15/2573; 15/3077; 15/3079; 15/3078.
[97] Plenarprotokoll, 15/108, S. 30.
[98] BR-Drs. 386/04. Insbesondere plädiert der Bundesrat dafür, gewerbe- und handwerksrechtliche Anzeige- und Eintragungspflichten wieder in den Tatbestand der Schwarzarbeit aufzunehmen, BT-Drs. 15/2948, S. 8.
[99] BT-Drs. 15/3497.
[100] BT-Drs. 15/2573, 15/2948, 15/3077, 15/3079, 15/ 3298, 15/3497.

nahmetatbestand des § 1 III SchwarzArbG vorliegt. Sanktioniert werden diese „minder schweren Fälle" jedoch nicht, denn Voraussetzung der Bußgeld- und Strafvorschriften nach §§ 8 I und 9 SchwarzArbG ist – insoweit ändert sich auch hier im Vergleich zu den §§ 1, 2 SchwarzArbG a.f. nichts – das Erbringen oder Ausführenlassen von Dienst- oder Werkleistungen in erheblichem Umfang.

Die Tatbestände der §§ 1 I, 2 I SchwarzArbG a.f. finden sich sachlich weitgehend unverändert in § 1 II Nr. 3 bis 5 SchwarzArbG i.V.m. § 8 I Nr. 1 lit. d), e) und Nr. 2 SchwarzArbG wieder. § 1 II Nr. 3 SchwarzArbG erstreckt jedoch die Mitteilungspflichten aus § 1 I Nr. 1 SchwarzArbG a.f. auf den Zeitpunkt der Beantragung von Sozialleistungen, um das Verschweigen leistungserheblicher Tatsachen bei der Beantragung von Sozialleistungen dem nachträglichen Nichtmitteilen gleichzustellen[101]. Neu hinzugekommen sind dagegen die Tatbestände des § 1 II Nr. 1 und 2 SchwarzArbG. Mit § 1 II Nr. 1 SchwarzArbG werden die – freilich schon nach geltendem Recht straf- und bußgeldbewehrten – Verstöße gegen sozialversicherungsrechtliche Melde-, Beitrags- und Aufzeichnungspflichten (insbesondere nach § 28a SGB IV) bei der Erbringung bzw. dem Ausführenlassen von Dienst- oder Werkleistungen nunmehr als „Schwarzarbeit" definiert und dem Anwendungsbereich des SchwarzArbG unterstellt. § 1 II Nr. 2 SchwarzArbG dient der Erfassung von Verstößen gegen steuerliche Pflichten; somit wird erstmals auch die fiskalische Seite der Schwarzarbeit berücksichtigt.

Auf der sanktionsrechtlichen Ebene knüpft der Entwurf, wie gesehen, nicht an die Legaldefinition der Schwarzarbeit in § 1 II SchwarzArbG an; vielmehr handelt nach § 8 I Nr. 1 SchwarzArbG ordnungswidrig, wer Dienst- oder Werkleistungen in erheblichem Umfang erbringt und entgegen § 60 I 1 Nr. 1 SGB I eine Tatsache, die für eine Leistung nach dem Sozialgesetzbuch erheblich ist, nicht richtig oder nicht vollständig anzeigt (§ 8 I Nr. 1 a SchwarzArbG), entgegen § 60 I 1 Nr. 2 SGB I eine Änderung in den Verhältnissen, die für eine Leistung nach dem Sozialgesetzbuch erheblich ist, nicht, nicht richtig oder nicht rechtzeitig mitteilt (§ 8 I Nr. 1 b SchwarzArbG), entgegen § 8 a AsylbLG die Aufnahme einer Erwerbstätigkeit nicht, nicht vollständig oder nicht rechtzeitig meldet (§ 8 I Nr. 1 c SchwarzArbG), entgegen § 14 GewO[102] der Verpflichtung zur Anzeige vom Beginn des selbständigen Betriebes eines stehenden Gewerbes nicht nachgekommen ist oder entgegen § 55 GewO die erforderliche Reisegewerbekarte nicht erworben hat (§ 8 I Nr. 1 d SchwarzArbG) oder entgegen § 1 HwO[103] ein

---

[101] BT-Drs. 15/2573, S. 19.
[102] Gewerbeordnung i.d.F. der Bekanntmachung v. 22.2.1999 (BGBl. I, S. 202), zuletzt geändert durch Art. 12 des Gesetzes zur optionalen Trägerschaft von Kommunen nach dem Zweiten Buch Sozialgesetzbuch (Kommunales Optionsgesetz) v. 30.7.2004, (BGBl. I, S. 2014).
[103] Gesetz zur Ordnung des Handwerks, neugefasst durch Bekanntmachung v. 24.9.1998 (BGBl. I, S. 3074), zuletzt geändert durch Art. 2 des Gesetzes zur Reform der beruflichen Bildung (Berufsbildungsreformgesetz – BerBiRefG) v. 23.3.2005 (BGBl. I S. 931).

zulassungspflichtiges Handwerk als stehendes Gewerbe selbständig betreibt, ohne in der Handwerksrolle eingetragen zu sein (§ 8 I Nr. 1 e SchwarzArbG). Nach § 8 I Nr. 2 SchwarzArbG handelt ordnungswidrig, wer Dienst- oder Werkleistungen in erheblichem Umfang ausführen lässt, indem er eine oder mehrere Personen beauftragt, die diese Leistungen unter vorsätzlichem Verstoß gegen eine der in Nummer 1 genannten Vorschriften erbringen. Für die Fälle des § 1 II Nr. 2 SchwarzArbG – Verstoß gegen steuerliche Pflichten („Ohne-Rechnung-Abreden") – sieht das SchwarzArbG dagegen keine entsprechende Sanktion vor; diese richtet sich daher wie bisher nach den Vorschriften der Abgabenordnung.

Eine § 1 III SchwarzArbG entsprechende Ausnahmevorschrift enthält § 8 IV SchwarzArbG. Nr. 1 und Nr. 2 des § 8 I SchwarzArbG übernehmen damit im Wesentlichen die Reglungen der §§ 1 I Nr. 1, III und 2 I, III SchwarzArbG a.F.[104].

Ordnungswidrigkeiten nach § 8 I SchwarzArbG können in den Fällen der Nr. 1 lit. a) – c) sowie Nr. 2 i.V.m. Nr. 1 lit. a) – c) SchwarzArbG mit einer Geldbuße bis zu dreihunderttausend Euro und in den Fällen der Nr. 1 lit. d) und e) sowie Nr. 2 i.V.m. Nr. 1 lit. d) und e) mit einer Geldbuße bis zu fünfzigtausend Euro geahndet werden. Zudem wird nach § 9 SchwarzArbG mit Freiheitsstrafe bis zu drei Jahren oder mit Geldstrafe bestraft, wer eine in § 8 I Nr. 1 SchwarzArbG bezeichnete Handlung begeht und dadurch bewirkt, dass ihm eine Leistung nach einem dort genannten Gesetz zu Unrecht gewährt wird, sofern die Tat nicht in § 263 StGB mit Strafe bedroht ist.

B. Die Tatbestände des SchwarzArbG (§§ 1 II, 8 I SchwarzArbG/ §§ 1 I, 2 I SchwarzArbG a.F.)

Grundlage dieser Untersuchung ist das SchwarzArbG in der ab dem 01.08.2004 geltenden Fassung. Da das SchwarzArbG jedoch überwiegend die Begriffe des SchwarzArbG a.F. übernommen hat und das SchwarzArbG a.F. zudem auch nach dem 01.08.2004 noch für die Behandlung von „Altfällen" von Bedeutung ist[105], werden im Folgenden jeweils auch die entsprechenden Tatbestände der §§ 1 und 2 SchwarzArbG a.F. zitiert.

---

[104] BT-Drs. 15/2573, S. 24/25.

[105] Nach h.M. bleibt es auch nach der Aufhebung eines Verbotsgesetzes bei der Nichtigkeit von Rechtsgeschäften, die gegen dieses Gesetz verstoßen haben, siehe nur Münch-KommBGB/*Mayer-Maly/Armbrüster*, § 134 Rn. 21 m.w.N.

I. Das Erbringen oder Ausführenlassen von Dienst- oder Werkleistungen im Sinne der §§ 1 II, 8 I SchwarzArbG (§§ 1, 2 SchwarzArbG a.F.)

Sowohl die Definition der Schwararbeit in § 1 II SchwarzArbG als auch die Bußgeldvorschriften des § 8 I SchwarzArbG setzen zunächst das Erbringen oder das Ausführenlassen von Dienst- oder Werkleistungen voraus[106]. Diese Begriffe sind dem SchwarzArbG a.f. entnommen[107].

1. Die Begriffe „Dienst- oder Werkleistungen"

Zur Auslegung des Begriffs „Dienstleistungen" ist die Regelung des § 611 über die vertragstypischen Pflichten beim Dienstvertrag heranzuziehen. Dienstleistungen i.S. des § 1 II SchwarzArbG (§§ 1, 2 SchwarzArbG a.f.) können daher Dienste jeder Art sein, § 611 II[108]. Entsprechendes gilt für den Begriff „Werkleistungen". Werkleistung i.S. des § 1 II SchwarzArbG (§§ 1, 2 SchwarzArbG a.F.) ist somit die Herstellung oder Veränderung einer Sache oder ein anderer durch Arbeit oder Dienstleistung herbeizuführender Erfolg, § 631 II[109].

Da der Wortlaut des § 1 II SchwarzArbG (§§ 1, 2 SchwarzArbG a.F.) lediglich an die Erbringung bzw. das Ausführenlassen von Dienst- oder Werkleistungen anknüpft, setzt ein Verstoß gegen § 1 II SchwarzArbG (§§ 1, 2 SchwarzArbG a.F.) nicht voraus, dass zwischen den Parteien ein Dienst- oder Werkvertrag i.S. der §§ 611, 631 geschlossen wurde. Für einen Verstoß gegen § 1 II SchwarzArbG (§§ 1, 2 SchwarzArbG a.F.) ist vielmehr allein entscheidend, dass die Leistungen entweder unter den Begriff der Dienstleistungen oder unter den Begriff der Werkleistungen subsumierbar sind.

An dieser Stelle kann bereits eine erste Eingrenzung der für einen Verstoß gegen § 1 II SchwarzArbG (§§ 1, 2 SchwarzArbG a.F.) in Betracht kommenden Vertragstypen vorgenommen werden. Ein Schuldvertrag kann nur dann gegen § 1 II SchwarzArbG (§§ 1, 2 SchwarzArbG a.F.) verstoßen, wenn er auf die Erbringung bzw. das Ausführenlassen von Dienst- oder Werkleistungen gerichtet ist. Zwar sind hier vor allem Dienst- oder Werkverträge i.S. der §§ 611, 631 zu nennen; ein Verstoß gegen § 1 II SchwarzArbG (§§ 1, 2 SchwarzArbG a.F.) ist aber auch im Rahmen weiterer Vertragstypen denkbar, denn „Dienst- oder Werkleistungen" können auch Gegenstand anderer Vertragstypen sein[110].

---

[106] Soweit die folgenden Ausführungen sowohl für § 1 II SchwarzArbG als auch für § 8 I SchwarzArbG gelten, werden der besseren Übersichtlichkeit halber lediglich die Vorschriften des § 1 II SchwarzArbG zitiert.
[107] BT-Drs. 15/2573, S. 18.
[108] *Kreizberg*, AR-Blattei, SD 1430, Rn. 49.
[109] *Kreizberg*, AR-Blattei, SD 1430, Rn. 50.
[110] § 1 I SchwarzArbG knüpft an die Begriffe „Dienst- oder Werkleistungen" an, nicht an „Dienst- oder Werkverträge", siehe *Kreizberg*, AR-Blattei, SD 1430, Rn. 50.

Gesetzlich geregelte Vertragstypen, die für einen Verstoß gegen § 1 II SchwarzArbG (§§ 1, 2 SchwarzArbG a.f.) in Betracht kommen, sind insbesondere Werklieferungsverträge (§ 651), Reiseverträge (§ 651 a), Maklerverträge (§ 652), Geschäftsbesorgungsverträge (§ 675)[111], sowie Fracht- und Speditionsverträge (§§ 407, 451, 453 HGB)[112], nicht jedoch Kaufverträge (§ 433), weil eine reine Verkaufstätigkeit von § 1 II SchwarzArbG (§§ 1, 2 SchwarzArbG a.f.) nicht erfasst wird[113]. Problematisch ist insoweit der Kaufvertrag mit Montageverpflichtung gemäß den §§ 433, 434 II. Bei der Montageverpflichtung handelt es sich, soweit sie nicht den Schwerpunkt der vertraglich geschuldeten Leistung bildet, um eine leistungsbezogene Nebenpflicht des Verkäufers[114]. Der Vertrag ist in diesem Falle – wie im Übrigen auch schon vor der Schuldrechtsreform – dem Kaufrecht unterstellt[115]. Dem SchwarzArbG (a.f.) ist jedoch nicht zu entnehmen, dass die Begriffe „Dienst oder Werkleistungen" auf vertragliche Hauptleistungspflichten beschränkt sind. Die Anwendbarkeit des Kaufrechts darf daher auch nicht darüber hinwegtäuschen, dass die Montage der Kaufsache auch eine Leistung i.S. des § 1 II SchwarzArbG (§§ 1, 2 SchwarzArbG a.f.) darstellt, denn nicht die Anwendbarkeit des Werkvertragsrechts, sondern die Subsumierbarkeit unter die Begriffe „Dienst- oder Werkleistungen" stellt das entscheidende Kriterium für die Anwendbarkeit des SchwarzArbG (a.f.) dar. Ein Verstoß gegen § 1 II SchwarzArbG (§§ 1, 2 SchwarzArbG a.f.) ist daher nicht von vornherein ausgeschlossen. Eine davon zu unterscheidende Frage ist, ob solche Leistungen den für eine Sanktion nach § 8 I SchwarzArbG (§§ 1, 2 SchwarzArbG a.f.) weiter erforderlichen „erheblichen Umfang" erreichen[116].

Weitgehende Einschränkungen ergeben sich bei Arbeitsverträgen: Zwar sind auch die Dienste des Arbeitnehmers „Dienstleistungen" i.S. des § 1 II SchwarzArbG (§§ 1, 2 SchwarzArbG a.f.); weil § 1 II Nr. 4 und 5 SchwarzArbG (§ 1 I Nr. 2 und 3 SchwarzArbG a.f.) aber den selbständigen Betrieb eines stehenden Gewerbes voraussetzen, kommt ein Verstoß gegen diese Fallgruppen im Arbeitsverhältnis nicht in Betracht[117]. Ein Arbeitsvertrag als solcher kann daher allenfalls gegen § 1 II Nrn. 1 bis 3 SchwarzArbG (nach altem Recht lediglich gegen § 1 I Nr. 1 SchwarzArbG a.f.) verstoßen, wobei ein Verstoß gegen § 1 II

---

[111] *Ambs*, in: Erbs/Kohlhaas, Strafrechtliche Nebengesetze, Bd. III, S 34, § 1 Rn. 3.

[112] *Kreizberg*, AR-Blattei, SD 1430, Rn. 51; *Schaub*, Arbeitsrechts-Handbuch, § 43 III Rn. 21.

[113] *Voß*, S. 27; *Marschall*, Rn. 628; *Sannwald*, § 1 Rn. 15 ff. Mit beachtlichen Gründen für eine Einbeziehung von Kaufverträgen de lege ferenda S. *Schmidt*, S. 151 f.

[114] BGH NJW 1998, S. 3197; *Lorenz/Riehm*, Lehrbuch zum neuen Schuldrecht, Rn. 475 und Rn. 489: „Die Montageverpflichtung des Verkäufers ist – wie bisher – als zusätzlich vereinbarte Haupt- oder Nebenleistungspflicht zu qualifizieren [...]".

[115] KompaktKomm-BGB/*Tonner/Echtermeyer*, § 434 Rn. 27 m.w.N.

[116] Dazu Erster Teil, B. II. 1.

[117] *Buchner*, in: Münchener Handbuch zum Arbeitsrecht, Bd. 1, § 40 Rn. 61 f. und § 46 Rn. 74.

Nr. 1 SchwarzArbG nur von Seiten des *Arbeitgebers* möglich ist, während ein Verstoß des *Arbeitnehmers* gegen § 1 II Nr. 1 SchwarzArbG ausscheidet.

Neben den gesetzlich geregelten Vertragstypen kommen auch gesetzlich nicht geregelte Vertragstypen für Verstöße gegen § 1 II SchwarzArbG (§§ 1, 2 SchwarzArbG a.F.) in Betracht. Erfasst werden z.b. auch Dienst- oder Werkleistungen, die im Rahmen von sogenannten Tauschringen erbracht werden. Hierbei handelt es sich um privatrechtliche Vereine, deren Mitglieder Waren und Dienstleistungen unter Ausschaltung der gesetzlichen Zahlungsmittel gegen eigene Verrechnungseinheiten austauschen[118].

Die Begriffe „Dienst- oder Werkleistungen" setzen zwar nicht voraus, dass die Leistungen gegen Entgelt erbracht werden, so dass grundsätzlich auch Dienst- oder Werkleistungen, die im Rahmen unentgeltlicher Verträge erbracht werden (z.b. im Rahmen eines Auftragsvertrages gemäß § 662), gegen § 1 II SchwarzArbG (§§ 1, 2 SchwarzArbG a.F.) verstoßen können[119]; dennoch sind Verstöße gegen § 1 II SchwarzArbG (§§ 1, 2 SchwarzArbG a.F.) hier kaum vorstellbar: Schwarzarbeit wird regelmäßig gegen Entgelt ausgeführt. Die von § 1 II Nr. 4 und 5 SchwarzArbG (§ 1 I Nr. 2 und 3 SchwarzArbG a.F.) in Bezug genommenen Tatbestände der §§ 14, 55 GewO und des § 1 HwO setzen zudem ein gewerbsmäßiges Handeln voraus, also eine Tätigkeit, die in der Absicht ausgeführt wird, einen Gewinn zu erzielen[120]. Dieses Merkmal wird bei unentgeltlichen Verträgen in aller Regel zu verneinen sein.

Zusammenfassend sind Verstöße gegen § 1 II SchwarzArbG (§§ 1, 2 SchwarzArbG a.F.) daher im Rahmen all jener Vertragstypen denkbar, bei denen sich zumindest eine Vertragspartei zur Erbringung von Dienst- oder Werkleistungen i.S. der §§ 611 II, 631 II verpflichtet.

2. Der Begriff „erbringt"

a. Problembeschreibung

In Rechtsprechung und Schrifttum ist bislang nur selten erörtert worden, wann der Schwarzarbeiter Dienst- oder Werkleistungen „erbringt"[121]. Dies dürfte vor

---

[118] *Brandenstein/Corino/Petri*, NJW 1997, S. 825 (827).

[119] *Kreizberg*, AR-Blattei, SD 1430, Rn. 51.

[120] *Honig*, Handwerksordnung, § 1 Rn. 11 mit 12; *Tettinger/Wank*, Gewerbordnung, § 1 Rn. 12 ff.

[121] Beispielhaft dafür finden sich etwa in der Kommentierung des SchwarzArbG a.F. von *Erdmann*, SchwarzArbG, § 1 Rn. 5 bis 7 keine Ausführungen zum Begriff „erbringen". Siehe auch *Ambs*, in· Erbs/Kohlhaas, Strafrechtliche Nebengesetze, Bd. III, S 34, § 8 Rn. 2: „ Zu diesen Grundtatbeständen muß jeweils hinzukommen, daß der Betroffene dabei Dienst- oder Werkleistungen in erheblichem Umfange ausführt."; zum alten Recht, *ders.*, § 1 Rn. 3.

allem darauf zurückzuführen sein, dass Schwarzarbeit zumeist erst dann aufgedeckt wird, wenn die Dienst- oder Werkleistungen ausgeführt worden sind und der Verstoß gegen § 1 II SchwarzArbG (§ 1 I SchwarzArbG a.f.) damit für die Außenwelt sichtbar geworden ist. In diesen Fällen besteht kein Zweifel daran, dass Dienst- oder Werkleistungen i.s. des § 1 II SchwarzArbG (§ 1 I SchwarzArbG a.f.) „erbracht" wurden.

Fraglich ist aber, ob dieses Tatbestandsmerkmal bereits durch den Abschluss eines Vertrages über die Erbringung von Dienst- oder Werkleistungen in erheblichem Umfang unter Missachtung der Pflichten des § 1 II Nr. 1 bis 5 SchwarzArbG (§ 1 I Nr. 1 bis 3 SchwarzArbG a.f.), genauer: durch Abgabe einer auf den Abschluss eines solchen Vertrags gerichteten Willenserklärung, erfüllt ist. Diese Frage kann Bedeutung erlangen, wenn es nach Lage des Falles lediglich zum Abschluss eines entsprechenden Vertrages gekommen ist, während die Durchführung des Vertrags noch aussteht. Aus der Sicht des Ordnungswidrigkeitsrechts stellt sich hier die Frage, ob der Auftragnehmer schon durch den Abschluss des Vertrages eine Ordnungswidrigkeit gemäß § 8 I Nr. 1 SchwarzArbG (§ 1 I SchwarzArbG a.f.) begeht. Auch für die zivilrechtliche Beurteilung von Schwarzarbeitsverträgen ist diese Frage nicht unbedeutend: Im Rahmen des § 134 fragt sich, ob bereits der Abschluss des Rechtsgeschäfts gegen ein gesetzliches Verbot verstößt oder erst dessen Erfüllung durch Ausführung der Dienst- oder Werkleistungen.

b. Meinungsstand

In der Rechtsprechung wurde diese Frage bislang nicht explizit erörtert. Paradigmatisch führt der *BGH* in BGHZ 85, 39 ff. zur Frage der Nichtigkeit eines Vertrages wegen Verstoßes gegen das SchwarzArbG a.f. nach § 134 aus, dass „[...] beide Parteien bei Abschluß des Vertrags [...] gegen das Gesetz zur Bekämpfung der Schwarzarbeit verstoßen haben"[122], beide Parteien haben „[...] durch die Abrede, beim Bau Schwarzarbeiter einzusetzen, gesetzwidrig gehandelt [...]"[123]. Zur Begründung des Verstoßes stellt der *BGH* dann aber auf die Ausführung der Leistungen ab; dass eine Partei bereits durch die Abgabe ihrer auf den Vertragsschluss gerichteten Willenserklärung Dienst- oder Werkleistungen „erbringt", wird nicht ausdrücklich festgestellt[124]. Auch in BGHZ 111,

---

[122] *BGH* Urt. v. 23.9.1982 - VII ZR 183/80 – BGHZ 85, S. 39 (45).

[123] *BGH* Urt. v. 23.9.1982 - VII ZR 183/80 – BGHZ 85, S. 39 (49).

[124] Vgl. etwa aus der Rechtsprechung der Instanzgerichte *LG Görlitz*, Urt. v. 5.10.1993 – 1 O 0315/93 = NJW-RR 1994, S. 117, re. Sp.: „Allerdings hat der Beklagte mit seinem Tätigwerden trotz Nichteintragung in die Handwerksrolle gleichzeitig den Tatbestand des § 1 Abs. 1 Nr. 3 SchwarzArbG [a.f., Anm. des Vf.] erfüllt [...]"

S. 308 ff. erblickt der *BGH* den Verstoß gegen das SchwarzArbG a.f. in der Ausführung der handwerklichen Tätigkeiten[125].

Im Schrifttum finden sich diesbezüglich nur wenige Stellungnahmen. Namentlich *Thilenius*[126] und *Westphal*[127] vertreten die Auffassung, der Beauftragte verstoße bereits durch den Abschluss von Verträgen über „Schwarzarbeit" gegen § 1 I SchwarzArbG a.f.[128]. Nach *Thilenius* lässt sich dem Wortlaut „wer Dienst- oder Werkleistungen [...] erbringt" nicht entnehmen, ob bereits das Verpflichtungsgeschäft oder erst die Erfüllung verboten ist, vielmehr lässt der Wortlaut nach seiner Auffassung beides zu[129]; dem Gesetzeszweck, Schwarzarbeit zu verhindern, könne aber nur Rechnung getragen werden, wenn bereits der Zeitpunkt der Auftragsvergabe erfasst werde, denn die mit der Schwarzarbeit verbundenen Schäden – Existenzgefährdung handwerklicher Betriebe, Wettbewerbsverzerrungen, Einnahmeausfälle des Staates bei Steuern und Sozialabgaben[130] – entstünden nicht erst mit der Ausführung des Auftrags, sondern schon durch die Auftragsvergabe[131]. Sei der Auftrag erst einmal an einen Schwarzarbeiter vergeben worden, werde er nicht mehr an einen legal arbeitenden Handwerksbetrieb vergeben und entgehe so dem Handwerk[132]. Nach der gegenteiligen Auffassung von *Honig*[133] wird der Tatbestand des § 1 I SchwarzArbG a.F. nicht schon durch den Vertragsschluss, sondern erst durch die Ausführung der Leistungen erfüllt; verbotswidrig sei „nicht der Vertrag als solcher, sondern erst die spätere unzulässige Arbeitsausführung aufgrund dieses Vertrages"[134].

c. Stellungnahme

Das Erbringen von Dienst- oder Werkleistungen i.S. des § 1 II SchwarzArbG ist unter den Voraussetzungen des § 8 I Nr. 1 SchwarzArbG n.F. (§ 1 I SchwarzArbG) als Ordnungswidrigkeit mit Geldbuße bis zu dreihunderttausend Euro

---

[125] BGHZ 111, S. 308 ff. (312) = *BGH*, Urt. v. 31.5.1990 – VII ZR 336/89 (OLG Köln) = BGHZ 111, S. 308 ff. = LM BGB § 134 Nr. 130 = NJW 1990, S. 2542 = BB 1990, S. 1661 ff. = JR 1991, S. 151 f. m. Anm. *Köhler*.

[126] *Thilenius*, S. 12.

[127] *Westphal*, S. 78.

[128] *Thilenius*, S. 12; *Westphal*, S. 78: "das SchwarzArbG [a.F., Anm. des Vf.] verbietet es in § 1 dem Schwarzarbeiter, (...), ein Angebot zur Leistung von Schwarzarbeit abzugeben oder anzunehmen usw.".

[129] *Thilenius*, S. 12.

[130] *Thilenius*, S. 13.

[131] *Thilenius*, S. 14.

[132] *Thilenius*, S. 12.

[133] *Honig*, GewArch 1976, S. 24 f.

[134] Ähnlich auch *Müller*, Schwarzarbeit I, Anm. G, in: Arbeitsrecht-Blattei, SD, Stand 15.11.1982: Verbotswidrig sei nicht der Vertrag, sondern nur die spätere unzulässige Arbeitsausführung. Vgl. auch *LG Osnabrück* BB 1964, S. 904.

bedroht, vgl. § 8 III SchwarzArbG (§ 1 II SchwarzArbG a.F.). Bei der Auslegung von Straf- und Ordnungswidrigkeitstatbeständen[135] besteht jedoch aufgrund des Art. 103 II GG eine enge Bindung an den Wortlaut der Norm; der mögliche Wortsinn aus der Sicht des Normadressaten[136] bestimmt hier die Grenzen der Auslegung. Wenngleich juristisch zwischen Verpflichtungsgeschäft und Erfüllungsgeschäft zu trennen ist, was dafür spricht, „erbringen" i.S. von „Ausführen von Dienst- oder Werkleistungen" zu verstehen und vom „Anbieten von Dienst- oder Werkleistungen" zu scheiden, erscheint es umgangssprachlich noch nicht als gekünstelt, unter „erbringen" schon die Verpflichtung zur Ausführung von Dienst- oder Werkleistungen zu verstehen. *Thilenius* ist daher zuzugeben, dass das Wort „erbringt" insoweit nicht eindeutig ist und daher beide Auslegungen ohne Verstoß gegen Art. 103 II GG möglich sind.

Das SchwarzArbG hat den Begriff des „Erbringens" von Dienst- oder Werkleistungen aus dem SchwarzArbG a.F. übernommen. Schon in den Materialien zu § 1 SchwarzArbG a.F. wird die Tätigkeit des Schwarzarbeiters mit „Ausführen"[137], „Leisten"[138], „Verrichten"[139] oder „Durchführen"[140] von Dienst- oder Werkleistungen beschrieben. Diesen Formulierungen ist nicht zu entnehmen, dass der Schwarzarbeiter schon durch den Abschluss des Vertrages Dienst- oder Werkleistungen in erheblichem Umfang „erbringt". Sie sprechen vielmehr für die Auffassung von *Honig*, dass ein „Erbringen" die tatsächliche Ausführung der Leistungen voraussetzt, während das bloße „Anbieten" von Dienst- oder Werkleistungen noch kein tatbestandsmäßiges Verhalten i.S. von § 1 I SchwarzArbG a.F. darstellt. Nichts anderes gilt insoweit für die §§ 1 II, 8 I Nr. 1 SchwarzArbG.

Dieser Befund wird durch systematische und teleologische Erwägungen gestützt. Die durch § 8 I Nr. 1 SchwarzArbG (§ 1 I Nr. 1 bis 3 SchwarzArbG a.F.) bußgeldbewehrten Anzeige-, Mitteilungs-, Melde- und Erlaubnispflichten des § 1 II Nr. 1 bis 5 SchwarzArbG werden bereits durch die im SGB III, im AsylbLG, der GewO und der HwO enthaltenen Grundtatbestände geschützt. Im Falle der unbefugten Handwerksausübung gemäß § 1 HwO kann der Abschluss eines Vertrages über Handwerksleistungen durch einen nicht in der Handwerksrolle eingetragenen Handwerker nach § 117 HwO geahndet werden. § 117 HwO ist in diesem Falle einschlägig, weil schon das Anbieten und Bewerben von

---

[135] BVerfGE 81, S. 132 (135); 87, S. 399 (411); *Pieroth*, in: Jarass/Pieroth, GG, Art. 103 Rn. 41. Zur Bindung an Art. 103 II GG im Rahmen des § 134 siehe MünchKommBGB/*Mayer-Maly/Armbrüster* § 134 Rn. 51; *Behm*, NJW 1990, S. 1822 (1823).
[136] *BVerfG* NJW 1995, S. 3050 (3051).
[137] BT-Drs. 2/1111, S. 4, li. Sp. oben und unten; S. 5, li. Sp. oben, re. Sp. oben.
[138] BT-Drs. 2/1111, S. 4, li. Sp. oben.
[139] BT-Drs. 2/1111, S. 4, re. Sp. unten.
[140] BT-Drs. 2/1111, S. 5 li. Sp. mitte, unten.

handwerklichen Leistungen eine Handwerksausübung darstellt[141]. Insoweit besteht für die §§ 1 II Nr. 5, 8 I Nr. 1 lit. e) SchwarzArbG (§ 1 I Nr. 3 SchwarzArbG a.F.) kein Bedürfnis, das Merkmal „erbringt" extensiv auszulegen. Der Vertragsschluss durch einen nicht eingetragenen Handwerker stellt demnach eine bloße Vorbereitungshandlung zur Ordnungswidrigkeit nach § 8 I Nr. 1 lit. e) SchwarzArbG (§ 1 I Nr. 3 SchwarzArbG a.F.) dar. Gleiches gilt für §§ 1 II Nr. 4, 8 I Nr. 1 lit. d) SchwarzArbG (§ 1 I Nr. 2 SchwarzArbG a.F.). Zum Betrieb eines Gewerbes i.s. von § 14 GewO zählt auch hier bereits die Aufforderung zur Abgabe von Angeboten auf die Durchführung von Dienst- oder Werkleistungen[142]. Wie schon oben zu § 117 HwO ausgeführt wurde, ist hier der Vertragsschluss erst recht mit umfasst. § 55 I Nr. 1 GewO erfasst sogar ausdrücklich das Anbieten von Leistungen und das Aufsuchen von Bestellungen auf Leistungen[143]. Angesichts der Ordnungswidrigkeitstatbestände der §§ 146 f. GewO bestehen auch hier keine Schutzlücken. Hätte der Gesetzgeber in §§ 1 II, 8 I Nr. 1 SchwarzArbG (§ 1 I SchwarzArbG a.F.) schon den Vertragsschluss missbilligen und sanktionieren wollen, so hätte sich eine dem § 55 I Nr. 1 GewO entsprechende Regelung angeboten. Bei den §§ 1 II Nr. 3, 8 I Nr. 1 lit. a) – c) SchwarzArbG (§ 1 I Nr. 1 SchwarzArbG a.F.) wäre eine Vorverlagerung der Ordnungswidrigkeit auf das Stadium des Vertragsschlusses durch eine extensive Auslegung des Merkmals „erbringen" geradezu widersinnig, weil der Beauftragte den Meldepflichten nach §§ 1 II Nr. 3, 8 I Nr. 1 lit. a) – c) SchwarzArbG (§ 1 I Nr. 1 SchwarzArbG a.F.) auch nach Vertragsschluss noch genügen kann. So kann die Meldung nach § 8a AsylbLG auch noch bis zum dritten Tag nach Aufnahme einer Erwerbstätigkeit erfolgen. Die in der Gesetzesbegründung zum SchwarzArbG (a.F.) aufgeführten Zwecke werden in diesem Falle in keiner Weise beeinträchtigt. Für eine Vorverlagerung der §§ 1 II Nr. 3, 8 I Nr. 1 lit. a) – c) SchwarzArbG (§ 1 I Nr. 1 SchwarzArbG a.F.) auf den Zeitpunkt des Vertragsschlusses besteht daher auch insoweit kein Bedürfnis.

Bei einer dem natürlichen und dem juristischen Wortsinn am besten gerecht werdenden Beschränkung des Tatbestandsmerkmals „erbringt" auf die Ausführung der Dienst- oder Werkleistungen entstehen somit keine Schutzlücken; mithin ist eine weite, den Vertragsschluss mit umfassende Auslegung des Merkmals „Erbringen" nicht unabweisbar erforderlich, um dem Gesetzeszweck Rechnung zu tragen.

---

[141] *Honig*, Handwerksordnung, § 117 Rn. 15 m.w.N.
[142] *Tettinger/Wank*, Gewerbeordnung, § 14 Rn. 33.
[143] Beachtenswert ist, dass der Gesetzgeber für § 8 I Nr. 1 SchwarzArbG (§ 1 I SchwarzArbG a.F.) nicht die weite Formulierung des § 55 GewO gewählt hat, was durchaus möglich wäre, z.B.: „Ordnungswidrig handelt, wer Dienst- oder Werkleistungen in erheblichem Umfange anbietet oder Bestellungen auf Leistungen aufsucht [...]".

Das von *Thilenius* vorgebrachte Argument, dass die mit der Schwarzarbeit verbundenen Schäden (Existenzgefährdung handwerklicher Betriebe, Wettbewerbsverzerrungen, Einnahmeausfälle des Staates bei Steuern und Sozialabgaben) schon durch die Auftragsvergabe entstünden, weil ein Auftrag, sei er erst einmal an einen Schwarzarbeiter vergeben worden, dem legal arbeitenden Handwerk entgehe, vermag nicht zu überzeugen. Nach Ansicht des *BGH*[144] kann der Auftragnehmer die Ausführung der Arbeiten auch an in der Handwerksrolle eingetragene Subunternehmer übertragen; auf der Basis dieser Rechtsprechung werden die Schutzzwecke des SchwarzArbG (a.f.) durch den Vertragschluss nicht beeinträchtigt. Unabhängig davon werden die in der Gesetzesbegründung zum SchwarzArbG (a.f.) aufgeführten Zwecke ohne Zweifel aber auch dann nicht beeinträchtigt, wenn der Anbieter von Dienst- oder Werkleistungen die Pflichten nach §§ 1 II Nr. 1 bis 5, 8 I Nr. 1 SchwarzArbG (§ 1 I Nr. 1 bis 3 SchwarzArbG a.f.) zwar nach Vertragsschluss, aber noch vor der Ausführung der Dienst- oder Werkleistungen selbst erfüllt[145]. In diesem Falle schädigt der bloße Vertragsschluss weder den Fiskus bzw. die sozialen Sicherungssysteme noch Handwerk und Gewerbe. Eine weite Auslegung des Merkmals „erbringt" würde hingegen auch solch unbedenkliche Verhaltensweisen erfassen.

Auch wenn der Gesetzgeber den Begriff der Schwarzarbeit in § 1 II SchwarzArbG nunmehr auf Dienst- oder Werkleistungen von nicht erheblichem Umfang ausgeweitet hat, so darf nicht übersehen werden, dass die Sanktionen des § 8 I Nr. 1 SchwarzArbG wie bisher § 1 SchwarzArbG a.f. Dienst- oder Werkleistungen von erheblichem Umfang voraussetzen. Es bleibt daher auch hier dabei, dass der Gesetzgeber mit dem SchwarzArbG (a.f.) nur die besonders schweren Fälle der Schwarzarbeit sanktionieren wollte[146]. Die um ein vielfaches höhere Strafdrohung des § 8 III SchwarzArbG (§ 1 II SchwarzArbG a.f.) im Vergleich zu den Grundtatbeständen erfordert mit Blick auf die Verhältnismäßigkeit eine deutliche Abgrenzbarkeit dieser Tatbestände. Auch hierzu trägt eine am natürlichen Wortsinn orientierte, enge Auslegung des Merkmals „erbringt" bei.

Als Ergebnis ist daher festzuhalten, dass das Erbringen von Dienst- oder Werkleistungen die tatsächliche Ausführung der Leistungen voraussetzt. Die bloße vertragliche Verpflichtung hierzu erfüllt die Voraussetzungen der §§ 1 II, 8 I Nr. 1 SchwarzArbG (§ 1 I SchwarzArbG a.f.) nicht.

---

[144] *BGH*, Urt. v. 19.1.1984 – VII ZR 121/83 (Oldenburg) = BGHZ 89, S. 369 ff. = NJW 1984, S. 1175 = JR 1985, S. 146 ff. m. Anm. *Schubert*. Vgl. auch BGHZ 88, S. 240 ff.
[145] *Honig*, GewArch 1976, S. 24.
[146] Siehe oben, Erster Teil, A.

3. Der Begriff „ausführen lässt"

Das SchwarzArbG a.f. enthielt für den Auftraggeber des Schwarzarbeiters in § 2 I SchwarzArbG a.f. eine eigenständige Sanktionsnorm. Nach § 2 I Schwarz-ArbG a.f. handelte ordnungswidrig, wer vorsätzlich Dienst- oder Werkleistungen in erheblichem Umfange ausführen ließ, indem er eine oder mehrere Personen beauftragte, die diese Leistungen unter Verstoß gegen die in § 1 I Schwarz-ArbG a.f. genannten Vorschriften erbrachten. Mit dieser Vorschrift wollte der Gesetzgeber die Vergabe von Aufträgen an Schwarzarbeiter untersagen[147]. Wie aus der Begründung zum Entwurf des SchwarzArbG a.f. hervorgeht, hielt der Gesetzgeber die Schaffung einer eigenständigen Sanktionsnorm für erforderlich, weil das Verhalten des Auftraggebers andernfalls lediglich als Anstiftung oder Beihilfe zu Verstößen des Schwarzarbeiters gegen § 1 I SchwarzArbG a.f. geahndet werden könne und straflos bliebe, soweit es nicht über eine notwendige Teilnahme hinausgehe[148].

Der neue § 1 II SchwarzArbG lässt diese klare Trennung zwischen missbilligter Schwarzarbeit (§ 1 SchwarzArbG a.f.) und missbilligter Beauftragung mit Schwarzarbeit (§ 2 SchwarzArbG a.f.) vermissen; freilich missbilligt bzw. sanktioniert auch das neue SchwarzArbG die Beauftragung mit Schwarzarbeit, vgl. §§ 1 II, 8 I Nr. 2 SchwarzArbG. Dabei werden auch die Begriffe des § 2 I SchwarzArbG a.f. von den §§ 1 II, 8 I Nr. 2 SchwarzArbG übernommen. In der Sache ändert sich somit auch hier nichts.

Unterschiedliche Auffassungen bestehen hinsichtlich der Frage, ob der Auftraggeber den objektiven Tatbestand des § 8 I Nr. 2 SchwarzArbG (§ 2 I Schwarz-ArbG a.f.) schon durch die Vergabe des Auftrags über die Erbringung von Dienst- oder Werkleistungen erfüllt[149]. Ausgangspunkt zur Klärung dieser Frage

---

[147] BT-Drs. 2/1111, S. 3, li. Sp. oben; S. 4, re. Sp. oben.

[148] BT-Drs. 2/1111, Anlage 1, S. 5. Diese Ausgangslage hat sich mit der Umwandlung des SchwarzArbG a.f. in einen Ordnungswidrigkeitstatbestand verändert: Aus dem einheitlichen Täterbegriff des § 14 I 1 OWiG folgt, dass jeder, der sich (vorsätzlich) an einer Ordnungswidrigkeit beteiligt, selbst ordnungswidrig handelt. Dies gilt auch dann, wenn ein besonderes persönliches Merkmal wie z.B. die pflichtwidrige Missachtung der Erlaubnis- oder Mitteilungspflichten des § 1 I Nr. 1 bis 3 SchwarzArbG a.f., welches die Möglichkeit der Ahndung begründet, nur bei einem Beteiligten vorliegt, vgl. dazu *OLG Düsseldorf*, Beschl. v. 20.9.2000 – 2b Ss (Owi) 30/00 – (Owi) 24/00 I = GewArch 2001, S. 171 (zu §§ 4 I SchwarzArbG a.f., 14 OWiG); *Bohnert*, OWiG, § 14 Rn. 40; *Göhler*, OWiG, § 14 Rn. 11; KK OWiG-*Rengier* § 14 Rn. 37/39; *Berwanger*, BB-Special 2/2004, S. 10 (15). Zur Abgrenzung zwischen Täterschaft und nicht ahndbarer notwendiger Beteiligung siehe *Bohnert*, OWiG, § 14 Rn. 36; *Göhler*, OWiG, § 14 Rn. 8; KK OWiG-*Rengier* § 14 Rn. 52 ff.

[149] Bejahend *LG Görlitz*, Urt. v. 05.10.1993 – 1 O 0315/93 = NJW-RR 1994, S. 117, re. Sp.; *Voß*, S. 47; *Westphal*, S. 78; "das SchwarzArbG [a.f., Anm. des Vf.] verbietet es (...) in § 2 dem Auftraggeber, ein Angebot zur Leistung von Schwarzarbeit abzugeben oder anzunehmen usw.".

ist der – wenig gelungene – Wortlaut der §§ 1 II, 8 I Nr. 2 SchwarzArbG, den das Gesetz aus § 2 I SchwarzArbG a.f. übernommen hat. Mit § 2 I Schwarz-ArbG a.f. wollte der Gesetzgeber die Vergabe von Aufträgen an Schwarzarbeiter untersagen[150]; gleiches gilt insoweit für §§ 1 II, 8 I Nr. 2 SchwarzArbG[151]. Die §§ 1 II, 8 I Nr. 2 SchwarzArbG (§ 2 I SchwarzArbG a.f.) missbilligen bzw. sanktionieren indessen das „Ausführenlassen" von Dienst- oder Werkleistungen (in erheblichem Umfang), somit gerade nicht das Beauftragen mit entsprechenden Dienst- oder Werkleistungen. In § 8 I Nr. 2 SchwarzArbG (§ 2 I Schwarz-ArbG a.f.) wird das Tatbestandsmerkmal „Ausführenlassen" sodann allerdings durch einen untergeordneten Modalsatz näher bestimmt: „Ausführenlassen" i.S. von § 8 I Nr. 2 SchwarzArbG (§ 2 I SchwarzArbG a.f.) bedeutet demnach, jemanden zu beauftragen, der die Leistungen unter Verstoß gegen die in § 8 I Nr. 1 SchwarzArbG (§ 1 I SchwarzArbG a.f.) genannten Vorschriften erbringt, wobei das Beauftragen im Rahmen des § 8 I Nr. 2 SchwarzArbG (§ 2 I SchwarzArbG a.f.) im untechnischen Sinne zu verstehen ist; der Abschluss eines Auftragsvertrags i.S. des § 662 ist daher nicht erforderlich. Das Beauftragen des Auftragnehmers ist allerdings nur ein Begriffsmerkmal des „Ausführenlassens" i.S. von § 8 I Nr. 2 SchwarzArbG (§ 2 I SchwarzArbG a.f.); darüber hinaus muss der Auftragnehmer die Dienst- oder Werkleistungen unter Verstoß gegen die in § 8 I Nr. 1 SchwarzArbG (§ 1 I SchwarzArbG a.f.) genannten Vorschriften auch erbringen. Zur Verwirklichung des objektiven Tatbestandes des § 8 I Nr. 2 SchwarzArbG (§ 2 I SchwarzArbG a.f.) ist daher – entsprechend den Erörterungen zu §§ 1 II, 8 I Nr. 1 SchwarzArbG (§ 1 I SchwarzArbG a.f.) – die tatsächliche Ausführung der Dienst- oder Werkleistungen erforderlich[152].

II. Das Erbringen oder Ausführenlassen von Dienst- oder Werkleistungen „in erheblichem Umfang" gemäß § 8 I SchwarzArbG (§§ 1 I, 2 I Schwarz-ArbG a.f.)

Während die Definition des § 1 II SchwarzArbG zunächst nicht auf den Umfang der Dienst- oder Werkleistungen abstellt, knüpfen die Bußgeldvorschriften des § 8 I SchwarzArbG weiterhin (vgl. §§ 1 I, 2 I SchwarzArbG a.f.) an das umstrittene Merkmal des „erheblichen Umfangs" der Dienst- oder Werkleistungen an. Die Sanktion von Schwarzarbeit i.S. des § 1 II Nr. 3 – 5 SchwarzArbG gemäß § 8 I SchwarzArbG erfordert daher – wie bislang die §§ 1, 2 SchwarzArbG a.f. –, dass Dienst- oder Werkleistungen in erheblichem Umfang erbracht werden; insoweit bleibt auch hier trotz der Novellierung alles beim Alten[153].

---

[150] BT-Drs. 2/1111, S. 3, li. Sp. oben; S. 4, re. Sp. oben.
[151] BT-Drs. 15/2573, S. 25.
[152] Ebenso *S. Schmidt*, S. 192; *Helf*, S. 43.
[153] *Berwanger*, BB-Special 2/2004, S. 10 (13).

1. Der Begriff „in erheblichem Umfang"

Eine Legaldefinition des Begriffs „in erheblichem Umfang" enthält das SchwarzArbG (wie schon das SchwarzArbG a.f.) nicht; vielmehr handelt es sich um einen unbestimmten Rechtsbegriff, der unterschiedliche Auslegungen zulässt[154]. Daher wird die Frage, unter welchen Voraussetzungen ein erheblicher Umfang der Dienst- oder Werkleistungen zu bejahen ist, unterschiedlich beurteilt.

Bei der Auslegung dieses Begriffs ist zunächst zu beachten, dass § 8 I Nr. 1 SchwarzArbG (§ 1 I SchwarzArbG a.F.) ausschließlich Qualifikationstatbestände enthält: Im Vergleich zu den Grundtatbeständen der §§ 404 SGB III, 13 AsylbLG, 145 f. GewO, 117 HwO enthält § 8 I Nr. 1 SchwarzArbG (§ 1 II SchwarzArbG a.F.) wesentlich höhere Bußgelddrohungen. So ist der selbständige Betrieb eines Handwerks als stehendes Gewerbe unter vorsätzlichem Verstoß gegen § 1 I 1 HwO bereits nach § 117 I Nr. 1, II HwO mit Geldbuße bis zu zehntausend Euro bedroht; § 8 III SchwarzArbG droht dem Schwarzarbeiter bei Verstoß gegen § 8 I Nr. 1 lit. e) SchwarzArbG mit Geldbuße bis fünfzigtausend Euro[155]. Die Qualifikation des § 8 I Nr. 1 lit. e) SchwarzArbG (§ 1 I Nr. 3 SchwarzArbG a.F.) besteht jedoch lediglich darin, dass der Täter Dienst- oder Werkleistungen von erheblichem Umfang erbringt. Die fünfmal höhere Bußgelddrohung des § 8 III SchwarzArbG im Verhältnis zu § 117 HwO erfordert auf der Tatbestandsseite einen im Verhältnis zum Grundtatbestand deutlich gesteigerten Unrechtsgehalt der Tat. Noch deutlicher wird dies bei Verstößen gegen § 8 I Nr. 1 lit. a) – c) SchwarzArbG (§ 1 I Nr. 1 SchwarzArbG a.F). Hier bedrohen § 404 II Nr. 26, III SGB III und § 13 AsylbLG den Schwarzarbeiter nur mit einer Geldbuße bis zu fünftausend Euro, während § 8 III SchwarzArbG (§ 1 II SchwarzArbG a.F.) dem Schwarzarbeiter bei Verwirklichung des § 8 I Nr. 1 lit. a) – c) SchwarzArbG (§ 1 I Nr. 1 SchwarzArbG a.F.) eine Geldbuße bis zu dreihunderttausend Euro androht, also das sechzigfache der nach den §§ 404 SGB III, 13 AsylbLG möglichen Geldbußen. Auch hier besteht die Qualifikation lediglich in der Erbringung von Dienst- oder Werkleistungen in erheblichem Umfang. Entsprechendes gilt für § 8 I Nr. 1 lit. d) SchwarzArbG (§ 1 I Nr. 2 SchwarzArbG a.F.) im Verhältnis zu den §§ 145 I I Nr. 1 lit. b) und 146 II Nr. 1 GewO. Damit dürfte klar sein, dass das Merkmal des erheblichen Umfangs nicht lediglich dazu dienen kann, bloße Bagatellfälle aus dem Anwendungsbereich des SchwarzArbG auszuscheiden[156]. Vielmehr erfordern die hohen Bußgelddrohungen des § 8 III SchwarzArbG (§ 1 II SchwarzArbG a.F.) eine restriktive Auslegung dieses Merkmals; die im Vergleich zu den Grundtatbeständen

---

[154] *Erdmann*, SchwarzArbG § 1 Rn. 8.

[155] Bis zum 31.07.2004 bedrohte § 1 I Nr. 3 SchwarzArbG a.F. den Schwarzarbeiter noch mit Geldbuße von bis zu hunderttausend Euro, vgl. § 1 II SchwarzArbG a.F.

[156] So aber (für das SchwarzArbG a.F.) *LG Mainz*, NJW-RR 1998, S. 48; *LG Nürnberg-Fürth*, NZBau 2000, S. 436.

deutlich höheren Bußgelddrohungen des SchwarzArbG sind nur dann gerechtfertigt und verhältnismäßig, wenn der Umfang der Dienst- oder Werkleistungen deutlich aus der Masse der „alltäglichen" Verstöße gegen die in § 8 I Nr. 1 SchwarzArbG (§ 1 I Nr. 1 bis 3 SchwarzArbG a.f.) genannten Pflichten heraussticht[157]. Damit ist zumindest ein erster Anhaltspunkt für die Auslegung dieses Tatbestandsmerkmals gewonnen.

Das SchwarzArbG hat den Begriff des erheblichem Umfangs – ohne inhaltliche Änderung – aus dem SchwarzArbG a.f. übernommen. Nach den Gesetzgebungsmaterialien zum SchwarzArbG a.F. war der erhebliche Umfang der Dienst- oder Werkleistungen „unter Berücksichtigung aller Umstände des Einzelfalles nach objektivem Maßstab zu beurteilen, bei dessen Ermittlung vor allem die Frage eine Rolle spielen dürfte, ob die Arbeitskraft des Täters für eine nicht zu kurze Zeit voll, überwiegend oder in laufender Folge eingesetzt worden ist"[158]. Ob die Leistungen von erheblichem Umfang sind, ist somit ausschließlich nach objektivem Maßstab zu beurteilen[159]. Auf die subjektive Sicht des Schwarzarbeiters oder des Auftraggebers kommt es demzufolge nicht an[160]. Da es sich bei § 8 I Nr. 1 SchwarzArbG (§ 1 I SchwarzArbG a.f.) um eine Dauerordnungswidrigkeit handelt, sind einzelne Leistungen des Schwarzarbeiters für einen oder mehrere Auftraggeber zu addieren, sofern sie ohne länger dauernde Unterbrechung in laufender Folge aufgrund eines einheitlichen Tatentschlusses erbracht werden[161].

Als Beurteilungskriterium nennt die Gesetzesbegründung „vor allem" die Dauer des Einsatzes der Arbeitskraft des Täters. Im Schrifttum[162] wurde daher die Auffassung vertreten, dass es zur Ermittlung des erheblichen Umfangs allein auf die aufgewendete Arbeitszeit ankomme. Diese Auffassung wird aber weder durch

---

[157] Ähnlich *Bohnert*, Grundeigentum 2001, S. 818 (820).

[158] BT-Drs. 2/1111, Anlage 1, S. 5.

[159] *OLG Düsseldorf*, GewArch 1998, S. 477 f. = MDR 1999, S. 500 f.; *Kreizberg*, AR-Blattei, SD 1430, Rn. 53; *Schaub*, in: Arbeitsrechts-Handbuch, § 43 III Rn. 22.

[160] *Erdmann*, SchwarzArbG, § 1 Rn. 9.

[161] *OLG Düsseldorf*, Beschl. v. 28.6.1999 – 2a Ss (Owi) 148/99 – (Owi) 49/99 II = GewArch 2000, S. 156 (157); *OLG Köln*, Beschl. v. 22.11.1996 – Ss 578/96 (B) = GewArch 1997, S. 376; *Voß*, S. 29.

[162] So etwa *Thilenius*, S. 5 ff., der durch Heranziehung der §§ 102, 243 AFG (Arbeitsförderungsgesetz v. 25.6.1969, BGBl. I, S. 582, durch das Gesetz zur Reform der Arbeitsförderung - Arbeitsförderungs-Reformgesetz – AFRG – v. 24.3.1997, BGBl. I, S. 594 – mit Wirkung zum 1.1.1998 als Drittes Buch in das Sozialgesetzbuch – SGB III - eingeordnet) eine Arbeitsleistung von mehr als zwanzig Wochenstunden als erheblichen Umfang ansieht (S. 7). Ähnlich *Buchner*, WuV 1979, 212 (216 ff.), der durch Abstellen auf den Begriff der „kurzzeitigen Beschäftigung" i.S. des § 102 AFG eine Tätigkeit von weniger als 18 Wochenstunden als nicht erheblich ansieht. *Benöhr*, BB 1975, 232 (233), will darauf abstellen, ob die Zahl der geleisteten Arbeitsstunden dem Zeitaufwand für einen Hauptberuf entspricht.

den Wortlaut des SchwarzArbG (a.f.) noch durch die Gesetzesbegründung zum SchwarzArbG a.f. gestützt, ausweislich derer zur Ermittlung des erheblichen Umfangs „alle" Umstände des Einzelfalles heranzuziehen sind. Die aufgewendete Arbeitszeit ist somit nur ein Gesichtspunkt bei der Bestimmung des erheblichen Umfangs der Dienst- oder Werkleistungen[163]. Der Gesetzesbegründung kann aber durchaus entnommen werden, dass der aufgewendeten Arbeitszeit bei der Ermittlung des erheblichen Umfangs ein besonderes Gewicht zukommt. Daher dürfte ein erheblicher Umfang zumeist dann zu bejahen sein, wenn die ausgeübte Tätigkeit die Arbeitskraft des Schwarzarbeiters für eine nicht unerhebliche Zeit voll in Anspruch nimmt, so etwa bei der vollberuflichen Führung eines Handwerksbetriebes oder der Errichtung eines Wohnhauses[164].

Zur Ermittlung des erheblichen Umfangs sind nach Auffassung von Rechtsprechung und Schrifttum auch Umfang und Wert der erbrachten Dienst- oder Werkleistungen zu berücksichtigen[165]. Dies gilt insbesondere im Falle der Erbringung von Werkleistungen[166]. Dieser Auffassung ist zuzustimmen, denn die Berücksichtigung von Umfang und Wert der Dienst- oder Werkleistungen trägt der mit der Einführung dieses Tatbestandsmerkmals angestrebten Objektivierung des Tatbestandes des § 1 I SchwarzArbG a.f. (§ 8 I Nr. 1 SchwarzArbG) Rechnung: Da Dienst- oder Werkleistungen nach ihrer Erbringung in der Regel zu sichtbaren Veränderungen an den Leistungsobjekten führen, sind Umfang und Wert relativ leicht zu bestimmen[167]. Eine betragsmäßige Festlegung kommt aber angesichts der Vielgestaltigkeit der vom SchwarzArbG (a.f.) erfassten Dienst- und Werkleistungen nicht in Betracht[168]. Insbesondere ist eine Über-

---

[163] *Voß*, S. 29; *Erdmann*, SchwarzArbG, § 1 Rn. 15; *Sannwald*, § 1 Rn. 16.

[164] *Erdmann*, SchwarzArbG, § 1 Rn. 13 m.w.N. Vgl. auch den Fall des *OLG Nürnberg* (Urt. v. 25.5.2000 - 13 U 4512/99 = BauR 2000, S. 1494 ff. = OLGR Nürnberg 2001, S. 47 ff.): Der Kläger hatte vorsätzlich gegen § 1 I Nr. 3 SchwarzArbG a.f. (§ 8 I Nr. 1 lit. e SchwarzArbG) verstoßen, weil er in Kenntnis seiner Nichtberechtigung ein Handwerk als stehendes Gewerbe betrieben und dabei seit Jahren Folienflachdächer erstellt hatte, ohne für dieses Gewerk in der Handwerksrolle eingetragen zu sein. Offen lassend *BGH* (VII. ZS, Urt. v. 25.1.2001 - VII ZR 296/00 = BauR 2001, S. 632 = ZfBR 2001, S. 269). Ein erheblicher Umfang der Dienst- oder Werkleistungen dürfte regelmäßig auch dann zu bejahen sein, wenn die vom Schwarzarbeiter geleisteten Arbeitsstunden dem Zeitaufwand für einen Hauptberuf entsprechen (etwa 40 Stunden wöchentlich) und über einen längeren Zeitraum erbracht werden, ähnlich *Benöhr*, BB 1975, S. 232 (233), *Helf*, S. 27.

[165] *Helf*, S. 29 f.; *Voß*, S. 29; Ablehnend *Thilenius*, S. 6.

[166] *OLG Düsseldorf*, GewArch 1998, S. 477 f. = MDR 1999, S. 500 f.; *Ambs*, in: Erbs/Kohlhaas, Strafrechtliche Nebengesetze, Band III, S 34, § 8 Rn. 22; *Kreizberg*, AR-Blattei, SD 1430, Rn. 54; *Schaub*, Arbeitsrechts-Handbuch, § 43 III Rn. 22.

[167] Zu beachten ist jedoch die Rechtsprechung der Oberlandesgerichte, wonach die Dienst- oder Werkleistungen für jeden Auftrag nach Art, Umfang, Zeit und Ort einzeln darzulegen sind, vgl. *Erdmann*, SchwarzArbG, § 1 Rn. 14.

[168] *Kreizberg*, AR-Blattei, SD 1430, Rn. 54. Nach Ansicht des *OLG Düsseldorf* (Urt. v 2.9.1999 - 5 Ss [OWi] 145/98 - [OWi] 117/98 I = BauR 2000, S. 747 f. = GewArch 2000,

schreitung der Einkommensgrenzen für geringfügige Beschäftigungen und geringfügige selbständige Tätigkeiten von derzeit 400 Euro gemäß § 8 SGB IV[169] zur Bejahung des erheblichen Umfangs für sich genommen – auch angesichts der hohen Bußgelddrohung des § 8 III SchwarzArbG (§ 1 II SchwarzArbG a.f.) – noch nicht als ausreichend anzusehen[170]. Anders können die Dinge aber liegen, wenn die Überschreitung der Einkommensgrenzen über den längeren Zeitraum von mehreren Monaten erfolgt.

Zu beachten ist schließlich, dass die Kriterien der eingesetzten Arbeitskraft des Täters und des Wertes der Dienst- oder Werkleistungen nicht unverbunden nebeneinander stehen, da die eingesetzte Arbeitskraft über die Lohnkosten auch den Wert der Dienst- oder Werkleistungen beeinflusst. Dies gilt insbesondere dann, wenn der Anteil der Lohnkosten an der Wertschöpfung besonders hoch ist.

Als weiteres Kriterium zur Bestimmung des erheblichen Umfangs wurde mehrfach auch die zur Ausführung der Dienst- oder Werkleistungen erforderliche Vorbildung des Täters genannt[171]. Dies ist jedoch zweifelhaft. Ein spezifischer Zusammenhang zwischen der zur Ausführung der Dienst- oder Werkleistungen erforderlichen Vorbildung und dem Umfang der Dienst- oder Werkleistungen ist allenfalls insoweit denkbar, als z.B. bloße Hilfstätigkeiten regelmäßig auch nur von geringem Wert sein dürften, so dass die Vorbildung des Täters insoweit zumindest mittelbar über den Wert der Dienst- oder Werkleistungen Berücksichtigung findet[172]. Im Übrigen besteht jedoch kein Grund, Hilfstätigkeiten, sofern sie über einen längeren Zeitraum erbracht werden und von nicht unbedeu-

---

S. 202 f.) ist ein erheblicher Umfang auch bei einer Auftragssumme von 7.500 DM (rund 3.835 Euro) nicht zwingend gegeben, wenn es sich – bezogen auf das Gesamtvorhaben – um untergeordnete Leistungen handelt. Dagegen ist mit *LG Nürnberg-Fürth* (NZBau 2000, S. 436) und *OLG Nürnberg* (BauR 2000, S. 1494 f.) ein erheblicher Umfang bei einer Größenordnung von 200.000,-- DM (rund 102.258,-- Euro) ohne weiteres zu bejahen.

[169] Sozialgesetzbuch (SGB) – Viertes Buch (IV) – Gemeinsame Vorschriften für die Sozialversicherung (Artikel I des Gesetzes v. 23.12.1976, BGBl. I, S. 3845), zuletzt geändert durch Art. 1 des Gesetzes zur Vereinfachung der Verwaltungsverfahren im Sozialrecht v. 21.3.2005 (BGBl. I, S. 818).

[170] *Erdmann*, SchwarzArbG, § 1 Rn. 15. So bereits für das Tatbestandsmerkmal des „Erzielens wirtschaftlicher Vorteile in erheblichem Umfange" nach § 1 I Nr. 3 SchwarzArbG i.d.F. v. 29.1.1992 *OLG Düsseldorf*, GewArch 1996, S. 207 f.; *Jagenburg*, NJW 1995, S. 91 (92).

[171] *OLG Düsseldorf*, GewArch 1998, S. 477 f. = MDR 1999, S. 500 f.; *Voß*, S. 29 m.w.N.

[172] Im Rahmen des § 8 I Nr. 1 lit e) SchwarzArbG (§ 1 I Nr. 3 SchwarzArbG a.F.) ist darüber hinaus besonders sorgfältig zu prüfen, ob es sich bei der Hilfstätigkeit überhaupt um eine eintragungspflichtige Tätigkeit i.S. des § 1 HwO handelt.

tendem Wert sind, aus dem Anwendungsbereich des SchwarzArbG (a.F.) auszunehmen[173].

Erdmann[174] will zur Feststellung des erheblichen Umfangs der Dienst- oder Werkleistungen auf die Marktrelevanz des Verhaltens abstellen. Danach soll bei Dienst- oder Werkleistungen, die geeignet sind, den Wettbewerb zu verzerren, ein erheblicher Umfang jedenfalls dann zu bejahen sein, wenn sie nicht mehr als einfacher Nebenverdienst zu qualifizieren sind[175]. Im Ergebnis bekäme das SchwarzArbG (a.F.) damit eine wettbewerbsrechtliche Ausrichtung. Für eine Berücksichtigung der Marktrelevanz des Verhaltens spricht der in der Gesetzesbegründung zum SchwarzArbG a.F. aufgeführte Zweck, eingetragene Handwerksbetriebe vor Auftragsverlusten durch Lohn- und Preisunterbietungen zu schützen[176]. Das Kriterium der Marktrelevanz kann hier jedoch allenfalls im Rahmen des § 8 I Nr. 1 lit. e) SchwarzArbG (§ 1 I Nr. 3 SchwarzArbG a.F.) Berücksichtigung finden, der den Schutz handwerklicher Betriebe bezweckt; auf § 8 I Nr. 1 lit. a) – c) SchwarzArbG (§ 1 I Nr. 1 SchwarzArbG a.F.), der primär der Minderung des Beitragsaufkommens und dem Missbrauch der sozialen Sicherungssysteme entgegenwirken soll[177], passt dieses Kriterium dagegen nicht.

Als Ergebnis ist somit festzuhalten, dass der erhebliche Umfang der Dienst- oder Werkleistungen im jeweiligen Einzelfall und nach objektiven Maßstäben zu beurteilen ist. Von maßgeblicher Bedeutung ist dabei der Umstand, ob die Arbeitskraft des Täters für eine nicht zu kurze Zeit voll, überwiegend oder in laufender Folge eingesetzt worden ist. Zu berücksichtigen sind weiter Umfang und Wert der erbrachten Leistungen[178].

---

[173] Zweifelnd daher auch *Thilenius*, S. 6: „Denn warum soll, wenn ein Polier und ein Bauhilfsarbeiter am Wochenende und nach Feierabend gemeinsam ‚schwarz' bauen, etwa nur der höher oder der minder Qualifizierte Arbeiten erheblichen Umfanges leisten?".

[174] *Erdmann*, SchwarzArbG, § 1 Rn. 11 f.

[175] *Erdmann*, SchwarzArbG, § 1 Rn. 12.

[176] BT-Drs. 2/1111, Anl. 1, S. 4.

[177] Ausführlich zu Sinn und Zweck des SchwarzArbG (a.F.) unten, Zweiter Teil, A. III. 3. a.

[178] Ähnlich *Helf*, S. 30; *OLG Düsseldorf*, GewArch 1998, S. 477 f. = MDR 1999, S. 500 f.: „Bei der Bestimmung des Umfangs der Leistung sind objektive Maßstäbe anzulegen; maßgeblich sind insoweit Dauer, Häufigkeit, Regelmäßigkeit und Intensität der Dienst- oder Arbeitsleitungen sowie der Grad der Vorbildung. Im Fall der Erbringung von Werkleistungen ist in erster Linie auf den Umfang des erstellten Werks oder dessen Wert abzustellen.". Da das Tatbestandsmerkmal des erheblichen Umfangs somit im Wege der Auslegung nach rechtswissenschaftlichen Methoden bestimmbar ist, kommt auch ein Verstoß gegen das Bestimmtheitsgebot des Art. 103 II GG nicht in Betracht (zweifelnd dagegen *Benöhr*, BB 1975, S. 232 f.).

2. Das Ausführenlassen von Dienst- oder Werkleistungen in erheblichem Umfang gemäß § 8 I Nr. 2 SchwarzArbG (§ 2 I SchwarzArbG a.F.)

Die Frage, ob ein Verstoß des Auftraggebers gegen § 8 I Nr. 2 SchwarzArbG (§ 2 I SchwarzArbG a.F.) voraussetzt, dass auch der Auftragnehmer Dienst- oder Werkleistungen von erheblichem Umfang erbringt, ist nicht ausdrücklich geregelt. Diese Frage ist indes auch weiterhin zu verneinen: Bei § 8 I Nr. 2 SchwarzArbG (§ 2 I SchwarzArbG a.F.) handelt es sich um eine tatbestandliche Verselbständigung der Teilnahme[179], so dass eine voll tatbestandsmäßige Haupttat grundsätzlich nicht erforderlich ist. Zudem verlangt § 8 I Nr. 2 SchwarzArbG (§ 2 I SchwarzArbG a.F.) nur einen Verstoß gegen eine in § 8 I Nr. 1 SchwarzArbG (§ 1 I SchwarzArbG a.F.) genannte Vorschrift – mithin gegen die §§ 60 I 1 Nrn. 1 und 2 SGB I[180], 8a AsylbLG, 14 GewO, 55 GewO, 1 HwO. Damit setzt ein Verstoß des Auftraggebers gegen § 8 I Nr. 2 Schwarz-ArbG (§ 2 I SchwarzArbG a.F.) nicht voraus, dass auch der Auftragnehmer voll tatbestandsmäßig handelt. Bedeutsam ist dies vor allem für die Beauftragung mehrerer Personen (dazu sogleich 3.): Hier reicht für § 8 I Nr. 2 SchwarzArbG (§ 2 I SchwarzArbG a.F.) aus, wenn die einzelnen Dienst- oder Werkleistungen zusammengenommen einen erheblichen Umfang erreichen. Das Tatbestands-merkmal „Dienst- oder Werkleistungen in erheblichem Umfang", welches im Übrigen dem des § 8 I Nr. 1 SchwarzArbG (§ 1 I SchwarzArbG a.F.) ent-spricht[181], muss bei § 8 I Nr. 2 SchwarzArbG (§ 2 I SchwarzArbG a.F.) lediglich auf Seiten des Auftraggebers erfüllt sein.

Dagegen ist die nach altem Recht bestehende Frage, ob für den von § 2 I SchwarzArbG a.F. vorausgesetzten Verstoß des Auftragnehmers gegen die in § 1 I SchwarzArbG a.F. genannten Vorschriften vorsätzliches Handeln des Auf-tragnehmers erforderlich ist, in § 8 I Nr. 2 SchwarzArbG nunmehr ausdrücklich geregelt. Während diese Frage für § 2 I SchwarzArbG a.F. verneint wurde[182], verlangt § 8 I Nr. 2 SchwarzArbG nunmehr einen vorsätzlichen Verstoß des Auftragnehmers gegen eine der in § 8 I Nr. 1 SchwarzArbG genannten Vor-schriften.

3. Die Beauftragung mehrerer Personen

Der Wortlaut des § 8 I Nr. 2 SchwarzArbG (§ 2 I SchwarzArbG a.F.) erfasst die Beauftragung einer oder mehrerer Personen, die Dienst- oder Werkleistungen unter Verstoß gegen die in § 8 I Nr. 1 lit. a) – e) SchwarzArbG (§ 1 I Nr. 1 bis 3

---

[179] BT-Drs. 15/2573, S. 25.

[180] § 2 I SchwarzArbG a.F. verwies insoweit nur auf § 60 I Nr. 2 SGB I.

[181] Siehe dazu oben Erster Teil. B. II. 1.

[182] Weil es sich bei § 2 I SchwarzArbG a.F. um eine tatbestandliche Verselbständigung der Teilnahme handelte, war eine vorsätzliche rechtswidrige Haupttat nach § 1 I SchwarzArbG a.F. grundsätzlich nicht erforderlich.

SchwarzArbG a.F.) genannten Vorschriften erbringen. Bei der Beauftragung mehrerer Personen werden – entsprechend § 8 I Nr. 1 SchwarzArbG (§ 1 I SchwarzArbG a.F.) – einzelne Leistungen zusammengezählt, sofern diese von einem einheitlichen Tatvorsatz umfasst sind[183]. Wenn ein Auftraggeber mehrere Personen mit der Ausführung von Dienst- oder Werkleistungen beauftragt, die nur in ihrer Gesamtheit, aber nicht einzeln von erheblichem Umfang sind, kann es daher zu der Konstellation kommen, dass lediglich der Auftraggeber gegen § 8 I Nr. 2 SchwarzArbG (§ 2 I SchwarzArbG a.F.) verstößt, ohne dass die beauftragten Personen ihrerseits gegen § 8 I Nr. 1 SchwarzArbG (§ 1 I Schwarz-ArbG a.F.) verstoßen[184].

III. Der Pflichtenkatalog des § 1 II Nr. 1 bis 5 SchwarzArbG

Das Erbringen oder Ausführenlassen von Dienst- oder Werkleistungen erfüllt nur dann die Definition der „Schwarzarbeit" i.S. des § 1 II SchwarzArbG, wenn dabei bestimmte Pflichten verletzt werden.

1. § 1 II Nr. 1 SchwarzArbG

Gemäß § 1 II Nr. 1 SchwarzArbG leistet Schwarzarbeit, wer als Arbeitgeber, Unternehmer oder versicherungspflichtiger Selbständiger seine sich auf Grund der Dienst- oder Werkleistungen ergebenden sozialversicherungsrechtlichen Melde-, Beitrags- oder Aufzeichnungspflichten nicht erfüllt.

Zu den von § 1 II Nr. 1 SchwarzArbG erfassten Pflichten gehören ausweislich der Gesetzesbegründung insbesondere die Melde-, Aufzeichnungs- und Beitragspflichten der Arbeitgeber für die in der Kranken-, Pflege-, Rentenversicherung oder nach dem Recht der Arbeitsförderung kraft Gesetz versicherten Beschäftigten gegenüber der Einzugsstelle gemäß §§ 28a bis f SGB IV, ferner die Meldepflichten der Unternehmer – hierzu zählt auch der private Bauherr, der Helfer arbeitnehmerähnlich beschäftigt i.S. des § 2 II 1 SGB VII – für die gemäß § 2 SGB VII Kraft Gesetz Versicherten gegenüber dem Unfallversicherungsträger gemäß §§ 165 und 192 SGB VII[185].

Für Verstöße gegen § 1 II Nr. 1 SchwarzArbG sieht das SchwarzArbG keinen eigenständigen Ordnungswidrigkeitentatbestand vor. Damit sind diese Verhaltensweisen indes keineswegs erlaubt; vielmehr verbleibt es insoweit lediglich

---

[183] *Helf*, S. 43.
[184] Erforderlich ist allerdings ein vorsätzlicher Verstoß der Auftragnehmer gegen eine der in § 8 I Nr. 1 SchwarzArbG genannten Vorschriften. Vgl. zum SchwarzArbG a.F. *Helf*, S. 43; *OLG Karlsruhe*, Urt. v. 26.10.1976 – 8 U 111/75 = NJW 1977, S. 2076 f. = Die Justiz 1977, S. 13 ff. = OLGZ 77/194, S. 197
[185] BT-Drs. 15/2573, S. 18 f.

bei den im Sozialgesetzbuch geregelten Ordnungswidrigkeitentatbeständen der §§ 111 I Nr. 2 – 3 b SGB IV und 209 I Nr. 5 – 8 SGB VII[186].

2. § 1 II Nr. 2 SchwarzArbG

Gemäß § 1 II Nr. 2 SchwarzArbG leistet Schwarzarbeit, wer als Steuerpflichtiger seine sich auf Grund der Dienst- oder Werkleistungen ergebenden steuerlichen Pflichten nicht erfüllt.

Der weite Begriff der „steuerlichen Pflichten" erfasst sämtliche im Zusammenhang mit der Erbringung oder dem Ausführenlassen von Dienst- oder Werkleistungen stehenden Steuern der Abgabenordnung (AO) und der Einzelsteuergesetze, insbesondere jedoch die Umsatzsteuer, die Körperschaftssteuer und die Gewerbesteuer; einzelne Pflichten sind etwa die Pflicht zur Berichtigung von Erklärungen nach § 153 AO, die Pflicht zur Anmeldung und Abführung von Lohnsteuer gemäß § 41a EStG, der Steuerabzug bei Bauleistungen gemäß § 48 EStG sowie die Vorauszahlungspflicht der Umsatzsteuer gemäß § 18 Umsatzsteuergesetz[187].

Auch Verstöße gegen die in § 1 II Nr. 2 SchwarzArbG aufgeführten steuerlichen Pflichten werden vom SchwarzArbG nicht eigenständig sanktioniert. Insoweit verbleibt es vielmehr bei der Ahndung durch die Ordnungswidrigkeitentatbestände des Steuerrechts[188].

3. § 1 II Nr. 3 SchwarzArbG (§ 1 I Nr. 1 SchwarzArbG a.F.)

Gemäß § 1 II Nr. 3 SchwarzArbG (§ 1 I Nr. 1 SchwarzArbG a.F.) leistet Schwarzarbeit, wer als Empfänger von Sozialleistungen seine sich auf Grund der Dienst- oder Werkleistungen ergebenden Mitteilungspflichten gegenüber dem Sozialleistungsträger nicht erfüllt.

§ 1 II Nr. 3 SchwarzArbG übernimmt in sprachlich vereinfachter Form die Regelung des § 1 I Nr. 1 SchwarzArbG a.F. Dieser setzte die Missachtung einer bestehenden Mitteilungspflicht gegenüber einer Dienststelle der Bundesagentur für Arbeit, einem Träger der gesetzlichen Kranken-, Pflege-, Unfall- oder Rentenversicherung oder einem Träger der Sozialhilfe nach § 60 I 1 Nr. 2 SGB I oder der Meldepflicht nach § 8a des AsylbLG voraus.

Entsprechende Mitteilungspflichten gegenüber dem jeweiligen Sozialleistungsträger bestehen etwa nach § 60 I 1 Nr. 2 SGB I für die Bezieher von Leistungen

---

[186] BT-Drs. 15/2573, S. 24.
[187] BT-Drs. 15/2573, S. 19.
[188] BT-Drs. 15/2573, S. 24.

der gesetzlichen Arbeitslosen-, Kranken-, Pflege-, Renten- und Sozialversicherung (Arbeitslosengeld, Krankengeld, Pflegegeld, Verletztengeld oder laufende Hilfe zum Lebensunterhalt) und nach § 8a AsylbLG für die Bezieher von Leistungen nach dem AsylbLG gegenüber den jeweiligen Trägern der Sozialleistungen bei Änderungen in den Verhältnissen, die für die Leistung erheblich sind oder über die im Zusammenhang mit der Leistung Erklärungen abgegeben wurden[189]. Zu den mitteilungspflichtigen Änderungen in den leistungserheblichen Verhältnissen zählt insbesondere die Aufnahme einer entgeltlichen selbständigen oder unselbständigen Tätigkeit[190], darüber hinaus aber auch sonstige Veränderungen im Einkommen, soweit sie Einfluss auf die Bemessung der Leistung haben[191]; Zweck der Mitteilungspflichten ist somit der Schutz der jeweiligen Leistungsträger vor Schäden durch unberechtigte Inanspruchnahme von Sozialleistungen und damit allgemein die Erhaltung der Funktionstüchtigkeit der sozialen Institutionen[192].

§ 8 I Nr. 1 lit. a) – c) SchwarzArbG (§ 1 I Nr. 1 SchwarzArbG a.F.) enthält eigene Bußgeldvorschriften für qualifizierte Verstöße gegen § 60 I 1 Nr. 1 und Nr. 2 SGB I sowie § 8a AsylbLG. Gemäß § 8 III SchwarzArbG (§ 1 II SchwarzArbG a.F.) kann mit Geldbuße bis zu dreihunderttausend Euro belegt werden, wer unter Verstoß gegen die Anzeige-, Mitteilungs- oder Meldepflichten der §§ 60 I 1 Nr. 1 und Nr. 2 SGB I, 8a AsylbLG Dienst- oder Werkleistungen in erheblichem Umfang erbringt. Hervorzuheben ist § 8 I Nr. 1 lit. a) SchwarzArbG, der die Bußgelddrohung – im Unterschied zu § 1 I Nr. 1 SchwarzArbG a.F. – auf die bei der Antragstellung bestehenden Anzeigepflichten erstreckt. Dient der Verstoß gegen die Anzeige-, Mitteilungs- oder Meldepflichten dem Erschleichen von Sozialleistungen, tritt an die Stelle der Ordnungswidrigkeit des § 8 I Nr. 1 lit. a) – c) gemäß § 9 SchwarzArbG Freiheitsstrafe bis zu drei Jahren oder Geldstrafe, wenn dem Antragsteller zu Unrecht Sozialleistungen gewährt werden und die Tat nicht in § 263 StGB mit Strafe bedroht ist.

§ 8 I Nr. 1 lit. a) – c) SchwarzArbG (§ 1 I Nr. 1 SchwarzArbG a.F.) enthält einen Qualifikationstatbestand zu § 404 II Nr. 26 SGB III[193] und § 13 AsylbLG. Gemäß § 404 II Nr. 26 SGB III kann mit Geldbuße bis zu fünftausend Euro (§ 404 III SGB III) belegt werden, wer vorsätzlich oder fahrlässig entgegen § 60 I 1 Nr. 2 SGB I eine für den Anspruch auf eine laufende Leistung erhebliche

---

[189] *Ambs*, in: Erbs/Kohlhaas, Strafrechtliche Nebengesetze, Bd. III, S 34, § 1 Rn. 7.
[190] BSGE 77, S. 175; *Mrozynski*, SGB I, § 60 Rn. 29; *Ambs*, in: Erbs/Kohlhaas, Strafrechtliche Nebengesetze, Bd. III, S 34, § 1 Rn. 7; *Marschner*, AuA 1995, S. 84 (85).
[191] *Mrozynski*, SGB I, § 60 Rn. 30.
[192] *Bohnert*, Grundeigentum 2001, S. 818 (819).
[193] Sozialgesetzbuch (SGB) Drittes Buch (III) – Arbeitsförderung (Artikel 1 des Gesetzes v. 24.3.1997, BGBl. I, S. 594), zuletzt geändert durch Art. 3 des Gesetzes zur Änderung des Aufenthaltsgesetzes und weiterer Gesetze v. 14.3.2005 (BGBl. I, S. 721).

Änderung in seinen Verhältnissen nicht, nicht richtig, nicht vollständig oder nicht rechtzeitig mitteilt. Gemäß § 13 AsylbLG kann mit Geldbuße bis zu fünftausend Euro belegt werden, wer vorsätzlich oder fahrlässig entgegen § 8 a AsylbLG eine Meldung nicht, nicht vollständig, nicht richtig oder nicht rechtzeitig erstattet. Gegenüber § 8 I Nr. 1 lit. a) – c) SchwarzArbG (§ 1 I Nr. 1 SchwarzArbG a.F.) treten die §§ 8 a, 13 AsylbLG jedoch im Wege der Gesetzeskonkurrenz zurück[194].

4. § 1 II Nr. 4 SchwarzArbG (§ 1 I Nr. 2 SchwarzArbG a.F.)

Gemäß § 1 II Nr. 4 SchwarzArbG (§ 1 I Nr. 2 SchwarzArbG a.F.) leistet Schwarzarbeit, wer als Erbringer von Dienst- oder Werkleistungen seiner sich daraus ergebenden Verpflichtung zur Anzeige vom Beginn des selbständigen Betriebes eines stehenden Gewerbes (§ 14 GewO) nicht nachgekommen ist oder die erforderliche Reisegewerbekarte (§ 55 GewO) nicht erworben hat.

§ 1 II Nr. 4, 1. Var. SchwarzArbG (§ 1 I Nr. 2, 1. Var. SchwarzArbG a.F.) betrifft Verstöße gegen § 14 GewO. § 14 I GewO verpflichtet Gewerbetreibende dazu, die Aufnahme, Verlegung, Änderung und Einstellung des selbständigen Betriebs eines stehenden Gewerbes bei der zuständigen Behörde anzuzeigen. Gleiches gilt für den Betrieb von Zweigniederlassungen und unselbständigen Zweigstellen. Die Anzeige dient dem Zweck, der zuständigen Behörde die Überwachung der Gewerbeausübung zu ermöglichen, § 14 I 3 GewO; daneben dient sie auch der steuerlichen und statistischen Erfassung des Gewerbebetriebs[195]. Damit ist § 14 GewO zunächst eine wertneutrale Ordnungsvorschrift[196]; Verstöße gegen § 14 GewO lösen „regelmäßig keinen Vorwurf der Sittenwidrigkeit i.S.d. § 1 [jetzt § 3, Anm. d. Vf.] UWG aus, zumal der Nichtanmeldende aus diesem Gesetzesverstoß gewöhnlich keinen Wettbewerbsvorteil gegenüber gesetzestreuen Konkurrenten erzielt"[197].

Die zweite Variante betrifft Verstöße gegen § 55 GewO. Nach § 55 II GewO darf ein Reisegewerbe ohne die erforderliche Reisegewerbekarte nicht betrieben werden. § 55 II GewO enthält mithin ein Verbot mit Erlaubnisvorbehalt[198]. Während also die Verpflichtung nach § 1 II Nr. 4 SchwarzArbG (§ 1 I Nr. 2 SchwarzArbG a.F.) in der 1. Variante die Verletzung einer reinen Anzeigepflicht betrifft und insoweit mit § 1 II Nr. 3 SchwarzArbG (§ 1 I Nr. 1 Schwarz-

---

[194] *Ambs*, in: Erbs/Kohlhaas, Strafrechtliche Nebengesetze, Bd. III, S 34, § 8 Rn. 3.

[195] *Tettinger*, in: Tettinger/Wank, Gewerbeordnung, § 14 Rn. 2.

[196] *Tettinger*, in: Tettinger/Wank, Gewerbeordnung, § 14 Rn. 3.

[197] *Tettinger*, in: Tettinger/Wank, Gewerbeordnung, § 14 Rn. 5; *OLG Karlsruhe*, GewArch 1987, S. 374.

[198] *Tettinger*, in: Tettinger/Wank, Gewerbeordnung, § 55 Rn. 40.

ArbG a.f.) vergleichbar ist, handelt es sich bei der 2. Variante um die unerlaubte Ausübung einer erlaubnispflichtigen Tätigkeit.

Bei erheblichem Umfang der unter Verstoß gegen die in § 1 II Nr. 4 Schwarz-ArbG (§ 1 I Nr. 2 SchwarzArbG a.f.) aufgeführten Pflichten erbrachten Dienst- oder Werkleistungen enthält § 8 I Nr. 1 lit. d) SchwarzArbG (§ 1 I Nr. 2 SchwarzArbG a.f.) einen eigenständigen Bußgeldtatbestand. Demnach kann die Ordnungswidrigkeit mit einer Geldbuße bis zu fünfzigtausend Euro geahndet werden. § 8 I Nr. 1 lit. d) SchwarzArbG (§ 1 I Nr. 2 SchwarzArbG a.f.) enthält einen Qualifikationstatbestand zu den Vorschriften der §§ 145 I 1 Nr. 1, 146 II Nr. 1 GewO. Nach § 146 II Nr. 1 GewO handelt ordnungswidrig, wer vorsätzlich oder fahrlässig entgegen § 14 I bis III GewO eine Anzeige nicht, nicht richtig, nicht vollständig oder nicht rechtzeitig erstattet; die Ordnungswidrigkeit kann gemäß § 146 III GewO mit Geldbuße von bis zu eintausend Euro geahndet werden. Wer nach § 145 I 1 Nr. 1 GewO vorsätzlich oder fahrlässig ein Reisegewerbe ohne Erlaubnis nach § 55 II GewO betreibt, kann mit Geldbuße von bis zu fünftausend Euro, bei einer Tätigkeit nach § 34 c I 1 lit. b) GewO bis zu fünfzigtausend Euro, belegt werden. Diese Vorschriften treten im Wege der Gesetzeskonkurrenz hinter § 8 I Nr. 1 lit. d) SchwarzArbG (§ 1 I Nr. 2 SchwarzArbG a.f.) zurück[199].

5. § 1 II Nr. 5 SchwarzArbG (§ 1 I Nr. 3 SchwarzArbG a.F.)

Gemäß § 1 II Nr. 1 SchwarzArbG (§ 1 I Nr. 3 SchwarzArbG a.f.) leistet Schwarzarbeit, wer als Erbringer von Dienst- oder Werkleistungen ein zulassungspflichtiges Handwerk als stehendes Gewerbe selbständig betreibt, ohne in der Handwerksrolle eingetragen zu sein (§ 1 HwO); § 1 II Nr. 5 SchwarzArbG (§ 1 I Nr. 3 SchwarzArbG a.f.) setzt somit die selbständige Ausübung eines stehenden Gewerbes unter Verstoß gegen § 1 HwO voraus.

Gemäß § 1 I 1 HwO ist die Eintragung in der Handwerksrolle notwendige Voraussetzung für den selbständigen Betrieb eines zulassungspflichtigen Handwerks als stehendes Gewerbe. Zulassungspflichtige Handwerke sind gemäß § 1 II HwO handwerksmäßig betriebene Gewerbe der Anlage A zur HwO und Tätigkeiten, die für diese Gewerbe wesentlich sind; keiner Eintragung bedarf hingegen der selbständige Betrieb eines zulassungsfreien Handwerks (§ 18 HwO i.V.m. Anlage B zur HwO) und die selbständige Ausübung nicht wesentlicher

---

[199] *OLG Düsseldorf*, Beschl. v. 9.4.2001 – 2a Ss (Owi) 27/01 – (Owi) 17/01 II = GewArch 2001, S. 346 (347); *Tettinger*, in: Tettinger/Wank, Gewerbeordnung, § 14 Rn. 92. Zu beachten ist, dass das Betreiben eines Reisegewerbes ohne Reisegewerbekarte bei beharrlicher Wiederholung (§ 148 Nr. 1 GewO) oder Gefährdung von Leben oder Gesundheit eines anderen oder fremder Sachen von bedeutendem Wert (§ 148 Nr. 2 GewO) als Straftat mit Freiheitsstrafe bis zu einem Jahr oder mit Geldstrafe bestraft wird, § 148 GewO.

Tätigkeiten des zulassungspflichtigen Handwerks (§ 1 II HwO). Die Eintragung in der Handwerksrolle setzt voraus, dass der Betriebsleiter des einzutragenden Unternehmens in dem von ihm zu betreibenden oder in einem mit diesem verwandten zulassungspflichtigen Handwerk die Meisterprüfung bestanden hat, § 7 I, Ia HwO, oder eine gleichzuachtende Qualifikation nach § 7 II, IIa HwO vorweist; erfüllt er diese Voraussetzungen nicht, erfolgt eine Eintragung nur in den besonderen Ausnahmefällen der §§ 7 III, 8, 9 I, II HwO.

Sinn und Zweck dieser Regelungen ist es, die handwerksmäßige Ausübung gefahrgeneigter Gewerbe i.s. der Anlage A zur HwO (sowie wesentlicher Tätigkeiten) im Interesse der Abwehr von Gefahren für Gesundheit und Leben Dritter nur solchen Betrieben zu gestatten, bei denen ein Befähigungsnachweis zur Handwerksausübung erbracht ist[200]. Auch § 1 I Nr. 3 SchwarzArbG a.F. bezweckte – verkürzt – die Vermeidung von Schädigungen des Auftraggebers durch minderwertige handwerkliche Leistungen; darüber hinaus bezweckte § 1 I Nr. 3 SchwarzArbG a.F. jedoch auch den Schutz eingetragener Handwerksbetriebe vor Auftragsverlusten durch Lohn- und Preisunterbietungen durch nicht ordnungsgemäß in der Handwerksrolle eingetragene Handwerksbetriebe[201]. Diese Schutzzweckerwägungen dürften auch für das neue SchwarzArbG gelten, das qualifizierte Verstöße gegen § 1 HwO auch weiterhin als Fälle ahndungsungswürdiger Schwarzarbeit behandelt[202]: gemäß § 8 I Nr. 1 lit. e) SchwarzArbG (§ 1 I Nr. 3 SchwarzArbG) handelt daher auch künftig ordnungswidrig, wer unter Verstoß gegen § 1 HwO Dienst- oder Werkleistungen in erheblichem Umfang erbringt. Die Schutzzweckerwägungen zu §§ 1 I Nr. 3, 2 SchwarzArbG a.F. gelten daher uneingeschränkt fort.

§ 8 I Nr. 1 lit e) SchwarzArbG (§ 1 I Nr. 3 SchwarzArbG a.F.) enthält einen Qualifikationstatbestand zu § 117 I Nr. 1, II HwO. Danach wird mit einer Geldbuße bis zu zehntausend Euro bedroht, wer entgegen § 1 HwO vorsätzlich ein Handwerk als stehendes Gewerbe selbständig betreibt. Auch diese Vorschrift tritt im Wege der Gesetzeskonkurrenz hinter § 8 I Nr. 1 lit. e) SchwarzArbG (§ 1 I Nr. 3 SchwarzArbG a.F.) zurück[203].

---

[200] BT-Drs. 15/1206, S. 22 f.

[201] BT-Drs. 2/1111, Anl. 1, S. 4. Unerheblich ist dagegen, ob die Tätigkeit des Handwerkers im Übrigen angemeldet ist oder nicht; ebenso unerheblich ist, ob der Handwerker gegen Steuerstraftatbestände verstößt oder nicht, vgl. *Bohnert*, Grundeigentum 2001, S. 818 (819); *Helf*, S. 36. Daher kann auch ein Handwerker, der seinen Betrieb ordnungsgemäß angemeldet hat und auch Steuern und Sozialversicherungsbeiträge ordnungsgemäß entrichtet, gegen § 1 II Nr. 5 SchwarzArbG (§ 1 I Nr. 3 SchwarzArbG a.F.) verstoßen, sofern er für sein Handwerk nicht die erforderliche Eintragung in der Handwerksrolle besitzt.

[202] BT-Drs. 15/2948, S. 6.

[203] *OLG Düsseldorf*, Beschl. v. 9.4.2001 – 2a Ss (Owi) 27/01 – (Owi) 17/01 II = GewArch 2001, S. 346 (347); *OLG Köln*, Beschl. v. 22.11.1996 – Ss 578/96 (B) = GewArch 1997, S. 376 (377).

IV. Die Ausnahmetatbestände der §§ 1 III, 8 IV SchwarzArbG

Gemäß §§ 1 III, 8 IV SchwarzArbG (§ 1 III SchwarzArbG a.F.) finden die §§ 1 III, 8 IV SchwarzArbG keine Anwendung auf nicht nachhaltig auf Gewinn gerichtete Dienst- oder Werkleistungen, die von Angehörigen i.S. des § 15 der AO oder Lebenspartnern (Nr. 1), aus Gefälligkeit (Nr. 2), im Wege der Nachbarschaftshilfe (Nr. 3) oder im Wege der Selbsthilfe i.S. des § 36 II und IV des Zweiten Wohnungsbaugesetzes i.d.F. der Bekanntmachung vom 19.08.1994 (BGBl. I S. 2137) oder als Selbsthilfe i.S. des § 12 I 2 des Wohnraumförderungsgesetzes vom 13.09.2001 (BGBl. I S. 2376), zuletzt geändert durch Art. 7 des Gesetzes vom 29.12.2003 (BGBl. I S. 3076) erbracht werden (Nr. 4). Als nicht nachhaltig auf Gewinn gerichtet gilt insbesondere eine Tätigkeit, die gegen geringes Entgelt erbracht wird.

Gemeinsame Voraussetzung der Ausschlusstatbestände ist, dass die Dienst- oder Werkleistungen "nicht nachhaltig auf Gewinn gerichtet" sind. Hierzu zählen insbesondere „gegen geringes Entgelt" erbrachte Dienst- oder Werkleistungen, §§ 1 III 2, 8 IV 2 SchwarzArbG. Diese Formulierung macht jedoch eine Neubestimmung der Begriffe „Gefälligkeit" (§ 1 III Nr. 2 SchwarzArbG, § 1 III SchwarzArbG a.F.) bzw. „Nachbarschaftshilfe" (§ 1 III Nr. 3 SchwarzArbG, § 1 III SchwarzArbG a.F.) erforderlich, denn nach bislang h.M. war Voraussetzung für das Vorliegen von Gefälligkeit bzw. Nachbarschaftshilfe, dass die Dienst- oder Werkleistungen unentgeltlich erbracht wurden; entgeltliche Leistungen fielen also nicht hierunter[204]. Nunmehr dürfte dagegen die Annahme einer Gefälligkeit bzw. von Nachbarschaftshilfe durch ein geringes Entgelt allein nicht mehr ausgeschlossen sein[205].

Umstritten ist, ob der Kreis der für eine Nachbarschaftshilfe in Betracht kommenden Personen auf ein bestimmtes räumliches Umfeld beschränkt ist[206]. Zum Teil wird der Begriff der Nachbarschaft i.S. von „Lebensnachbarschaft" verstanden, so dass für eine Nachbarschaftshilfe auch entfernt wohnende Familienangehörige oder Vereinskollegen in Betracht kommen sollen[207]. Dagegen spricht jedoch, dass § 1 III SchwarzArbG a.F. als Ausschlusstatbestand eng auszulegen ist[208] und der Begriff der Nachbarschaft nach herkömmlichem Begriffsverständnis durch eine räumliche Nähe geprägt ist; daher geht auch die Begründung zum SchwarzArbG mit Recht davon aus, dass der Begriff der Nachbarschaftshilfe eine gewisse räumliche Nähe voraussetzt[209].

---

[204] *Bohnert*, Grundeigentum 2001, S. 818 (820).
[205] Ähnlich *Wegner*, DB 2004, S. 758.
[206] A.A. *Helf*, S. 39 ff.
[207] So *Bohnert*, Grundeigentum 2001, S. 818 (820).
[208] *Helf*, S. 40. Diese Fälle dürften kaum praktische Bedeutung erlangen, da es hier zumeist schon an einer Gewerbsmäßigkeit im Sinne der HwO und der GewO fehlen wird.
[209] BT-Drs. 15/2573, S. 19.

Der Begriff der Gefälligkeit umfasst Dienst- oder Werkleistungen, die im Rahmen der jeweiligen gesellschaftlichen Gepflogenheiten üblich sind oder solche, die in Notfällen geleistet werden. Ob der Gefälligkeit ein Gefälligkeitsverhältnis ohne rechtsgeschäftlichen Charakter oder ein Schuldverhältnis zugrunde liegt, ist nach dem Wortlaut des § 1 III SchwarzArbG (a.f.) ohne Belang[210].

Dienst- oder Werkleistungen, die einen der Ausschlusstatbestände der §§ 1 III, 8 IV SchwarzArbG (§ 1 III SchwarzArbG a.f.) erfüllen, verstoßen somit nicht gegen §§ 1 II, 8 I Nr. 1 SchwarzArbG (§ 1 I SchwarzArbG a.f.)[211]; für § 8 I Nr. 1 SchwarzArbG (§ 1 I SchwarzArbG a.f.) gilt dies selbst dann, wenn diese Tätigkeiten von erheblichem Umfang sind[212]. Auch eine Ordnungswidrigkeit des Auftraggebers gemäß § 8 I Nr. 2 SchwarzArbG (§ 2 I SchwarzArbG a.f.) ist in Fällen des § 8 IV SchwarzArbG (§ 1 III SchwarzArbG a.f.) ausgeschlossen[213].

V. Subjektive Voraussetzungen des § 8 I SchwarzArbG (§§ 1 I, 2 I SchwarzArbG a.f.)

Ordnungswidrig i.S. von § 8 I SchwarzArbG (§§ 1 I, 2 I SchwarzArbG a.f.) ist nur vorsätzliches Handeln. Dies folgt aus der Anwendbarkeit des § 10 OWiG, wonach fahrlässiges Handeln nur bei ausdrücklicher gesetzlicher Anordnung als Ordnungswidrigkeit geahndet werden kann[214]. Eine solche Anordnung trifft das SchwarzArbG (a.f.) nicht[215].

Auf Seiten des Auftraggebers setzt der Vorsatz die Kenntnis vom – vorsätzlichen – Verstoß des Schwarzarbeiters gegen die in § 8 I Nr. 1 lit. a)–e) SchwarzArbG (§ 1 I Nr. 1 bis 3 SchwarzArbG a.f.) genannten Vorschriften voraus[216].

VI. Zusammenfassung; Überblick über den Gang der Darstellung

Während § 1 II SchwarzArbG lediglich den Begriff der Schwarzarbeit definiert, zählen die Tatbestände des § 8 I SchwarzArbG (§§ 1 und 2 SchwarzArbG a.f.)

---

[210] *Helf*, S. 39 f.

[211] *Erdmann*, SchwarzArbG, § 1 Rn. 197; *Kreizberg*, AR-Blattei, SD 1430, Rn. 56; *Marschall*, Rn. 641.

[212] *Erdmann*, SchwarzArbG, § 1 Rn. 197. Diese Fallkonstellation ist nicht bloß rein theoretischer Natur; sie kann etwa dann eintreten, wenn ein ganzes Haus in Nachbarschaftshilfe errichtet wird.

[213] *Kreizberg*, AR-Blattei, SD 1430, Rn. 56.

[214] *OLG Düsseldorf*, Beschl. v. 2.9.1999 – 5 Ss (Owi) 145/98 – (Owi) 117/98 I = GewArch 2000, S. 202 (203), dort auch zu den Folgen eines Irrtums über Tatbestandsmerkmale. Dazu auch *Helf*, S. 41, 44; *Ambs*, in: Erbs/Kohlhaas, Strafrechtliche Nebengesetze, Band III, S 34, § 8 Rn. 26.

[215] *OLG Hamm*, Beschl. v. 9.11.1999 – 2 Ss OWi 713/99 = GewArch 2000, S. 79 (80).

[216] *Voß*, S. 33.

systematisch zu den Vorschriften des Ordnungswidrigkeitsrechts. § 8 I Nr. 1
SchwarzArbG (§ 1 I SchwarzArbG a.f.) enthält Qualifikationstatbestände zu
den §§ 404 II Nr. 26 SGB III, 13 AsylbLG, 145 I 1 Nr. 1, 146 II Nr. 1 GewO
und § 117 I Nr. 1 HwO. § 8 I Nr. 2 SchwarzArbG (§ 2 I SchwarzArbG a.f.) enthält eine tatbestandliche Verselbständigung der Beteiligung an einer Ordnungswidrigkeit nach § 8 I Nr. 1 SchwarzArbG (§ 1 I SchwarzArbG a.f.). Objektiv
setzt die Verwirklichung des § 8 I SchwarzArbG (§§ 1 I, 2 I SchwarzArbG a.f.)
voraus, dass die Dienst- oder Werkleistungen tatsächlich ausgeführt werden.
Durch den bloßen Abschluss eines Vertrags über die Erbringung von Dienst-
oder Werkleistungen verstoßen weder Schwarzarbeiter noch Auftraggeber gegen
§ 8 I SchwarzArbG (§§ 1 I, 2 I SchwarzArbG a.f.).

Aus der Systematik des SchwarzArbG – alter wie neuer Fassung – folgt, dass
Verstöße des Auftragnehmers gegen §§ 1 II, 8 I Nr. 1 SchwarzArbG (§ 1 I
SchwarzArbG a.f.) nicht notwendig mit Verstößen des Auftraggebers gegen
§§ 1 II, 8 I Nr. 2 SchwarzArbG (§ 2 I SchwarzArbG a.f.) verbunden sind. Zwar
können beide gegen das SchwarzArbG verstoßen; häufig verstößt jedoch ledig-
lich der Auftragnehmer gegen die §§ 1 II, 8 I Nr. 1 SchwarzArbG (§ 1 I
SchwarzArbG a.f.), ohne dass der Auftraggeber selbst gegen §§ 1 II, 8 I Nr. 2
SchwarzArbG (§ 2 I SchwarzArbG a.f.) verstößt. Denkbar ist zudem der Fall,
dass lediglich der Auftraggeber gegen §§ 1 II, 8 I Nr. 2 SchwarzArbG (§ 2 I
SchwarzArbG a.f.) verstößt, ohne dass zugleich ein Verstoß gegen §§ 1 II, 8 I
Nr. 1 SchwarzArbG (§ 1 I SchwarzArbG) vorliegt. Hieraus ergeben sich drei
Fallgruppen von Schwarzarbeitsfällen: 1.) Beiderseitige Verstöße gegen §§ 1 II,
8 I Nr. 1 und 2 SchwarzArbG (§§ 1 I, 2 I SchwarzArbG a.f.), 2.) einseitige Ver-
stöße gegen §§ 1 II, 8 I Nr. 1 SchwarzArbG (§ 1 I SchwarzArbG a.f.) sowie 3.)
einseitige Verstöße gegen §§ 1 II, 8 I Nr. 2 SchwarzArbG (§ 2 I SchwarzArbG
a.f.). Dieser Einteilung folgend soll zunächst die Fallgruppe der beiderseitigen
Verstöße gegen §§ 1 II, 8 I Nr. 1 und 2 SchwarzArbG (§§ 1 I und 2 I Schwarz-
ArbG a.f.) erörtert werden (Zweiter Teil), sodann die Fallgruppe der einseitigen
Verstöße des Schwarzarbeiters gegen §§ 1 II, 8 I Nr. 1 SchwarzArbG (§ 1 I
SchwarzArbG a.f.) (Dritter Teil) und schließlich die Fallgruppe der einseitigen
Verstöße des Auftraggebers gegen §§ 1 II, 8 I Nr. 2 SchwarzArbG (§ 2 I
SchwarzArbG a.f.) (Vierter Teil). Eine Sonderstellung nehmen dabei die Fälle
der sog. „Ohne-Rechnung-Abreden" (§ 1 II Nr. 2 SchwarzArbG) ein: Da diese
vom SchwarzArbG a.f. nicht erfasst wurden, folgte deren zivilrechtliche Behandlung bislang eigenständigen Grundsätzen; zudem sieht das SchwarzArbG
für sie keine eigenständige Sanktionsnorm vor. Auf Verstöße gegen § 1 II Nr. 2
SchwarzArbG wird deshalb in einem besonderen Abschnitt (Fünfter Teil) ein-
zugehen sein.

Der Übersichtlichkeit halber werden im Folgenden lediglich die Vorschriften des § 1 II SchwarzArbG zitiert, soweit es nicht im Besonderen auf die ordnungswidrigkeitenrechtlichen Sanktionen des § 8 I SchwarzArbG ankommt.

Zweiter Teil: Beiderseitige Verstöße gegen §§ 1 II, 8 I Nr. 1 und Nr. 2 SchwarzArbG (§§ 1 I, 2 I SchwarzArbG a.F.)

A. Nichtigkeit des Schwarzarbeitsvertrags nach § 134

Aus zivilrechtlicher Sicht steht die Frage nach der Wirksamkeit des Schwarzarbeitsvertrags als Grundlage vertraglicher Ansprüche zwischen Schwarzarbeiter und Auftraggeber im Vordergrund[217]. Der Vertragsschluss wirft in der Regel keine spezifischen Probleme auf; daher ist auch in Rechtsprechung und Schrifttum der Blick sogleich auf mögliche Nichtigkeitsgründe gerichtet. Eine Nichtigkeit von Schwarzarbeitsverträgen könnte sich zunächst aus der Vorschrift des § 134 ergeben[218].

I. Rechtsprechung

1. *LG Osnabrück*, Urt. v. 17.4.1963 – 3 O 33/63

Im Jahre 1963 verneinte das *LG Osnabrück*[219] die Nichtigkeit von Schwarzarbeitsverträgen nach § 134 auch für den Fall eines beiderseitigen Verstoßes gegen das SchwarzArbG a.F. Das SchwarzArbG a.F. unterstreiche lediglich Verstöße gegen Ge- und Verbote des Gesetzes über die Arbeitsvermittlung und Arbeitslosenversicherung sowie der GewO und der HwO. Da diese Gesetze nicht auf einen Eingriff in die Privatrechtsordnung abzielten, sondern als Normen öffentlich-rechtlichen Charakters allein die Aufrechterhaltung der öffentlichen Ordnung auf dem Gebiet des Arbeitsmarktes, des Gewerbes und des Handwerks bezweckten, seien Verträge, die unter Verstoß gegen diese Vorschriften geschlossen wurden, nicht nach § 134 nichtig. Daher habe auch ein Verstoß gegen das SchwarzArbG a.F. keine Auswirkungen auf die zivilrechtliche Wirksamkeit von Verträgen mit Schwarzarbeitern.

2. *AG Hamburg-Harburg*, Urt. v. 13.7.1966 – 12 C 387/66

Das *AG Hamburg-Harburg*[220] wandte sich im Jahre 1966 ausdrücklich gegen die Entscheidung des *LG Osnabrück*. Die Vorschriften des SchwarzArbG a.F. seien keineswegs lediglich Normen öffentlich-rechtlichen Charakters, die allein einer bestimmten Ordnung des Arbeitsrechts, des Gewerbes und des Handwerks,

---

[217] Zum Vorrang der Prüfung vertraglicher Anspruchsnormen gegenüber der Prüfung gesetzlicher Anspruchsnormen *Medicus*, Bürgerliches Recht, Rn. 8.

[218] Ein weiterer Nichtigkeitsgrund ist § 138, dazu unten, Zweiter Teil, B. Nach „altem" Schuldrecht war auch ein Vertrag nichtig, der auf eine unmögliche Leistung gerichtet war, § 306 a.F. Dieser weitere Nichtigkeitsgrund wurde durch das Gesetz zur Modernisierung des Schuldrechts v. 29.11.2001 (BGBl. I, S. 3183 ff.) mit Wirkung zum 1.1.2002 aufgehoben.

[219] *LG Osnabrück*, Urt. v. 17.4.1963 – 3 O 33/63, MDR 1963, S. 676 = BB 1964, S. 904 mit Anm. *Wittmann*, BB 1964, S. 904 ff.

[220] *AG Hamburg-Harburg*, Urt. v. 13.7.1966 – 12 C 387/66, MDR 1967, S. 41 f.

mithin nur dem Schutze des Staates und seiner Einrichtungen zu dienen bestimmt seien; vielmehr begründe das SchwarzArbG a.f. einen Schutzanspruch zu Gunsten der durch die Schwarzarbeit geschädigten ordnungsgemäß arbeitenden Berufsgruppen. Seien alle Tatbestandsmerkmale des § 1 I oder[221] des § 2 SchwarzArbG a.f. (§ 1 II Nr. 3 – 5 SchwarzArbG) erfüllt, verstoße der Vertrag nicht nur gegen eine Ordnungsvorschrift, sondern die Rechtsordnung wolle ihn nicht zulassen. Solche Verträge seien daher nach § 134 nichtig.

3. *LG Karlsruhe*, Urt. v. 9.4.1975 – 1 S 9/75

Im Jahre 1975 sprach das *LG Karlsruhe*[222] bereits von einer „allgemeinen Rechtsansicht", nach der Verträge, die gegen das SchwarzArbG a.f. verstoßen, nach § 134 nichtig seien und trat damit der Auffassung des *LG Osnabrück* ausdrücklich entgegen. Als Folge der Nichtigkeit bestünden weder Erfüllungs- noch Gewährleistungsansprüche des Auftraggebers gegen den Schwarzarbeiter, denkbar seien allenfalls Ansprüche aus positiver Forderungsverletzung.

4. *OLG Koblenz*, Urt. v. 24.9.1975 – 1 U 563/74

Im Jahre 1975 bejahte das *OLG Koblenz*[223] die Nichtigkeit eines Werkvertrages gemäß § 134 mit der Begründung, der Vertrag verstoße gegen § 1 I Nr. 3 SchwarzArbG a.f. (§ 1 II Nr. 5 SchwarzArbG). Dass der Auftraggeber in dem zugrunde liegenden Fall selbst gegen § 2 I SchwarzArbG a.f. verstieß, so dass ein beiderseitiger Verstoß gegen die §§ 1 I Nr. 3 und 2 I SchwarzArbG a.f. (§ 1 II Nr. 5 SchwarzArbG) vorlag, wird in den Entscheidungsgründen nur beiläufig erwähnt; der Schwerpunkt der Argumentation des Gerichts liegt auf dem Verstoß des Schwarzarbeiters gegen § 1 I Nr. 3 SchwarzArbG a.f. (§ 1 II Nr. 5 SchwarzArbG). Die Nichtigkeit führe dazu, dass der Schwarzarbeiter weder einen Werklohn- noch einen Bereicherungsanspruch habe; ob trotz der Nichtigkeit einzelne Ersatzansprüche des Auftraggebers gegen den Schwarzarbeiter bestehen können, ließ das Gericht offen[224].

---

[221] Das Gericht bejaht Nichtigkeit also auch bei nur einseitigen Verstößen, ausführlich dazu unten, Dritter Teil.

[222] *LG Karlsruhe*, Urt. v. 9.4.1975 – 1 S 9/75, NJW 1975, S. 1420 f., m. Anm. *Benöhr*, NJW 1975, S. 1970 = GewArch 1976, S. 23 f. m. Anm. *Honig*, GewArch 1976, S. 24 f.

[223] *OLG Koblenz*, Urt. v. 24.9.1975 – 1 U 563/74, DB 1975, S. 2125 f. = GewArch 1976, S. 25 f.

[224] *OLG Koblenz*, DB 1975, S. 2125 (2126).

5. *BGH*, Urt. v. 23.9.1982 – VII ZR 183/80 = BGHZ 85, S. 39 ff.

In der sog. „Festpreisabrede-Entscheidung"[225] aus dem Jahre 1982 befasste sich erstmals der *BGH*[226] mit der zivilrechtlichen Behandlung von Schwarzarbeitsverträgen. Dabei ging es – vereinfacht – um folgenden Sachverhalt:

Der Beklagte verpflichtete sich gegenüber der Klägerin zur Errichtung und Abwicklung eines Bauvorhabens (Erstellung eines Einfamilienwohnhauses nebst Garage) zu einem Festpreis von 146.949,50 DM. Die Erstellung des Baus sollte „soweit wie möglich in Nachbarschaftshilfe" erfolgen, wobei beiden Parteien bewusst war, dass die Durchführung des Bauvorhabens weitgehend unter Einsatz von Schwarzarbeitern erfolgen sollte. Die vereinbarungsgemäß auf den Namen der Klägerin ausgestellen Materialrechnungen und die weitgehend von Schwarzarbeitern durchgeführten Bauarbeiten bezahlte der Beklagte aus den ihm von der Klägerin zugewandten Geldern in Höhe von insgesamt 143.000 DM. Als sich herausstellte, dass die tatsächlichen Kosten den veranschlagten Festpreis überschreiten würden, stellte der Beklagte die Bezahlung der Lieferanten ein. Die Klägerin zahlte daraufhin weitere Materialrechnungen in Höhe von 45.087,57 DM selbst. Mit der Klage verlangte sie nunmehr Zahlung von 45.024,54 DM nebst Zinsen sowie die Feststellung der Ersatzpflicht des Beklagten bezüglich des ihr aus der teilweisen Nichterfüllung des Vertrags entstandenen Schadens.

Der *BGH* hielt den zwischen der Klägerin und dem Beklagten geschlossenen Baubetreuungsvertrag mit Preisgarantie für nichtig, weil er gegen das SchwarzArbG a.F.[227] und damit gegen ein gesetzliches Verbot i.S. des § 134 verstoße[228].

Zwar enthalte das SchwarzArbG a.F. kein ausdrückliches Verbot der Schwarzarbeit, jedoch sprächen Sinn und Zweck des Gesetzes und die in den §§ 1 und 2 SchwarzArbG a.F. (§ 8 I Nr. 1 und 2 SchwarzArbG) an Auftragnehmer und Auftraggeber gerichteten Bußgelddrohungen dafür, das SchwarzArbG a.F. als Verbotsgesetz und ein gegen dieses Gesetz verstoßendes Rechtsgeschäft nach § 134 als nichtig anzusehen[229]. Die Zwecke des SchwarzArbG a.F. seien:

---

[225] Zitiert nach *Voß*, S. 40.

[226] *BGH,* Urt. v. 23.9.1982 - VII ZR 183/80 (Braunschweig) = BGHZ 85, S. 39 ff. = NJW 1983, S. 109 ff. = MDR 1983, S. 222 = WM 1982, S. 1251 ff. = LM BGB § 134 Nr. 103 = DB 1982, S. 2615 ff. = AP Nr. 2 zu § 1 SchwarzArbG = EBE/BGH 82, S. 378 ff. = FWW 83, S. 19 f. = BauR 1983, S. 66 ff. = JR 1983, S. 102 ff. (m. Anm. *Köhler*) = ZIP 1983, S. 463 ff. (m. Anm. *Fenn*) = JuS 1983, S. 220 f. (m. Anm. *Emmerich*) = ZfBR 1982, S. 246 ff. = BB 1983, S. 2182 f.

[227] SchwarzArbG v. 30.3.1957 i.d.F. v. 31.5.1974 (BGBl. I, S. 1252).

[228] BGHZ 85, S. 39 (42).

[229] BGHZ 85, S. 39 (43).

- die Bekämpfung der erhöhten Arbeitslosigkeit in vielen Berufszweigen,
- die Vermeidung einer Gefährdung gewerblicher, insbesondere handwerklicher Betriebe durch Lohn- und Preisunterbietungen,
- der Schutz des Auftraggebers vor minderwertigen Leistungen und unsachgemäßer Verwendung von Rohmaterialien,
- die Verhinderung der Minderung des Steueraufkommens und der Beeinträchtigung des Beitragsaufkommens in der Sozial- und Arbeitslosenversicherung.

Weil das SchwarzArbG a.f. in den §§ 1 und 2 SchwarzArbG a.f. (§ 8 I Nr. 1 und 2 SchwarzArbG) sowohl Auftraggeber wie Auftragnehmer mit Geldbuße drohe, wolle es „die Schwarzarbeit schlechthin verbieten und den Leistungsaustausch zwischen Auftraggebern und nicht in die Handwerksrolle eingetragenen Gewerbetreibenden allgemein verhindern"[230]. Die Bußgelddrohung sei bereits ein gewichtiges Indiz dafür, dass die Rechtsordnung einem das Verbot missachtenden Vertrag die Wirksamkeit versagen wolle. Vor allem aber lasse sich der Zweck des SchwarzArbG a.f., Schwarzarbeit zu verhindern, nur erreichen, wenn gegen das Gesetz verstoßende Verträge als nicht rechtswirksam angesehen würden[231]. Der Sinn und Zweck des SchwarzArbG a.f. gehe somit dahin, „nicht nur als Ordnungsvorschrift den tatsächlichen Vorgang der Schwarzarbeit einzuschränken, sondern darüber hinaus im Interesse der wirtschaftlichen Ordnung dem zugrunde liegenden Rechtsgeschäft die rechtliche Wirkung zu versagen"[232].

Beide Parteien hätten schließlich auch bei Abschluss des Vertrags gegen das SchwarzArbG a.f. verstoßen. Die Klägerin habe gegen § 2 SchwarzArbG a.f. verstoßen, weil sie erkannt habe, dass der Vertrag auf den Einsatz von Schwarzarbeitern abziele, was ihr bei Durchführung des Bauvorhabens auch bewusst gewesen sei. Der Beklagte habe zwar nicht unmittelbar gegen § 1 I SchwarzArbG a.f. verstoßen, weil er weder die Tätigkeit eines Baubetreuers gewerbsmäßig ausgeübt habe (§ 1 I Nr. 2 SchwarzArbG a.f.[233]) noch die Handwerksleistungen selbst erbracht habe, ohne in die Handwerksrolle eingetragen zu sein (§ 1 I Nr. 3 SchwarzArbG a.f.[234]); durch die Verpflichtung, bei der Ausführung des Baus weitgehend Schwarzarbeiter einzusetzen, habe er aber durch Abschluss eines Umgehungsgeschäfts gegen § 1 SchwarzArbG a.f. verstoßen[235].

---

[230] BGHZ 85, S. 39 (43 f.).
[231] BGHZ 85, S. 39 (44).
[232] BGHZ 85, S. 39 (44).
[233] § 1 I Nr. 2 SchwarzArbG i.d.F. v. 31.5.1974 entspricht inhaltlich den §§ 1 II Nr. 4, 8 I Nr. 1 lit. d) SchwarzArbG. Er erfasste den Verstoß gegen die Anzeigepflicht aus § 14 GewO und den Verstoß gegen die Pflicht zum Erwerb einer Reisegewerbekarte nach § 55 GewO, siehe dazu schon oben, Erster Teil, B. III. 4.
[234] Diese Norm entspricht inhaltlich den §§ 1 II Nr. 5, 8 I Nr. 1 lit. e) SchwarzArbG, siehe dazu auch oben, Erster Teil, B. III. 5.
[235] BGHZ 85, S. 39 (45 f.).

6. *BGH*, Urt. v. 31.5.1990 – VII ZR 336/89 = BGHZ 111, S. 308 ff.

Dieser Entscheidung lag – wiederum vereinfacht – folgender Sachverhalt zugrunde:

Die Klägerin verlangte vom Beklagten Zahlung von restlichem Werklohn in Höhe von 20.505,00 DM aus abgetretenen Werklohnforderungen ihres Ehemannes. Dieser führte in den Jahren 1985 und 1986 für den Beklagten Handwerksarbeiten durch, ohne in der Handwerksrolle eingetragen zu sein und ohne einen Gewerbebetrieb angemeldet zu haben. Beides war dem Beklagten bekannt.

Nach Auffassung des *BGH* verstieß der Ehemann der Klägerin gegen § 1 I Nr. 3 SchwarzArbG a.F. (§ 1 II Nr. 5 SchwarzArbG) und der Beklagte gegen § 2 I SchwarzArbG a.F.[236] (§ 1 II Nr. 5 SchwarzArbG). Damit seien die zwischen dem Ehemann der Klägerin und dem Beklagten geschlossenen Verträge gemäß § 134 nichtig. Unter Bezugnahme auf BGHZ 85, S. 39 ff. führt der *BGH* aus, dass das SchwarzArbG a.F. durch die Androhung von Geldbußen sowohl gegenüber dem Auftragnehmer als auch gegenüber dem Auftraggeber die Schwarzarbeit schlechthin verbieten und den Leistungsaustausch zwischen den Vertragspartnern verhindern wolle, was bereits ein gewichtiges Indiz dafür sei, dass die Rechtsordnung einem das SchwarzArbG a.F. missachtenden Vertrag die Wirksamkeit versagen wolle. Zumindest bei beiderseitigen Verstößen lasse sich der Zweck des SchwarzArbG a.F. nur durch die Nichtigkeit derartiger Verträge erreichen.

7. *BGH*, Urt. v. 20.12.1990 – III ZR 150/89

In dieser Entscheidung bestätigte der dritte Zivilsenat[237] audrücklich die Rechtsprechung des siebten Zivilsenats[238] zu den vertragsrechtlichen Folgen von Verstößen gegen das SchwarzArbG a.F.; es sei „seit langem anerkannt, dass Verträge, die gegen das Gesetz zur Bekämpfung der Schwarzarbeit verstoßen, gemäß § 134 BGB nichtig sind".

Allerdings ging es in dieser Entscheidung um die Frage der Ersatzfähigkeit eines entgangenen Verdienstes, der nur unter Verstoß gegen Vorschriften des SchwarzArbG a.F.[239] hätte erzielt werden können. Im Anschluss an *BGH*, NJW 1986, S. 1486 und *OLG Oldenburg*, NJW-RR 1988, S. 496 sowie *LG Karlsruhe*, NJW 1975, S. 1420 befand der Senat, dass ein solcher entgangener Verdienst keinen erstattungsfähigen Schaden i.S. des § 252 S. 2 darstellt. Der entscheidende Gesichtspunkt liege dabei jedoch nicht in der Nichtigkeit des gewinnbringen-

---

[236] BGHZ 111, S. 308 (309 ff.).
[237] *BGH*, Urt. v. 20.12.1990 – III ZR 150/89 = BGHR BGB § 252 S 2 Verdienstentgang 1.
[238] BGHZ 85, S. 39 (43 ff.) und BGHZ 111, S. 309 ff.
[239] I.d.F. v. 31.5.1974 (BGBl. I, S. 1252) und v. 29.1.1982 (BGBl. I, S. 109).

den Rechtsgeschäfts wegen des Gesetzesverstoßes nach § 134, sondern vielmehr darin, dass die Gewinnerzielung selbst vom Gesetz missbilligt werde und der Prätendent daher etwas fordere, das er nur mit rechtswidrigen Mitteln hätte erlangen können.

II. Schrifttum

1. Die vorherrschende Auffassung – Nichtigkeit bei Verstößen gegen die §§ 1 I Nr. 3, 2 I SchwarzArbG a.F. (§ 1 II Nr. 5 SchwarzArbG)

In der Frage der Nichtigkeit von Schwarzarbeitsverträgen gemäß § 134 bei beiderseitigen Verstößen gegen §§ 1 I, 2 I SchwarzArbG a.F. (§ 1 II SchwarzArbG) hat sich im Spezialschrifttum eine zwischen den einzelnen Fällen des § 1 I Nr. 1 bis 3 SchwarzArbG a.F. (§ 1 II Nr. 3 bis 5 SchwarzArbG) differenzierende Auffassung durchgesetzt[240]:

Bewusste Verstöße gegen § 1 I Nr. 3 und § 2 I SchwarzArbG a.F. (§ 1 II Nr. 5 SchwarzArbG) haben nach herrschender Lehre die Vertragsnichtigkeit nach § 134 zur Folge[241], während bewusste Verstöße gegen § 1 I Nr. 1 und § 2 I SchwarzArbG a.F. (§ 1 II Nr. 3 SchwarzArbG) nicht zur Nichtigkeit des Vertrages führen[242], weil sich § 1 I Nr. 1 SchwarzArbG a.F. (§ 1 II Nr. 3 Schwarz-

---

[240] Zuletzt *Voß*, S. 50 f.; *Helf*, S. 98 ff.; *Thilenius*, S. 34 ff. Das allgemeine Schrifttum differenziert dagegen oftmals nicht weiter zwischen den einzelnen Tatvarianten des SchwarzArbG a.f., sondern erachtet Schwarzarbeitsverträge zumeist ausnahmslos für nichtig, wenn beide Parteien gegen das SchwarzArbG a.F. verstoßen haben, so *Medicus*, Allg. Teil des BGB, Rn. 651; AK-BGB/*Damm*, § 134 Rn. 47; *Erman/Palm*, § 134 Rn. 89; *Erman/Schwenker*, § 631 Rn. 16; *Kreizberg*, AR-Blattei, SD 1430, Rn. 86; *Ambs*, in: Erbs/Kohlhaas, Strafrechtliche Nebengesetze, Bd. III, S 34, § 1 Rn. 20; *Brandenstein/Corino/Petri*, NJW 1997, S. 825 (830); *Köhler*, JZ 1990, S. 466; wohl auch *Marschall*, Rn. 699 f. Nicht zwischen ein- und beiderseitigen Verstößen differenzierend *Schaub*, Arbeitsrechts-Handbuch, § 43 III Rn. 30. Weder zwischen einseitigen und beiderseitigen Verstößen noch zwischen den einzelnen Tatbeständen des SchwarzArbG a.F. differenzierend *Wittmann*, BB 1964, S. 904 (905); *Benöhr*, BB 1975, S. 232 (235); *Köhler*, EWiR 1990, S. 47 f.; *Tiedtke*, EwiR § 817 BGB 2/90, S. 889 f., anders aber *ders.*, EWiR § 134 BGB 1/91, S. 223 f. Differenzierend hingegen *Soergel/Hefermehl*, § 134 Rn. 55, 16; *E. Schneider*, MDR 1998, S. 690 (692); *Kern*, JuS 1993, S. 193 f. Zweifelnd *Buchner*, WiVerw 1979, S. 212 (225).

[241] Entgegenstehende Ansichten im Schrifttum, die eine Vertragsnichtigkeit bei Verstößen gegen das SchwarzArbG a.F. verneinen, haben sich somit nicht durchsetzen können. Zu nennen ist hier einerseits die Auffassung von *Honig*, GewArch 1976, S. 24 und *Benöhr*, BB 1975, S. 232, die – mit *LG Osnabrück* – das SchwarzArbG a.F. als bloße Ordnungsvorschrift ansehen, das sich nicht gegen die zivilrechtliche Wirksamkeit entsprechender Verträge wende. Zu nennen ist andererseits *Schubert*, JR 1985, 148 (149), der entsprechende Verträge für wirksam erachtet, da sich das SchwarzArbG a.F. nur gegen die Modalitäten der Leistungserbringung, nicht aber gegen den wirtschaftlichen Erfolg richte. Für die Wirksamkeit entsprechender Vereinbarungen tritt auch *Westphal* ein, hierzu *Köhler*, JZ 1990, S. 467.

[242] *Erdmann*, SchwarzArbG, § 1 Rn. 219. Vgl. zu den insoweit ähnlich gelagerten Fällen von Verstößen gegen § 104 SGB IV *Plagemann*, EWiR § 104 SGB IV 1/93, S. 707 (708). A.A.

ArbG) – im Unterschied zu § 1 I Nr. 3 SchwarzArbG a.f. (§ 1 II Nr. 5 SchwarzArbG) – nicht gegen den Vertrag als solchen richte, sondern nur gegen das Unterlassen der Meldung über die Aufnahme einer entgeltlichen Tätigkeit[243]. Bei bewussten Verstößen gegen § 1 I Nr. 2 und § 2 I SchwarzArbG a.f. (§ 1 II Nr. 4 SchwarzArbG) spricht sich ein Teil des Schrifttums[244] uneingeschränkt für eine Vertragsnichtigkeit gemäß § 134 aus, während ein anderer Teil[245] hier zwischen der Anzeigepflicht nach § 14 GewO (§ 1 I Nr. 2, 1. Var. SchwarzArbG a.f./ § 1 II Nr. 4, 1. Var. SchwarzArbG) und der Pflicht zum Erwerb einer Reisegewerbekarte nach § 55 GewO (§ 1 I Nr. 2, 2. Var. SchwarzArbG a.f./ § 1 II Nr. 4, 2. Var. SchwarzArbG) differenziert: Der Anzeigepflicht nach § 14 GewO komme eine reine Ordnungsfunktion zu, so dass § 1 I Nr. 2, 1. Var. SchwarzArbG a.f. (§ 1 II Nr. 4, 1. Var. SchwarzArbG) eine die Vertragswirksamkeit unberührt lassende „bloße Ordnungsvorschrift" sei. Die Pflicht zum Erwerb einer Reisegewerbekarte nach § 55 GewO stelle dagegen einen Erlaubnisvorbehalt dar, so dass § 1 I Nr. 2, 2. Var. SchwarzArbG a.f. (§ 1 II Nr. 4, 2. Var. SchwarzArbG) ein Verbotsgesetz i.S. des § 134 sei. Bewusste Verstöße gegen § 1 I Nr. 2, 2. Var. und § 2 I SchwarzArbG a.f. (§ 1 II Nr. 4, 2. Var. SchwarzArbG) führen dieser Auffassung zufolge ebenfalls zur Vertragsnichtigkeit nach § 134.

2. Wirksamkeit von Schwarzarbeitsverträgen

Teile des Schrifttums vertreten die Auffassung, Schwarzarbeitsverträge seien auch bei beiderseitigen, bewussten Verstößen gegen §§ 1 I und 2 I SchwarzArbG a.f. (§ 1 II SchwarzArbG) voll wirksam.

Nach *Honig*[246] ist nicht der Vertrag als solcher, sondern erst die spätere Ausführung der Leistungen durch den Schwarzarbeiter verbotswidrig: „Der Vertrag als solcher ist daher durchaus wirksam; wenn der Auftragnehmer wegen seiner fehlenden Gewerbebefugnis später an der Erbringung seiner Leistungen gehin-

---

ohne nähere Begründung *Marschner*, AuA 1995, S. 84 (86). *Tiedtke*, EWiR § 134 BGB 1/91, S. 223 (224); *Buchner*, WiVerw 1979, S. 212 (224 f).

[243] *Erdmann*, SchwarzArbG, § 1 Rn. 219.

[244] *Ambs*, in: Erbs/Kohlhaas, Strafrechtliche Nebengesetze, Bd. III, S 34, § 1 Rn. 20; *Erdmann*, SchwarzArbG, § 1 Rn. 219 ff.; *Kern*, JuS 1993, S. 193 f. *Schmidt*, MDR 1966, 463 (464); *Tiedtke*, EWiR § 134 BGB 1/91, S. 223.

[245] *Buchner*, WiVerw 1979, 212, 226; *Helf*, 101 ff., *Voß*, S. 51, dort Fn. 86.

[246] *Honig*, GewArch 1976, S. 24. So auch *Müller*, Schwarzarbeit I, in: Arbeitsrechtsblattei (SD), Stand: 15.11.1982, Anm. G: Habe der Schwarzarbeiter seine Leistung verbotswidrig erbracht, habe er einen Vergütungsanspruch gegen den Auftraggeber, müsse diesem aber andererseits voll für Mängel nach Gewährleistungsrecht haften. Nichtigkeit soll allerdings eintreten, wenn die illegale Erfüllung Hauptzweck der Abrede und eine legale Erfüllung für die Parteien ohne Interesse sei. Dann sei der Vertrag nicht wertneutral, sondern nach § 134 nichtig.

dert wird, so liegt darin ein von ihm selbst zu vertretendes Unvermögen, für das er im Hinblick auf § 275 BGB einzustehen hat".

Auch *Westphal*[247] spricht sich für eine volle Wirksamkeit von Verträgen bei Verstößen gegen §§ 1 I und 2 I SchwarzArbG a.F. (§ 1 II SchwarzArbG) aus. Sein Ergebnis basiert auf einer von ihm entwickelten Lehre zur Ermittlung der Nichtigkeit nach § 134, die hier nur in Grundzügen dargestellt werden kann. § 134 sei eine „echte Generalklausel"[248], die eine Gegenüberstellung und Prioritätsabwägung zweier Werte erfordere: Auf der einen Seite stehe die Vertragsfreiheit als von der Rechtsordnung grundsätzlich getroffene Entscheidung, privatrechtliche Regelungen als verbindlich anzuerkennen, auf der anderen Seite das Schutzgut des Verbotsgesetzes[249]. Bei der Prioritätsabwägung seien abstrakte und praktische Gesichtspunkte von Bedeutung, insbesondere[250] die „qualitative und quantitative Intensität der von der verbotenen Handlung typischerweise ausgehenden Beeinträchtigung" und die „Präventivwirkung einer Nichtigkeitsanordnung"[251]. Das Nichtigkeitsverdikt wird so zum Ergebnis eines „äußerst komplexen Wertungsvorganges"[252], bei dem die Prioritätsabwägung zu Gunsten des vom Verbotsgesetz verfolgten Schutzgutes ausfällt. Hieran stellt *Westphal* allerdings sehr hohe Anforderungen: „Nur bei einer Gefährdung sehr hoch anzusiedelnder Schutzgüter, die dem der Vertragsfreiheit zuzumessenden Wert objektiv sehr weit vorgelagert sein müssen, wie vor allem dem Leben, der Gesundheit und der Umwelt, wird am Ende eine *Nichtigkeit* des Rechtsgeschäfts, welches in irgendeiner Form zu dieser Gefährdung beiträgt, vertretbar erscheinen können"[253].

Zwar verbietet das SchwarzArbG a.F. nach seiner Auffassung „in § 1 dem Schwarzarbeiter, in § 2 dem Auftraggeber ein Angebot zur Leistung von Schwarzarbeit abzugeben oder anzunehmen usw."[254], die Wirksamkeit von Schwarzarbeitsverträgen ergebe sich jedoch aus der fehlenden Präventivwirkung[255]: Wie die Erfahrung zeige, führe auch das Nichtigkeitsverdikt nicht zu dem vom SchwarzArbG a.F. gewünschten Effekt der Verhinderung von Schwarzarbeit. Daher sei „nicht ersichtlich, wie man auch nur halbwegs realistisch annehmen" könne, der Zweck des SchwarzArbG a.F. lasse sich nur durch die Nichtanerkennung der gegen das SchwarzArbG a.F. verstoßenden Verträge

---

[247] *Westphal*, S. 140 ff.
[248] *Westphal*, S. 134.
[249] *Westphal*, S. 78/127 ff.
[250] Nach *Westphal*, S. 130, handelt es sich bei dieser Konzeption um ein „offenes System", in das noch andere Überlegungen einfließen können.
[251] *Westphal*, S. 129.
[252] *Westphal*, S. 130.
[253] *Westphal*, S 136, Hervorhebung im Original.
[254] *Westphal*, S. 78.
[255] *Westphal*, S. 141 f.

53

erreichen[256]; es sei vielmehr „unsinnig, den Grundsatz der Verantwortung und des Einstehenmüssens für bewußt abgegebene Willenserklärungen einem Schutzgut zu opfern, welches auch mit diesem Opfer nicht weniger gefährdet ist als ohne"[257]. Zudem führe die Gültigkeit entsprechender Verträge bei Gewährleistungsfällen zu sachgerechten Lösungen. Der Schwarzarbeiter werde bei Gültigkeit des Vertrages auch keineswegs zu einer verbotenen Handlung verpflichtet, denn die „Erbringung der vertraglichen Leistung ist *ihm* aus rechtlichen Gründen subjektiv unmöglich"[258].

Zu einem ähnlichen Ergebnis gelangt *Reuter*[259], der sich allerdings für eine mangelnde Durchsetzbarkeit des dem Schwarzarbeitsverbot widersprechenden Erfüllungsanspruchs wegen Unzumutbarkeit einer mit Strafe bedrohten Handlung nach § 242 ausspricht. Dem Argument, das SchwarzArbG a.F. richte sich gegen den wirtschaflichen Erfolg und erfordere deshalb die Nichtigkeit des Schwarzarbeitsvertrags, hält er entgegen, dass auch die bereicherungsrechtliche Rückabwicklung im Ergebnis auf eine Aufrechterhaltung des Vertrags hinauslaufe. Sei die Schwarzarbeit erst einmal erbracht, gebe es in der Regel kein Zurück mehr. Aber auch der Präventionswert der Vertragsnichtigkeit sei gering, da die Vertragsparteien den fehlenden Rechtsschutz bereits bei der Vertragsgestaltung – etwa durch Leistung Zug um Zug – berücksichtigten. Zwar sei ausgeschlossen, dass die Rechtsordnung etwas zugleich verbiete und befehle; zu einem Ausschluss einer persönlichen Verpflichtung des Schwarzarbeiters gelange man jedoch nicht allein über die Nichtigkeit des Vertrages, sondern auch bei Annahme rechtlicher Unmöglichkeit des auf den Verstoß gegen das SchwarzArbG (a.F.) gerichteten Erfüllungsanspruchs bzw. durch Einräumung eines Leistungsverweigerungsrechts wegen Unzumutbarkeit der Vornahme einer verbotenen Handlung nach § 242.

3. „Heilung" der Nichtigkeitsfolgen
In der Frage der Wirksamkeit von Schwarzarbeitsverträgen differenziert *Helf* zwischen dem Stadium vor Beginn der Vertragsabwicklung und dem Stadium nach Beginn der Vertragsabwicklung[260]: Solange noch keine Partei ihre Leistung erbracht habe, erforderten die Schutzzwecke des SchwarzArbG a.F. bei beiderseitigen Verstößen gegen §§ 1 I Nr. 3 und 2 I SchwarzArbG a.F. (§ 1 II Nr. 5 SchwarzArbG) gemäß § 134 die Nichtigkeit des Vertrags[261]. Die Nichtigkeit werde jedoch geheilt, sobald eine Partei mit der Leistungserbringung beginne,

---

[256] *Westphal*, S. 142 f.
[257] *Westphal*, S. 143.
[258] *Westphal*, S. 144. Hervorhebung im Original.
[259] *Reuter*, Zivilrechtliche Probleme der Schwarzarbeit, S. 31 ff.
[260] *Helf*, S. 229; kritisch *Sonnenschein*, JZ 1976, 497 (500) m.w.N.
[261] *Helf*, S. 186, 194 f. und 199d f., zusammenfassend S. 229.

weil die Wirksamkeit den dann noch erreichbaren Schutzzwecken des SchwarzArbG a.F. besser gerecht werde[262].

Sei die Schwarzarbeit zumindest teilweise erbracht worden, seien die meisten Schutzziele des SchwarzArbG a.f., insbesondere die Verhinderung von Schwarzarbeit, nicht mehr zu erreichen. Nur das Schutzziel, den Auftraggeber vor Schäden durch minderwertige Leistungen zu schützen, sei noch erreichbar. Dieser Schutz werde aber durch die Vertragsnichtigkeit erheblich geschmälert[263], während er bei Wirksamkeit entsprechender Verträge am Besten zu erreichen sei[264]. Der Schutz des Auftraggebers sei auch bei beiderseitigen Verstößen gegen das SchwarzArbG a.f. gewollt, da dem Gesetz nicht zu entnehmen sei, es wolle nur den redlichen Auftraggeber vor minderwertigen Leistungen schützen[265]. Auch bei Vorleistung des Auftraggebers werde der Vertrag wirksam, da der Schwarzarbeiter bei Vertragsnichtigkeit durch den Kondiktionsausschluss nach § 817 S. 2 ungerechtfertigt bevorzugt werde[266].

Die Heilung des zunächst gemäß § 134 nichtigen Vertrags folge aus einer Rechtsanalogie zu den §§ 311 b I 2, 518 II, 766 S. 3, 2301 II[267]. Zwar liege diesen Vorschriften nach herrschender Meinung kein allgemeiner Rechtsgedanke zugrunde, jedoch sei eine analoge Anwendung in einigen Fällen anerkannt und daher grundsätzlich möglich; auch eine Vergleichbarkeit der Fälle sei gegeben: In beiden Fällen solle „durch die Gebots- bzw. Verbotsregelung der Abschluss eines Vertrags verhindert werden"[268]. In den Fällen des Formverstoßes sehe das BGB ausdrücklich eine Heilung vor, „weil der Zweck der Formvorschriften – Schutz vor übereilter vertraglicher Bindung – nicht mehr erreicht werden" könne, wenn der Vertrag erst einmal abgeschlossen sei und die vertraglichen Leistungen erbracht seien; dies treffe auch auf Schwarzarbeitsfälle zu: „Haben sich die Parteien bereits über das gesetzliche Verbot hinweggesetzt und den nichtigen Vertrag erfüllt, ist der Zweck, Schwarzarbeit zu verhindern, nicht erreicht worden und ein Festhalten an der Rechtsfolge der Nichtigkeit würde andere, ebenso wichtige Schutzziele des SchwarzArbG in Frage stellen"[269].

---

[262] *Helf*, S. 199a f., 200, zusammenfassend S. 229.
[263] *Helf*, S. 142-144, 186, zusammenfassend S. 229.
[264] *Helf*, S. 186, zusammenfassend S. 229.
[265] *Helf*, S. 190, 193.
[266] *Helf*, S. 142 ff., zusammenfassend S. 229.
[267] *Helf*, S. 199a.
[268] *Helf*, S. 199a.
[269] *Helf*, S. 199a f.

4. Nichtigkeit der Erfüllungsansprüche, Wirksamkeit der Gewährleistungs- und Schadensersatzansprüche

Nach *Hefermehl*[270] ist ein Schwarzarbeitsvertrag nach § 134 nichtig, wenn beide Vertragsparteien gegen das SchwarzArbG (a.F.) verstoßen. Hinsichtlich der Nichtigkeitsfolgen differenziert *Hefermehl* dann jedoch zwischen vertraglichen Erfüllungsansprüchen auf die unerlaubte Leistung und die vereinbarte Vergütung einerseits und Gewährleistungs- und Schadensersatzansprüchen andererseits. Nach dem Zweck des Schwarzarbeitsverbots seien Erfüllungsansprüche auf die unerlaubte Leistung und die vereinbarte Vergütung nicht gegeben; demgegenüber widerspreche es dem Schutzzweck des SchwarzArbG a.F. und begünstige den Schwarzarbeiter zudem gegenüber anderen Unternehmern, wenn Gewährleistungsrechte und Schadensersatzansprüche wegen positiver Forderungsverletzung oder unerlaubter Handlung ausgeschlossen seien.

III. Stellungnahme

Die §§ 8, 22 SchwarzArbG (§§ 1, 2, 4 und 5 SchwarzArbG a.F.) bekämpfen die Schwarzarbeit mit den Mitteln des Ordnungswidrigkeitsrechts (§ 8 SchwarzArbG/ §§ 1, 2 und 4 SchwarzArbG a.F.) und durch wettbewerbsrechtliche Sanktionen (§ 22 SchwarzArbG/ § 5 SchwarzArbG a.F.); § 9 SchwarzArbG enthält darüber hinaus einen Straftatbestand. Eine zivilrechtliche Regelung trifft lediglich § 22 II SchwarzArbG (§ 5 II SchwarzArbG a.F.), der eine Verfehlung nach § 22 I SchwarzArbG (§ 5 I SchwarzArbG a.F.) einer Verletzung von Pflichten nach § 241 II gleichstellt. Nicht ausdrücklich geregelt ist indessen die Frage der zivilrechtlichen (Un-)Wirksamkeit von Schwarzarbeitsverträgen; insoweit muss zu ihrer Lösung die Regelung des § 134 herangezogen werden.

1. Zur Dogmatik des § 134

Nach § 134 ist ein Rechtsgeschäft, das gegen ein gesetzliches Verbot verstößt, nichtig, wenn sich nicht aus dem Gesetz ein anderes ergibt. Anwendung und Auslegung des § 134 bereiten Rechtsprechung und Lehre jedoch mehr Probleme, als der knappe Wortlaut der Vorschrift zunächst vermuten lässt[271]. Denn § 134 bestimmt nicht, was ein gesetzliches Verbot ist und wann ein Rechtsgeschäft dagegen verstößt[272]; aufgrund des Vorbehalts in § 134, 2. Halbs. ist die Vorschrift selbst in Bezug auf die Rechtsfolgen keineswegs eindeutig[273]. Insoweit spiegeln die Schwierigkeiten von Rechtsprechung und Lehre bei der zivil-

---

[270] Soergel/*Hefermehl* § 134 Rn. 55.

[271] Vgl. dazu auch *Amm*, S. 1 ff.; *Westphal*, S. 18 ff.

[272] *Canaris*, Gesetzliches Verbot und Rechtsgeschäft, S. 17; siehe auch Erman/*Palm* § 134 Rn. 9. Selbst der Begriff des Rechtsgeschäfts ist gesetzlich nicht definiert, siehe *Flume*, Allg. Teil, Bd. II, § 2, 1 (S. 23).

[273] *Larenz/Wolf*, Allg. Teil, § 40 Rn. 3.

rechtlichen Behandlung von Verstößen gegen das SchwarzArbG (a.F.) auch allgemeine Probleme der Anwendung und Auslegung des § 134 wider; dies macht eine Erörterung der Dogmatik des § 134 erforderlich.

a. Methodik

Nach *Hefermehl*[274] sind im Rahmen des § 134 drei Fragen zu klären: (1.) Liegt ein Verbotsgesetz vor, (2.) verstößt das Rechtsgeschäft gegen das Verbot und (3.) was sind die Rechtsfolgen des Gesetzesverstoßes. Die Abgrenzung zwischen den Fragen (1.) und (2.) ist jedoch nicht trennscharf: Nach herrschender Meinung verstößt ein Rechtsgeschäft gegen ein gesetzliches Verbot, wenn sich das Verbot gegen die Vornahme oder den Inhalt des Rechtsgeschäfts richtet[275], nach umstrittener Auffassung ferner dann, wenn das Verbot die Umstände seines Zu-Stande-Kommens missbilligt[276]. In jedem Fall wird verlangt, dass das Verbot das Rechtsgeschäft als solches missbilligt[277], bzw. seinen rechtlichen oder wirtschaftlichen Erfolg zu verhindern sucht[278].

Da die *Missbilligung des Rechtsgeschäfts* nach dieser Definition bereits begriffliche Voraussetzung des gesetzlichen Verbots ist, erscheint eine Trennung zwischen der Fragen nach dem Vorliegen eines Verbotsgesetzes und der Missbilligung des Rechtsgeschäfts (und damit des Verbotsverstoßes des Rechtsgeschäfts) methodisch nur haltbar, wenn das Vorliegen des Verbotsgesetzes zunächst *abstrakt* erörtert wird und sodann im Rahmen des Verbotsverstoßes geprüft wird, ob auch das *konkrete Rechtsgeschäft* gegen dieses Verbot verstößt[279]. Zumeist wird jedoch zur Begründung des Verbotsverstoßes des Rechtsgeschäfts auf den Verstoß der *am Rechtsgeschäft beteiligten Personen* gegen die Tatbestände des Verbotsgesetzes abgestellt, um sogleich die Rechtsfolgen des Verbotsverstoßes

---

[274] Soergel/*Hefermehl* § 134 Rn. 1.

[275] H.M. Aus der Rechtsprechung *BGH*, Urt. v. 30.4.1992 – III ZR 151/91 (Düsseldorf) = BGHZ 118, S. 142 ff. (144 f.). Aus dem Schrifttum Soergel/*Hefermehl* § 134 Rn. 14; Staudinger/*Sack* § 134 Rn. 30 und Rn. 1 f.; MünchKommBGB/*Mayer-Maly/Armbrüster* § 134 Rn. 1; Hk-BGB/*Dörner* § 134 Rn. 4; Palandt/*Heinrichs* § 134 Rn. 5; *Larenz/Wolf*, Allg. Teil, § 40 Rn. 6. Siehe auch Prot., S. 256 in: *Mugdan*, Bd. I, S. 725: „es sei erforderlich, zum Ausdruck zu bringen, daß auch solche Rechtsgeschäfte von der Folge der Nichtigkeit betroffen würden, bei welchen sich das Verbot dem Wortlaute nach nicht gegen die Vornahme, sondern gegen den Inhalt des Rechtsgeschäftes richte. Der Antrag erstrecke sich auch auf Rechtsgeschäfte, die auf eine durch Gesetz verbotene Leistung gerichtet sind".

[276] So Palandt/*Heinrichs* § 134 Rn. 5; Hk-BGB/*Dörner* § 134 Rn. 4; *Kropholler* § 134 Rn. 2; *Brox*, Allg. Teil des BGB, Rn. 321. A. A. Staudinger/*Sack* § 134 Rn. 5; *Amm*, S. 311.

[277] Aus der Rechtsprechung siehe etwa *BGH*, Urt. v. 30.4.1992 – III ZR 151/91 (Düsseldorf) = BGHZ 118, S. 142 ff. (144 f.). Aus dem Schrifttum siehe etwa Staudinger/*Sack* § 134 Rn. 30, siehe auch Rn. 1 f.; *Larenz/Wolf*, Allg. Teil, § 40 Rn. 6; Palandt/*Heinrichs* § 134 Rn. 5.

[278] Soergel/*Hefermehl* § 134 Rn. 14.

[279] In diesem Sinne wohl auch Soergel/*Hefermehl* § 134 Rn. 27.

für das betreffende Rechtsgeschäft zu erörtern; dementsprechend führt auch der *BGH* in BGHZ 85, 39, 45 ff. zur Frage des Verbotsverstoßes lediglich aus, dass beide Parteien bei Abschluss des Vertrages bewusst gegen das SchwarzArbG a.F. verstoßen haben[280].

Problematisch ist auch das Verhältnis zwischen der Frage nach dem Vorliegen eines Verbotsgesetzes (1.) und der Frage nach den Rechtsfolgen des Verbotsverstoßes (3.). Das Schrifttum trennt überwiegend zwischen der Frage, ob überhaupt ein gesetzliches Verbot i.S. von § 134 vorliegt und der Frage, ob die Nichtigkeitsfolge Sinn und Zweck dieses Gesetzes entspricht[281]; Sinn und Zweck eines Gesetzes seien „nicht nur für die Frage bedeutsam, ob der Gesetzesverstoß Nichtigkeit nach sich zieht oder ob sich aus dem Gesetz ‚ein anders ergibt'; auch für die Frage, ob überhaupt ein Verbot vorliegt, muss auf Sinn und Zweck des Gesetzes gesehen werden, mit dem das Rechtsgeschäft kollidiert"[282]. Auf das Ergebnis der Prüfung des § 134 hat diese Differenzierung allerdings keinen Einfluss: Sprechen Sinn und Zweck *für* eine Nichtigkeit, liegt denknotwendig ein gesetzliches Verbot i.S. des § 134 vor; sprechen Sinn und Zweck *gegen* eine Nichtigkeit des Rechtsgeschäfts, bleibt das Rechtsgeschäft in jedem Falle wirksam, unabhängig davon, ob bereits das Vorliegen eines gesetzlichen Verbots zu verneinen ist oder zwar ein gesetzliches Verbot vorliegt, aus dem sich jedoch „ein anderes" als die Nichtigkeit ergibt. Methodisch ist die Trennung zwischen Verbotsgesetz und Nichtigkeitsfolge kaum zu beanstanden: Da der Hauptanwendungsbereich des § 134 Vorschriften betrifft, die – wie das SchwarzArbG (a.F.) – nicht dem Zivilrecht angehören und die zivilrechtlichen Folgen ihrer Übertretung nicht ausdrücklich regeln[283] und sich diese Vorschriften häufig nicht einmal unmittelbar auf Rechtsgeschäfte, sondern vielmehr auf ein bestimmtes tatsächliches Verhalten beziehen[284], kann die Frage, ob ein gesetzliches Verbot vorliegt, zumeist nur im Wege der Auslegung ermittelt werden[285]. Die Auslegung kann sich freilich nicht auf die Diktion der Vorschrift beschränken, sondern muss auch und vor allem ihren Sinn und Zweck ergrün-

---

[280] Deutlich BGHZ 85, S. 39, (45 ff.).

[281] MünchKommBGB/*Mayer-Maly/Armbrüster* § 134 Rn. 41 f.; *Mayer-Maly*, in: FS für Wolfgang Hefermehl, (1976), S. 103; Staudinger/*Sack* § 134 Rn. 34 f. mit Rn. 9; Erman/*Palm* § 134 Rn. 9; *Helf*, S. 48 Fn. 4.

[282] MünchKommBGB/*Mayer-Maly/Armbrüster* § 134 Rn. 41 m.w.N.; ebenso Staudinger/*Sack* § 134 Rn. 34 f.

[283] Soergel/*Hefermehl* § 134 Rn. 1; *Larenz/Wolf*, Allg. Teil, § 40 Rn. 2; *Medicus*, Allg. Teil des BGB, Rn. 646. Bei Rechtsnormen, die ausdrücklich die Nichtigkeit bestimmter Rechtsgeschäfte anordnen, folgt die Nichtigkeit des verbotswidrigen Rechtsgeschäfts unmittelbar aus der ausdrücklichen Anordnung der betreffenden Rechtsnorm selbst, vgl. MünchKommBGB/*MayerMaly/Armbrüster* § 134 Rn. 3; siehe auch Erman/*Palm* § 134 Rn. 2; *Westphal*, S. 18.

[284] *Larenz/Wolf*, Allg. Teil, § 40 Rn. 2.

[285] Soergel/*Hefermehl* § 134 Rn. 14.

den[286]. Gleichwohl ist diese Trennung nicht unproblematisch: Zwar führt nach dem Wortlaut des § 134 nicht jeder Verstoß eines Rechtsgeschäfts gegen ein gesetzliches Verbot stets zur Nichtigkeit des Rechtsgeschäfts; wird die Feststellung des gesetzlichen Verbots bzw. des Verbotsverstoßes jedoch mit der Frage verknüpft, ob die betreffende Rechtsnorm nach ihrem Sinn und Zweck das Rechtsgeschäft *als solches missbilligt*[287], bzw. seinen *rechtlichen oder wirtschaftlichen Erfolg zu verhindern sucht*[288], dürften nicht nur „im Einzelfall"[289] oder „häufig"[290], sondern vielmehr regelmäßig dieselben Argumente sowohl für den Verbotscharakter als auch für die Nichtigkeit des verbotswidrigen Rechtsgeschäfts sprechen. Vielfach wird deshalb auch sogleich die Frage erörtert, ob die einschlägige Rechtsnorm nach ihrem Sinn und Zweck die Nichtigkeit des betroffenen Rechtsgeschäfts bezweckt[291]; bei der Frage, ob überhaupt ein gesetzliches Verbot vorliegt, erfolgt dann nur eine Abgrenzung zu dispositiven Rechtsnormen und Vorschriften, welche die rechtsgeschäftliche Verfügungsmacht einschränken[292]. Auch die Rechtsprechung[293] fragt zumeist – ausgehend vom Vorliegen eines Verbotsgesetzes – sogleich nach den Rechtsfolgen des Gesetzesverstoßes.

Westphal[294] beschränkt die Feststellung des gesetzlichen Verbots demgegenüber auf die Frage, „ob überhaupt etwas, d.h. zuvörderst die Handlung einer oder aller Parteien, verboten ist"[295]. Die Missbilligung des Rechtsgeschäfts ist nach seiner Ansicht keine Frage des gesetzlichen Verbots, sondern vielmehr Teil der Frage, ob das Rechtsgeschäft gegen das gesetzliche Verbot verstößt[296]; im Rah-

---

[286] Siehe auch Soergel/*Hefermehl* § 134 Rn. 14.

[287] Aus der Rechtsprechung *BGH*, Urt. v. 30.4.1992 – III ZR 151/91 (Düsseldorf) = BGHZ 118, S. 142 ff. (144 f.). Aus dem Schrifttum Staudinger/*Sack* § 134 Rn. 30 und Rn. 1 f.; *Larenz/Wolf*, Allg. Teil, § 40 Rn. 6; Palandt/*Heinrichs* § 134 Rn. 5.

[288] Soergel/*Hefermehl* § 134 Rn. 14.

[289] MünchKommBGB/*Mayer-Maly/Armbrüster* § 134 Rn. 42.

[290] Staudinger/*Sack* § 134 Rn. 34.

[291] Soergel/*Hefermehl* § 134 Rn. 1; Palandt/*Heinrichs* § 134 Rn. 7; *Mailänder*, Privatrechtliche Folgen unerlaubter Kartellpraxis, 1964, S. 150 f. spricht sich nachdrücklich gegen eine zweistufige Prüfung aus. Es sei eine „unnötige und falsche Doppelarbeit, bereits die Frage, ob es sich bei einer Bestimmung überhaupt um ein Verbot im Sinne von § 134 BGB handle, nach Zweckgesichtspunkten zu entscheiden". Ebenso *Pansegrau*, Die Fortwirkung der römisch-rechtlichen Dreiteilung der Verbotsgesetze in der Rechtsprechung des Reichsgerichts: Zur Vorgeschichte des § 134 BGB, 1989, S. 250.

[292] *Voß*, S. 35.

[293] BGHZ 85, 39 (42 f.).

[294] *Westphal*, S. 74.

[295] Dies ist insoweit konsequent, als § 134 nur Verbote erfasst, welche die Frage der Nichtigkeit von Rechtsgeschäften nicht ausdrücklich regeln. Solche Verbote untersagen nur tatsächliche Handlungen, so zu Recht *Westphal*, S. 73.

[296] Damit verlagert *Westphal* die Frage, ob das Verbot das Rechtsgeschäft missbilligt, auf das Merkmal des Verbotsverstoßes des Rechtsgeschäfts. Kommt er zu dem Ergebnis, dass das

men des Verbotsverstoßes sei zu prüfen, ob gerade das Rechtsgeschäft als solches gegen das Verbotsgesetz verstößt. Hierbei gehe es um die Feststellung, „ob der Unwertgehalt des auf der *tatsächlichen* Seite des Rechtsgeschäfts verübten oder ins Auge gefassten Delikts so groß ist, daß auch der eigentliche Kernpunkt des Rechtsgeschäfts, nämlich die *rechtsbegründende, -verändernde oder -vernichtende* Seite, von der gesetzlichen Mißbilligung mit umfasst wird und *aus diesem Grunde* keinen Bestand haben kann"[297]. *Westphal* verknüpft somit die Frage des Verbotsverstoßes des Rechtsgeschäfts (2.) mit der Frage der Nichtigkeit (3.).

Somit erfolgt bereits die Prüfung des § 134 in Rechtsprechung und Schrifttum uneinheitlich. Unabhängig von den unterschiedlichen Begriffsverständnissen erfordert § 134 in der Sache jedoch stets einen *Normkonflikt zwischen Rechtsgeschäft und Rechtsnorm*; nur im Falle eines solchen Normkonflikts stellt sich die weitere Frage, wie dieser Normkonflikt zu lösen ist, mithin die Frage nach den *Rechtsfolgen des § 134*.

b. Normzweck

aa. Beschränkung der Privatautonomie

Die Anordnung der Nichtigkeit in § 134 stellt zunächst eine Einschränkung der Privatautonomie dar. Diese Einschränkung erfolgt nach überwiegender Auffassung zum Schutze der Allgemeinheit[298]: Privatautonome Selbstbestimmung könne nicht schrankenlos, sondern nur im Rahmen der gesetzlichen Ordnung zugelassen und rechtlich durchgesetzt werden[299]; als Ausdruck des allgemeinen Grundsatzes, dass der Privatautonomie von Gesetz und Recht Schranken gezogen sind und Rechtsgeschäfte, die diese Grenzen überschreiten, keine Geltung haben können, diene die Vorschrift nicht dem Schutz des Einzelnen, sondern dem Schutze öffentlicher Interessen und des allgemeinen Rechtsverkehrs[300].

Rechtsgeschäft gegen das Verbot verstößt (mithin vom Verbot missbilligt wird) hat dies nach seiner Auffassung die Nichtigkeit des Rechtsgeschäfts zur Folge.
[297] *Westphal*, S. 78 (Hervorhebung im Original).
[298] BGHZ 13, S. 179 (182); RGRK-BGB/*Krüger-Nieland/Zöller* § 134 Rn. 1; *Larenz/Wolf*, Allg. Teil, § 40 Rn. 1 f.; Soergel/*Hefermehl* § 134 Rn. 1; Erman/*Palm* § 134 Rn. 1; Palandt/*Heinrichs* § 134 Rn. 1: „Schranke der Privatautonomie"; *Brox*, Allg. Teil des BGB, Rn. 319: „Schutz überragender Interessen der Allgemeinheit". Ähnlich schon *Raestrup*, Ueber die Nichtigkeit von Rechtsgeschäften, die gegen ein gesetzliches Verbot im Sinne des § 134 BGB. verstoßen, Marburg, Univ., Diss. 1930, S. 15: „Der letzte Grund der Nichtigkeit des gegen ein Verbotsgesetz verstoßenden Geschäfts liegt darin, daß der Parteiwille keine Wirkungen erzwingen kann, welche die Rechtsordnung als gegen die Interessen der Gesamtheit verstoßend nicht zulassen will.".
[299] *Larenz/Wolf*, Allg. Teil, § 40 Rn. 1 f; Hk-BGB/*Dörner* § 134 Rn. 1.
[300] RGRK-BGB/*Krüger-Nieland/Zöller* § 134 Rn. 1; *Brox*, Allg. Teil des BGB, Rn. 319.

Canaris erblickt in § 134 eine „Grundentscheidung des Gesetzgebers zu Gunsten des grundsätzlichen Vorrangs staatlicher Wirtschaftsordnung und -lenkung gegenüber der Privatautonomie"[301]. Dies ist jedoch zu eng: Zwar bilden wirtschafts(verwaltungs)rechtliche Vorschriften – zu denen unstreitig auch das SchwarzArbG (a.f.) zu zählen ist[302] – aus heutiger Sicht den Hauptanwendungsbereich des § 134[303]; der Gesetzgeber hatte bei Schaffung des § 134 indessen vornehmlich strafrechtliche Verbote im Blick[304].

Da nach der Formulierung des § 134 nicht jeder Verstoß eines Rechtsgeschäfts gegen ein gesetzliches Verbot stets zu dessen Nichtigkeit führt, scheint § 134 aber auch privatautonome Regelungen zuzulassen, die gegen gesetzliche Verbote verstoßen und so den Rahmen der gesetzlichen Ordnung überschreiten. Die eigentliche Frage ist demnach, wann die Überschreitung des Rahmens der gesetzlichen Ordnung zur Nichtigkeit des verbotswidrigen Rechtsgeschäfts führt.

bb. Schutz der Widerspruchsfreiheit der Rechtsordnung

Im Schrifttum zu § 134 findet sich häufig der Hinweis auf den Gedanken der Einheit und inneren Widerspruchsfreiheit der Rechtsordnung[305]. Dies erscheint auf den ersten Blick zweifelhaft, geht es doch allem Anschein nach vielmehr um Konflikte zwischen *Rechtsordnung und Rechtsgeschäft*. Der Selbstwiderspruch ergibt sich jedoch im Falle der *Anerkennung* des verbotswidrigen Rechtsgeschäfts als rechtsverbindliche Regelung durch die Rechtsordnung: Es wäre ein unerträglicher Selbstwiderspruch, wollte die Rechtsordnung einen Schuldvertrag als verbindlich anerkennen, durch den sich eine Vertragspartei zur Begehung einer gesetzlich verbotenen Handlung verpflichtet, und seine zwangsweise Durchsetzung – nämlich im Wege der Zwangsvollstreckung – mit Hilfe staatlicher

---

[301] *Canaris*, Gesetzliches Verbot und Rechtsgeschäft, S. 17. Ausdrücklich dagegen MünchKommBGB/*Mayer-Maly/Armbrüster* § 134 Rn. 2: diese Deutung sei „der Konzeption des BGB völlig fremd und sollte nicht in sie hineingetragen werden"; siehe auch Soergel/*Hefermehl* § 134 Rn. 1; Vgl. auch *Langen*, in: FS für Rudolf Isay, S. 321 (332 f.), der einer ausgesprochenen Einzelfallbetrachtung zuneigt: „Die gesetzlichen Verbote sind sehr viel zahlreicher und vielgestaltiger geworden, als man es vor 55 Jahren voraussehen konnte. Sie vertragen es nicht mehr, nach einem einheitlichen Prinzip behandelt zu werden. Nichts wäre gefährlicher, als die große Masse derartiger Tatbestände der Erstarrung zu überlassen. Sie muß vielmehr immer wieder aufgelockert, und der einzelne Fall muß ohne allzu große Bindung an Prinzipien nach Recht und Billigkeit und nach den Bedürfnissen des Verkehrs gelöst werden". Gegen eine kasuistische Einzelfallbetrachtung hingegen *Pansegrau*, S. 247/249.

[302] *Kern*, in: FS Gernhuber, S. 191 (192); *Köhler*, JZ 1990, S. 466.

[303] MünchKommBGB/*Mayer-Maly/Armbrüster* § 134 Rn. 50; *Flume*, Allg. Teil, Bd. II, § 17, 1 (S. 341); *Seiler*, in: GS für Wolfgang Martens, 1987, S. 719 ff.

[304] Motive, Bd. I, S. 210, in: *Mugdan*, Bd. I, S. 469.

[305] *Medicus*, Allg. Teil des BGB, Rn. 647; *Westphal*, S. 121; *Amm*, S. 311. *Pawlowski*, Allgemeiner Teil des BGB, Rn. 480: „Denn es ist widersprüchlich, wenn man rechtliche Vereinbarungen treffen will, ohne sich an das geltende Recht zu halten."

Gewalt ermöglichen[306]. Nach *Amm* gibt § 134 insoweit nur dem „selbstverständlichen Gedanken Ausdruck, daß die Rechtsordnung nicht zwei einander widersprechende Normbefehle erteilen könne"[307].

Allerdings vermag der Gedanke der Sicherung der Einheit der Rechtsordnung nicht ohne weiteres zu erklären, warum ein Schuldvertrag einerseits auch dann nichtig ist und bleiben soll, wenn die verbotene Tätigkeit bereits ausgeübt oder das Verbot aufgehoben wurde[308] und eine Verurteilung zu einer verbotenen Leistungshandlung darum nicht mehr zu befürchten ist, während andererseits ein Rechtsgeschäft auch dann gültig bleiben soll, wenn das Verbot erst nach Vornahme des Rechtsgeschäfts erlassen wurde[309]. Fraglich ist aber auch, ob die Anordnung der Nichtigkeit eines Schuldvertrags zur Vermeidung einander widersprechender Normbefehle überhaupt erforderlich ist. Denn möglicherweise ließe sich dieses Ziel auch durch eine Anwendung der Vorschriften über die Unmöglichkeit, insbesondere § 275 I, erreichen. Dann wäre die Anordnung der Nichtigkeit zur Erreichung dieses Zwecks nicht erforderlich; möglicherweise ergäbe sich insoweit gar „aus dem Gesetz ein anderes" i.S. von § 134, 2. Halbs.[310]. Begrifflich ließe sich die Verpflichtung zur Erbringung von Dienst- oder Werkleistungen unter Verstoß gegen § 8 I Nr. 1 SchwarzArbG (§ 1 I SchwarzArbG a.F.) durchaus unter § 275 I subsumieren: Weil der Gesetzgeber mit der Schuldrechtsreform keine Änderung des Begriffs der Unmöglichkeit beabsichtigte[311], setzt § 275 I auch weiterhin voraus, dass das Leistungshindernis in eine der bekannten Kategorien der Unmöglichkeit – rechtliche oder tatsächliche, objektive oder subjektive Unmöglichkeit der Leistung – eingeordnet werden kann[312]. Da Dienst- oder Werkleistungen faktisch auch unter Verstoß gegen § 8 I Nr. 1

---

[306] *Medicus*, Allg. Teil des BGB, Rn. 647; *Westphal*, S. 121.

[307] *Amm*, S. 311. Ähnlich bereits *Gebhard*, in: *Schubert*, Vorentwürfe, S. 159: „Als Grenze der rechtsgeschäftlichen Wirksamkeit stellt sich heraus, daß nicht Imperative geschaffen werden können, welche höheren Imperativen derogiren würden" und S. 161: „Endlich würde die Rechtsordnung mit sich selbst in Widerspruch treten, falls sie einerseits selbst Befehle ausstellt, andererseits aber gestatten wollte, rechtsgeschäftliche Gegenbefehle zu erlassen. Deshalb erscheint die Leistung, welche in einem verbotenen Thun und Lassen besteht, rechtlich unmöglich und die Verbindlichkeit zu derselben wird nicht anerkannt".

[308] MünchKommBGB/*Mayer-Maly/Armbrüster* § 134 Rn. 21.

[309] MünchKommBGB/*Mayer-Maly/Armbrüster* § 134 Rn. 20.

[310] Bei Anerkennung des Gedankens vom Schutz der Einheit der Rechtsordnung könnte in diesem Fällen – also dann, wenn bereits die §§ 275, 311 a I die Einheit der Rechtsordnung sicherstellten – die Ausnahme des § 134, 2. Halbsatz greifen. Unter der Wendung „aus dem Gesetz" wäre in diesem Falle nicht nur das Verbotsgesetz, sondern das gesamte BGB zu verstehen und es wäre eine systematische Abgrenzung zu den Vorschriften der Unmöglichkeit und zu Leistungsverweigerungsrechten vorzunehmen.

[311] *Lorenz/Riehm*, Lehrbuch zum neuen Schuldrecht, Rn. 297.

[312] *Lorenz/Riehm*, Lehrbuch zum neuen Schuldrecht, Rn. 298. Hinsichtlich der Wirksamkeit des Vertrages ist es nunmehr, nach der Schuldrechtsreform, unerheblich, ob die Unmöglichkeit bereits anfänglich bestand oder erst nach Vertragsschluss eingetreten ist, § 311 a I.

SchwarzArbG (§ 1 I SchwarzArbG a.f.) erbracht werden können, scheidet eine tatsächliche Unmöglichkeit der Leistung von vornherein aus; in Betracht kommt demnach nur eine rechtliche Unmöglichkeit. Sie liegt vor, wenn die Leistung aus rechtlichen Gründen dauerhaft nicht erbracht werden kann, wozu nach h.M. auch Fälle der verbotenen Leistungserbringung gezählt werden[313]. Teilweise wird daher eine subjektive, rechtliche Unmöglichkeit der Leistung angenommen, wenn der Schuldner durch die Erbringung der Dienst- oder Werkleistungen gegen § 1 I SchwarzArbG a.F. (§ 8 I Nr. 1 SchwarzArbG) verstoßen würde[314]. Demzufolge wäre der Anspruch auf die Leistung gemäß § 275 I ausgeschlossen; ein Normkonflikt entstünde insoweit nicht.

Gegen eine Wirksamkeit des Vertrags könnte aber die grundsätzlich bestehende Haftung des Schuldners auf Schadensersatz statt der Leistung gemäß § 311a II 1 wegen von ihm zu vertretender Unmöglichkeit der Leistung bei Vertragsschluss sprechen. Zwar wäre der Schuldner nicht zu einer verbotenen Leistung verpflichtet; gleichwohl begäbe sich die Rechtsordnung in einen Wertungswiderspruch, würde sie die Nichterfüllung einer verbotenen Leistung durch eine Haftung auf Schadensersatz statt der Leistung nach § 311a II 1 sanktionieren. Dafür spricht auch die Entscheidung des *BGH*[315] zur Frage der Ersatzfähigkeit des entgangenen Verdienstes des Schwarzarbeiters nach § 252 S. 2: Die Rechtsordnung begäbe sich in einen Wertungswiderspruch, wollte sie eine von ihr missbilligte Gewinnerzielung durch Zubilligung eines Anspruchs auf Schadensersatz anerkennen. Zudem würde der bei Vertragswirksamkeit bestehende Sekundäranspruch auf Schadensersatz statt der Leistung (mithin wegen Nichterfüllung) mittelbar auch die faktische Verpflichtung des Schuldners zur Erbringung der verbotenen Leistung verstärken: Um der Haftung auf Schadensersatz aus § 311a II 1 zu entgehen, könnte der Schuldner versucht sein, die Leistung dennoch unter Verstoß gegen das gesetzliche Verbot zu erbringen. Das Prinzip der Einheit der Rechtsordnung verbietet es daher nicht nur, Ansprüche auf verbotene Leistungen zu gewähren, sondern es gebietet auch den Ausschluss von Ansprüchen auf Schadensersatz statt der Leistung.

---

[313] Palandt/*Heinrichs* § 275 Rn. 16 m.w.N.

[314] So *Honig*, GewArch 1976, S. 24; *Westphal*, S. 144. Teilweise wird in vergleichbaren Fällen eine subjektive Unmöglichkeit der Leistung aber auch nur für den Fall angenommen, dass der Schuldner zur persönlichen Leistung verpflichtet ist, vgl. *BGH* LM § 323 BGB Nr. 5 zum Verlust der Gewerbeerlaubnis; Staudinger/*Löwisch* § 275 Rn. 48 f. Dies ist allerdings fraglich. Ist der Schuldner zur Leistung in Person verpflichtet, so kann nur er und kein Dritter die Leistung erbringen. In diesem Falle ist die Leistung nicht nur ihm persönlich, sondern vielmehr auch jedem anderen, mithin objektiv unmöglich.

[315] *BGH*, Urt. v. 20.12.1990 = III ZR 150/89 – BGHR DCD § 252 S 2 Verdienstentgang 1, vorgehend *OLG Nürnberg*, Urt. v. 1.3.1989 - 4 U 1604/88 und *LG Nürnberg-Fürth*, Urt. v. 24.3.1988 - 4 O 5186/87.

Aus denselben Gründen scheiden unter diesen Umständen im Rahmen von Werkverträgen auch Ansprüche auf Nacherfüllung (§ 634 Nr. 1) aus: Die Rechtsordnung darf den Unternehmer nicht gemäß § 634 Nr. 1 zur Nacherfüllung verpflichten, wenn dieser dadurch zu einem Verstoß gegen ein gesetzliches Verbot gezwungen wäre; insoweit steht das Gebot der Einheit der Rechtsordnung auch Ansprüchen auf Gewährleistung entgegen.

cc. Zivilrechtliche Strafe?

Anlass zur Überprüfung des § 134 auf Straf- bzw. Sanktionsgedanken besteht deshalb, weil die Schöpfer des § 134 vor allem an die gegen Rechtsgeschäfte gerichteten Verbotsgesetze des öffentlichen Rechts, insbesondere des Strafrechts[316], dachten und die Nichtigkeitsfolge des § 134 im Schrifttum auch häufig als „Sanktion" bezeichnet wird[317]; in der Tat stellt sich die Nichtigkeit eines Vertrages für diejenige Vertragspartei, die sich auf die Wirksamkeit des Vertrags beruft, aufgrund der für sie als nachteilig empfundenen Nichtigkeitsfolgen als eine Strafe dar[318]. Der Gedanke, die Anordnung der Nichtigkeit verbotswidriger Rechtsgeschäfte in § 134 – zumindest bei Verstößen gegen Straf- und Ordnungswidrigkeitstatbestände – als eine zivilrechtliche Strafe aufzufassen, ist deshalb durchaus naheliegend.

Obwohl sich im jüngeren Schrifttum[319] Stimmen mehren, die – abgesehen von der eindeutigen Privatstrafegelung des § 611 a[320] – bestimmte Vorschriften des BGB[321] und Ausprägungen der Rechtsprechung[322] auf Straf- bzw. Sanktionsge-

---

[316] Motive, Bd. I, S. 210, in: *Mugdan,* Bd. 1, S. 469; MünchKommBGB/*Mayer-Maly/Armbrüster* § 134 Rn. 50.

[317] Palandt/*Heinrichs* § 134 Rn. 6; *Flume,* Allg. Teil, Bd. II, § 17, 2 (S. 343). Nach MünchKommBGB/*Mayer-Maly/Armbrüster* § 134 Rn. 50 ist zudem bei straf- und ordnungswidrigkeitsrechtlichen Verboten das für das Straf- und Ordnungswidrigkeitsrecht geltende Analogieverbot aus Art. 103 II GG i.V.m. §§ 1 StGB, 3 OWiG zu beachten. Auch dies könnte für einen Strafcharakter der Nichtigkeit sprechen.

[318] Nach *Seiler,* in: GS für Wolfgang Martens, 1987, S. 719 (728 f.), spielt bei der Bestimmung der Rechtsfolgen von Verbotsverstößen „[...] wahrscheinlich die Schwere des Verstoßes, die Schuld, [...]" in der Rechtsprechung des *BGH* eine – freilich nicht offen gelegte - Rolle.

[319] *Ebert*, Pönale Elemente im deutschen Privatrecht, Tübingen, 2004; *Schäfer,* Strafe und Prävention im Bürgerlichen Recht, AcP, Bd. 202 (2002), S. 397 ff.; *Körner,* Zur Aufgabe des Haftungsrechts – Bedeutungsgewinn präventiver und punitiver Elemente, NJW 2000, S. 241 ff.

[320] *Ebert*, S. 575; *Schäfer,* AcP 202, S. 397; *Körner,* S. 241 (245 f.). *Rosengarten,* NJW 1996, S. 1935 (1936 f.).

[321] Nach *Schäfer,* AcP 202, S. 397 sind dies neben § 611 a insbesondere die §§ 241 a, 288, 253 und § 817 S. 2.

danken[323] zurückführen und dabei mitunter einen Ausbau der pönalen Elemente im Zivilrecht zum Teil als wünschenswert und unvermeidlich erachten[324], ist der Strafgedanke im Bürgerlichen Recht doch nach wie vor umstritten[325]. Die Nichtigkeitsfolge des § 134 wird jedoch überwiegend *nicht* als Strafe angesehen: Nach *Mayer-Maly/Armbrüster*[326] statuiert § 134 die Nichtigkeitsfolge nicht als Strafe, sondern verwehrt vielmehr mit der Rechtsordnung unverträglichen Regelungen die Gültigkeit; nach *Schäfer*[327] handelt es sich bei der Nichtigkeit prinzipiell nicht um eine Strafe: eine Strafe sei eine Sanktion, deren Verwirkung Verschulden voraussetze und die spezial- sowie generalpräventiven Zwecken diene[328]; das Verschuldensprinzip erfordere dabei nicht nur, dass der Eintritt der Sanktion vom Verschulden des verbotswidrig Handelnden abhängt, vielmehr müssten Sanktion und Schwere des Verstoßes auch in angemessener Relation zueinander stehen[329]. Eintritt und Inhalt der Nichtigkeit würden jedoch durch das Verschuldensprinzip nicht beeinflusst; als Sanktion mit Präventivwirkung sei die Nichtigkeit zudem völlig untauglich, da sie alle am Rechtsgeschäft Beteiligten in gleicher Weise, unabhängig von ihrer Pflichtwidrigkeit oder Verantwortlichkeit, treffe. Schlussendlich seien die Nichtigkeitsgründe auch zu unterschiedlich, als dass sie sich auf ein einheitliches Prinzip zurückführen ließen[330].

Indessen bestehen für eine Anerkennung des Verschuldensprinzips im Rahmen des § 134 durchaus Anhaltspunkte: Zwar ist der Tatbestand des § 134 objektiv gefasst[331], aber bei Verstößen gegen Strafvorschriften müssen nach verbreiteter Ansicht grundsätzlich auch die subjektiven Voraussetzungen der Strafvorschrift erfüllt sein[332]. Sogar eine zumindest abstrakte Proportionalität zwischen Schwere des Gesetzesverstoßes und Sanktion scheint gewährleistet zu sein: Nach Ansicht von *Schäfer* gewährleistet § 817 S. 2 diese Proportionalität dadurch, dass die Sitten- oder Verbotswidrigkeit desto schwerwiegender sei, je größer die Lei-

---

[322] Wie z.B. die Rechtsprechung zur Verletzung musikalischer Urheberrechte sowie die Rechtsprechung zu Persönlichkeitsrechtsverletzungen, vgl. *Schäfer*, AcP 202, S. 397 (422 ff., m.w.N.); siehe dazu auch *Ebert*, S. 575 f.; *Körner*, S. 241 (243 ff.).

[323] *Schäfer*, AcP 202, S. 397 (399) spricht von einem „poenalen Prinzip".

[324] So *Ebert*, S. 575.

[325] Ablehnend *Horter*, S. 201. Siehe auch BGHZ 118, S. 312 (338 ff.); *Larenz*, Schuldrecht, Bd. I, § 28 III (S. 438).

[326] MünchKommBGB/*Mayer-Maly/Armbrüster* § 134 Rn. 110.

[327] *Schäfer*, AcP 202, S. 397 (406).

[328] Vgl. auch die Definition der zivilrechtlichen Strafe von *Horter*, S. 9: „Eine Norm oder ein Rechtssatz hat dann Strafcharakter, wenn eine Übermaßsanktion aus präventiven Gründen oder aus dem Sühnegedanken heraus verhängt wird. Dazu muss die Sanktion über den Ausgleich hinausgehen (Übermaßsanktion), und so ein materieller Vorteil bei dem Opfer entstehen.".

[329] *Schäfer*, AcP 202, S. 397 (405); *Hager*, S. 186 f.

[330] *Schäfer*, AcP 202, S. 397 (404 f.).

[331] *Kramer*, S. 51.

[332] MünchKommBGB/*Mayer-Maly/Armbrüster* § 134 Rn. 110 m.w.N.

stung sei und damit auch die Bestrafung durch den Verfall des Bereicherungsanspruchs um so schwerer ausfalle, je schwerwiegender der Verbotsverstoß sei; diese Argumentation (deren Tragfähigkeit allerdings zweifelhaft ist[333]) ließe sich durchaus auf § 134 übertragen: Je „größer" die verbotene Leistung (und damit je schwerwiegender der Verbotsverstoß), desto „größer" auch die „Sanktion" durch die Nichtigkeit der auf das Erfüllungsinteresse gerichteten Ansprüche. Neben den Eingangs erwähnten Indizien finden sich somit durchaus weitere Anhaltspunkte in der Auslegung und Anwendung des § 134, die für einen Strafcharakter der Vorschrift – zumindest bei Verstößen gegen Straf- und Ordnungswidrigkeitstatbestände – sprechen.

Im Ergebnis wird ein Strafcharakter des § 134 dennoch zu Recht abgelehnt. Neben der präventiven Funktion erfüllt die Privatstrafe auch die Funktion des Ausgleichs für schuldhafte Eingriffe in fremde Individualrechtsgüter oder Rechte[334]. Daran, genauer: an schuldhaften Eingriffen in Individualrechtsgüter oder Rechte des Vertragspartners, fehlt es jedoch in vielen Fällen der Nichtigkeit nach § 134: Insbesondere bei beiderseitigen bewussten Verstößen gegen Straf- und Ordnungswidrigkeitstatbestände und damit in jenen Fällen, in denen Nichtigkeit regelmäßige Folge des Gesetzesverstoßes sein soll, tritt die Nichtigkeit nicht ein, um ein schuldhaftes Verhalten eines Vertragspartners gegenüber dem anderen auszugleichen. Vielmehr handeln beide Vertragsparteien „schuldhaft"; eine „Strafe" stellt die Nichtigkeit ohnehin nur für diejenige Vertragspartei dar, die bei Wirksamkeit des Vertrags ein „gutes" Geschäft gemacht hätte, während sie der anderen Partei durchaus willkommener Anlass sein kann, sich von dem für sie nachteiligen Versprechen loszusagen, z.B. dann, wenn der Schwarzarbeiter vom Auftraggeber wegen mangelhafter Leistungen auf Schadensersatz oder Gewährleistung in Anspruch genommen wird. Die Nichtigkeit erfüllt hier nicht die schuldausgleichende Funktion der Privatstrafe als Ausgleich für schuldhafte Eingriffe in fremde Individualrechtsgüter oder Rechte und stellt insoweit keine zivilrechtliche Strafe dar.

dd. Prävention

Nach *Ebert* sind privatrechtliche Bestimmungen denkbar, die zwar der Verhaltenssteuerung und Prävention dienen, nicht jedoch zugleich vergangenes Fehl-

---

[333] Diese Auffassung setzt eine Proportionalität zwischen Größe der Leistung und Schwere des Verbotsverstoßes voraus. Ob dies zutrifft, ist fraglich, zumal hierbei keine Differenzierung zwischen den verschiendenen Abstufungen von Vorsatz und Fahrlässigkeit erfolgt.

[334] *Schäfer*, AcP 202, S. 397 (425); *Horter*, S. 9; siehe auch *Ebert*, S. 8: „Pönal ist jede Rechtsfolge, durch die jemand unabhängig von einer von ihm zuvor eingegangenen Verpflichtung zur Ahndung eines rechtlich missbilligten Verhaltens einen Nachteil erleidet, der *über den bloßen Ausgleich eines etwa vorhandenen Schadens hinausgeht*. Es muss sich also um eine nicht nur präventiv, sondern auch repressiv wirkende Sanktion handeln." (Hervorhebung durch Vf.).

verhalten bestrafen wollen[335]. Das Ziel der Prävention ist daher nicht gleichzu-setzten mit zivilrechtlicher Strafe.

Präventionsaspekte werden bei der Frage der Nichtigkeit nach § 134 häufig her-angezogen: *Medicus* stellt im Rahmen des § 134 die – von Verbot zu Verbot zu entscheidende – Frage, inwieweit die Drohung mit der zivilrechtlichen Nichtig-keit die Befolgung des Verbots sichern und damit präventiv wirken könne[336]. Auch *Westphal* verlangt die Berücksichtigung präventiver Gesichtspunkte durch Überprüfung der Effektivität der Nichtigkeitsanordnung zum Schutze des be-drohten Rechtsguts[337]. Präventive Züge trägt schließlich auch die Aussage, dass die Nichtigkeit nicht eintreten solle, wenn es ausreiche, dem Verbotszweck durch verwaltungs-, straf- oder berufsrechtliche Maßnahmen Nachdruck zu verleihen[338].

Es ist jedoch fraglich, ob die Nichtigkeit nach § 134 diese Funktion zu erfüllen vermag. Um überhaupt abschreckend wirken zu können, muss den Vertragspar-teien die Nichtigkeit als Folge des Verbotsverstoßes zunächst deutlich vor Au-gen geführt werden. Da die Nichtigkeit in den Fällen des § 134 aber aus dem ge-setzlichen Verbot selbst nicht ausdrücklich hervorgeht, sondern vielmehr durch Auslegung zu ermitteln ist, besteht bereits ein Publizitätsproblem. Wissen die Vertragsparteien indessen um die Nichtigkeit, lassen sich die mit der Nichtigkeit verbundenen Nachteile und Risiken (kein klagbarer Anspruch auf Erbringung der Dienst- bzw. Werkleistungen, bei Werkleistungen zudem keine Gewährlei-stungsrechte nach §§ 633 ff., gegebenenfalls Ausschluss der Rückforderbarkeit erbrachter Leistungen nach § 817 S. 2) durch eine entsprechende Vertragsge-staltung umgehen bzw. reduzieren: Weiß etwa der Auftraggeber, dass er im Falle mangelhafter Werkleistungen ohne Gewährleistungsrechte dasteht, so wird er dieses Risiko bereits bei den Vertragsverhandlungen über den Preis der Werkleistungen einkalkulieren[339]; wer um das Risiko weiß, Vorleistungen auf-grund des § 817 S. 2 nicht kondizieren zu können, kann dieses Risiko durch eine Vereinbarung zur Leistung Zug um Zug weitgehend reduzieren (da, wo eine Leistung Zug um Zug nicht möglich ist, wie dies etwa bei Bauleistungen oftmals der Fall ist, wird das Entgelt häufig entsprechend dem Baufortschritt gezahlt). Gerade aufgrund der Regel des § 817 S. 2 kann die Nichtigkeit für die Partei, die

---

[335] *Ebert*, S. 5.
[336] *Medicus*, Allg. Teil des BGB, Rn. 649.
[337] *Westphal*, S. 101.
[338] Staudinger/*Sack* § 134 Rn. 79 m.w.N.
[339] Vgl. insoweit auch die interessanten Parallelen zur Rechtsprechung, die dem Schwarzar-beiter für seine Leistungen einen bereicherungsrechtlichen Wertersatzanspruch in Höhe des ursprünglich vereinbarten Preises abzüglich erheblicher Abschläge aufgrund nicht bestehen-der Gewährleistungsrechte zubilligt (BGHZ 111, S. 308 ff., dazu ausführlich unten, Zweiter Teil, G.).

eine Vorleistung empfängt, äußerst vorteilhaft sein. Nach § 817 S. 2 kann sie die Vorleistung behalten und zugleich ihre eigene Leistung unter Hinweis auf die Vertragsnichtigkeit nach § 134 verweigern. Besonders skrupellose Vertragsparteien könnten diese Rechtsfolgen der Nichtigkeit gar ausnutzen, um den anderen Teil um die Gegenleistung zu prellen.

ee. Zusammenfassung

Die Vorschrift des § 134 beschränkt die Privatautonomie als das tragende Prinzip im Schuldrecht des BGB[340], indem sie den mit der Rechtsordnung unverträglichen rechtsgeschäftlichen Regelungen die Gültigkeit verwehrt[341]. Dabei besteht das oberste Gebot in dem Schutze der Einheit und inneren Widerspruchsfreiheit der Rechtsordnung; die Rechtsordnung darf weder Primäransprüche auf gesetzlich verbotene Leistungen anerkennen noch die Nichtvornahme einer verbotenen Leistung durch sekundäre Ansprüche auf Schadensersatz statt der Leistung sanktionieren. Eine zivilrechtliche Strafe ist die Nichtigkeit mangels Genugtuungsfunktion nicht; ob und inwieweit sie zumindest präventiv wirken kann, ist zweifelhaft.

c. Rechtsfolgen des § 134

Ob ein Rechtsgeschäft nach § 134 nichtig ist, ist primär nach Sinn und Zweck des gesetzlichen Verbots zu beurteilen, mit dem das Rechtsgeschäft in Konflikt steht. Dies ist zwar im Grundsatz unstreitig[342], eröffnet jedoch umstrittene Folgefragen: So ist fraglich, ob die Nichtigkeit des Rechtsgeschäfts nach Sinn und Zweck des gesetzlichen Verbots *erforderlich sein muss*, oder ob – genau umgekehrt – von einer Regel-Nichtigkeit nach § 134 auszugehen ist und Sinn und Zweck des gesetzlichen Verbots der Nichtigkeit insoweit *entgegenstehen muss*. Da viele Verbote zudem keine unmittelbaren Anhaltspunkte hinsichtlich der Nichtigkeitsfolgen enthalten, sind Rechtsprechung und Schrifttum zumeist auf *Indizien* angewiesen, die eine Beurteilung der „bezweckten" zivilrechtlichen Folgen erlauben. Auch diesbezüglich ist umstritten, welche Indizien die Annahme rechtfertigen, die (Un)wirksamkeit entspreche Sinn und Zweck des gesetzlichen Verbots.

---

[340] *Kern*, in: FS Gernhuber, S. 191.
[341] Vgl. MünchKommBGB/*Mayer-Maly/Armbrüster* § 134 Rn. 110.
[342] Aus der Rspr. *BGH*, Urt. v. 5.5.1992 - X 134/90 (Frankfurt a.M.) = BGHZ 118, S. 182 (188); BGHZ 37, S. 258 (261); 37, S. 363 (365 f.); 53, S. 152 (156 f.); 71, S. 358 (360 f.); 78, S. 263 (265); 85, S. 39 (43 f.); NJW 1984, S. 230 (231); 1984, S. 1175 m.w.N.; BGHZ 93, S. 264 (267); 111, S. 308. Aus dem Schrifttum Soergel/*Hefermehl* § 134 Rn. 29; *Larenz/Wolf*, Allg. Teil, § 40, Rn. 15; *Helf*, S. 77.

aa. Regel-Nichtigkeit oder Blankettnorm?

Im Schrifttum[343] wird § 134 bisweilen als eine Auslegungsregel angesehen, nach der ein verbotswidriges Rechtsgeschäft im Zweifel nichtig ist, wenn und soweit sich aus dem Gesetz kein anderer Sinn ergibt. Andere[344] halten § 134 demgegenüber für eine reine Blankettnorm ohne eigenständigen Regelungsgehalt: Entscheidend für die Frage der Nichtigkeit eines verbotswidrigen Rechtsgeschäfts sei ausschließlich das betreffende Verbotsgesetz selbst; sei die Nichtigkeitsfolge nicht ausdrücklich bestimmt, so sei im Wege der Auslegung zu ermitteln, ob die Nichtigkeit Sinn und Zweck des Verbotsgesetzes entspreche. § 134 enthalte diesbezüglich keine Vermutung, nach der ein verbotswidriges Rechtsgeschäft im Zweifel als nichtig anzusehen sei[345]. Die Rechtsprechung ist in dieser Frage uneinheitlich; insbesondere die jüngere Rechtsprechung des *BGH*[346] ist jedoch der letzteren Auffassung zugeneigt.

Praktische Bedeutung erlangt diese Streitfrage dann, wenn zweifelhaft ist, ob Sinn und Zweck eines gesetzlichen Verbots die Nichtigkeit des verbotswidrigen Rechtsgeschäfts erfordern oder nicht[347]: Bei einer entsprechenden Auslegungsregel wäre das Rechtsgeschäft im Zweifel nichtig; bei gegenteiliger Auffassung müsste das Rechtsgeschäft konsequent als wirksam angesehen werden, da sich

---

[343] MünchKommBGB/*Mayer-Maly/Armbrüster* § 134 Rn. 1 (dort ausdrücklich gegen die Ansicht von *Flume*); Staudinger/*Sack* § 134 Rn. 58; Hk-BGB/*Dörner* § 134 Rn. 1; *Canaris*, Gesetzliches Verbot und Rechtsgeschäft, S. 15; *Larenz/Wolf*, Allg. Teil, § 40 Rn. 3; *Kramer*, S. 43 ff./113 ff./117; *Pansegrau*, S. 248/250; *Zimmermann*, S. 113 Fn. 53; vorsichtig *Medicus*, Allg. Teil des BGB, Rn. 646; ähnlich (obwohl ausdrücklich gegen die Auffassung von *Canaris*) auch Soergel/*Hefermehl* § 134 Rn. 1: „Nur wenn sich durch Auslegung keine Schlüsse gewinnen lassen, ist die Nichtigkeitsfolge gerechtfertigt.". Nach Palandt/*Heinrichs* § 134 Rn. 7 soll die Vermutung jedoch zurücktreten, soweit eine ständige Rechtsprechung richterrechtliche Abgrenzungskriterien entwickelt habe.

[344] *Flume*, Allg. Teil, Bd. II, § 17, 1 (S. 341); *Amm*, S. 250; *Seiler*, in: GS für Wolfgang Martens, 1987, S. 719. *Jauernig* § 134 Rn. 8; wohl auch Staudinger/*Dilcher*[12] § 134 Rn. 3, der von einer „Subsidiarität der Nichtigkeit" spricht.

[345] *Flume*, Allg. Teil, Bd. II, § 17, 1 (S. 341) m. w. Nachw. der Rspr.; *Amm*, S. 250; *Seiler*, in: GS für Wolfgang Martens, 1987, S. 719; *Jauernig* § 134 Rn. 8.

[346] BGHZ 78, S. 269 (271); 88, S. 240 ff.; 89, S. 369 ff.; *BGH*, Urt. v. 8.6.1983 – VIII ZR 77/82 (Frankfurt/M) = NJW 1983, S. 2873. Für eine Auslegungsregel demgegenüber BGHZ 45, S. 322, 326 = NJW 1966, S. 1265; *BGH* WM 1973, S. 1274 (1276); NJW 1974, S. 1374 (1377). Staudinger/*Sack* § 134 Rn. 61, bezeichnen die Haltung des *BGH* zu dieser Frage daher zu Recht als unklar. Zur Beweislast *BGH* NJW 1983, S. 2018 (2019): Wer sich auf die Unwirksamkeit eines Rechtsgeschäfts berufe, müsse beweisen, dass es gegen ein gesetzliches Verbot verstößt. Siehe dazu *Canaris*, Gesetzliches Verbot und Rechtsgeschäft, S. 16, 43. Nach Staudinger/*Sack* § 134 Rn. 58, trifft denjenigen die Argumentationslast, „der ein Rechtsgeschäft trotz Verstoßes gegen ein Verbotsgesetz *nicht* für nichtig hält".

[347] Staudinger/*Sack* § 134 Rn. 62 f. Nach *Sack* wird die Streitfrage außerdem bedeutsam, wenn es um die Frage geht, ob der Berufung auf die Nichtigkeit der Einwand der unzulässigen Rechtsausübung gemäß § 242 entgegengehalten werden kann.

die Nichtigkeit in einem solchen Fall kaum überzeugend mit Sinn und Zweck des gesetzlichen Verbots begründen ließe.

Der Wortlaut des § 134 spricht für eine Auslegungsregel im vorgenannten Sinn: Aus dem Verhältnis des Hauptsatzes zum Nebensatz folgt, dass die Nichtigkeit die regelmäßige Folge eines Verstoßes gegen ein gesetzliches Verbot sein soll, „ein anderes" dagegen die Ausnahme[348]. Auch die Materialien zum BGB lassen eine solche Interpretation zu. Zwar sind die Motive diesbezüglich unklar[349]; der Kommissionsbericht spricht jedoch eindeutig für eine Interpretationsregel[350]: „Ob ein Gesetz das verbotene Rechtsgeschäft mit Nichtigkeit bedrohen oder nur mit Strafe belegen, oder ob das Gesetz nur als Ordnungsvorschrift gelten wolle (lex imperfecta), müsse an sich dem Gesetze selbst vorbehalten werden; nur eine Interpretationsregel lasse sich in dieser Beziehung aufstellen und sei daher im Entw. dahin gegeben, daß, wenn sich aus dem Gesetze kein anderer Sinn ergebe, Nichtigkeit als die gewollte Folge betrachtet werden müsse."

Wenn § 134 in diesem Zusammenhang als Beweislastregel[351], Argumentations-lastregel[352] oder als widerlegbare Vermutung[353] für die Nichtigkeit aufgefasst wird, so ist dies missverständlich, denn beweisbar sind nur Tatsachen; bei Rechtsfragen kann es demgegenüber weder eine Beweislast noch eine widerlegbare Vermutung geben[354]. Auf der Rechtsfolgenebene kann § 134 somit nur eine *Auslegungsregel* beinhalten, ähnlich den §§ 133, 157, 2087, 2269. Überhaupt

---

[348] So zu Recht *Langen*, in: FS für Rudolf Isay, S. 321 ff. (327); *Kramer*, S. 43 m.w.N.

[349] Motive, Bd. I, S. 210, in: *Mugdan*, Bd. I, S. 468 f.: „Die gemeinrechtliche Streitfrage, ob, wenn ein Gesetz ein Rechtsgeschäft verbietet oder mit Strafe belegt, ohne dessen Nichtigkeit auszusprechen, das dem Verbote zuwider vorgenommene Rechtsgeschäft *der Regel nach* nichtig sei, ist von der herrschenden Meinung [...] schon bisher mit Recht bejaht worden. Die Ausnahmen sind durch den der Vorschrift beigefügten, der gegentheiligen Absicht des Gesetzes Rechnung tragenden Vorbehalt gedeckt. Anders liegen meist die Fälle, in welchen bei einem Vertrage das Verbot nur den einen Theil trifft; *der Regel nach* wird anzunehmen sein, daß der Vertrag als solcher nicht ungültig ist. Es kommt indessen hier gleichfalls auf die Absicht des Gesetzes im Einzelfalle an, und der Vorbehalt genügt daher auch in dieser Richtung." [Hervorhebungen durch den Vf.]. Da *der Regel nach* im ersten Fall (dem verbotswidrig vorgenommenen Rechtsgeschäft) Nichtigkeit, im zweiten Fall (dem einseitigen Verbot) aber Wirksamkeit anzunehmen sein soll, das Rechtsgeschäft aber bei einer Auslegungsregel im Zweifel immer nichtig wäre, kann mit der Wendung *der Regel nach* hier nur die damals herrschende Meinung gemeint sein. Dies übersieht Staudinger/*Sack*, § 134 Rn. 58).

[350] Kommissionsbericht, S. 45, in: *Mugdan*, S. 969. So auch *Flume*, Allg. Teil, Bd. II, § 17, 1 (S. 341), dort in Fn. 2. A.A. *Helf*, S. 56 und *Amm*, S. 248 f., wonach auch diese Ausführungen nicht für eine Interpretationsregel sprechen sollen.

[351] *Canaris*, Gesetzliches Verbot und Rechtsgeschäft, S. 16/43.

[352] Nach Staudinger/*Sack* § 134 Rn. 58, trifft denjenigen die Argumentationslast, „der ein Rechtsgeschäft trotz Verstoßes gegen ein Verbotsgesetz *nicht* für nichtig hält".

[353] *Kramer*, S. 43 ff. 113 ff.; *Zimmermann*, S. 113 Fn. 53.

[354] *Kramer*, S. 44; *Hager*, S. 147.

unterscheidet sich die Auslegung eines gesetzlichen Verbotes nicht wesentlich von der Auslegung einer Willenserklärung, denn in beiden Fällen geht es um die Ermittlung des rechtlich maßgeblichen Sinnes[355]. Auslegungszweifel können nicht nur bei der Auslegung von Willenserklärungen auftreten, sondern ebenso bei der Auslegung von Rechtsnormen. Dies gilt für gesetzliche Verbote i.S. des § 134 in besonderem Maße, denn den Schwerpunkt des § 134 bilden Vorschriften, die – wie das SchwarzArbG (a.F.) – die zivilrechtlichen Folgen eines Zuwiderhandelns nicht ausdrücklich regeln[356]; oftmals verbieten solche Vorschriften *unmittelbar* auch nur tatsächliche Handlungen, nicht jedoch Rechtsgeschäfte. Viele Verbotsgesetze enthalten deshalb kaum greifbare Anhaltspunkte zur Entscheidung der Nichtigkeitsfrage[357]. Ob ein Verbot die Nichtigkeit des verbotswidrigen Rechtsgeschäfts erfordert oder nicht, wird daher oftmals zweifelhaft sein. Nicht zuletzt die Diskussion der zivilrechtlichen Folgen von Verstößen gegen das SchwarzArbG (a.F.) belegt schlagend, wie schwierig es ist, anhand von Sinn und Zweck einer Norm auf die von ihr nicht ausdrücklich geregelten Rechtsfolgen zu schließen.

Eine entsprechende Auslegungsregel ist demnach notwendig und zudem auch sinnvoll: Verstößt ein Rechtsgeschäft gegen ein gesetzliches Verbot, von dem zweifelhaft ist, ob es nach seinem Sinn und Zweck auch die Nichtigkeit des Rechtsgeschäftes erfordert, sollten diese Zweifel stets offen gelegt werden. Das Gesetz gibt dem Richter für diese Fälle mit § 134 eine Auslegungsregel an die Hand, mit der die Nichtigkeit des Rechtsgeschäfts tragfähig begründet werden kann. Vorzugswürdig ist deshalb die Auffassung, die in § 134 eine Auslegungsregel erblickt.

bb. Verbotsgesetze und sog. „bloße Ordnungsvorschriften"

Bei der Frage der Vertrags(un)wirkamkeit nach § 134 differenzieren Rechtsprechung[358] und Teile des Schrifttums[359] insbesondere bei gewerberechtlichen Vor-

---

[355] Palandt/*Heinrichs*, Einleitung, Rn. 50 und § 133 Rn. 1; MünchKommBGB/*Mayer-Maly/Busche* § 133 Rn. 61.

[356] *Larenz/Wolf*, Allg. Teil, § 40 Rn. 2; *Medicus*, Allg. Teil des BGB, Rn. 646. Bei Rechtsnormen, die ausdrücklich die Nichtigkeit bestimmter Rechtsgeschäfte anordnen, ist § 134 ohne praktische Bedeutung. Die Nichtigkeit des verbotswidrigen Rechtsgeschäfts ergibt sich hier unmittelbar aus der ausdrücklichen Anordnung der betreffenden Rechtsnorm selbst, vgl. *Westphal*, S. 18; MünchKommBGB/*Mayer-Maly/Armbrüster* § 134 Rn. 3; Erman/*Palm* § 134 Rn. 2.

[357] *Medicus*, Allg. Teil des BGB, Rn. 657.

[358] Neben *LG Osnabrück*, Urt. v. 17.4.1963 – 3 O 33/63, MDR 1963, S. 676 = BB 1964, S. 904 (m. Anm. *Wittmann*, BB 1964, S. 904 ff.), siehe RGZ 1, S. 115 (116); 103, S. 263 (264); BGHZ 37, S. 363 (365); 53, S. 157; 75, S. 368; 78, S. 269 (272); 88, S. 240 (243); 93, S. 264 (267); 108, S. 364 (368); *BGH*, NJW 1968, S. 2286 f.; WM 1972, S. 853; DB 1972, S. 1477; NJW 1974, S. 859 (860); NJW 1979, S. 540 (541); NJW 1983, S. 109 (110); NJW

schriften[360] häufig zwischen gesetzlichen Verboten, die zur Nichtigkeit des verbotswidrigen Rechtsgeschäfts führen, und bloßen Ordnungsvorschriften, welche die zivilrechtliche Wirksamkeit des Rechtsgeschäfts unberührt lassen. Um eine bloße Ordnungsvorschrift handele es sich, wenn die verletzte Norm „lediglich die äußeren Umstände eines sonst unbedenklichen Rechtsgeschäfts aus Gründen rein ordnungspolitischer Art" missbillige bzw. aus „gewerbepolizeilichen oder ordnungspolitischen Gründen" untersage[361] oder – einer anderen Formulierung zufolge – bei einer „bloß im Interesse der öffentlichen Ordnung" erlassenen Vorschrift, die „nur bestimmte Umstände verbieten will, unter denen ein inhaltlich an sich nicht zu beanstandendes Geschäft vorgenommen wird"[362].

Beispiele für Verstöße gegen bloße Ordnungsvorschriften sind der Verkauf nach Ladenschluss und der Ausschank von Getränken nach Eintritt der Polizeistunde[363]; bloßen Ordnungscharakter hat nach Auffassung des *BGH*[364] aber auch der – § 8 I Nr. 1 lit. e) SchwarzArbG (§ 1 I Nr. 3 SchwarzArbG a.F.) zugrunde liegende – Grundtatbestand des § 1 HwO[365]. Auf dieser Grundlage argumentierte auch das *LG Osnabrück*[366], bei dem SchwarzArbG a.F. handele es sich nicht um ein Verbotsgesetz, dessen Zweck darin bestehe, Änderungen im Privatrechtsbereich zu verhindern und unter Verstoß gegen das Gesetz geschlossene Verträge zu annullieren, sondern vielmehr nur um eine bloße Ordnungsvorschrift, die nicht auf einen Eingriff in die Privatrechtsordnung abziele, sondern deren Zweck allein in der Aufrechterhaltung der öffentlichen Ordnung bestehe[367].

1983, S. 2873; NJW 2000, S. 1187 (1188); MDR 2000, S. 872 (873); zur instanzgerichtlichen Rechtsprechung vgl. die Nachweise bei *Westphal*, S. 47 in Fn. 162.

[359] Palandt/*Heinrichs* § 134 Rn. 8; Soergel/*Hefermehl* § 134 Rn. 15, 20; Staudinger/*Dilcher*[12] § 134 Rn. 8/31; *Schmidt*, MDR 1966, S. 463 (464); *Hepp*, NJW 1977, S. 617 (618).

[360] Eingehend *Stober*, Zur zivilrechtlichen Wirkung wirtschaftsverwaltungsrechtlicher Verbote, GewArch 1981, S. 313 ff.; siehe auch Staudinger/*Sack*, § 134 Rn. 76 f.

[361] BGHZ 53, S. 152 (157); 71, S. 358 (361); 78, S. 269 (272).

[362] BGHZ 118, S. 142 (145); *BGH*, Urt. v. 12.7.1962 – VII ZR 28/61 = BGHZ 37, S. 363 (365).

[363] Palandt/*Heinrichs* § 134 Rn. 8.

[364] BGHZ 88, S. 240.

[365] Dazu *Schmidt*, MDR 1966, S. 463 (464).

[366] *LG Osnabrück*, Urt. v. 17.4.1963 – 3 O 33/63, MDR 1963, S. 676 = BB 1964, S. 904 m. Anm. *Wittmann*, BB 1964, S. 904 ff.

[367] Ob solche Ordnungsvorschriften überhaupt als gesetzliche Verbote i.S. des § 134 anzusehen sind, hängt von der Definition des Begriffs „gesetzliches Verbot" ab. Versteht man darunter nur solche Rechtsnormen, die eine Nichtigkeit des Rechtsgeschäfts erfordern, sind Ordnungsvorschriften keine gesetzlichen Verbote i.S. des § 134. Im Schrifttum wird aber auch die verbreitete Auffassung vertreten, dass zwischen dem Verbotscharakter einerseits und den Rechtsfolgen andererseits zu differenzieren sei. Dieser Auffassung zufolge handelt es sich auch bei Ordnungsvorschriften um gesetzliche Verbote i.S. des § 134, die allerdings nicht zur Nichtigkeit des Rechtsgeschäfts führen.

Andere halten die Qualifizierung einer Vorschrift als Ordnungsvorschrift demgegenüber für „nichtssagend"[368] bzw. „als Auslegungskriterium ungeeignet"[369];
nach Staudinger/*Sack*[370] spricht sie „weder generell noch indiziell" gegen eine
Vertragsnichtigkeit, da die Einordnung einer Vorschrift als Ordnungsvorschrift
auf einer formalen Zuordnung zu einem bestimmten Regelungsbereich beruht[371].
Nach *Westphal*[372] basiert diese Theorie auf einer aus heutiger Sicht überholten
Zweiteilung der Rechtsordnung in einen öffentlich-rechtlichen und zivilrechtlichen Rechtskreis. § 134 lasse eine solche Trennung jedoch als fragwürdig erscheinen, da diese Vorschrift gerade auf Verbote öffentlich-rechtlicher Art zugeschnitten sei[373].

Soweit die Einordnung als Ordnungsvorschriften auf dem Gedanken der Trennung zwischen öffentlich-rechtlicher Ordnung einerseits und Privatrechtsordnung andererseits beruht, wie etwa die – freilich vereinzelt gebliebene[374] – Entscheidung des *LG Osnabrück*, ist dies bereits im Ansatz verfehlt, denn § 134
stellt gerade eine Schnittstelle zwischen Zivilrecht und Öffentlichem Recht dar;
dabei bilden insbesondere die wirtschafts(verwaltungs)rechtlichen Verbote einen
Hauptanwendungsfall des § 134[375]. Da Eingriffe in die Privatautonomie auch
und gerade im Interesse der öffentlichen Ordnung zulässig sind[376], spricht es
auch nicht von vornherein gegen eine Nichtigkeit, wenn das Verbot das Rechtsgeschäft aus „Gründen rein ordnungspolitischer Art" untersagt[377] oder „bloß im
Interesse der öffentlichen Ordnung" missbilligt. Der Regelungsbereich ist demnach kein geeignetes Kriterium zur Bestimmung der Nichtigkeitsfolgen.

Unabhängig von der Einteilung in Regelungsbereiche ist allerdings die Differenzierung zwischen Verboten, die sich gegen den Inhalt eines Rechtsgeschäfts
wenden und solchen, die lediglich die „äußeren Umstände eines sonst unbe-

---

[368] *Stober*, GewArch 1981, S. 313.
[369] *Kramer*, S. 39.
[370] Staudinger/*Sack* § 134 Rn. 77.
[371] Ablehnend auch *Flume*, Allg. Teil, Bd. II, § 17, 4 (S. 347); *Pawlowski*, JZ 1970, S. 506 f.
[372] *Westphal*, S. 45 ff.
[373] *Westphal*, S. 48, m.w.N.
[374] *AG Hamburg-Harburg*, Urt. v. 13.7.1966 – 12 C 387/66, MDR 1967, S. 41 f.; *BGH*, Urt.
v. 23.9.1982 - VII ZR 183/80 (Braunschweig) = BGHZ 85, S. 39 ff. = NJW 1983, S. 109 ff. =
MDR 1983, S. 222 = WM 1982, S. 1251 ff. = LM BGB § 134 Nr. 103 = DB 1982, S. 2615 ff.
= AP Nr. 2 zu § 1 SchwarzArbG = EBE/BGH 82, S. 378 ff. = FWW 83, S. 19 f. = BauR
1983, S. 66 ff. = JR 1983, S. 102 ff. (m. Anm. *Köhler*) = ZIP 1983, S. 463 ff. (m. Anm. *Fenn*)
= JuS 1983, S. 220 f. (m. Anm. *Emmerich*) = ZfBR 1982, S. 246 ff. = BB 1983, S. 2182 f.
[375] Vgl. MünchKommBGB/*Mayer-Maly/Armbrüster* § 134 Rn. 50/61; *Flume*, Allg. Teil,
Bd. II, § 17, 1 (S. 341).
[376] Art. 2 I GG.
[377] BGHZ 53, S. 152 (157); 71, S. 358 (361); 78, S. 269 (272).

denklichen Geschäfts"[378] missbilligen. Zumeist wird eine Nichtigkeit verneint, wenn das Verbot nicht den Inhalt des Rechtsgeschäfts, sondern nur die äußeren Umstände des Geschäftsschlusses betreffe[379], z.B. Zeit und Ort des Geschäftsschlusses[380] oder Art und Weise der Leistungshandlung[381]. Auch diese Unterscheidung ist jedoch problematisch. Die Schwierigkeit besteht vor allem in der Trennung von Inhalt und äußeren Umständen des Rechtsgeschäfts: So muss z.B. ein Gastwirt die Bestellung des Gastes in einem angemessenen Zeitraum ausführen; dies erwartet auch ein Gast, der nach Eintritt der Polizeistunde eine Bestellung aufgibt. Da die Erfüllung nach Eintritt der Polizeistunde jedoch verbotswidrig wäre, stellt sich auch hier die Frage der Nichtigkeit, zumal ein durchsetzbarer Anspruch auf Bewirtung nach Eintritt der Polizeistunde nach allgemeiner Auffassung ausgeschlossen ist[382].

cc. Ein- und beiderseitige Verbote und Verbotsverstöße

Das *RG* vertrat die Auffassung, dass Rechtsnormen, die nur die Tätigkeit einer Vertragspartei unter Strafe stellen oder verbieten, die zivilrechtliche Gültigkeit des Rechtsgeschäfts, als dessen Bestandteil die betreffende Tätigkeit in Betracht komme, nicht in Frage stellen[383]. Anders sei jedoch zu entscheiden, wenn das Verbot nicht nur das Handeln eines Vertragsschließenden, sondern unmittelbar das Rechtsgeschäft selbst treffe[384]. Die Verfasser des BGB waren der Auffassung, ein Vertrag sei „der Regel nach" nicht ungültig, wenn das Verbot nur eine

---

[378] BGHZ 53, S. 152 (157); 71, S. 358 (361); 78, S. 269 (272).

[379] *Larenz/Wolf*, Allg. Teil, § 40 Rn. 20; *Helf*, S. 60 ff.

[380] *Larenz/Wolf*, Allg. Teil, § 40 Rn. 20; *Helf*, S. 60 ff.

[381] Soergel/*Hefermehl* § 134 Rn. 20.

[382] *Flume*, Allg. Teil, Bd. II, § 17, 4 (S. 347); *Medicus*, Allg. Teil des BGB, Rn. 648; *Staudinger/Sack* § 134 Rn. 77.

[383] RGZ 48, S. 293; 60, S. 273 (276); 63, S. 346; 78, S. 347 (353); Siehe auch RGZ 100, S. 39 (40): „Es ist daran festzuhalten, daß der Regel nach das Rechtsgeschäft im ganzen, der Vertrag als solcher nach § 134 BGB nicht nichtig ist, wenn ein gesetzliches Verbot nur die eine Seite der Beteiligten in ihren Handlungen beeinflussen und vom Abschluß eines Vertrags abhalten will, und nur nichtig wird, wenn das Verbot sich gegen beide Teile richtet."; RGZ 100, S. 238 (239): „[...] zur Entkräftung der Regel des § 134 BGB müsse aus dem übertretenen Gesetze selbst hervorgehen, daß es auf die Gültigkeit verbotswidrig abgeschlossener Rechtsgeschäfte keinen Einfluß ausüben wolle. Eine solche Gesetzesabsicht wird aber [...] grundsätzlich stets dann zu verneinen sein, wenn sich das Verbot gleichmäßig gegen beide Teile, den Verkäufer und den Käufer, wendet und sowohl das Veräußerungs- als auch das Erwerbsgeschäft untersagt."; auch nach RGZ 104, S. 105 (107) tritt völlige Nichtigkeit des Geschäfts nach § 134 nur ein, wenn das Verbot beide Teile trifft; nach RGZ 170, S. 155 ff. macht der Verstoß gegen § 4 Nr. 2 Lebensmittelgesetz (Gesetz über den Verkehr mit Lebensmitteln und Bedarfsgegenständen in der Fassung der Bekanntmachung v. 17.1.1936, RGBl. I, S. 17) einen dagegen verstoßenden Vertrag nicht nach § 134 nichtig, da das Verbot nur gegen einen der beiden Vertragsschließenden, nicht gegen das Rechtsgeschäft als solches gerichtet ist.

[384] *RG*, GoldA 54, 416; RGZ 100, 39, 40.

Vertragspartei treffe, wobei es indessen hier „gleichfalls" auf die Absicht des Verbotsgesetzes im Einzelfall ankomme[385]. Der *BGH* hat diese Regel weiterentwickelt: Verträge, durch deren Abschluss beide Vertragsparteien ein gesetzliches Verbot verletzen, seien im Allgemeinen nichtig. Eine für alle Beteiligten geltende Straf- oder Bußgeldandrohung gebe einen gewichtigen Hinweis darauf, dass die Rechtsordnung einem das Verbot missachtenden Vertrag die Wirksamkeit versagen wolle[386]. Betreffe das Verbot hingegen nur eine der vertragsschließenden Parteien, so sei ein solcher Vertrag in der Regel wirksam[387]. In besonderen Fällen könne sich die Nichtigkeit allerdings ausnahmsweise auch aus einer einseitigen Gesetzesübertretung ergeben, und zwar dann, wenn es mit dem Sinn und Zweck des Verbotsgesetzes unvereinbar sei, die durch das Rechtsgeschäft getroffene rechtliche Regelung hinzunehmen und bestehen zu lassen[388]. Eine solche Ausnahme liege etwa vor, wenn der angestrebte Schutz des Vertragspartners die Nichtigkeit des Rechtsgeschäfts erfordere oder wenn der Erfüllungsanspruch auf eine unerlaubte Tätigkeit gerichtet sei.

Im Schrifttum ist diese Regel allerdings auch auf Ablehnung gestoßen[389]: Die Ableitung von Rechtsfolgen aus der Verbotsrichtung einer Norm sei wenig überzeugend[390] und der Regel-Ausnahme-Mechanismus zu starr und nicht geeignet, den unterschiedlichen Normzwecken gerecht zu werden[391]; aufgrund der zahlreichen Ausnahmen gebe die Regel zudem keinen sicheren Aufschluss über die Rechtsfolgen des Verbotsverstoßes[392].

Zu formal wäre sicher das bloße Abstellen auf die *Verbotsrichtung*: So kann ein an beide Vertragsparteien gerichtetes Verbot wie das SchwarzArbG (a.F.) von

---

[385] Motive, Bd. I, S. 210, in: *Mugdan*, Bd. I, S. 468: „Anders liegen meist die Fälle, in welchen bei einem Vertrage das Verbot nur den einen Theil trifft; der Regel nach wird anzunehmen sein, daß der Vertrag als solcher nicht ungültig ist. Es kommt indessen hier gleichfalls auf die Absicht des Gesetzes im Einzelfalle an, und der Vorbehalt genügt daher auch in dieser Richtung."

[386] RGZ 100, S. 238 ff.; 104, S. 105 (107); BGHZ 37, S. 258 (262); 37, S. 363 (365); 71, S. 358 ff.; 78, S. 269 (271); 85, S. 39 (43); 88, S. 240 ff.; 89, S. 369 ff.; 118, S. 182 (188).

[387] RGZ 100, S. 39 ff.; 170, S. 155 ff.; BGHZ 46, S. 24 (26); BGHZ 65, S. 368 (370); 71, S. 358 (360); 78, S. 263 ff.; 118, S. 182 (188); *BGH*, Urt. v. 19.9.1985 – III ZR 55/84 = BGH Warn 1985 Nr. 241.

[388] BGHZ 46, S. 24 (26); 65, S. 368 (370); 78, S. 263 (265); 93, S. 264 (267); 118, S. 182 (188). *BGH* NJW 1981, S. 1204 (1205); 1984, S. 230 (231); 1984, S. 1175 (1176); *BGH*, Urt. v. 22.3.1990 – IX ZR 117/88 = BGH Warn 1990 Nr. 89 = BGHR BGB § 134 Notar 1.

[389] *Kramer*, S. 35 f.; *Westphal*, S. 54 ff.; *ders.*, BB 1984, S. 1002; *Pawlowski*, Allgemeiner Teil des BGB, Rn. 483; *Hager*, S. 85; *Voß*, S. 66; Soergel/*Hefermehl* § 134 Rn. 15 m.w.N.; *Canaris*, Gesetzliches Verbot und Rechtsgeschäft, S. 54.

[390] *Hager*, S. 85.

[391] *Voß*, S. 66.

[392] Soergel/*Hefermehl* § 134 Rn. 15 m.w.N. *Canaris*, Gesetzliches Verbot und Rechtsgeschäft, S. 11.

nur einer Vertragspartei verletzt worden sein – so z.B. im Falle eines einseitigen Verstoßes des Schwarzarbeiters gegen § 8 I Nr. 1 SchwarzArbG (§ 1 I SchwarzArbG a.f.); zum anderen muss bei formal einseitigen Verboten stets die Möglichkeit der Anstiftung nach § 26 StGB oder der Beihilfe nach § 27 StGB bzw. die Möglichkeit der Tatbeteiligung nach § 14 OWiG berücksichtigt werden: Der Auftraggeber, der vorsätzlich einen Schwarzarbeiter i.S. des § 8 I Nr. 1 SchwarzArbG (§ 1 I SchwarzArbG a.f.) beauftragt, würde auch ohne § 8 I Nr. 2 SchwarzArbG (§ 2 I SchwarzArbG a.f.) über § 14 OWiG erfasst. Erforderlich ist daher immer auch eine Berücksichtigung des *Verbotsverstoßes*. Der *BGH* trägt dem indessen Rechnung, indem er nicht nur ein an beide Vertragsparteien gerichtetes Verbot, sondern auch einen beiderseitigen Verbotsverstoß verlangt[393].

dd. Das Erfordernis eines subjektiven Verbotsverstoßes

Festzuhalten bleibt, dass Straf- oder Bußgelddrohungen, die das Handeln *beider Vertragsparteien* unter Strafe stellen bzw. als Ordnungswidrigkeit sanktionieren, jedenfalls dann, wenn beide Vertragsparteien dagegen *verstoßen*, als gewichtiges Indiz für die Nichtigkeit angesehen werden[394]. Allerdings fragt sich, ob dazu auch die subjektiven Tatbestandsmerkmale des Verbots vorliegen müssen.

Der *BGH* ist in dieser Frage nicht eindeutig. Einerseits[395] hält er einen objektiven Verstoß gegen das Verbotsgesetz für ausreichend, während es andererseits[396] grundsätzlich erforderlich sein soll, dass der Straftatbestand von beiden Vertragsparteien objektiv und subjektiv verwirklicht wird, wobei aber eine Ausnahme für den Fall anzuerkennen sei, dass Sinn und Zweck des Verbotsgesetzes anders nicht zu erreichen seien und die rechtsgeschäftlich getroffene Regelung nicht hingenommen werden dürfe.

Flume[397] differenziert zwischen dem (unmittelbaren) „Verbot des Rechtsgeschäfts" und dem „Verbot des rechtsgeschäftlichen Handelns": Erstere wendeten sich in der Regel gegen die Vornahme des Rechtsgeschäfts; Schulbeispiele seien insoweit das allgemeine gesetzliche Veräußerungsverbot und das Preisgesetz. Ein Rechtsgeschäft verstoße jedoch auch dann unmittelbar gegen eine Verbotsnorm, wenn eine Leistung vereinbart werde, deren Erbringung verboten sei. Bei unmittelbaren Verboten sei unerheblich, ob den rechtsgeschäftlich Handelnden ihr Verhalten vorwerfbar sei, insbesondere ob sie das Verbot kannten oder es

---

[393] BGHZ 111, S. 309 (311).
[394] BGHZ 53, S. 152 (157); 118, S. 142 (144 f.); Staudinger/*Sack* § 134 Rn. 78.
[395] So BGHZ 37, S. 363 (366); 53, S. 152 (158); 115, S. 123 (129 f.); 116, S. 268 (276 f)
[396] So BGHZ 132, S. 313 (314/318) = NJW 1996, S. 1812.
[397] *Flume*, Allg. Teil, Bd. II, § 17, 3 (S. 343 ff.).

hätten kennen müssen[398]. Betreffe eine Verbotsnorm dagegen unmittelbar nur das rechtsgeschäftliche Handeln, könne das Rechtsgeschäft selbst allenfalls mittelbar ergriffen werden; bei Strafvorschriften, die nicht unmittelbar gegen das Rechtsgeschäft, sondern nur gegen die Vornahme eines Rechtsgeschäfts als strafbare Handlung gerichtet seien, müsse die Strafnorm durch die Vornahme des Rechtsgeschäfts voll erfüllt sein, es müssten also nicht nur die objektiven, sondern auch die subjektiven Voraussetzungen des Straftatbestandes gegeben sein[399]. Das Rechtsgeschäft selbst werde von der Strafnorm erst erfasst, wenn sämtliche rechtsgeschäftlich Handelnden gegen die Strafnorm verstoßen oder von dem Verstoß eines von ihnen gewusst oder zumindest damit gerechnet und zu ihrem Vorteil dennoch das Rechtsgeschäft vorgenommen haben[400].

Zumeist stellt die Lehre[401] jedoch ganz auf Sinn und Zweck des Verbotsgesetzes ab: Nach Sinn und Zweck des gesetzlichen Verbotes könne es gerechtfertigt sein, die Nichtigkeitsfolge nur dann eingreifen zu lassen, wenn beide Parteien vom Gesetzesverstoß wussten oder schuldhaft verkannt haben, dass der Vertrag gegen ein gesetzliches Verbot verstößt; wenn es jedoch mit dem Schutzzweck des Verbotsgesetzes unvereinbar sei, das Rechtsgeschäft mit seinen vertraglichen Pflichten wegen fehlenden Verschuldens gelten zu lassen, reiche ein objektiver Gesetzesverstoß aus[402]. So gebiete die Einheit der Rechtsordnung die Nichtigkeit eines Vertrags, durch den sich eine Vertragspartei zu einer Straftat verpflichte, ohne dass es hierbei auf subjektive Elemente ankomme[403].

Bei der Frage der Notwendigkeit subjektiver Elemente ist auf den Normzweck des § 134 zurückzukommen: Ohne Zweifel erfordern die Sanktionen des Straf- und Ordnungswidrigkeitenrechts voll tatbestandsmäßiges Verhalten und damit das Vorliegen aller objektiven und subjektiven Tatbestandsmerkmale; auch bei Anerkennung präventiver Zwecke der Nichtigkeit (s.o.) ist das Vorliegen subjektiver Merkmale unabdingbar, da die Kenntnis vom Verbotsverstoß und seinen Folgen denknotwendige Voraussetzung einer Abschreckung ist. Allerdings geht es bei § 134 – wie gezeigt wurde – nicht um eine Bestrafung des Täters für tatbestandsmäßiges Verhalten; zur Tatbestandsverwirklichung kommt es ohnehin oftmals erst nach Vertragsschluss, bei der Durchführung des Vertrages. Strafgedanken rechtfertigen das Erfordernis eines subjektiven Verstoßes somit nicht.

---

[398] *Flume*, Allg. Teil, Bd. II, § 17, 3 (S. 344).
[399] *Flume*, Allg. Teil, Bd. II, § 17, 3 (S. 344 f.).
[400] *Flume*, Allg. Teil, Bd. II, § 17, 3 (S. 345).
[401] *Larenz/Wolf*, Allg. Teil, § 40 Rn. 27; MünchKommBGB/*Mayer-Maly/Armbrüster* § 134 Rn. 110; Staudinger/*Sack* § 134 Rn. 85.
[402] Erman/*Palm* § 134 Rn. 10; Staudinger/*Sack* § 134 Rn. 84 f.; MünchKommBGB/*Mayer-Maly/Armbrüster* § 134 Rn. 110.
[403] *Medicus*, Allg. Teil des BGB, Rn. 647.

Der Gedanke der Einheit der Rechtsordnung erfordert insoweit keine subjektiven Tatbestandsmerkmale, als sich die Rechtsordnung bereits bei sich objektiv widersprechenden Normbefehlen in Selbstwiderspruch begäbe; Bedeutung hat das Bewusstsein vom intendierten Gesetzesverstoß hier allerdings bei der vorgelagerten Frage, ob *das Rechtsgeschäft* gegen das gesetzliche Verbot verstößt: Während bei Unkenntnis des Verbots möglicherweise noch eine gesetzeskonforme Auslegung des Rechtsgeschäfts in Betracht zu ziehen ist, wird dies regelmäßig nicht der Fall sein, wenn die Parteien bei Abschluss des Vertrages wussten (und wollten), dass z.B. der Auftragnehmer die Leistungen unter Verstoß gegen gesetzliche Pflichten erbringt.

d. Resumee

Obwohl § 134 zu den für das gesamte Zivilrecht grundlegenden Vorschriften des Allgemeinen Teils im Ersten Buch des BGB zählt und seit seinem In-Kraft-Treten am 1.1.1900 unverändert geblieben ist, haben Rechtsprechung und Lehre bis heute nicht zu einer einheitlichen Interpretation der Vorschrift gefunden[404]. Methodische Schwierigkeiten bereitet vor allem die enge Verknüpfung von gesetzlichem Verbot, Verbotsverstoß des Rechtsgeschäfts und Nichtigkeitsfolge; da bereits die Frage, ob *ein Rechtsgeschäft gegen ein gesetzliches Verbot verstößt* (§ 134, 1. Halbs.), oftmals Wertungsaspekte beinhaltet, die eine Auslegung der betreffenden Vorschrift nach ihrem Sinn und Zweck erfordern, ist eine trennscharfe Abgrenzung zwischen Tatbestand und Rechtsfolge oftmals kaum möglich.

Oberstes Gebot der Anwendung und Auslegung des § 134 ist der Schutz der Einheit der Rechtsordnung. Insbesondere darf die Rechtsordnung keinen Anspruch auf eine Leistung anerkennen, deren Erbringung verboten ist. In solchen Fällen steht die Nichtigkeit des Rechtsgeschäfts außer Frage. Im Übrigen ist die Frage der Nichtigkeit primär anhand von Sinn und Zweck des gesetzlichen Verbots zu entscheiden, mit dem das Rechtsgeschäft in Konflikt steht. Da viele Verbote keine unmittelbaren Anhaltspunkte für die Frage der Nichtigkeit liefern, haben Rechtsprechung und Schrifttum Systematisierungskriterien entwickelt, um die Frage der „bezweckten" zivilrechtlichen Folgen zu beurteilen. Wie gezeigt wurde, ist die Überzeugungskraft einiger Kriterien bei isolierter Betrachtung zweifelhaft; auch diese Kriterien liefern daher oftmals nur vage Anhaltspunkte für die Frage der Nichtigkeit. Weil Sinn und Zweck des Verbots in Bezug auf die Frage der Nichtigkeit daher selten zweifelsfrei sind, erscheint es gerechtfertigt, zumindest in *echten Zweifelsfällen,* in denen weder die Argumente

---

[404] *Canaris*, Gesetzliches Verbot und Rechtsgeschäft, S. 8; *Kramer*, S. 1 ff.; *Westphal*, S. 18, spricht gar von einem „nur schwer überschaubaren und auflösbaren Wirrwarr verschiedener Ansichten und Interpretationen in Rechtsprechung und Literatur".

für noch gegen eine Nichtigkeit überwiegen, entsprechend dem Wortlaut und der Auffassung der Schöpfer des § 134 von einer Regel-Nichtigkeit auszugehen.

2. Der Normkonflikt zwischen Schwarzarbeitsvertrag und §§ 1 II, 8 I SchwarzArbG (§§ 1, 2 SchwarzArbG a.F.)

Das SchwarzArbG (a.F.) ist ein Gesetz i.S. von Art. 2 EGBGB, dessen § 8 I SchwarzArbG (§§ 1 I und 2 I SchwarzArbG a.F.) ohne Zweifel „etwas" verbieten: Verboten ist die Erbringung von Dienst- oder Werkleistungen in erheblichem Umfang unter Verstoß gegen Anzeige-, Melde- und Erlaubnispflichten des § 8 I Nr. 1 lit. a) – e) SchwarzArbG (§ 1 I Nr. 1 bis 3 SchwarzArbG a.F.) sowie das Ausführenlassen solcher Leistungen (§ 8 I Nr. 2 SchwarzArbG/ § 2 I SchwarzArbG a.F.), sofern es sich nicht um einen Ausnahmefall nach § 8 IV SchwarzArbG (§ 1 III SchwarzArbG a.F.) handelt[405].

Schwieriger zu beantworten ist jedoch die Frage, ob sich dieses Verbot gegen Vornahme oder Inhalt des Rechtsgeschäfts oder gegen die besonderen Umstände des Geschäftsabschlusses wendet. Die Einordnung des SchwarzArbG (a.F.) in diese Kategorien bereitet hier Probleme:

Die wohl herrschende Meinung hält bereits den Abschluss des Vertrages – mithin die Vornahme des Rechtsgeschäfts – für verboten. Dies ist nach den im ersten Teil gewonnenen Ergebnissen zweifelhaft, denn weder Schwarzarbeiter noch Auftraggeber verstoßen allein durch den *Abschluss* des Vertrages gegen die Tatbestände des § 8 I SchwarzArbG (§§ 1 I, 2 I SchwarzArbG a.F.)[406]; die Tatbestände des § 8 I SchwarzArbG (§§ 1 I, 2 I SchwarzArbG a.F.) erfordern vielmehr, dass die Dienst- oder Werkleistungen unter Verstoß gegen § 8 I Nr. 1 SchwarzArbG (§ 1 I SchwarzArbG a.F.) *erbracht* werden. Zu tatbestandsmäßigen Verstößen gegen die Verbote des § 8 I SchwarzArbG (§§ 1 I, 2 I SchwarzArbG a.F.) kommt es daher erst bei der Durchführung des Vertrags[407].

Da sich das Verbot gegen die Erbringung der Dienst- oder Werkleistungen unter Verstoß gegen § 8 I SchwarzArbG (§ 1 I SchwarzArbG a.F.) richtet, stellt sich die Frage, ob das *Verpflichtungsgeschäft* – mithin das Rechtsgeschäft selbst –

---

[405] Auf der Grundlage der Auffassung von *Westphal* wäre der Verbotscharakter der §§ 1, 2 SchwarzArbG a.F. damit bereits zu bejahen und weiter danach zu fragen, ob und wann ein Vertrag gegen diese Verbote *verstößt*.

[406] Ein Beispiel für den Verstoß eines Rechtsgeschäfts gegen ein gesetzliches Verbot liefert demgegenüber § 8 S. 2 des Gesetzes über das Apothekenwesen (ApoG). Danach sind (u.a.) am Umsatz oder am Gewinn einer Apotheke ausgerichtete *Mietverträge unzulässig*. Das Verbot des § 8 S. 2 ApoG richtet sich somit unmittelbar gegen das Rechtsgeschäft. Freilich ist hier § 134 nicht anwendbar, weil § 12 ApoG die Nichtigkeit des Rechtsgeschäfts ausdrücklich anordnet.

[407] Ausführlich Erster Teil, B. I. 2. c. und 3., zusammenfassend Erster Teil, B. VI.

überhaupt gegen das SchwarzArbG (a.F.) *verstößt*. Der Verbotsverstoß des Verpflichtungsgeschäfts ergibt sich jedoch daraus, dass die Vertragsparteien bei Vertragsschluss *wissen und wollen*, dass die Dienst- oder Werkleistungen in Schwarzarbeit, d.h. unter Verstoß gegen Anzeige-, Melde- und Erlaubnispflichten nach § 8 I Nr. 1 SchwarzArbG (§ 1 I SchwarzArbG a.F.) erbracht werden. Diese „Schwarzarbeitsabrede" unterscheidet den Schwarzarbeitsvertrag von einem inhaltlich nicht zu missbilligenden Vertrag über Dienst- oder Werkleistungen. Somit liegt ein *Normkonflikt* zwischen Verpflichtungsgeschäft und § 8 I SchwarzArbG (§§ 1 I, 2 I SchwarzArbG a.F.) vor.

Fraglich ist allenfalls, ob dieser Normkonflikt – und damit letztlich auch die Nichtigkeitsfolge – durch eine gesetzeskonforme Auslegung des Rechtsgeschäfts vermieden werden kann. Anlass für diese Überlegung geben die Entscheidungen des *BGH* zur Wirksamkeit von Verträgen bei einseitigen Verstößen gegen § 1 I SchwarzArbG a.F.[408] (§ 8 I Nr. 1 SchwarzArbG) und § 1 HwO[409]: Zwar seien Verträge, durch deren Abschluss nur eine Vertragspartei ein gesetzliches Verbot verletzt, dann als nichtig anzusehen, wenn der Erfüllungsanspruch auf eine unerlaubte Tätigkeit gerichtet sei[410]; bei nur einseitigen Verstößen gegen § 1 I SchwarzArbG a.F. (§ 8 I Nr. 1 SchwarzArbG) und gegen § 1 HwO bestehe eine solche Verpflichtung jedoch nicht: der Auftragnehmer werde bei Wirksamkeit des Vertrages nicht zu einer gesetzwidrigen Leistung verurteilt, weil der Schwarzarbeiter den Vertrag nicht in Person erfüllen müsse; er könne und müsse die Ausführung der Arbeiten vielmehr einem eingetragenen Handwerksbetrieb übertragen[411]. Zwar verneint der *BGH* die Vertragsnichtigkeit im Ergebnis mit der Begründung, Sinn und Zweck dieser Verbote rechtfertige es nicht, den Werkverträgen bei nur einseitigen Gesetzesverstößen die Wirksamkeit zu versagen[412], jedoch verschwimmen hier die Grenzen zur Auslegung insofern, als die Aufrechterhaltung des Rechtsgeschäfts letztlich nur auf der Grundlage einer – gesetzeskonformen – Interpretation der Leistungspflicht des Werkunternehmers möglich ist; ebenso hätte der *BGH* argumentieren können, der Vertrag verstoße aufgrund seines gesetzeskonformen Inhalts als solcher nicht gegen das SchwarzArbG a.F.

Bei beiderseitigen, bewussten Verstößen gegen § 8 I SchwarzArbG (§§ 1, 2 SchwarzArbG) scheitert eine gesetzeskonforme Interpretation des Rechtsgeschäfts jedoch am *entgegenstehenden Willen der Vertragsparteien*: Zwar dürfte in der Regel davon auszugehen sein, dass die Vertragsparteien eine wirksame

---

[408] *BGH*, Urt. v. 19.1.1984 – VII ZR 121/83 (Oldenburg) = BGHZ 89, S. 369 ff. = NJW 1984, S. 1175 = JR 1985, S. 146 ff. m. Anm. *Schubert*.
[409] BGHZ 88, S. 240 ff.
[410] BGHZ 89, S. 369 (373).
[411] BGHZ 88, S. 240 ff.
[412] BGHZ 89, S. 369 (372).

Regelung treffen wollen, so dass im Zweifel eine Auslegung zu wählen ist, die eine Nichtigkeit des Rechtsgeschäfts vermeidet[413]; der Schwarzarbeiter will seine Leistung hier jedoch nicht auf legalem Wege erbringen, und wenn auch der Auftraggeber weiß, dass er mit einem Schwarzarbeiter kontrahiert, so erwartet auch er keine „legale" Leistungserbringung und darf dies auch nach Treu und Glauben nicht erwarten. Der Gesetzesverstoß ist mithin von beiden Parteien gewollt, so dass es geradezu widersinnig wäre, anzunehmen, die Parteien seien hier an einer legalen Leistung interessiert. Ganz ähnlich lag es im Festpreisabrede-Fall des *BGH*: nach dem übereinstimmenden Willen der Vertragsparteien sollte der Bau so weit wie möglich in Schwarzarbeit ausgeführt werden. In diesen Fällen liefe die Aufrechterhaltung des Rechtsgeschäft mit einem gesetzeskonformen Inhalt dem eindeutig auf den Gesetzesverstoß (in der Festpreisabrede-Entscheidung auf Gesetzesumgehung) gerichteten Parteiwillen zuwider. Auch Schutzzweckerwägungen[414], die eine Einschränkung des Parteiwillens zum Schutze der durch das gesetzliche Verbot geschützten Vertragspartei rechtfertigen können, kommen hier nicht zum Tragen, denn das Verbot des § 8 I SchwarzArbG (§§ 1, 2 SchwarzArbG a.F.) richtet sich an *beide Vertragsparteien*; dass das SchwarzArbG (a.F.) auch dem Schutze der Vertragsparteien dienen soll, kann darum jedenfalls dann nicht ernsthaft angenommen werden, wenn sich beide Parteien des Verbotsverstoßes bewusst sind.

Das Rechtsgeschäft zielt somit auf einen Verstoß gegen das SchwarzArbG (a.F.) ab; es besteht damit ein Normkonflikt zwischen Rechtsgeschäft und gesetzlichem Verbot.

3. Die Rechtsfolgen des Normkonflikts

Bei einer dem Wortlaut des § 134 entsprechenden Auslegung führt der Normkonflikt zwischen Rechtsgeschäft und § 8 I SchwarzArbG (§§ 1, 2 SchwarzArbG a.F.) im Zweifel zur Nichtigkeit des Schwarzarbeitsvertrags, sofern nicht Sinn und Zweck des SchwarzArbG (a.F.) ausnahmsweise für eine Wirksamkeit des Schwarzarbeitsvertrages sprechen.

a. Sinn und Zweck des SchwarzArbG (a.F.)
aa. Die Materialien zum SchwarzArbG

Das SchwarzArbG enthält keine Regelung zur Frage der zivilrechtlichen Behandlung von Schwarzarbeit i.S. des § 1 II SchwarzArbG und von Verstößen gegen § 8 I SchwarzArbG. Auch in der Begründung zum Gesetzesentwurf der Fraktionen SPD und BÜNDNIS 90/DIE GRÜNEN sowie der Bundesregierung

---

[413] *Hager*, S. 219 f.
[414] *Hager*, S. 187 ff.

findet sich dazu keine Stellungnahme. Es ist insoweit davon auszugehen, dass der Gesetzgeber keine Änderungen hinsichtlich der zivilrechtlichen Behandlung von Verträgen bei Verstößen gegen das SchwarzArbG beabsichtigt hat.

Da das SchwarzArbG überwiegend lediglich die in verschiedenen Gesetzen enthaltenen Regelungen zur Schwarzarbeitsbekämpfung zusammenfasst und diese so auf eine neue, einheitliche gesetzliche Grundlage stellt[415], ändert sich an den Tatbeständen der Schwarzarbeit in der Sache wenig; insbesondere werden die vom SchwarzArbG a.F. erfassten Erscheinungsformen der Schwarzarbeit – von der tatbestandlichen Erweiterung in § 8 I Nr. 1 SchwarzArbG abgesehen – ohne inhaltliche Änderung übernommen. Insoweit muss die Frage nach Sinn und Zweck des SchwarzArbG bei den Erwägungen ansetzen, die den Gesetzgeber zur Schaffung dieser Tatbestände veranlasst haben.

bb. Vorausgesetzte Nichtigkeit?

In der Begründung des Bundesrates zum „Entwurf eines Gesetzes zur Änderung des Gesetzes zur Bekämpfung der Schwarzarbeit"[416] heißt es: „Gewährleistungsansprüche des Auftraggebers gegen den Auftragnehmer wegen fehlerhafter Werkleistung bestehen nicht, wodurch die Rechte des Auftraggebers erheblich beeinträchtigt sind"[417]. *Kern*[418] sieht in dieser Passage einen Beleg dafür, dass der Gesetzgeber von der Nichtigkeit aller Schwarzarbeitsverträge ausgegangen ist und übersieht dabei, dass dieser Entwurf nicht Gesetz wurde und insofern auch nicht den Willen des Gesetzgebers widerspiegelt. Nur ergänzend ist daher anzumerken, dass die Schlussfolgerung auch in der Sache zweifelhaft ist: So ist zum einen nur von nicht bestehenden *Gewährleistungsansprüchen* und nicht vom Vertrag als solchem die Rede; zum anderen ist auch unsicher, was mit „bestehen nicht" gemeint ist: Zwar ist ein Nichtbestehen wegen Nichtigkeit des Werkvertrags nach § 134 denkbar, in Betracht kommt aber auch ein Nichtbestehen wegen Unmöglichkeit nach § 275 I oder ein (faktisches) Nichtbestehen wegen fehlender Durchsetzbarkeit[419]. Einen eindeutigen Hinweis auf die Nichtigkeit enthält diese Passage demnach nicht. Hätte der Gesetzgeber zudem die Nichtigkeit aller Schwarzarbeitsverträge als selbstverständlich vorausgesetzt, hätte er dies – entsprechend den Aufforderungen von Seiten des Schrifttums – ohne weiteres durch eine ausdrückliche gesetzliche Regelung klarstellen können; dass er indessen davon abgesehen hat, lässt nur den Schluss zu, dass er die Klärung dieser Frage weiter Rechtsprechung und Schrifttum überlassen wollte.

---

[415] BT-Drs. 15/2573; zum Zweck des SchwarzArbG a.F. auch oben, Erster Teil.
[416] BT-Drs. 9/192, S. 5.
[417] BT-Drs. 9/192, S. 5.
[418] *Kern*, in: FS Gernhuber, S. 193.
[419] So für Verstöße gegen „bloße Ordnungsvorschriften" *Flume*, Allg. Teil, Bd. II, § 17, 4 (S. 346 ff.); vgl. auch *Medicus*, Allg. Teil des BGB, Rn. 648.

cc. Die Begründung zum Entwurf des SchwarzArbG von 1954

Hinsichtlich der Ziele des SchwarzArbG a.F. wird in Rechtsprechung und Schrifttum zumeist auf die Begründung zum Entwurf des SchwarzArbG von 1954[420] Bezug genommen. Dort heißt es, Schwarzarbeit trage zu einer erhöhten Arbeitslosigkeit in vielen Berufszweigen bei, gefährde gewerbliche, insbesondere handwerkliche Betriebe durch Lohn- und Preisunterbietungen, schädige Auftraggeber durch minderwertige Leistungen und führe zur unsachgemäßen Verwendung von Rohmaterialien. Ferner beeinträchtige sie das Steueraufkommen und das Beitragsaufkommen in der Sozial- und Arbeitslosenversicherung. Daraus haben Rechtsprechung[421] und Schrifttum[422] übereinstimmend gefolgert, das SchwarzArbG a.F. bezwecke (1.) die Bekämpfung der erhöhten Arbeitslosigkeit in vielen Berufszweigen, (2.) die Vermeidung einer Gefährdung gewerblicher, insbesondere handwerklicher Betriebe durch Lohn- und Preisunterbietungen, (3.) den Schutz des Auftraggebers vor minderwertigen Leistungen und unsachgemäßer Verwendung von Rohmaterialien sowie (4.) die Verhinderung der Minderung des Steueraufkommens und einer Beeinträchtigung des Beitragsaufkommens in der Sozial- und Arbeitslosenversicherung.

Inwieweit aus diesen Zwecken jedoch auf die Frage der Vertrags(un)wirksamkeit geschlossen werden kann, ist fraglich. Die Zwecke (1), (2) und (4) haben mit dem Vertragsverhältnis zwischen Schwarzarbeiter und Auftraggeber an sich nichts zu tun. Für die Besteuerung einer Tätigkeit ist es überhaupt unerheblich, ob die Tätigkeit gegen ein gesetzliches Ge- oder Verbot oder gegen die guten Sitten verstößt und das der Tätigkeit zugrunde liegende Rechtsgeschäft deshalb nach § 134 (oder nach § 138) nichtig ist; vielmehr ist allein entscheidend, ob die Tätigkeit einen Steuertatbestand erfüllt[423]. Unmittelbaren Einfluss hat das Vertragsverhältnis nur auf den Schutz des Auftraggebers vor minderwertigen Leistungen und unsachgemäßer Verwendung von Rohmaterialien (3), denn hier ist der Auftraggeber bei Vertragswirksamkeit aufgrund der dann bestehenden Gewährleistungsrechte besser geschützt als bei Unwirksamkeit des Vertrages. In den Fällen beiderseitiger, bewusster Verstöße gegen das SchwarzArbG (a.F.) ist dieser Zweck jedoch irrelevant: Da § 8 I Nr. 2 SchwarzArbG (§ 2 I SchwarzArbG a.F.) den Auftraggeber bei bewusster Auftragsvergabe an Schwarzarbeiter

---

[420] BT-Drs. II/1111, S. 3.

[421] BGHZ 85, 39 ff.

[422] So insbesondere *Helf*, S. 98 ff.; *Wittmann*, BB 1964, 904; *Thilenius*, S. 34.

[423] *BFH*, Urt. v. 23.2.2000 – X R 142/95 (Schleswig-Holstein) = NJW 2000, S. 2919 f. zur steuerrechtlichen Erheblichkeit sog. „Telefonsexverträge" nach § 15 II EStG, die nach der – durch das Prostitutionsgesetz (ProstG) v. 20.12.2001 (BGBl. I, S. 3983) wohl überholten – Rspr. des *BGH* als sittenwidrig angesehen wurden (vgl. *BGH*, NJW 1998, S. 2895, m.w.N., z.B. *BFH*, Urt. v. 17.4.1970 = BFHE 99, 200 = BStBl. II 1970, S. 620 zur Steuerbarkeit einer „Dirne" nach § 22 Nr. 3 EStG; BFHE 150, 192 = BStBl. II 1987, S. 653 = NJW 1988, S. 935; *BFH*, BFH/NV 1988, S. 128; BFH/NV 1992, S. 277); Staudinger/*Dilcher*[12] § 134 Rn. 7.

selbst mit Geldbuße bedroht, kann nicht ernsthaft angenommen werden, das SchwarzArbG (a.f.) wolle auch den bösgläubigen, selbst gegen § 8 I Nr. 2 SchwarzArbG (§ 2 I SchwarzArbG a.f.) verstoßenden Auftraggeber vor mangelhaften Leistungen durch Schwarzarbeiter schützen. Die gegenteilige Auffassung von *Helf*[424] ist insoweit nicht haltbar.

Auch Präventionsgedanken[425] sprechen tendenziell eher für eine Nichtigkeit, denn die Ziele (1), (2) und (4) sind durch die Nichtigkeit von Schwarzarbeitsverträgen eher zu erreichen als durch die Wirksamkeit, weil sowohl die Allgemeinheit (Generalprävention) als auch die Vertragsparteien (Spezialprävention) durch die Vertragsnichtigkeit von der Vornahme solcher Rechtsgeschäfte abgehalten werden. Zudem dürfte bei beiderseitigen, bewussten Verstößen gegen § 8 I SchwarzArbG (§§ 1, 2 SchwArbG a.f.) auch umgekehrt von einer Vertragswirksamkeit keine erhöhte Aufdeckung von Schwarzarbeit zu erwarten sein: Weil beide Vertragsparteien, wenn sie zivilgerichtliche Hilfe in Anspruch nehmen, mit der Aufdeckung und Ahndung der Ordnungswidrigkeiten rechnen müssen, werden sie regelmäßig davon Abstand nehmen, gerichtlich gegen den Vertragspartner vorzugehen. Vielmehr werden sie versuchen, die mit dem Vertrag verbundenen Risiken bereits im Vorfeld durch eine entsprechende Vertragsgestaltung zu minimieren.

Auch unter Heranziehung der Begründung zum Entwurf des SchwarzArbG von 1954 verbleiben daher durchaus Zweifel an Sinn und Zweck des SchwarzArbG (a.f.) in Bezug auf die Frage der Nichtigkeit, denn weder die Vertragswirksamkeit noch die Vertragsnichtigkeit sind zur Erreichung der vorgenannten Ziele des SchwarzArbG (a.f.) *zwingend erforderlich*. Insoweit ist zunächst entsprechend § 134 von einer Regel-Nichtigkeit von Schwarzarbeitsverträgen bei beiderseitigen, bewussten Verstößen gegen § 8 I SchwarzArbG (§§ 1, 2 SchwarzArbG a.F.) auszugehen.

dd. Zur Differenzierung zwischen den Tatbeständen des § 1 I SchwarzArbG a. F. (§§ 1 II, 8 I Nr. 1 SchwarzArbG)

Überwiegend wird bezüglich der Frage der Nichtigkeit von Schwarzarbeitsverträgen bei beiderseitigen Verstößen gegen die §§ 1 und 2 SchwarzArbG a.F (§ 8 I SchwarzArbG) allerdings zwischen den Tatvarianten des § 1 I SchwarzArbG a.F. (§ 8 I Nr. 1 SchwarzArbG) differenziert: Der Verstoß gegen Anzeige- und Meldepflichten nach § 1 I Nr. 1 SchwarzArbG a.F. (§ 8 I Nr. 1 lit. b und c SchwarzArbG) lasse die Vertragswirksamkeit unberührt, ebenso der Verstoß gegen die Anzeigepflicht nach § 1 I Nr. 2, 1. Alt. SchwarzArbG a.F. (§ 8 I Nr. 1

---

[424] *Helf*, S. 190, 193.
[425] Ob die Nichtigkeit nach § 134 diese Funktion zu erfüllen vermag, ist allerdings fraglich, siehe dazu bereits oben Zweiter Teil, A. III. 1. b. dd.

lit. d, 1. Alt. SchwarzArbG); demgegenüber führe der Verstoß gegen die Erlaubnispflichten nach § 1 I Nr. 2, 2. Alt. SchwarzArbG a.F. (§ 8 I Nr. 1 lit. d, 2. Alt. SchwarzArbG) und § 1 I Nr. 3 SchwarzArbG (§ 8 I Nr. 1 lit. e SchwarzArbG) zur Vertragsnichtigkeit nach § 134.

Diese Differenzierung ist deshalb problematisch, weil *alle Tatvarianten* des § 8 I Nr. 1 SchwarzArbG (§ 1 I SchwarzArbG a.F.) sozialschädliche Schwarzarbeit i.S. des SchwarzArbG (a.F.) darstellen und das SchwarzArbG (a.F.) bei der Bekämpfung dieser Erscheinungsformen der Schwarzarbeit – von unterschiedlichen Bußgeldrahmen abgesehen – *nicht* zwischen den einzelnen Tatvarianten differenziert. Wie der *BGH*[426] unter Bezugnahme auf die Zwecke des SchwarzArbG a.f. und das gegen beide Vertragsparteien gerichtete Verbot ausführt, will das SchwarzArbG a.f. „die Schwarzarbeit schlechthin verbieten"; dieser Zweck lasse sich „nur dann erreichen, wenn gegen das Gesetz verstoßende Verträge als nicht rechtswirksam angesehen werden". Um „Schwarzarbeit" i.S. des SchwarzArbG (a.F.) handelt es sich jedoch nicht nur bei Verstößen gegen § 1 I Nr. 3 SchwarzArbG a.F. (§ 8 I Nr. 1 lit. e SchwarzArbG), sondern auch bei Verstößen gegen § 1 I Nr. 1 und 2 SchwarzArbG a.F. (§ 8 I Nr. 1 lit. a – d SchwarzArbG); das SchwarzArbG (a.F.) wendet sich nicht nur gegen die Erbringung von Dienst- oder Werkleistungen unter Verstoß gegen handwerks- und gewerberechtliche Erlaubnispflichten, sondern auch gegen die Erbringung von Dienst- oder Werkleistungen unter Verstoß gegen gewerbe- und sozialversicherungsrechtliche Anzeige- und Meldepflichten. In allen Fällen handelt es sich um verbotene Schwarzarbeit i.S. des § 8 I Nr. 1 SchwarzArbG (§ 1 I SchwarzArbG a.F.). Wenn das SchwarzArbG (a.F.) demnach bezweckt, den Leistungsaustausch zwischen nicht in der Handwerksrolle eingetragenen Schwarzarbeitern und ihren Auftraggebern allgemein zu verhindern und solchen Verträgen die Wirksamkeit zu versagen[427], so kann für den Leistungsaustausch zwischen nicht gemeldeten Gewerbetreibenden und ihren Auftraggebern sowie zwischen nicht gemeldeten Sozialleistungsbeziehern und ihren Auftraggebern insoweit nichts anderes gelten.

Man könnte allerdings die Frage aufwerfen, ob die deutlich höhere Bußgelddrohung des § 8 III SchwarzArbG (§ 1 II SchwarzArbG a.F.) für Verstöße gegen § 8 I Nr. 1 lit. a) – c) SchwarzArbG (§ 1 I Nr. 1 SchwarzArbG a.F.) als ordnungswidrigkeitsrechtliche Sanktion genügt, um dem Gesetzeszweck Rechnung zu tragen und dem Verbot Nachdruck zu verleihen, ohne dass es darüber hinaus noch der zivilrechtlichen Nichtigkeit bedarf, und ob umgekehrt die mildere Bußgelddrohung des § 8 III SchwarzArbG (§ 1 II SchwarzArbG a.F.) für Verstöße gegen § 8 I Nr. 1 lit. e) SchwarzArbG (§ 1 I Nr. 3 SchwarzArbG a.F.) diesen Zweck nicht zu erreichen vermag und daher zusätzlich zur ordnungswidrig-

---

[426] BGHZ 85, S. 39 (43 f.).
[427] So BGHZ 85, S. 39 (44).

keitsrechtlichen Sanktion noch die zivilrechtliche Nichtigkeit erforderlich ist. Diese Frage ist jedoch zur Bestimmung der Rechtsfolgen des Gesetzesverstoßes wenig geeignet: Da das SchwarzArbG (a.f.) zur Erreichung seiner Ziele lediglich ordnungswidrigkeitsrechtliche Sanktionen vorsieht, scheint es diese daher stets als ausreichend anzusehen; andererseits erschiene es geradezu widersinnig, wenn die mit höherer Bußgelddrohung versehenen Tatbestände die zivilrechtliche Vertragswirksamkeit unberührt ließe, während die milder geahndeten Verstöße gegen § 8 I Nr. 1 lit. e) SchwarzArbG (§ 1 I Nr. 3 SchwarzArbG a.f.) dagegen zur Nichtigkeit führen sollen.

Für eine Differenzierung zwischen den Tatbeständen des § 8 I Nr. 1 SchwarzArbG (§ 1 I SchwarzArbG a.f.) spricht möglicherweise der unterschiedliche Regelungsgehalt der einzelnen Pflichten nach § 8 I Nr. 1 lit. a) – e) SchwarzArbG (§ 1 I Nr. 1 bis 3 SchwarzArbG a.F.). Denn während § 8 I Nr. 1 lit. d), 2. Alt und lit. e) SchwarzArbG (§ 1 I Nr. 2, 2. Alt. und Nr. 3 SchwarzArbG a.F.) Erlaubnispflichten beinhalten, enthält § 8 I Nr. 1 lit. a) – c) SchwarzArbG (§ 1 I Nr. 1 und Nr. 2, 1. Alt. SchwarzArbG a.F.) Anzeige- und Meldepflichten. Dementsprechend wird argumentiert, dass es sich bei dem Verstoß gegen Erlaubnispflichten um ein inhaltliches Verbot der Leistung als solches handele, weil dem Schwarzarbeiter hier die Tätigkeit als solche verboten sei; umgekehrt betreffe der Verstoß gegen Anzeige- und Meldepflichten nur Umstände der Leistungserbringung, während die Tätigkeit als solche nicht verboten sei. Diese – auf den ersten Blick einleuchtende – Differenzierung zwischen erlaubnispflichtiger Tätigkeit einerseits und anzeige- und meldepflichtiger Tätigkeit andererseits vermag indes nicht zu erklären, warum Rechtsprechung und h.L. Verträge bei Verstößen gegen § 1 I HwO und einseitigen Verstößen gegen § 1 I Nr. 3 SchwarzArbG a.F. (§ 8 I Nr. 1 lit. e SchwarzArbG) als wirksam ansehen, da in beiden Fällen Verstöße gegen Erlaubnispflichten vorliegen. Auch im Falle des § 8 I Nr. 1 lit. e SchwarzArbG (§ 1 I Nr. 3 SchwarzArbG a.F.) sind die Dienst- oder Werkleistungen als solche, d.h. ohne Verstoß gegen die Eintragungspflicht nach § 1 I HwO, durchaus erlaubt, und zwar auch in erheblichem Umfang; der Schwarzarbeiter könnte die Leistung daher – entsprechend der von der h.M. für einseitige Verstöße gegen § 1 I Nr. 3 SchwarzArbG a.F. (§ 8 I Nr. 1 lit. e SchwarzArbG) vertretenen Lösung[428] – durchaus auf legalem Weg erbringen, indem er die Voraussetzungen des § 1 HwO selbst erfüllt oder die Leistungen auf einen eingetragenen Handwerksbetrieb überträgt. Dass diese Lösung allerdings – soweit ersichtlich – bei *beiderseitigen Verstößen* gegen § 1 I Nr. 3 und § 2 I SchwarzArbG a.F. (§ 8 I Nr. 1 lit. e i.V.m. Nr. 2 SchwarzArbG) nicht in Betracht gezogen wird, findet seinen Grund darin, dass dies nicht dem übereinstimmenden Willen der Vertragsparteien entsprechen würde, die mit der Schwarzarbeitsabrede gerade auf eine Leistung unter Verstoß gegen das

---

[428] Dazu ausführlich unten, Dritter Teil.

SchwarzArbG (a.F.) abzielen. Nichts anderes gilt jedoch für § 8 I Nr. 1 lit. a) – d) SchwarzArbG (§ 1 I Nrn. 1 und 2 SchwarzArbG a.F.). Auch hier ist nicht einzusehen, warum dem Auftraggeber, der bewusst einen Schwarzarbeiter beauftragt, ein Anspruch auf „legale" Leistung zustehen soll, wenn er eine „illegale" Leistung in Auftrag gegeben hat und – da der Verstoß gegen § 8 I Nr. 1 SchwarzArbG (§ 1 I SchwarzArbG a.F.) vor allem den Preis der Dienst- oder Werkleistungen bestimmt – auch nur eine „illegale" Leistung bezahlt; umgekehrt wäre es nicht gerechtfertigt, den Schwarzarbeiter zu verpflichten, seine Leistung auf legalem Weg zu erbringen (indem er seine Tätigkeit anzeigt, meldet oder die Leistungen ggf. auf einen eingetragenen Handwerks- oder Gewerbebetrieb überträgt), da dies – bei beiderseitigen, bewussten Verstößen – nicht Gegenstand der mit dem Auftraggeber getroffenen Vereinbarung ist.

Vor diesem Hintergrund erscheint die Differenzierung zwischen Erlaubnispflichten und Meldepflichten zur Beantwortung der Frage der Vertrags(un)wirksamkeit nach § 134 zu formal: Der Gesetzgeber führte bereits in der Begründung zum Entwurf des SchwarzArbG a.F. aus, Schwarzarbeit trage zu einer erhöhten Arbeitslosigkeit in vielen Berufszweigen bei, gefährde gewerbliche, insbesondere handwerkliche Betriebe durch Lohn- und Preisunterbietungen, schädige Auftraggeber durch minderwertige Leistungen, führe zur unsachgemäßen Verwendung von Rohmaterialien und beeinträchtige das Steueraufkommen und das Beitragsaufkommen in der Sozial- und Arbeitslosenversicherung. Daran hat sich bis heute nichts geändert, im Gegenteil: Ziel der Novellierung des SchwarzArbG a.F. war – daran lassen Wortlaut und Begründung des Entwurfs keinen Zweifel – die *Intensivierung* der Bekämpfung von Schwarzarbeit i.S. der Definition des § 1 II SchwarzArbG. Der Gesetzgeber sieht diese Erscheinungsformen der Schwarzarbeit als besonders schwerwiegende Formen der Wirtschaftskriminalität an, die dem Gemeinwesen hohen Schaden zufügen und aufgrund dessen nicht hinnehmbar sind[429].

Die Differenzierung zwischen den einzelnen Tatvarianten des § 8 I Nr. 1 SchwarzArbG (§ 1 I SchwarzArbG a.F.) ist daher bei beiderseitigen, bewussten Verstößen gegen § 8 I SchwarzArbG (§§ 1 I, 2 I SchwarzArbG a.F.) abzulehnen. Schwarzarbeitsverträge sind daher bei beiderseitigen, bewussten Verstößen gegen § 8 I SchwarzArbG (§§ 1, 2 SchwarzArbG) nach § 134 grundsätzlich nichtig.

Einer besonderen Erörterung bedarf allerdings § 1 II Nr. 1 SchwarzArbG. Denn zum einen bestehen die Pflichten nach § 1 II Nr. 1 SchwarzArbG (dies sind insbesondere Melde-, Beitrags- oder Aufzeichnungspflichten nach §§ 28 a, 28 e

---

[429] BT-Drs. 15/2573, S. 1/17. Siehe dazu auch die Stellungnahme des Bundesrates, BT-Drs. 15/2948, S. 6.

und 28 f SGB IV sowie §§ 165, 192 SGB VII[430]) insbesondere für Arbeitgeber von sozialversicherungspflichtig Beschäftigten, so dass sich die Frage der zivilrechtlichen Folgen von Verstöße gegen § 1 II Nr. 1 SchwarzArbG daher vor allem im Rahmen von Arbeitsverträgen stellen dürfte, welche jedoch nicht Gegenstand der vorliegenden Untersuchung sind. Denkbar ist ein Verstoß gegen § 1 II Nr. 1 SchwarzArbG jedoch auch im Rahmen von *Verträgen über Dienst- oder Werkleistungen zwischen Auftraggebern und Arbeitgebern bzw. Unternehmern*, die sozialversicherungspflichtige Beschäftigte unter Verstoß gegen diese Sozialversicherungspflichten beschäftigten; die folgenden Ausführungen beschränken sich daher auf diese Fälle. Zum anderen enthält das SchwarzArbG für qualifizierte Verstöße gegen die § 1 II Nr. 1 SchwarzArbG zugrunde liegenden Melde-, Beitrags und Aufzeichnungspflichten keine eigenständige Sanktion. Insoweit könnte es sich hier um eine bloße Ordnungsvorschrift handeln.

In diesen Fällen kann § 1 II Nr. 1 SchwarzArbG ausweislich der Begründung des Entwurfs indes nicht als eine bloße Ordnungsvorschrift angesehen werden: „Verstöße gegen die in § 1 II Nr. 1 genannten Melde- und Aufzeichnungspflichten können nicht isoliert als Formalverstöße betrachtet werden, sondern stehen erfahrungsgemäß im Zusammenhang mit einer vom Arbeitgeber beabsichtigten strafbaren Verkürzung von Sozialversicherungsbeiträgen"[431]. Zudem handelt es sich hier keineswegs um erlaubte Tätigkeiten; vielmehr verbleibt es insoweit lediglich bei den Ordnungswidrigkeitstatbeständen der §§ 111 I Nr. 2 – 3 b SGB IV und 209 I Nr. 5 – 8 SGB VII[432].

Das SchwarzArbG (a.F.) richtet sich somit keineswegs lediglich gegen die besonderen Begleitumstände eines ansonsten unbedenklichen Rechtsgeschäfts[433]; in der Sache geht es vielmehr darum, das Erschleichen von Sozialleistungen und die Umgehung von Beitragspflichten zur Sozial- und Arbeitslosenversicherung zu verhindern. Dies spricht dafür, auch Verträgen, die nach dem übereinstimmenden Willen von Auftraggeber und Auftragnehmer (bzw. des Arbeitgebers oder Unternehmers im Falle des § 1 II Nr. 1 SchwarzArbG) unter Verstoß gegen die sozialversicherungsrechtlichen Melde-, Beitrags- oder Aufzeichnungspflichten durchgeführt werden sollen, gemäß § 134 die Wirksamkeit zu versagen.

---

[430] BT-Drs. 15/2573, S. 18 f. Ausführlich dazu auch oben, Erster Teil, B. III. 1.
[431] BT-Drs. 15/2573, S. 19.
[432] BT-Drs. 15/2573, S. 24.
[433] So zu Recht auch *Marschall*, Rn. 699.

b. Einschränkung der Vertragsnichtigkeit bei (teilweise) erfüllten Verträgen?

Fraglich ist, ob und inwieweit das Abwicklungsstadium des (nichtigen) Vertragsverhältnisses die Frage der Vertragsnichtigkeit beeinflusst.

aa. „Heilung" der Vertragsnichtigkeit analog §§ 311 b I 2, 518 II, 766 S. 3

Namentlich *Helf* konstruiert eine Heilung des gemäß § 134 nichtigen Vertrages durch Leistungserbringung in Rechtsanalogie zu den §§ 311 b I 2, 518 II, 766 S. 3, 2301 II[434].

Dogmatisch vermag dieser Analogieschluss nicht zu überzeugen. Eine Rechtsanalogie setzt voraus, dass den in Bezug genommenen Vorschriften ein allgemeiner oder zumindest gemeinsamer Rechtsgedanke entnommen werden kann, der dann die Grundlage für die Analogie in dem von den Regelungen nicht erfassten, grundsätzlich jedoch vergleichbaren Fall bildet. Darin unterscheidet sich die Rechtsanalogie von der (einfachen) Gesetzesanalogie, die sich auf die ratio legis einer einzelnen Rechtsnorm bezieht. Trifft aber die Prämisse zu, dass den §§ 311 b I 2, 518 II, 766 S. 3, 2301 II kein allgemeiner Rechtsgedanke entnommen werden kann, der auf andere Fälle der Erfüllung nichtiger Rechtsgeschäfte übertragbar ist[435], so kommt auch eine Rechtsanalogie von vornherein nicht in Betracht[436].

Zudem mangelt es an einer den Analogieschluss rechtfertigenden Vergleichbarkeit der Fälle des Vertragsschlusses unter Verstoß gegen die Verbote des SchwarzArbG mit den Fällen des Vertragsschlusses unter Nichtbeachtung der in §§ 311 I 1, 518 I, 766 S. 1 bestimmten Formvorschriften. Formvorschriften dienen nicht der Verhinderung von Verträgen. Grundstücksveräußerungen, Schenkungsversprechen und Bürgschaften sollen nicht verhindert werden. Durch die Formvorschriften soll den Beteiligten vielmehr primär die Bedeutung des jeweiligen Rechtsgeschäfts vor Augen geführt werden, sie sollen vor übereilten Vertragsabschlüssen geschützt werden. Formvorschriften richten sich aber nicht gegen die von den Parteien mit dem Vertrag verfolgte Zielsetzung. So wird der Verkauf eines Grundstücks von der Rechtsordnung nicht missbilligt, und zwar auch dann nicht, wenn die gesetzlichen Formvorschriften des § 311 b I 1 miss-

---

[434] Siehe oben Zweiter Teil A. II. 3.

[435] So auch *Helf*, S. 199 b (m.w.N. der Rspr. in Fn. 2). *Flume*, Allg. Teil, Bd. II, § 15 III 3 b (S. 269) und § 15 III 4 c ff (S. 286); Hk-BGB/*Schulze* § 311 b Rn. 24; *Reinicke*, S. 21/162.

[436] Für die Richtigkeit dieser Prämisse spricht bereits die Gesetzessystematik: Bei Verstößen gegen gesetzliche Formvorschriften normiert § 125 S. 1 den Grundsatz der Nichtigkeit, während die Regelungen der §§ 311 b I 2, 494 II, 518 II, 766 S. 3, 2301 II als Ausnahmen von der Regel anzusehen sind. Die Gesetzessystematik schließt es daher aus, in der Heilung unwirksamer Rechtsgeschäfte einen allgemeinen Rechtsgedanken zu erblicken.

achtet werden. Anders liegt es hingegen beim Verstoß gegen Verbotsgesetze. Hier ist der Vertrag als solcher verboten. Insoweit missbilligt die Rechtsordnung das von den Parteien angestrebte Ziel[437]. Von daher fehlt es an einer Vergleichbarkeit der Sachverhalte, die eine Analogie rechtfertigen könnte.

Darüber hinaus kann die vollständige Heilung des Vertrags bei teilweiser Erfüllung einzelner Versprechen – so *Helf*[438] – ohnehin nicht auf eine analoge Anwendung der §§ 311 b I 2, 518 II, 766 S. 3 gestützt werden: Nach § 766 S. 3 wird der Mangel der Form geheilt, „soweit" der Bürge die Hauptverbindlichkeit erfüllt, d.h. die Bürgschaft wird nur in dem Umfang wirksam, in dem der Bürge die Hauptverbindlichkeit bereits erfüllt hat. Die Heilung tritt daher nur hinsichtlich des bereits erfüllten Teils ein; erbringt der Bürge nur einen Teil der Leistung, tritt die Wirksamkeit der Bürgschaft nur hinsichtlich dieses Teils ein. Eine weitergehende Verpflichtung zur Erfüllung der Hauptverbindlichkeit besteht indessen nicht. Gleiches gilt auch für § 494 II. Nach dieser Vorschrift wird ein Verbraucherdarlehensvertrag nur gültig, „soweit" der Darlehensnehmer das Darlehen empfängt oder in Anspruch nimmt. Auch hier tritt die Heilung mithin nur hinsichtlich des erfüllten Teils ein. Nichts anderes gilt für § 518 II, der das Bewirken der versprochenen Leistung voraussetzt. Auch hier bewirkt ein Teilvollzug nur die Heilung zu einem entsprechenden Teil[439]. Wäre § 766 S. 3 auf Verstöße gegen das SchwarzArbG (a.F.) übertragbar, käme eine Heilung des Vertrags nur in dem Umfang in Betracht, in dem die Leistungen bereits vollzogen wurden. Hätte der Schwarzarbeiter somit nur einen Teil seiner Leistungen erbracht, wäre auch nur hinsichtlich dieses Teils eine Vergütung geschuldet und umgekehrt. Eine vollständige Heilung des Vertrages als Folge teilweiser Erfüllung lässt sich demnach nicht auf die §§ 311 b I 2, 518 II, 766 S. 3 stützen.

bb. Einschränkung durch Sinn und Zweck des gesetzlichen Verbotes

Als dogmatisch tragfähiger Ansatz für eine „Heilung" der Nichtigkeit von Schwarzarbeitsverträgen bei vollständiger oder teilweiser Durchführung kommt jedoch der Normzweckvorbehalt des § 134, 2. Halbs. in Betracht. Danach tritt die Nichtigkeit als Rechtsfolge des Gesetzesverstoßes nur ein, wenn sich nicht aus dem Gesetz „ein anderes" ergibt. Zwar versteht *Zimmermann*[440] den Vorbehalt des § 134 nur i. S. einer Alternative zwischen voller Gültigkeit oder Total-

---

[437] Der mögliche Einwand, dass die Rechtsordnung, wenn sie nicht die Rückabwicklung eines infolge Gesetzesverstoß nichtigen Vertrages gebiete, den durch diesen Vertrag – wenn auch rechtswidrig – geschaffenen Erfolg ebenso toleriere wie bei einem Verstoß gegen Formvorschriften, vermengt in unzulässiger Weise die Frage der Vertragsnichtigkeit nach § 134 mit der des Kondiktionsausschlusses nach § 817 S. 2.

[438] *Helf*, S. 199a f; zusammenfassend S. 229.

[439] Palandt/*Putzo* § 518 Rn. 9.

[440] *Zimmermann*, S. 113.

nichtigkeit des Rechtsgeschäfts, mithin i. S. eines „Alles-oder-nichts-Prinzips"; nach überwiegender Auffassung im Schrifttum[441] erlaubt der Normzweckvorbehalt jedoch auch normzweckgerechte Modifikationen der Nichtigkeitsfolgen. In der Tat ist nicht ersichtlich, warum der Grundsatz der ex tunc eintretenden Totalnichtigkeit[442] nicht anhand des Normzwecks modifiziert werden sollte, wenn weder die volle Wirksamkeit noch die volle Nichtigkeit Sinn und Zweck des gesetzlichen Verbots voll gerecht werden, zumal das BGB den Begriff der Nichtigkeit[443] selbst nicht definiert. Demnach kann die Nichtigkeitsfolge bei vollständiger oder teilweiser Durchführung des Rechtsgeschäfts zu modifizieren sein[444].

Für eine Berücksichtigung des Abwicklungsstadiums von Schuldverträgen bei der Beurteilung der Nichtigkeitsfolgen spricht sich auch *Pawlowski*[445] aus. Nach *Pawlowski* sind durchgeführte, d.h. ganz oder teilweise erfüllte Verträge (*Pawlowski* spricht hier von „Vertragsverhältnissen") nach anderen Grundsätzen zu behandeln als Verträge, die noch von keiner Seite erfüllt wurden (*Pawlowski* bezeichnet sie als „Abreden")[446]. Abreden, die gegen gesetzliche Verbote verstoßen, seien im Grundsatz völlig unwirksam, wenn noch keiner der Vertragspartner die vertraglichen Abreden erfüllt habe. Dies folge daraus, dass niemand zur Vornahme eines verbotenen Verhaltens verurteilt werden dürfe[447]; umgekehrt dürfe niemand wegen des Unterlassens eines verbotenen Verhaltens auf Schadensersatz wegen Nichterfüllung verurteilt werden[448]. Anders sei dies bei ganz oder teilweise durchgeführten Verträgen: Hier könne die Frage nach der Gültigkeit der Abrede unterschiedlich zu beurteilen sein, je nachdem, ob das gesetzliche Verbot gerade den Schutz eines Vertragspartners, den Schutz am Vertrag nicht beteiligter Dritter oder den Schutz der Allgemeinheit bezwecke[449]. Bei der zuletzt genannten Gruppe sei weiter nach dem Grad des geschützten Interesses zu differenzieren: Missbillige das Gesetz auch den durch die Gesetzesübertretung herbeigeführten Zustand, indem es ihn von Amts wegen beseitige (*Pawlowski* verwendet dafür die Begriffe „absolute Nichtigkeit" und „amtsnichtig"), seien entsprechende Verträge auch nach ihrer Durchführung völlig unwirksam und begründeten weder Erfüllungs- noch Sorgfaltspflichten[450]. Sei dies nicht der Fall (*Pawlowski* spricht hier von „relativer Nichtigkeit" bzw. „Partei-

---

[441] *Staudinger/Sack* § 134 Rn. 64 m.w.N. sowie Rn. 86 ff.; *Soergel/Hefermehl* § 134 Rn. 29.
[442] *Staudinger/Sack* § 134 Rn. 65.
[443] Dazu *Cahn*, Andreas: Der Begriff der Nichtigkeit im Bürgerlichen Recht, JZ 1997, S. 8 ff.
[444] *Soergel/Hefermehl* § 134 Rn. 29.
[445] *Pawlowski*, Allgemeiner Teil des BGB, Rn. 480 ff.; *ders.*, JZ 1970, S. 506 ff.; ausführlich *ders.*, Rechtsgeschäftliche Folgen nichtiger Willenserklärungen, 1966.
[446] *Pawlowski*, Allgemeiner Teil des BGB, Rn. 487 a; *ders.*, JZ 1970, S. 506 (507).
[447] *Pawlowski*, Allgemeiner Teil des BGB, Rn. 489; *ders.*, JZ 1970, S. 506 (507 f).
[448] *Pawlowski*, JZ 1970, S. 506 (508).
[449] *Pawlowski*, Allgemeiner Teil des BGB, Rn. 492 ff.
[450] *Pawlowski*, Allgemeiner Teil des BGB, Rn. 496; *ders.*, Willenserklärungen, S. 158 f.

nichtigkeit"), seien entsprechende Verträge insoweit wirksam, als sich die Vertragspartner nach ihnen richteten. Hierzu zählt nach *Pawlowski* wohl auch das Verbot der Schwarzarbeit[451]. Entscheidender Gesichtspunkt für die von *Pawlowski* vorgenommene Systematisierung ist auch hier wieder der jeweilige Schutzzweck des einschlägigen gesetzlichen Verbots. Damit lässt sich auch der Ansatz von *Pawlowski* im Kern auf eine normzweckorientierte Auslegung zurückführen.

Auch *Helf* argumentiert in der Sache anhand von Sinn und Zweck des Schwarz-ArbG a.f. Weitere Anhaltspunkte für eine Berücksichtigung des Abwicklungsstadiums des Schwarzarbeitsvertrags finden sich auch in der Festpreisabrede-Entscheidung des *BGH*[452]. Zwar rekurriert der *BGH* in seiner Entscheidung auf den Grundsatz von Treu und Glauben gemäß § 242 (dazu unten C.); in der Sache argumentiert er – insoweit zeigen sich hier Parallelen zu der Argumentation von *Helf* – aber mit dem Sinn und Zweck des SchwarzArbG a.f.: Nach Ansicht des *BGH* konnte der Schutzzweck des Vertrages nicht mehr erreicht werden, weil die Schwarzarbeit bereits erbracht wurde, und die restliche Abwicklung des (nichtigen) Vertrags, nämlich die Bezahlung von Materiallieferungen und die Freistellung der Klägerin von Forderungen der Materiallieferanten, konnte den durch das SchwarzArbG a.f. gewollten Schutz der handwerklichen Betriebe nicht mehr gefährden. Auch hier werden Sinn und Zweck des SchwarzArbG a.F. herangezogen, um die Wirksamkeit des SchwarzArbG a.F. zu begründen. Unbehagen an der Argumentation des *BGH* bereitet hier die unterschiedliche Bewertung von Sinn und Zweck des SchwarzArbG a.F. in § 134 einerseits und in § 242 andererseits: Im Rahmen des § 134 führt der *BGH* aus, Sinn und Zweck des SchwarzArbG a.F. erforderten die Nichtigkeit des Rechtsgeschäfts; im Rahmen des § 242 führt er aus, Sinn und Zweck des SchwarzArbG a.F. erforderten es nicht, das Rechtsgeschäft als nichtig zu behandeln. Diese Argumentation enthält einen diametralen Widerspruch. Auch dieser Widerspruch ließe sich durch eine einheitliche Betrachtung von Sinn und Zweck des SchwarzArbG (a.F.) im Rahmen des § 134 vermeiden. Ließe sich die Notwendigkeit einer Berücksichtigung des Abwicklungsstadiums des Schwarzarbeitsvertrages unmittelbar aus Sinn und Zweck des SchwarzArbG (a.F.) ableiten, würde auch hier der Normzweckvorbehalt des § 134, 2. Halbs. eine dogmatisch saubere Lösung ermöglichen, ohne dass darüber hinaus ein Rückgriff auf die Grundsätze von Treu und Glauben erforderlich wäre.

Im Rahmen des § 134 ist somit danach zu Fragen, ob Sinn und Zweck des SchwarzArbG (a.F.) die Vertragswirksamkeit erfordert, wenn eine oder beide Vertragsparteien ihre Leistung(en) ganz oder zumindest teilweise erbracht haben.

---

[451] *Pawlowski*, Allgemeiner Teil des BGB, Rn. 497, dort in Fn. 329.
[452] BGHZ 85, S. 39 (50).

Zwar könnte man argumentieren, das Verbot habe seine abschreckende Wirkung auf den Täter (Spezialprävention) verfehlt, wenn dieser zur Erfüllung der (nichtigen) vertraglichen Abrede schreitet; es liegt jedoch auf der Hand, dass eine Nichtigkeit, die von den Parteien selbst dadurch überwunden werden kann, dass eine Partei mit der Erbringung der Leistungen beginnt, wenig geeignet ist, den Täter (Spezialprävention) oder die Allgemeinheit (Generalprävention) vom Abschluss entsprechender Verträge abzuhalten. Ein Nichtigkeitsverdikt, das nur bis zum Beginn der Erfüllungshandlung seitens einer Partei bestünde, wäre ersichtlich ungeeignet, auf zivilrechtlicher Ebene dazu beizutragen, künftige Schwarzarbeiter von der Schwarzarbeit bzw. deren Auftraggeber von der Auftragsvergabe abzuhalten[453].

Aber auch unabhängig von Straf- oder Präventionsgedanken, deren Berechtigung im Rahmen des § 134 ohnehin zweifelhaft ist (s.o.), ist der Ausgangspunkt der Argumentation von *Helf*, die meisten Schutzziele des SchwarzArbG a.F. seien ohnehin nicht mehr zu erreichen, sobald eine Partei mit der Leistungserbringung beginne, zweifelhaft. Auf den Festpreisabrede-Fall des *BGH* mag dies insoweit zutreffen, als die Schwarzarbeit nahezu vollständig erbracht worden ist; solange dies jedoch nicht der Fall ist, verlangen die Schutzziele des SchwarzArbG (a.F.) weiter, Ansprüche auf Schwarzarbeit zu versagen. Eine Fortsetzung der Schwarzarbeit würde diesen Zielen des SchwarzArbG (a.F.) zuwider laufen. In diesem Punkt unterscheidet sich die von *Helf* befürwortete Lösung von dem der Festpreisabrede-Entscheidung des *BGH* zugrunde liegenden Fall, in dem es lediglich um die Bezahlung von Materiallieferungen und die Freistellung der Klägerin von Forderungen der Materiallieferanten ging, während die fortgesetzte Begehung von Ordnungswidrigkeiten nach §§ 1 I, 2 I SchwarzArbG a.F. (§ 8 I SchwarzArbG) nicht mehr vorlag. Zudem entstünde, sofern die vertraglichen Leistungen noch nicht vollständig erbracht wurden, das Folgeproblem, dass die Vertragsparteien unter Umständen zu ordnungswidrigem Handeln gezwungen sein könnten. Diesen Widerspruch sucht *Helf* dadurch zu vermeiden, dass nach seiner Auffassung der Schwarzarbeiter den Vertrag in der Weise zu erfüllen hat, dass er die Ausführung der Dienst- oder Werkleistungen auf ordnungsgemäß eingetragene Handwerker oder Gewerbetreibende überträgt[454]. Dies überzeugt jedoch nicht. Wenn beide Parteien den Verstoß gegen das SchwarzArbG (a.F.) wollten, entspricht die Übertragung der Leistungen auf ordnungsgemäß eingetragene Handwerker nicht dem übereinstimmenden Parteiwillen bzw. den übereinstimmenden Vorstellungen beider Parteien. Die Erbringung der Dienst- oder Werkleistungen durch den Schwarzarbeiter stünde auch diametral

---

[453] Etwas anders liegen die Dinge in der „Festpreisabrede"-Entscheidung (BGHZ 85, 39 ff.), denn dort bleibt die Präventionswirkung zumindest bis zur nahezu vollständigen Leistungserbringung erhalten. Kritisch mit Blick auf Präventionsgedanken aber auch hier *Fenn*, ZIP 1983, S. 467 m.w.N.

[454] *Helf*, S. 230.

im Widerspruch zu dem Gedanken der Einheit der Rechtsordnung, weil als Folge der Heilung ein Anspruch des Auftraggebers gegen den Schwarzarbeiter auf Vornahme der gesetzeswidrigen „Rest-Leistung" bestünde. Selbst nach vollständiger Leistungserbringung käme eine Heilung schon wegen der im Rahmen der Gewährleistung vom Schwarzarbeiter zu erbringenden Nacherfüllung nicht in Betracht.

Der einzige noch verbleibende Ansatz für eine Wirksamkeit des Schwarzarbeitsvertrags nach (teilweiser) Leistungserbringung durch den Schwarzarbeiter könnte wiederum der vom SchwarzArbG (a.F.) bezweckte Schutz des Auftraggebers vor mangelhaften Dienst- oder Werkleistungen sein, der – wegen der dann für den Auftraggeber bestehenden Schadensersatzansprüche oder Gewährleistungsrechte – eine Wirksamkeit des Schwarzarbeitsvertrags nach (teilweiser) Leistungserbringung durch den Schwarzarbeiter erfordern könnte. Auch hier gilt jedoch wiederum das schon oben Gesagte: Da § 8 I Nr. 2 SchwarzArbG (§ 2 I SchwarzArbG a.F.) den unredlichen Auftraggeber selbst mit Geldbuße bedroht, ist – entgegen der Auffassung von *Helf* – nicht anzunehmen, dass gerade er durch § 8 I Nr. 1 SchwarzArbG (§ 1 I SchwarzArbG a.F.) geschützt werden solle. Dieser Schutz gilt vielmehr nur dem redlichen Auftraggeber.

4. Ergebnis

Verträge, die auf beiderseitige Verstöße gegen § 8 I SchwarzArbG (§ 1 II Nr. 3 bis 5 SchwarzArbG/ §§ 1 I, 2 I SchwarzArbG a.F.) gerichtet sind, sind nach § 134 nichtig. Entgegen der wohl herrschenden Meinung gilt dies für sämtliche Tatvarianten des § 8 I Nr. 1 SchwarzArbG (§ 1 II Nr. 3 – 5 SchwarzArbG/ § 1 I SchwarzArbG a.F.). Auch Verstöße gegen § 1 II Nr. 1 SchwarzArbG führen zur Nichtigkeit verbotswidriger Dienst- oder Werkverträge. Denn der Begründung des Gesetzgebers zum Erlass des SchwarzArbG (a.F.) ist nicht zu entnehmen, dass einzelne Tatbestände bei beiderseitigen, bewussten Verstößen von der Nichtigkeitsfolge ausgenommen sein sollen. Sowohl auf der Grundlage der Auffassung, die von einer Regel-Nichtigkeit des § 134 ausgeht, als auch auf der Basis der Rechtsprechung, nach der die Nichtigkeit durch das an beide Vertragsparteien gerichtete Verbot und den beiderseitigen Verbotsverstoß indiziert ist, wäre dies jedoch Voraussetzung für die Annahme der Vertragswirksamkeit.

Hervorzuheben ist, dass die Nichtigkeit keine Strafe für den beabsichtigten beiderseitigen Verstoß gegen § 1 II Nrn. 1, 3 – 5 SchwarzArbG bzw. § 8 I SchwarzArbG (§§ 1, 2 SchwarzArbG a.F.) ist; sie ist vielmehr eine Folge davon, dass die privatautonome Regelung, so wie sie nach dem übereinstimmenden Willen der Parteien getroffen wurde, nicht mit § 1 II Nrn. 1, 3 – 5 SchwarzArbG bzw. § 8 I SchwarzArbG (§§ 1, 2 SchwarzArbG a.F.) im Einklang steht und deshalb keinen Bestand haben kann.

B. Nichtigkeit des Schwarzarbeitsvertrags nach § 138 I

I. Rechtsprechung

In einer Entscheidung aus dem Jahre 1960 erkannte das *ArbG Wilhelmshaven*[455] in der vertraglichen Vereinbarung von „Schwarzarbeit" in nicht unerheblichem Umfang einen Verstoß gegen die guten Sitten und erklärte den Vertrag daraufhin gemäß § 138 I für nichtig. Im Jahre 1976 sah das *OLG Karlsruhe*[456] einen Verstoß gegen § 138 I als „naheliegend" an für den Fall, dass sich ein Unternehmer vertraglich dazu verpflichtet, einen Neubau in „Schwarzarbeit" zu errichten: „Verträge, die einen Teil dazu verpflichten, dem anderen bei der Verwirklichung einer strafbaren Handlung Hilfe zu leisten, sind jedenfalls dann wegen eines Verstoßes gegen die guten Sitten nichtig, wenn ein Vertragsgegner – wie hier der Bekl. – über die bloße Kenntnis hinaus den vom Gegner mit dem Geschäft verfolgten gesetzeswidrigen Zweck zum eigenen Vorteil [...] ausnützt."[457] Das *LG Zweibrücken*[458] erachtete ein Arbeitsverhältnis, bei dem der Kläger für seinen angeblich erzielten Arbeitslohn weder Lohnsteuer noch Sozialversicherungsbeiträge abführte, wegen sittenwidriger „Schwarzarbeit" gemäß § 138 I für nichtig.

II. Schrifttum

Im Schrifttum wird die Frage der Sittenwidrigkeit von Schwarzarbeitsverträgen gemäß § 138 I zumeist nur für solche Fälle diskutiert, in denen der Verstoß gegen §§ 1, 2 SchwarzArbG a.F. (§§ 1 II, 8 I SchwarzArbG) *nicht* zur Nichtigkeit nach § 134 führt. So bejaht etwa *H. Köhler*[459] im Festpreisabrede-Fall anstelle von § 134 eine Sittenwidrigkeit des Baubetreuungsvertrages gemäß § 138 I. Nach *Helf*[460] ist eine Sittenwidrigkeit nach § 138 I allerdings selbst in Fällen beiderseitiger, bewusster Verstöße gegen §§ 1, 2 SchwarzArbG a.F. (§§ 1 II, 8 I SchwarzArbG) „in aller Regel" nicht gegeben, da der Gesamtcharakter des Rechtsgeschäfts durch den bloßen Gesetzesverstoß noch nicht als sittlich anstößig zu qualifizieren sei. Insbesondere sei eine mit dem Schwarzarbeitsvertrag verbundene Steuerhinterziehung in aller Regel nicht Hauptzweck des Vertrags und führe deshalb nicht zur Sittenwidrigkeit.

---

[455] *ArbG Wilhelmshaven*, Urt. v. 12.12.1960 - Ca 444/60 = WA 1961, S. 37.

[456] *OLG Karlsruhe*, Urt. v. 26.10.1976 – 8 U 111/75 = NJW 1977, S. 2076 ff. = Die Justiz 1977, S. 13 ff.

[457] *OLG Karlsruhe*, Urt. v. 26.10.1976 – 8 U 111/75 = NJW 1977, S. 2076 (2077) = Die Justiz 1977, S. 13 (15).

[458] *LG Zweibrücken*, Urt. v. 4.3.1983 – 2 O 183/80 = ZfS 1983, S. 229 f.

[459] *ders.*, JR 1983, 106

[460] *Helf*, S. 205 ff.; vgl. ferner *Benöhr*, BB 1975, S. 235; *Sonnenschein*, JZ 1976, S. 497 (503), dort in Fn. 109 m.w.N.; *Riedl*, S. 93.

III. Stellungnahme

Ob in den oben genannten Fällen der Rechtsprechung stets Schwarzarbeit im (engen) Sinne des SchwarzArbG a.f. vorlag, ist zweifelhaft: Insbesondere in dem vom *LG Zweibrücken* entschiedenen Fall dürfte ein Verstoß gegen das SchwarzArbG a.f. ausscheiden, weil die *Hinterziehung* von Lohnsteuer und Sozialversicherungsbeiträgen im Rahmen des § 1 I Nr. 1 SchwarzArbG a.f. unbeachtlich war[461]. Die vorliegende Untersuchung ist jedoch – entsprechend der Aufgabenstellung – auf Verstöße gegen das SchwarzArbG (a.f.) beschränkt; im Folgenden ist deshalb allein zu erörtern, ob beiderseitige Verstöße gegen die §§ 1 II, 8 I SchwarzArbG (§§ 1 I, 2 I SchwarzArbG a.f.) zur Vertragsnichtigkeit nach § 138 I führen.

Nach Ansicht der Rechtsprechung[462] hat § 138 I neben § 134 selbständige Bedeutung. Im Schrifttum[463] wird § 134 dagegen überwiegend als *lex specialis* zu § 138 I angesehen. Begründet wird dies zumeist mit der lückenfüllenden Funktion des § 138 I als Generalklausel[464]; verstoße ein Rechtsgeschäft sowohl gegen ein gesetzliches Verbot als auch gegen die guten Sitten, trete die Generalklausel des § 138 I hinter § 134 zurück, wenn der Verbotsverstoß nach § 134 zur Nichtigkeit des Rechtsgeschäfts führt[465]. Nach Ansicht von *Cahn*[466] besteht hingegen keine Spezialität i.S. des herkömmlichen Begriffsverständnisses, weil die Voraussetzungen eines Sittenverstoßes nach § 138 I in subjektiver Hinsicht zumeist strenger seien als die eines Verbotsverstoßes nach § 134. *Löwisch*[467] vertritt die Auffassung, dass ein Vertrag, der sowohl gegen ein gesetzliches Verbot als auch

---

[461] Siehe dazu oben, Erster Teil. A. Anders nunmehr § 1 II Nr. 1 und 2 SchwarzArbG.

[462] *BGH* NJW 1970, S. 1179; BGHZ 63, S. 365 (366) = NJW 1975, S. 638 (639); *BGH* Urt. v. 23.1.1981 – I ZR 40/79 (München) = NJW 1981, S. 1439 f.; BGHZ 53, S. 152 (160); JZ 1970, S. 504 (506); siehe aber auch *BGH* NJW 1983, S. 868 (869 f.); *BAG* NJW 1993, S. 2701 (2703).

[463] Staudinger/*Sack* § 138 Rn. 96; AK-BGB/*Damm* § 138 Rn. 101 und § 134 Rn. 19 ff.; RGRK-BGB/*Krüger-Nieland/Zöller* § 138 Rn. 9; Soergel/*Hefermehl* § 138 Rn. 63; *Erman/Palm* § 138 Rn. 10; *Jauernig* § 138 Rn. 5/19; *Mayer-Maly*, in: FS für Wolfgang Hefermehl, S. 103 (108). Im Sinne der Rspr. hingegen *Behm*, NJW 1990, S. 1822 (1823).

[464] Staudinger/*Sack* § 138 Rn. 96.

[465] MünchKommBGB/*Mayer-Maly/Armbrüster* § 134 Rn. 4; *Erman/Palm*, § 138 Rn. 10; *Kern*, FS Gernhuber, S. 191 (193); *ders.*, JuS 1993, S. 193; *Helf*, S. 205. Fraglich ist allerdings, ob § 138 ohne weiteres anwendbar ist, wenn ein verbotswidriges Rechtsgeschäft wegen des Normzweckvorbehalts nicht nach § 134 nichtig ist. Bejahend MünchKommBGB/*Mayer-Maly/Armbrüster* § 134 Rn. 4. Nach RGRK-BGB/*Krüger-Nieland/Zöller* § 138 Rn. 9 ist § 138 in diesem Falle nur anwendbar, wenn über die Gesetzeswidrigkeit hinaus besondere die Sittenwidrigkeit begründende Umstände hinzukommen.

[466] *Cahn*, Andreas: Zum Begriff der Nichtigkeit im Bürgerlichen Recht, in: JZ 1997, S. 8 ff.; siehe auch Staudinger/*Dilcher*[12] § 138 Rn. 106/121.

[467] Staudinger/*Löwisch* § 309 Rn. 6 (zu § 309 BGB a.F.), der § 138 somit offenbar i.S. einer „Alles-oder-nichts" Regel versteht, die nur eine volle Wirksamkeit oder ex tunc Nichtigkeit des Rechtsgeschäfts zulässt.

gegen die guten Sitten verstoße, nach § 138 I nichtig sei, weil das BGB den Verstoß gegen die guten Sitten als den schwereren Verstoß werte, der „schlechthin die Nichtigkeit des Vertrages nach sich ziehen" soll.

Seit In-Kraft-Treten des Gesetzes zur Modernisierung des Schuldrechts ist dieser Streit ohne praktische Bedeutung: Da die §§ 307, 309 a.f. durch das Gesetz zur Modernisierung des Schuldrechts ersatzlos aufgehoben wurden, hat der Streit keine Auswirkungen mehr auf eventuelle Schadensersatzansprüche[468]. Aber auch auf der Rechtsfolgenebene ist – obwohl § 138 I keinen ausdrücklichen Normzweckvorbehalt enthält – in der Zivilrechtsdogmatik eine Angleichung der Rechtsfolgen des § 138 I und des § 134 zu verzeichnen[469]: Im Schrifttum wird die Rechtsfolge des § 138 I zunehmend vom Normzweck der verletzten Sittennorm abhängig gemacht[470], wobei § 138 I von einem Teil des Schrifttums[471] in restriktiver Auslegung so verstanden wird, dass ein Rechtsgeschäft (nur) nichtig ist, *soweit* es gegen die guten Sitten verstößt, während ein anderer Teil[472] im Wege einer teleologischen Reduktion des § 138 I ein sittenwidriges Rechtsgeschäft nur dann als (nach § 138 I) nichtig ansieht, wenn sich aus dem Normzweck der verletzten Sittennorm nicht ein anderes ergibt. Auch die Rechtsprechung hält im Ergebnis nicht mehr starr an den Rechtsfolgen des § 138 fest, sondern korrigiert diese mit unterschiedlichen dogmatischen Konstruktionen[473], so dass sich im Ergebnis hinsichtlich der unmittelbaren Nichtigkeitsfolgen praktisch kaum Unterschiede zwischen § 134 und § 138 I ergeben. Auch auf bereicherungsrechtlicher Ebene wird der Streit um das Verhältnis von § 134 zu § 138 I nicht relevant; insbesondere § 817 S. 2 erfasst sowohl Verstöße gegen gesetzliche Verbote als auch Verstöße gegen die guten Sitten. Ist ein Vertrag somit wegen des Verstoßes gegen ein gesetzliches Verbot nach § 134 nichtig, erübrigt sich die Frage, ob darüber hinaus die Voraussetzungen des

---

[468] Nach alter Rechtslage ordnete § 309 a.f. für den Fall der Vertragsnichtigkeit nach § 134 die Anwendung der §§ 307, 308 a.f. an. Nach § 307 I 1 a.f. war zum Ersatz des Vertrauensschadens verpflichtet, wer einen solchen Vertrag geschlossen hatte, obwohl er das Verbot kannte oder hätte kennen müssen (Staudinger/*Löwisch* § 309 Rn. 1) Von § 309 a.f. nicht erfasst waren jedoch Verträge, die gegen die guten Sitten verstießen (Staudinger/*Löwisch* § 309 Rn. 6 m.w.N.). Infolgedessen erlangte die Frage, ob ein Vertrag nach § 134 oder nach § 138 I nichtig ist, durchaus praktische Bedeutung, wenngleich in Fällen beiderseitiger, bewusster Gesetzes- bzw. Sittenverstöße in keinem Falle Schadensersatz zu leisten war, denn eine Ersatzpflicht nach § 307 I 1 a. F. bestand nach § 307 I 2 a.f. nicht, wenn auch der andere Teil das Verbot kannte oder hätte kennen müssen.

[469] Staudinger/*Sack* § 138 Rn. 34/105.

[470] Staudinger/*Sack* § 138 Rn. 92 m.w.N.

[471] Staudinger/*Sack* § 138 Rn. 93 m.w.N.

[472] Staudinger/*Sack* § 138 Rn. 94 f., 101, 105.

[473] Insbesondere durch §§ 139 (analog), 140, 242, vgl. Erman/*Palm*, § 138 Rn. 55; kritisch Staudinger/*Sack* § 138 Rn. 106 ff.

§ 138 I vorliegen. Diese Frage wird vielmehr nur dann relevant, wenn der Gesetzesverstoß *nicht* zur Nichtigkeit nach § 134 führt.

Weil nach der hier vertretenen Auffassung beiderseitige, *bewusste* Verstöße gegen § 1 II Nrn. 3 – 5 bzw. § 8 I SchwarzArbG (§§ 1 I, 2 I SchwarzArbG a.F.) und § 1 II Nr. 1 SchwarzArbG unabhängig von der verwirklichten Tatvariante stets zur Vertragsnichtigkeit nach § 134 führen, verbleiben für eine Anwendung des § 138 I nur die Fälle *unbewusster* beiderseitiger Verstöße gegen §§ 1 II Nr. 3 bis 5, 8 I SchwarzArbG (§§ 1, 2 SchwarzArbG a.F.) und § 1 II Nr. 1 SchwarzArbG. Da es bei unbewussten Verbotsverstößen aber stets auch am Bewusstsein der Sittenwidrigkeit mangelt, sind solche Verträge daher weder nach § 134 noch nach § 138 I unwirksam.

C. Einschränkung der Vertragsnichtigkeit durch § 242

Im Grundsatz, d.h. soweit sich nicht aus dem Verbotsgesetz ein anderes ergibt, erstreckt sich die Nichtigkeit nach § 134 auf den gesamten Vertrag[474]. Sie hat zur Folge, dass der Vertrag die nach seinem Inhalt bezweckten Rechtsfolgen ex tunc, d.h. von Anfang an, nicht hervorzubringen vermag[475]. Dabei steht die Nichtigkeit nach § 134 nicht zur Disposition der Vertragsparteien. Sie ist im Prozess von Amts wegen zu berücksichtigen, bedarf daher keiner Geltendmachung durch eine Vertragspartei und tritt auch (und gerade dann) ein, wenn die Vertragsparteien die Geltung des Vertrags wünschen[476]. Sie wird auch nicht durch die Erfüllung des nichtigen Vertrags geheilt[477]. Rechtsprechung[478] und Teile des Schrifttums[479] vertreten jedoch die Auffassung, ein nach § 134 nichtiger Vertrag könne „in besonders gelagerten Ausnahmefällen"[480] dennoch als wirksam zu behandeln sein, nämlich dann, wenn die Berufung auf die Nichtigkeit gegen die Grundsätze von Treu und Glauben gemäß § 242 verstoße.

---

[474] Palandt/*Heinrichs* § 134 Rn. 13; Staudinger/*Sack* § 134 Rn. 65.

[475] Palandt/*Heinrichs* Überbl v § 104 Rn. 27; Staudinger/*Sack* § 134 Rn. 65.

[476] Staudinger/*Sack* § 134 Rn. 65.

[477] Siehe oben, Zweiter Teil, A. III. 3. b. aa.

[478] BGHZ 85, S. 39 ff.; *BGH, NJW* 1983, S. 109 (111); *LG Frankfurt/M, NJW* 1985, S. 1639 (1641) - Kontaktanzeigen; *OLG Frankfurt/M, NJW-RR* 1991, S. 243 (245) – Kontaktanzeigen; *BGH, NJW* 1992, S. 2557 (2559) – Kontaktanzeigen.

[479] Palandt/*Heinrichs* § 134 Rn. 13.

[480] BGHZ 85, S. 39 ff.; *BGH, NJW* 1983, S. 109 (111); *LG Frankfurt/M, NJW* 1985, S. 1639 (1641) - Kontaktanzeigen; *OLG Frankfurt/M, NJW-RR* 1991, S. 243 (245) – Kontaktanzeigen; *BGH, NJW* 1992, S. 2557 (2559) – Kontaktanzeigen. Vgl. auch Palandt/*Heinrichs* § 134 Rn. 13.

I. Rechtsprechung

In der Festpreisabrede-Entscheidung erkannte der *BGH*[481] der klagenden Bauherrin trotz Nichtigkeit des Schwarzarbeitsvertrags einen vertraglichen Anspruch gegen den beklagten Baubetreuer auf Freistellung von den über den vereinbarten Festpreis hinausgehenden Forderungen der Materiallieferanten zu, weil die Berufung auf die Nichtigkeit des Vertrages durch den Beklagten unter den besonderen Umständen des Falles gegen den Grundsatz von Treu und Glauben gemäß § 242 verstoße[482]. Zwar sei die Gesetzwidrigkeit eines Rechtsgeschäfts von Amts wegen zu berücksichtigen, jedoch gelte der das gesamte Rechtsleben beherrschende Grundsatz von Treu und Glauben auch im Rahmen nichtiger Rechtsgeschäfte, so dass die Berufung auf die Nichtigkeit eines Vertrages in besonders gelagerten Ausnahmefällen ausnahmsweise eine unzulässige Rechtsausübung darstellen könne[483]. Im vorliegenden Fall sei der Vertrag beiderseits fast vollständig erfüllt worden und es gehe lediglich noch um die Einhaltung der vom Beklagten übernommenen Preisgarantie, mit der der Beklagte einseitig das Risiko übernommen habe, den vereinbarten Festpreis einhalten zu können. Habe er mit der Berufung auf die Nichtigkeit Erfolg, so könne er dieses Risiko vollständig auf die Klägerin abwälzen und dadurch die Nichtigkeit des Vertrags einseitig zu seinen Gunsten ausnutzen, obwohl auch er gegen das SchwarzArbG a.F. verstoßen habe und sein Verstoß eher schwerer wiege als der Verstoß der Klägerin. Die Klägerin sei dem Beklagten so zudem praktisch schutzlos ausgeliefert, da sie die abredegemäße Verwendung der dem Beklagten zur Verfügung gestellten Gelder nicht kontrollieren könne, sondern insoweit den Angaben des Baubetreuers vertrauen müsse, der sich durch falsche Behauptungen noch zusätzliche Vorteile verschaffen könne. Aufgrund dessen laufe eine Versagung des Freistellungsanspruchs gegen den Beklagten im Ergebnis auf eine unerträgliche Benachteiligung der Klägerin und eine ungerechtfertigte Besserstellung des Beklagten hinaus[484]. Der Schutzzweck des SchwarzArbG a.F. werde durch die Einschränkung der Nichtigkeitsfolgen nicht unterlaufen, da die Schwarzarbeit bereits erbracht worden sei. Hier gehe es nur noch um die Bezahlung von Materiallieferungen und die Freistellung der Klägerin von Forderungen der Materiallieferanten, wodurch der vom SchwarzArbG a.F. gewollte Schutz der handwerklichen Betriebe nicht mehr gefährdet werde[485].

---

[481] *BGH*, Urt. v. 23.9.1982 - VII ZR 183/80 (Braunschweig) – „Festpreisabrede-Entscheidung" = BGHZ 85, S. 39 ff. = NJW 1983, S. 109 ff. = MDR 1983, S. 222 = WM 1982, S. 1251 ff. = LM BGB § 134 Nr. 103 = DB 1982, S. 2615 ff. = AP Nr. 2 zu § 1 SchwarzArbG = EBE/BGH 82, S. 378 ff. = FWW 83, S. 19 f. = BauR 1983, S. 66 ff. = JR 1983, S. 102 ff. (m. Anm. *Köhler, H.*) = ZIP 1983, S. 463 ff. (m. Anm. *Fenn*) = JuS 1983, S. 220 f. (m. Anm. *Emmerich*) = ZfBR 1982, S. 246 ff. = BB 1983, S. 2182 f.

[482] BGHZ 85, S. 39 (47).

[483] BGHZ 85, S. 39 (48).

[484] BGHZ 85, S. 39 (49).

[485] BGHZ 85, S. 39 (49 f.).

In BGHZ 111, S. 308 ff.[486] bestätigte der *BGH* nochmals die Möglichkeit einer Einschränkung der Nichtigkeitsfolgen durch § 242 im Einzelfall, ohne dies jedoch für den konkreten Fall explizit zu prüfen.

Die Frage der Einschränkung der Nichtigkeit von Schwarzarbeitsverträgen durch den Grundsatz von Treu und Glauben beschäftigte auch die Instanzgerichte[487]. In einem Urteil aus dem Jahre 1999 entschied der 5. Zivilsenat des *OLG Düsseldorf*[488], der Werkunternehmer könne sich gegenüber späteren Gewährleistungsansprüchen des Bestellers nach Treu und Glauben nicht darauf berufen, dass der Vertrag wegen eines Verstoßes gegen das SchwarzArbG a.F. nichtig sei, nachdem das Werk vom Besteller abgenommen und der Werklohn bezahlt, der Vertrag mithin beiderseits vollständig erfüllt worden sei. Der Schutzzweck des SchwarzArbG a.F. sei in einem solchen Fall nicht mehr zu erreichen, da die (vermeintlichen) Schwarzarbeiterleistungen bereits erbracht wurden; andererseits würde der Beklagte bei erfolgreicher Berufung auf die Nichtigkeit des Vertrages zu Lasten des Klägers von seinen grundsätzlich bestehenden Gewährleistungsverpflichtungen befreit, ohne dass dem Kläger adäquate Gegenrechte zustünden[489]. In einem Urteil aus dem Jahre 1986 wies derselbe Senat allerdings Gewährleistungsansprüche gegen einen Schwarzarbeiter mit der Begründung ab, die Annahme einer unzulässigen Rechtsausübung verbiete sich, weil es im Unterschied zu BGHZ 85, S. 39 ff. „[...] um die unmittelbare Auswirkung der Schwarzarbeit und die Beurteilung ihrer Folgen im Gewährleistungsbereich [...]" gehe; dieser Bereich sei „[...] so eng mit der Nichtigkeit des Vertrages verknüpft, daß sich die Annahme einer unzulässigen Rechtsausübung verbietet, wenn sich der Auftragnehmer auf die Nichtigkeit des Vertrags mit der Konsequenz des Nichtbestehens von Gewährleistungsansprüchen beruft. Sonst würde der oben erläuterte Gesetzeszweck umgangen und aufgrund reiner Billigkeitserwägungen ausgehöhlt."[490] Mit ähnlicher Begründung lehnte auch das

---

[486] *BGH*, Urt. v. 31.5.1990 – VII ZR 336/89 (Köln) = BGHZ 111, S. 308 ff. = NJW 1990, S. 2542 = JR 1991, S. 151 (152) m. Anm. *Köhler*

[487] *OLG Düsseldorf*, Urt. v. 4.2.1999 - 5 U 142/98 (LG Düsseldorf – 3 O 77/94) = OLGR Düsseldorf 1999, S. 237 f.; Urt. v. 14.7.1986 – 5 U 36/86 = BauR 1987, S. 562 (565); *OLG Köln*, Urt. v. 11.10.1989 – 2 U 4/89 = NJW-RR 1990, S. 251 f. m. Anm. *Köhler*, EWiR § 817 BGB 1/90, S. 47 f.

[488] *OLG Düsseldorf*, Urt. v. 4.2.1999 - 5 U 142/98 (LG Düsseldorf – 3 O 77/94) = OLGR Düsseldorf 1999, S. 237 f.

[489] Dies gelte auch unabhängig davon, ob der Werkunternehmer gewerbsmäßig im Rahmen eines stehenden Gewerbes gehandelt habe und ob dem Besteller ein eventueller Gesetzesverstoß bekannt gewesen sei, so *OLG Düsseldorf*, Urt. v. 4.2.1999 - 5 U 142/98 = OLGR Düsseldorf 1999, S. 237 f.

[490] *OLG Düsseldorf*, Urt. v. 14.7.1986 – 5 U 36/86 = BauR 1987, S. 562 (565). Siehe auch die insoweit ähnliche Begründung des *OLG Köln*, Urt. v. 11.10.1989 – 2 U 4/89 = NJW-RR 1990, S. 251 f. m. Anm. *Köhler*, EWiR § 817 BGB 1/90, S. 47 f.

OLG Köln[491] den werkvertraglichen Vergütungsanspruch eines Schwarzarbeiters ab: Im Unterschied zu BGHZ 85, S. 39 ff. gehe es vorliegend um die „[...] unmittelbaren typischen zivilrechtlichen Folgen der Schwarzarbeit [...]". Auch der Umstand, dass der Schwarzarbeiter die vereinbarten Arbeiten bereits ausgeführt habe, lasse das Bedürfnis, dem Schwarzarbeiter die Zahlung der Vergütung zu verweigern, nicht entfallen. Im Interesse der Abschreckung künftiger Schwarzarbeiter müsse es vielmehr auch in diesen Fällen bei der Nichtigkeitsfolge bleiben.

II. Schrifttum

Im Schrifttum[492] ist die Einschränkung der Vertragsnichtigkeit durch § 242 in der Festpreisabrede-Entscheidung des *BGH* überwiegend auf Kritik gestoßen; teilweise[493] wird die Anwendung des § 242 zur Einschränkung der Nichtigkeitsfolgen von Gesetzesverstößen auch generell abgelehnt.

Nach *Tiedtke*[494] enthalten die Ausführungen des *BGH* einen Widerspruch: Sei die Gesetzwidrigkeit eines Rechtsgeschäfts von Amts wegen zu berücksichtigen, so könne es nicht darauf ankommen, ob die Berufung auf die Nichtigkeit gegen Treu und Glauben verstoße. Vielmehr handele es sich hier um eine Frage der Grenzziehung zwischen § 134 und § 242[495]. Zwar könne § 242 unabhängig von der Berufung auf die Nichtigkeit die Rechtsfolgen des § 134 modifizieren und damit den Anwendungsbereich des § 134 einschränken; aufgrund der beiderseitigen Kenntnis von der Nichtigkeit und unter Berücksichtigung der zum Verhältnis von § 242 zu §§ 138, 125 entwickelten Grundsätze sei eine Einschränkung der Nichtigkeit nach § 134 jedoch abzulehnen[496].

Auch *Fenn*[497] hält die Argumentation des *BGH* für widersprüchlich: Indem der *BGH* den Vertragsinhalt zur Basis des Klagezuspruchs mache, hebe er die zunächst überzeugend begründete Vertragsnichtigkeit nach § 134 in der Sache

[491] *OLG Köln*, Urt. v. 11.10.1989 – 2 U 4/89 = NJW-RR 1990, S. 251 f. m. Anm. *Köhler*, EWiR § 817 BGB 1/90, S. 47 f.
[492] AK-BGB/*Damm* § 134 Rn. 47; *Fenn*, ZIP 1983, S. 466 f.; *Köhler*, JR 1983, S. 106 f.; *Medicus*, Allg. Teil des BGB, Rn. 651; Staudinger/*Sack* § 134 Rn. 281; *Tiedtke*, NJW 1983, S. 713 ff.; *Voß*, S. 57 ff. Zweifelnd auch *Erdmann*, SchwarzArbG, § 1 Rn. 223; *Klinge*, WiVerw 1986, S. 154, 168 f.; *Kern* in: FS Gernhuber, S. 191, 194 (dort in Fn. 20). Der Entscheidung des *BGH* im Ergebnis zustimmend *Singer*, S. 152. Siehe auch *Sannwald*, Rn. 12 vor §§ 1, 2 SchwarzArbG.
[493] MünchKommBGB/*Mayer-Maly/Armbrüster* § 134 Rn. 112; *Jauernig* § 134 Rn. 17: „Treu und Glauben" könne ein gesetzliches Verbot nicht verdrängen.
[494] *Tiedtke*, NJW 1983, S. 713 ff.
[495] *Tiedtke*, NJW 1983, S. 713.
[496] *Tiedtke*, NJW 1983, S. 713 (714).
[497] *Fenn*, ZIP 1983, S. 466 f.

wieder auf. Auch sei der Rekurs auf den Einwand der unzulässigen Rechtsausübung unzutreffend, denn der Umstand, dass der Vertrag von beiden Seiten nahezu vollständig erfüllt wurde, stelle keinen besonders gelagerten Ausnahmefall
dar. Es gehe vielmehr um die Frage, ob die Wirkung des Verbotsgesetzes wegen
der (fast) vollständigen beiderseitigen Vertragserfüllung generell zu beschränken sei[498]. Aus präventiven Erwägungen sei dies jedoch abzulehnen: Die konse-
quente Durchführung der Vertragsnichtigkeit sei zur Abschreckung künftiger
Schwarzarbeiter und ihrer Auftraggeber eher geeignet als die Einschränkung der
Verbotswirkungen[499].

Präventionsgedanken stehen auch bei weiteren Stellungnahmen des Schrifttums[500] im Vordergrund. Nach *Voß*[501] verlangt der Gedanke der vorbeugenden
Abschreckung die Nichtigkeit des verbotswidrigen Geschäfts. Keine Vertragspartei solle sich auf eine solche Abrede verlassen dürfen. Insoweit hätten sich
auch die verschiedenen Zwecke des SchwarzArbG a.F. nur zum Teil erledigt[502].
Die Anwendung des § 242 komme hingegen einer Heilung gleich und führe zudem zu einer Umgehung der Wertungen des § 817 S. 2, der eine ausdrückliche
Regelung für den Fall der Vorleistung enthalte.

Auch nach Ansicht von *Köhler*[503] verstößt die Berufung des Baubetreuers auf
die Nichtigkeit der Preisgarantie in BGHZ 85, S. 39 ff nicht gegen Treu und
Glauben. Man könne nicht behaupten, dass der Bauherr die Nichtigkeit des
Vertrags einseitig zu seinen Gunsten ausnutze, wenn er die Unwirksamkeit der
Preisgarantie geltend mache. Der Baubetreuer habe sich nicht auf Kosten der
Bauherrin bereichert, vielmehr seien die gekauften Materialien zum Bau verwendet worden, die Bauherrin habe also den vollen Gegenwert für ihre Zahlun-
gen an die Lieferanten erhalten. Billige man ihr mit dem *BGH* einen Erstat-
tungsanspruch hinsichtlich der über den Festpreis hinausgehenden Kosten zu, so
komme sie in den Genuss der Früchte ihres verbotenen Tuns: sie erhalte das
Haus zu einem Preis, der den regulären Preis weit unterschreite, und das, obwohl auch ihr ein verbotenes Tun zur Last falle[504]. Anstelle einer Einschränkung
der Nichtigkeitsfolgen nach § 242 entwickelt *Köhler* aus dem Gedanken der
culpa in contrahendo eine Aufklärungspflicht des Baubetreuers gegenüber der

---

[498] Siehe auch Staudinger/*Sack* § 134 Rn. 280 a.E.: Für den Fall, dass das SchwarzArbG a.F.
nicht die Nichtigkeit des Rechtsgeschäfts erfordere, sei der Rückgriff auf § 242 BGB unnötig.
[499] *Fenn*, ZIP 1983, S. 467.
[500] *Voß*, S. 58; Staudinger/*Sack* § 134 Rn. 281 mit dem Hinweis auf generalpräventive Gründe; wohl auch *Klinge*, WiVerw 1986, S. 168 f. Ähnlich AK-BGB/*Damm* § 134 Rn. 47: Aufrechterhaltung von Vertragsbestandteilen über § 242 aus Normzweckgesichtspunkten nicht
tragfähig.
[501] *Voß*, S. 59.
[502] *Voß*, S. 58.
[503] *Köhler*, JR 1983, 106.
[504] So auch *Tiedtke*, NJW 1983, S. 715.

Bauherrin hinsichtlich der zu erwartenden Mehrkosten, deren schuldhafte Verletzung zu einer Schadensersatzpflicht nach den zu § 650 II entwickelten Grundsätzen führen soll[505].

III. Stellungnahme
1. Dogmatische Abgrenzung
Nach ständiger Rechtsprechung kann die Berufung auf die Nichtigkeit eines Vertrags in besonders gelagerten Ausnahmefällen eine nach dem Grundsatz von Treu und Glauben gemäß § 242 unzulässige Rechtsausübung darstellen[506]; dies gilt auch im Fall der Nichtigkeit gemäß §§ 134, 138 infolge eines Gesetzes- oder Sittenverstoßes[507].

Auch in der Festpreisabrede-Entscheidung erblickte der *BGH* in der Berufung auf die Nichtigkeit der Festpreisabrede eine gegen den Grundsatz von Treu und Glauben gemäß § 242 verstoßende unzulässige Rechtsausübung. In der Sache argumentiert der *BGH* allerdings überwiegend anhand des Schutzzwecks des gesetzlichen Verbots: Der Zweck des SchwarzArbG a.F. erfordere es nicht, der Klägerin unter den besonderen Umständen des Falles einen Freistellungsanspruch zu versagen; der Schutzzweck des SchwarzArbG a.F. werde durch die Einschränkung der Nichtigkeitsfolgen nicht verletzt, weil die Schwarzarbeiterleistungen bereits erbracht wurden und der Vertrag fast vollständig erfüllt wurde[508]. Diese Argumentation ist jedoch in zweifacher Hinsicht problematisch: Zwar darf die Anwendung des § 242 weder dazu führen, den Schutzzweck des Verbotsgesetzes zu vereiteln, noch dazu, einen sittenwidrigen Zustand aufrecht zu erhalten[509]; ebenso muss – schon aus Gründen der Einheit der Rechtsordnung, s.o. – ein Anspruch auf Vornahme einer verbotenen oder sittenwidrigen

---

[505] *Köhler*, JR 1983, S. 106 (107). *Medicus*, Allg. Teil des BGB, Rn. 651, bezeichnet dies als „bedenklich".
[506] BGHZ 85, S. 39 (48) – wegen Verstoß gegen SchwarzArbG a.F. nichtiger Baubetreuungsvertrag, unzulässige Rechtsausübung bejaht; *BGH*, Urt. v. 5.5.1992 – X ZR 134/90 = BGHZ 118, S. 182 (191) = NJW 1992, S. 2557 ff. m. Anm. *Pfeifer*, LM H. 12/1992 § 134 BGB Nr. 141 – wegen Verstoß gegen OWiG nichtiger Anzeigenvertrag, unzulässige Rechtsausübung verneint, jeweils m.w.N. Vgl. auch *BGH*, NJW 1981, S. 1439 (1440) - Unzulässige Rechtsausübung nach § 242 durch Berufung auf die Nichtigkeit eines Rechtsgeschäfts gemäß § 138.
[507] *BGH*, Urt. v. 12.1.1970 – VII ZR 48/68 = BGHZ 53, S. 152 ff. – nichtiger Dienstvertrag (§ 134); BGHZ 85, S. 39 (48 ff.) – nichtiger Baubetreuungsvertrag (§ 134); Urt. v. 23.1.1981 – I ZR 40/79 = NJW 1981, S. 1439 f. – PAM-Kino – Verleihvertrag über pornographischen Spielfilm (§ 138 I); Vgl. auch den etwas anders liegenden Fall *BGH*, NJW 1980, S. 2407 (2408) sittenwidriger Gebührenverzicht eines Rechtsanwalts.
[508] BGHZ 85, S. 39 (49 f).
[509] BGHZ 85, S. 39 (49 f.).

Leistungshandlung ausgeschlossen sein[510]. Es ist jedoch wenig überzeugend, sowohl die volle Nichtigkeit nach § 134 als auch die Einschränkung der Nichtigkeitsfolgen nach § 242 jeweils mit Sinn und Zweck des gesetzlichen Verbots zu begründen; vielmehr erscheint es als widersprüchlich, wenn Sinn und Zweck des SchwarzArbG (a.f.) im Rahmen des § 134 zunächst die volle Vertragsnichtigkeit erfordern, aber einer Aufrechterhaltung einzelner Vertragspflichten über § 242 nicht entgegenstehen sollen. In der Festpreisabrede-Entscheidung steht die Klägerin dann im Ergebnis auch so da, als sei der Vertrag wirksam; sie kann die über den vereinbarten Festpreis hinausgehenden Baukosten vom Beklagten ersetzt verlangen[511]. Wird die Einschränkung der Nichtigkeitsfolgen zudem auf Sinn und Zweck des gesetzlichen Verbots gestützt, bedarf es schon keines Rückgriffs auf die Generalklausel des § 242 zur Erzielung normzweckgerechter Rechtsfolgen: Folgt man der herrschenden Lehre, kann sich eine Einschränkung der Nichtigkeitsfolgen des § 134 bereits aus dem Schutzzweck des verletzten Verbotsgesetzes ergeben. Dogmatischer Anknüfungspunkt hierfür ist der Normzweckvorbehalt des § 134, 2. Halbs.; die Einschränkung der Nichtigkeitsfolgen stellt insoweit „ein anderes" als die (vollständige) Nichtigkeit des Rechtsgeschäfts dar.

Dogmatisch ist daher zwischen der Einschränkung bzw. einschränkenden Modifikation[512] der Nichtigkeitsfolgen des § 134 *durch § 242* und einer Einschränkung der Nichtigkeitsfolgen *durch den Schutzzweck des Verbotsgesetzes* zu unterscheiden. Die Frage, ob der Normzweck des SchwarzArbG (a.F.) eine Einschränkung der Nichtigkeitsfolgen – insbesondere unter Berücksichtigung des Abwicklungsstadiums des Schwarzarbeitsvertrages – erfordert, ist bereits oben erörtert und verneint worden; insoweit kann auf die obigen Ausführungen verwiesen werden. Im Folgenden soll vielmehr untersucht werden, inwieweit aus dem Grundsatz von Treu und Glauben gemäß § 242 entwickelte Institute zur Einschränkung der Nichtigkeitsfolgen bei nichtigen Schwarzarbeitsverträgen führen können.

2. Zulässigkeit der Einschränkung des § 134 durch § 242

Zunächst stellt sich jedoch die Frage, ob die Vorschrift des § 134 überhaupt Modifikationen durch § 242 erlaubt oder vielmehr „Treu-und-Glauben-fest"[513] ist. Die Festpreisabrede-Entscheidung enthält dazu lediglich den knappen Hin-

---

[510] *BGH*, NJW 1981, S. 1439 (1440); Urt. v. 22.1.1986 – VIII ZR 10/85 (Düsseldorf) = NJW 1986, S. 2360 (2361); Urt. v. 20.5.1964 – VIII ZR 56/63 (Braunschweig) = BGHZ 41, S. 341 ff.

[511] Gleiches gilt im obigen Falle des *OLG Düsseldorf*: Dort stehen dem Kläger wie bei einem wirksamen Vertrag Gewährleistungsrechte gegen den Beklagten zu.

[512] Staudinger/*Schmidt* § 242 Rn. 456.

[513] Staudinger/*Schmidt* § 242 Rn. 252, 267 ff.

weis, der das gesamte Rechtsleben beherrschende Grundsatz von Treu und Glauben gelte auch im Rahmen nichtiger Rechtsgeschäfte[514], was angesichts der Vielzahl unterschiedlicher Nichtigkeitsgründe[515] kaum zu überzeugen vermag.

Gegen eine einschränkende Modifikation des § 134 durch § 242 könnte insbesondere der *zwingende Charakter* des § 134 sprechen. Hierzu wurde früher die Meinung vertreten, gegenüber zwingenden Normen sei die Berufung auf § 242 ausgeschlossen, da diese Vorschriften andernfalls bedeutungslos würden[516]. In diesem Kontext dürfte auch das gegen die Anwendung des § 242 vorgebrachte Argument einzuordnen sein, § 134 stehe nicht zur Disposition der Parteien[517]. Der *BGH*[518] und Teile der Lehre[519] sind jedoch der Auffassung, dass auch bei zwingenden Normen stets zu prüfen sei, ob ihre Anwendung gegen § 242 verstoße. In der Tat ist die Unterscheidung zwischen zwingendem und nachgiebigem Recht für die Frage der Anwendbarkeit des § 242 wenig ergiebig, denn diese Unterscheidung sagt allein etwas darüber aus, ob die jeweilige Rechtsnorm durch den Willen der Parteien ausgeschlossen oder abgeändert werden kann[520]; die Modifikation der Rechtsfolgen des § 134 durch § 242 tritt jedoch nicht deshalb ein, weil sie von den Parteien gewollt ist, sondern weil übergeordnete, aus Treu und Glauben entwickelte Grundsätze dies erfordern. § 242 führt auch dann zu einer Modifikation, wenn sich die Parteien nicht darauf berufen[521]. Umgekehrt sind die vom *BGH* gewählten Formulierungen, „[...] die Berufung auf die Nichtigkeit des Vertrages durch den Beklagten verstößt [...] gegen Treu und Glauben (§ 242 BGB)."[522], „Deshalb kann die Berufung auf die Nichtigkeit eines Vertrags [...] eine unzulässige Rechtsausübung darstellen"[523] und „Der Beklagte kann sich daher gegenüber den von der Klägerin erhobenen Ansprüchen nicht auf die Nichtigkeit berufen"[524], nicht dahingehend zu verstehen, dass es sich bei der Nichtigkeit um eine Einrede handelt, die vom Beklagten geltend gemacht werden muss. Vielmehr stellt der *BGH* ausdrücklich klar, dass die Nichtigkeit eines Rechtsgeschäfts eine von Amts wegen zu berücksichtigende

---

[514] BGHZ 85, S. 39 (48).

[515] Als Beispiele hierfür seien nur Geschäftsunfähigkeit nach § 104, Verstöße gegen gesetzliche oder rechtsgeschäftliche Formvorschriften nach § 125, Sittenwidrigkeit von Rechtsgeschäften oder eben auch Verstöße gegen gesetzliche Verbote genannt.

[516] *OLG Hamburg*, MDR 1962, 213; weitere Nachweise bei Staudinger/*Schmidt* § 242 Rn. 253.

[517] *Tiedtke*, NJW 1983, S. 713.

[518] BGHZ 3, S. 94 (104); 30, S. 315 (322); *BGH*, NJW 1960, S. 625 (626); NJW 1961, S. 408 (410).

[519] Staudinger/*Schmidt* § 242 Rn. 253.

[520] *Brox*, Allg. Teil des BGB, Rn. 35 f.

[521] *Tiedtke*, NJW 1983, S. 713.

[522] BGHZ 85, S. 39 (17).

[523] BGHZ 85, S. 39 (48).

[524] BGHZ 85, S. 39 (50).

Einwendung ist[525]. Daher besagen die Formulierungen nur, dass der nichtige Vertrag nach § 242 als wirksam zu behandeln ist[526]. Festzuhalten bleibt damit, dass allein der zwingende Charakter des § 134 der Anwendung des § 242 nicht entgegensteht.

Möglicherweise führt die Einschränkung der Nichtigkeit in Fällen des § 134 aber zu einer Umgehung *zivilrechtlicher Wertungen*. Im Schrifttum[527] wird die Einschränkung der Nichtigkeitsfolgen des § 134 durch § 242 vielfach aus präventiven Erwägungen und aufgrund einer befürchteten Umgehung der Wertungen des § 817 S. 2 abgelehnt. Letzteres beruht – verkürzt – auf dem Gedanken, dass die Nichtigkeitsnormen der §§ 134, 138 und der Kondiktionsausschluss nach § 817 S. 2 ein System zur Prävention von Gesetzes- oder Sittenverstößen darstellen[528]: „Wer (bewußt) gegen die guten Sitten oder gesetzliche Verbote verstößt, soll das Risiko tragen, daß er seine Leistung endgültig verliert, ohne auf der anderen Seite Erfüllungsansprüche durchsetzen zu können"[529]. Der Einwand der Umgehung des § 817 S. 2 überzeugt jedoch nicht, denn dazu ist die Ratio des § 817 S. 2 viel zu vage[530]; zudem ist der Kondiktionsausschluss nach § 817 S. 2 keine zwingende Folge der Nichtigkeit nach § 134, im Gegenteil: gerade der Kondiktionsausschluss nach § 817 S. 2 kann dem Zweck der Nichtigkeitsanordnung nach § 134 zuwider laufen und unterliegt deshalb seinerseits Einschränkungen[531]. Allgemein lassen sich demnach aus § 817 S. 2 keine überzeugenden Gründe gegen eine Anwendung des § 242 herleiten[532]. Aber auch die Präventionswirkung – sofern man eine solche anerkennen will – ist bei Annah-

---

[525] BGHZ 85, S. 39 (48). Siehe auch *BGH* NJW 1981, S. 1439 f. Es handelt sich um eine rechtshindernde Einwendung, da sie bereits das Entstehen vertraglicher Ansprüche verhindert, vgl. *Medicus*, Bürgerliches Recht, Rn. 16.

[526] *Glaremin*, JA 1983, S. 77 (78).

[527] Siehe *Voß*, S. 58 f.; Staudinger/*Sack* § 134 Rn. 281 mit dem Hinweis auf generalpräventive Gründe; ähnlich AK-BGB/*Damm* § 134 Rn. 47: Aufrechterhaltung von Vertragsbestandteilen über § 242 aus Normzweckgesichtspunkten nicht tragfähig.

[528] *Singer*, S. 150 f.

[529] *Singer*, S. 151.

[530] MünchKommBGB/*Lieb* § 817 Rn. 9. Zu den Kontroversen um die ratio legis des § 817 S. 2 siehe etwa *H. Honsell*, Die Rückabwicklung sittenwidriger oder verbotener Geschäfte, 1974, S. 58 ff.; *Dauner*, JZ 1980, S. 495 ff. Ausführlich dazu unten, Zweiter Teil, G. III. 5.

[531] Vgl. MünchKommBGB/*Roth* § 242 Rn. 275, 295.

[532] Zwar hat der *BGH*, NJW 1985, S. 2579 (2580), zur Einschränkung der Nichtigkeitsfolge des § 142 I durch den Einwand der unzulässigen Rechtsausübung festgestellt, die „Gründe der Rechtssicherheit und die Gefahr einer sonst drohenden ‚Rechtserweichung und –verwässerung' (*Boehmer*, Grundlagen der Bürgerlichen Rechtsordnung, 2. Buch, 2. Abt., S. 99) verbieten es grundsätzlich, Vorschriften des zwingenden Rechts unter Berufung auf den allgemeinen Billigkeitsgrundsatz auch dort anzutasten, wo besondere Regelungen den Interessenkonflikten bereits Rechnung tragen [...]"; § 134 und § 817 S. 2 betreffen jedoch unterschiedliche Ebenen: § 134 bestimmt das Schicksal vertraglicher Primär- und Sekundäransprüche, § 817 S. 2 regelt die Frage der Rückabwicklung nach (teilweiser) Leistungserbringung.

me vollständiger Nichtigkeit des Rechtsgeschäfts nach § 134 und Kondiktionsausschluss nach § 817 S. 2 fraglich: Wer die Risiken der Vorleistung bei nichtigen Verträgen kennt, wird den Vertragspartner zur Vorleistung bewegen oder,
wenn ihm dies nicht gelingt, seine Geschäftsrisiken dadurch minimieren, dass er
seine Leistung nur Zug um Zug erbringt[533], so dass auch die Präventionswirkung
von Nichtigkeit und Kondiktionsausschluss dementsprechend gering ist. Eine
Umgehung zivilrechtlicher Wertungen ist darum nicht ersichtlich und steht der
Anwendung des § 242 somit auch nicht entgegen.

3. Einschränkung der Nichtigkeit durch den Einwand der unzulässigen Rechtsausübung

Bei der Einschränkung der Nichtigkeitsfolgen gesetz- und sittenwidriger Verträge (§§ 134, 138) durch § 242 hat der *BGH* stets hervorgehoben, eine solche Einschränkung müsse auf besonders gelagerte Ausnahmefälle beschränkt bleiben[534];
in der Festpreisabrede-Entscheidung betont der *BGH* mehrfach, dass die Einschränkung der Nichtigkeitsfolgen des § 134 nur ausnahmsweise und in besonders gelagerten Ausnahmefällen in Betracht komme. Allein die Berufung auf
besonders gelagerte Ausnahmefälle rechtfertigt die Einschränkung der Nichtigkeitsfolgen jedoch nicht, da es dem Richter nicht gestattet ist, Rechtsfolgen im
Einzelfall durch billigere oder angemessenere zu ersetzten[535]. Dass die Einschränkung allgemeiner Rechtsfolgen durch die Anwendung von Generalklau-
seln nur ausnahmsweise und in besonders gelagerten Ausnahmefällen gerechtfertigt ist, versteht sich von selbst. Zudem ersetzt der Verweis auf die besonderen Umstände des Einzelfalles eine präzise Definition der Voraussetzungen, unter denen eine Einschränkung der Nichtigkeitsfolgen durch § 242 zulässig ist,
nicht; genau dies ist jedoch notwendig, um den Verdacht der Billigkeitsrecht-
sprechung auszuräumen und die Entscheidung anhand allgemeiner Maßstäbe
nachprüfbar zu machen.

Wenig Klarheit bringt insoweit auch der Begriff der „unzulässigen Rechtsausübung", beschreibt er doch – zudem ungenau[536] – nur die Rechtsfolge der missbilligten Inanspruchnahme eines Rechts oder einer Rechtslage, die nach dem

---

[533] *Köhler*, EWiR § 817 BGB 1/90, 47 (48). Siehe auch *Mummenhoff*, Schwarzarbeit, in: Lexikon des Rechts, 12/1470, S. 1: Nichtigkeitsfolge nur schwaches Druckmittel zur Verstär-
kung der generalpräventiven Wirkung des Schwarzarbeitsverbots.

[534] *BGH*, Urt. v. 12.1.1970 – VII ZR 48/68 = BGHZ 53, S. 152 ff. – nichtiger Dienstvertrag
(§ 134); BGHZ 85, S. 39 (48 ff.) – nichtiger Baubetreuungsvertrag (§ 134); Urt. v. 5.5.1992 –
X ZR 134/90 = BGHZ 118, S. 182 (191 f.) – nichtiger Anzeigenvertrag (§ 134); Urt. v.
23.1.1981 – I ZR 40/79 = NJW 1981, S. 1439 f. – PAM-Kino – Verleihvertrag über pornographischen Spielfilm (§ 138 I); Vgl. dazu auch den etwas anders liegenden Fall *BGH* NJW
1980, S. 2407 (2408) – sittenwidriger Gebührenverzicht eines Rechtsanwalts.

[535] Staudinger/*Schmidt* § 242 Rn. 206.

[536] Dazu Staudinger/*Schmidt* § 242 Rn. 735.

gegenwärtigen Stand der Rechtsentwicklung dahingehend beschrieben werden kann, dass eine bei formaler Rechtsanwendung bestehende Rechtslage mit Hilfe des § 242 korrigiert wird[537]. Auf tatbestandlicher Ebene verbergen sich hinter der „Lehre von der unzulässigen Rechtsausübung" jedoch ganz unterschiedliche Fallgruppen[538].

Wenn der *BGH* die Einschränkung der Nichtigkeit in BGHZ 85, S. 39 ff. maßgeblich darauf stützt, dass der Vertrag beiderseits fast vollständig erfüllt wurde und der Beklagte in dieser Situation bei erfolgreicher Berufung auf die Nichtigkeit das mit der Preisgarantie übernommene Risiko vollständig auf die Klägerin abwälzen könne, so deutet dies auf den Gedanken des Vertrauensschutzes hin. Deutlicher formuliert der *BGH* in der Kontaktanzeigen-Entscheidung[539] für den Fall eines gegen § 120 I Nr. 2 OWiG verstoßenden Vertrages: „Die Ausübung eines Rechts kann widersprüchlich sein, wenn sich der Berechtigte mit seinem früheren Verhalten in Widerspruch setzt. Widersprüchliches Verhalten verstößt aber nur dann gegen die Grundsätze von Treu und Glauben und ist daher nur dann mißbräuchlich, wenn für den anderen Teil ein Vertrauenstatbestand geschaffen worden ist"[540]; ein solcher Vertrauenstatbestand könne möglicherweise daraus resultieren, dass eine Vertragspartei dem anderen Teil das Vertrauen vermittelt habe, den Vertrag künftig zu erfüllen[541].

Eine Einschränkung der Nichtigkeitsfolgen des § 134 nach § 242 – genauer: durch das Verbot des widersprüchlichen Verhaltens, des *venire contra factum proprium* – könnte somit bei Vorliegen eines Vertrauenstatbestandes gerechtfertigt sein. Ein solcher Vertrauenstatbestand besteht aus mehreren Elementen: Zunächst ist das Vertrauenselement dadurch gekennzeichnet, dass eine Vertragspartei aufgrund des Vorverhaltens der anderen Vertragspartei davon ausgeht, diese werde sich entsprechend ihrem Vorverhalten künftig in gleicher Weise verhalten; dieses Element knüpft an das Vorverhalten der Vertragsparteien und die damit geweckten Erwartungen des anderen Teils und kann somit als tatsächliches Element bezeichnet werden[542]. Dieses tatsächlich entgegengebrachte Vertrauen begründet allein jedoch noch keinen Vertrauensschutz. Entscheidend ist vielmehr, ob das entgegengebrachte Vertrauen auch schutzwürdig ist[543]. Hierbei handelt es sich um ein normatives Kriterium.

---

[537] MünchKommBGB/*Roth* § 242, Rn. 255; *Singer*, S. 5 f., *Dette*, S. 27, ausführlich S. 83 ff.
[538] MünchKommBGB/*Roth* § 242, Rn. 255; Staudinger/*Schmidt* § 242 Rn. 751; Palandt/*Heinrichs* § 242 Rn. 42 ff.
[539] BGHZ 118, S. 182 ff.
[540] BGHZ 118, S. 182 (191 f).
[541] BGHZ 118, S. 182 (192).
[542] *Dette*, S. 61; siehe auch MünchKommBGB/*Mayer-Maly/Armbrüster* § 134 Rn. 112.
[543] Vgl. *Dette*, S. 68: Entscheidend beim Vertrauensschutz ist nicht der Schutz des Vertrauens als solches, sondern der Schutz gerechtfertigten Vertrauens.

In der Festpreisabrede-Entscheidung[544] kommen zwei Verhaltensweisen des Beklagten als Anknüpfungspunkte für einen Vertrauenstatbestand in Betracht: die Erbringung der versprochenen Leistungen durch den Beklagten und die Inanspruchnahme der Leistungen der Klägerin durch den Beklagten. Die vom Beklagten übernommene Preisgarantie selbst ist hingegen nicht geeignet, einen Vertrauenstatbestand zu begründen, denn das Vertrauen auf die Wirksamkeit einer verbotswidrigen und deshalb nichtigen Vereinbarung wird im Schrifttum[545] ganz überwiegend als nicht schutzwürdig angesehen. Dem ist grundsätzlich zuzustimmen: Ein schutzwürdiges Vertrauen auf die Einhaltung des nichtigen Versprechens kann nicht durch das Versprechen selbst begründet werden[546]; dies stünde im Widerspruch zur Nichtigkeitsanordnung und würde das Erfordernis des Vertrauenstatbestandes obsolet machen. Dies schließt jedoch nicht aus, dass ein schutzwürdiges Vertrauen durch weitere, über das nichtige Versprechen hinausgehende Umstände begründet wird. Ob die Leistungserbringung durch den Beklagten jedoch geeignet ist, einen solchen Vertrauenstatbestand zu begründen, ist ebenso fraglich. Denn für den Beklagten bestand keine vertragliche Verpflichtung zu Leistung. Grundsätzlich steht es aber jedem frei, sein Verhalten zu ändern, sofern er nicht vertraglich daran gebunden ist[547]. Auch die Leistungserbringung durch den Beklagten begründet mithin keinen Vertrauenstatbestand[548]. Als vertrauensbegründender Umstand verbleibt somit nur noch die Inanspruchnahme der Leistung der Klägerin durch den Beklagten. Wer eine Leistung in Anspruch nimmt, die der andere Teil in der erkennbaren Erwartung einer Gegenleistung erbringt, erweckt damit durchaus das Vertrauen des anderen Teils auf die Erbringung der Gegenleistung. Ein tatsächliches Vertrauen ist insoweit gegeben. Schutzwürdig ist ein solches Vertrauen aber dann nicht, wenn der andere Teil von der Gesetzeswidrigkeit der Leistung Kenntnis hat. Denn ein Vertrauen auf die Erbringung einer Leistung, deren Gesetzeswidrigkeit den Vertragsparteien bekannt ist, verdient in keinem Falle den Schutz der Rechtsordnung. Zudem begäbe sich die Rechtsordnung in einen Widerspruch, wenn sie von den Parteien einerseits normgemäßes Verhalten verlangen, andererseits das Vertrauen einer Partei in die Einhaltung der normwidrigen Abrede schützen wollte. Die Rechtsordnung verlangt hier vielmehr eine Änderung des Vorverhaltens; sie würde sich in einen Selbstwiderspruch begeben, würde sie das Vertrauen auf die Fortsetzung eines Gesetzesverstoßes schützen. Wer die Einhaltung einer rechtswidrigen Abrede verweigert, handelt daher nicht rechtsmiss-

---

[544] BGHZ 85, S. 39 ff.

[545] MünchKommBGB/*MayerMaly/Armbrüster* § 134 Rn. 112.

[546] Gleichwohl begründet es eine Sonderbeziehung zwischen den Parteien, die Grundlage eines Schadensersatzanspruchs aus c.i.c. sein kann.

[547] *Dette*, S. 25; Palandt/*Heinrichs* § 242 Rn. 55.

[548] Es kann sich allenfalls die Frage stellen, ob die Leistungserbringung unter dem Gesichtspunkt der Verwirkung beachtlich ist. Dieses Institut ist jedoch vom Institut des venire contra factum proprium zu trennen.

bräuchlich, sondern vielmehr so, wie es die Rechtsordnung von ihm verlangt. Daher kann die Einschränkung des § 134 durch § 242 somit nicht auf den Gedanken vom Verbot des venire contra factum proprium gestützt werden.

4. Einschränkung der Nichtigkeit bei in Vollzug gesetzten Dienst- und Arbeitsverträgen

In Betracht zu ziehen ist allerdings eine Einschränkung der Nichtigkeitsfolgen anhand der Grundsätze zur Behandlung von in Vollzug gesetzten Dienst- und Arbeitsverträgen. So ist insbesondere in der arbeitsgerichtlichen Rechtsprechung[549] und Lehre[550] der Grundsatz entwickelt worden, dass die Nichtigkeit eines in Vollzug gesetzten Arbeitsvertrages grundsätzlich nicht rückwirkend geltend gemacht werden kann, der Vertrag somit für die Zeit der tatsächlich erfolgten Beschäftigung als wirksam zu behandeln ist. Eine bereicherungsrechtliche Rückabwicklung der bereits erbrachten Leistungen scheidet damit aus; zudem kann der Arbeitnehmer für die von ihm erbrachte Arbeitsleistung die vertraglich vereinbarte Vergütung verlangen[551]. Für die Zukunft besteht dagegen keine Pflicht zur weiteren Arbeitsleistung[552]. Der *BGH* hat diese Grundsätze sodann auf abhängige Dienstverhältnisse und dem nahe stehende Vertragsverhältnisse ausgedehnt[553]; ähnlichen Grundsätzen folgt die Behandlung nichtiger, im Rechtsverkehr bereits in Erscheinung getretener Handelsgesellschaften[554] und nichtiger, in Vollzug gesetzter Lizenzverträge[555].

Insbesondere in der Festpreisabrede-Entscheidung des *BGH* liegt ein Vergleich mit den Grundsätzen zur Abwicklung in Vollzug gesetzter nichtiger Arbeits- und Dienstverhältnisse zumindest insoweit nahe, als die Vertragsparteien auch im Festpreisabrede-Fall den nichtigen Vertrag durch beiderseitige Leistungen in Vollzug gesetzt und diese Leistungen zudem über einen längeren Zeitraum erbracht haben. Der Umstand, dass der Baubetreuungsvertrag im Festpreisabrede-Fall seiner Rechtsnatur nach als Geschäftsbesorgungsvertrag mit Werkvertrag-

---

[549] *BAG*, AP Nr. 2, 18 zu § 611 BGB – faktisches Arbeitsverhältnis; 1 zu § 611 BGB – Wegezeit; 2 zu § 611 BGB – Doppelarbeitsverhältnis; 3 zu § 611 BGB – Fleischbeschauer Dienstverhältnis; 2 zu § 125 BGB; 2 zu § 138 BGB; 32 zu § 63 HGB; *BAG*, NJW 1976, S. 1958 f.

[550] *Richardi*, in: Münchener Handbuch zum Arbeitsrecht, Bd. 1, § 40 Rn. 42 f.; *Palandt/Putzo* Einf v § 611 Rn. 29 sowie § 611 Rn. 23 a; *Marschner*, AuA 1995, S. 84 (86); *Jatsch*, GewArch 1986, S. 189 (191). Kritisch zur sog. „Lehre vom faktischen Arbeitsverhältnis" *Lattwin*, Die Bereicherung des Scheinarbeitgebers und seine Verpflichtung zum Wertersatz, 1987, S. 13 ff.

[551] *BAG*, NJW 1986, S. 2133.

[552] BGHZ 53, S. 152 (158); *Richardi*, in: Münchener Handbuch zum Arbeitsrecht, Bd. 1, § 40 Rn. 42 f.; *Palandt/Putzo* Einf v § 611 Rn. 29 sowie § 611 Rn. 23a.

[553] BGHZ 53, S. 152 (159).

[554] BGHZ 3, S. 285 (288); 26, S. 330.

[555] BGHZ 37, S. 281 (292); 46, S. 365 (371); LM Nr. 8 zu § 9 PatG.

scharakter[556] anzusehen ist, ändert am Abwicklungsstadium des Vertrages nichts.

Fraglich ist somit, ob der Vertrag entsprechend den eingangs dargestellten Grundsätzen für die Zeit der tatsächlich erfolgten Leistungen als wirksam zu behandeln ist. Zwar finden die Grundsätze zur Abwicklung in Vollzug gesetzter nichtiger Arbeits- und Dienstverhältnisse auch in Fällen der Nichtigkeit nach § 134 Anwendung; sie gelten jedoch nicht zu Gunsten einer Vertragspartei, der der Gesetzesverstoß bekannt war[557]. Im Festpreisabrede-Fall konnte die Klägerin somit nicht verlangen, dass der gegen das gesetzliche Verbot verstoßende Vertrag nach Treu und Glauben als wirksam behandelt werden müsse, da sie den Vertrag in Kenntnis des Verbots abgeschlossen hatte. Auch bei Anlegung der Maßstäbe zur Einschränkung der Nichtigkeitsfolgen bei in Vollzug gesetzten Arbeits- oder Dienstverhältnissen ist eine Einschränkung der Nichtigkeitsfolgen im Festpreisabrede-Fall abzulehnen.

5. Einschränkung der Nichtigkeit bei formnichtigen Verträgen

Noch weitergehende Einschränkungen der Nichtigkeitsfolgen kommen nach Rechtsprechung[558] und Lehre[559] in Fällen des Verstoßes gegen gesetzliche Formvorschriften in Betracht. Im Unterschied zu den oben genannten Fällen der Einschränkung der Nichtigkeitsfolgen bei in Vollzug gesetzten Dauerschuldverhältnissen beschränken sich die auf § 242 gestützten Modifikationen nicht lediglich auf die rückwirkenden Folgen der Nichtigkeit in Bezug auf bereits erbrachte Leistungen[560]; vielmehr werden die Nichtigkeitsfolgen auch und gerade hinsichtlich zukünftiger Erfüllungsansprüche eingeschränkt[561]. So kann ein we-

[556] Zur Rechtsnatur des Baubetreuungsvertrags BGHZ 85, S. 39 (42); 145, S. 265; *BGH,* NJW 1994, S. 2825; NJW-RR 1998, S. 1161; Palandt/*Sprau* § 675 Rn. 15.
[557] BGHZ 53, S. 152 (158 f.); *Richardi,* in: Münchener Handbuch zum Arbeitsrecht, Bd. 1, § 46 Rn. 72; *Marschner,* AuA 1995, S. 84 (86).
[558] BGHZ 12, S. 286 (304); 16, S. 334 (336 f.); 92, S. 164 (171 ff.) – formnichtige Grundstücksveräußerungsverträge; BGHZ 23, S. 249 (254 ff.) – formnichtiger Erbvertrag; BGHZ 29, S. 6 (10 ff); 48, S. 396 (399); 138, S. 339 (348) – formnichtige Grundstückskaufverträge; BGHZ 35, S. 272 (277) – formnichtige Veräußerung von Geschäftsanteilen einer GmbH; *BGH,* NJW 1972, S. 1189 ff. – formnichtiger Eigenheimbewerbervertrag; weitere Beispiele aus der Rechtsprechung bei Palandt/*Heinrichs* § 125 Rn. 17.
[559] *Brox,* Allg. Teil des BGB, Rn. 311 ff.; *Larenz/Wolf,* Allg. Teil, § 27 Rn. 44; *Lorenz,* AcP 156, S. 381 ff. Kritisch *Medicus,* Bürgerliches Recht, Rn. 180 ff.; *ders.,* Allg. Teil des BGB, Rn. 628 ff. Umfassend *Häsemeyer,* Die gesetzliche Form der Rechtsgeschäfte, 1971 sowie *Reinicke,* Rechtsfolgen formwidrig abgeschlossener Verträge, 1969.
[560] Hier kommt es ohnehin oftmals zu einer Heilung des Formmangels, siehe nur § 311 b I 2 und § 518 II
[561] BGHZ 16, S. 334 - „Kleinsiedlung"; BGHZ 23, S. 249 (258) - „formlose Hoferbenbestimmung"; Palandt/*Heinrichs* § 125 Rn. 16.

gen Nichtbeachtung gesetzlicher Formvorschriften nach § 125 S. 1 nichtiger Vertrag gemäß § 242 als wirksam zu behandeln sein[562].

Auch von Seiten des Schrifttums wird hinsichtlich des Verhältnisses von § 134 zu § 242 auf Parallelen zu § 125[563] und § 242 hingewiesen. Ob die Einschränkung der Nichtigkeitsfolgen des § 134 jedoch nach denselben Grundsätzen zu behandeln ist wie die Einschränkung der Nichtigkeitsfolgen des § 125, ist umstritten. Einerseits wird vertreten, Verstöße gegen § 134 seien in ihrer Bedeutung nicht mit Verstößen gegen Formvorschriften vergleichbar[564], andererseits wird aber auch die gegenteilige Auffassung vertreten[565].

Nach der Rechtsprechung setzt die Einschränkung der Nichtigkeitsfolgen des § 125 durch Treu und Glauben voraus, dass die Nichtanerkennung des Vertrags zu einem für eine Vertragspartei nicht nur harten, sondern vielmehr schlechthin

---

[562] BGHZ 16, S. 334 (336 f.); 92, S. 164 (171 ff.) – formnichtige Grundstücksveräußerungsverträge; BGHZ 23, S. 249 (254 ff.) – formnichtiger Erbvertrag; BGHZ 29, S. 6 (10 ff.); 48, S. 396 (399); 138, S. 339 (348) – formnichtige Grundstückskaufverträge; BGHZ 35, S. 272 (277) – formnichtige Veräußerung von Geschäftsanteilen einer GmbH; *BGH*, NJW 1972, S. 1189 ff. – formnichtiger Eigenheimbewerbervertrag; weitere Beispiele bei Palandt/*Heinrichs* § 125 Rn. 17.

[563] Dass bei gesetzlichen Formvorschriften im Einzelfall unterschiedliche Gründe für die Nichtigkeitsfolge ausschlaggebend sind, ist unstreitig: So soll der Beurkundungszwang nach § 311 b I die Vertragsparteien vor übereilten und unüberlegten Verpflichtungen schützen (Warnfunktion), die Vereinbarung beweisen (Beweisfunktion), eine Beratung der Parteien sicherstellen (Beratungsfunktion) und die Gültigkeit des Rechtsgeschäfts gewährleisten (Gewährfunktion), vgl. Hk-BGB/*Schulze* § 311 b Rn. 2; Palandt/*Heinrichs* § 311 b, Rn. 2.

[564] MünchKommBGB/*Mayer-Maly/Armbrüster* § 134 Rn. 112. Nach BGHZ 41, S. 341 (344) – „Bordellpacht-Fall" – könne das Hinwegsehen über Formvorschriften in Ausnahmefällen geboten sein, um ein dem materiellen Gerechtigkeitsempfinden entsprechendes Ergebnis zu erzielen; ein vergleichbares Problem stelle sich bei § 138 nicht, wenn die Einschränkung der Nichtigkeit dazu führen würde, die Aufrechterhaltung des durch den Vertrag geschaffenen sittenwidrigen Zustandes zu ermöglichen. In der Tat dürfte das Rechtsempfinden eines redlich denkenden Dritten keinen Anstoß daran nehmen, einem Erwerber, der vom Veräußerer über die Formbedürftigkeit des Vertrages getäuscht wurde, einen vertraglichen Erfüllungsanspruch zuzubilligen, wenn der Veräußerer den Kaufpreis erhalten und verbraucht hat und daher zur Rückzahlung oder zum Schadensersatz außer Stande ist; wenn allerdings der Dieb vom Hehler einen Vorschuss für den zu begehenden Diebstahl verlangt und erhält, wird niemand ernsthaft erwägen, den Dieb zum Diebstahl zu verpflichten, weil er den Vorschuss in Empfang genommen und verbraucht hat und von vornherein nicht die Absicht hatte, die Tat auszuführen. Bei der Einschränkung der Nichtigkeitsfolgen von Gesetz- oder Sittenverstößen sind die Folgen der Aufrechterhaltung des Rechtsgeschäfts daher in besonderem Maße an den Wertungen des jeweiligen Verbotsgesetzes zu messen. Ausgeschlossen erscheint insoweit, an das Hinwegsehen über Verbots- oder Sittenverstöße weniger strenge Anforderungen zu stellen als bei Verstößen gegen Formvorschriften.

[565] Dafür etwa *Weber*, Treu und Glauben, § 242 D 466.

untragbaren Ergebnis führt[566]. Die Rechtsprechung hat dies zunächst angenommen, wenn eine Vertragspartei aufgrund eines vom anderen Teil veranlassten Irrtums davon ausging, dass formlose Vereinbarungen genügten[567], später auch in Fällen der Existenzgefährdung[568], der besonders schweren Treuepflichtverletzung[569], wenn der Verkäufer eines Grundstücks den Kaufpreis verbraucht hat und zur Rückzahlung nicht in der Lage ist, so dass der Käufer den Kaufpreis nicht wiedererlangen kann[570], oder „wenn derjenige, der sich auf den Formverstoß beruft, eine Haltung eingenommen hat, die mit einem früher von ihm bestätigten Verhalten nach Treu und Glauben unvereinbar ist"[571]. Hinzukommen muss, dass der bei Annahme von Nichtigkeit bestehende Rechtsschutz, also vor allem Bereicherungs- und unter Umständen auch Schadensersatzansprüche, nicht ausreicht, so dass gerade die Verweigerung der dem Vertrag entsprechenden Erfüllung mit Treu und Glauben unvereinbar erscheint[572]. Eine Einschränkung der Nichtigkeitsfolgen wird aber nicht dadurch ausgeschlossen, dass derjenige, der den vertraglichen Erfüllungsanspruch geltend macht, die Formbedürftigkeit bei Abschluss des Vertrages kannte[573]. Ließe sich diese Rechtsprechung

[566] BGHZ 48, S. 396 (398); 85, S. 315 (318 f.) = NJW 1983, S. 563 = LM § 313 BGB Nr. 96; BGHZ 92, S. 164 (171 f.) = NJW 1985, S. 1778 = LM § 276 (Fb) BGB Nr. 31, jeweils m.w.N.; *BGH*, Urt. v. 14.6.1996 – V ZR 85/95 (Frankfurt a.M.) = NJW 1996, S. 2503 (2504) = LM H.10/1996 § 313 BGB Nr. 143. Kritisch bzgl. dieser Floskel *Pawlowski*, Allgemeiner Teil des BGB, Rn. 419 sowie *Medicus*, Allg. Teil des BGB, Rn. 630.
[567] In RGZ 107, S. 357 (360 ff.); RGZ 117, S. 121 (124) – „Edelmann-Fall" – verlangte das *RG* für den Einwand der unzulässigen Rechtausübung einen vom Geschäftsgegner schuldhaft verursachten Irrtum über das Formerfordernis; in RGZ 157, S. 207 (209) hielt das *RG* die Einrede der Arglist auch dann für gegeben, wenn eine Partei, sei es auch unabsichtlich, die andere zum Absehen von der Einhaltung der vorgeschriebenen Form veranlasst und diese daraufhin angenommen habe, dass formlose Vereinbarungen genügten. Siehe auch BGHZ 48, S. 396 (399).
[568] BGHZ 12, S. 286; 23, S. 249 (254 ff.) - „Hoferben-Fall".
[569] BGHZ 16, S. 334 (338) - „Kleinsiedlungs-Fall"; BGHZ 85, S. 316 (319); BGHZ 92, S. 164 (172 f.); *BGH*, NJW 1996, S. 2503 (2504).
[570] *BGH*, Urt. v. 25.9.1957 – V ZR 188/55, LM § 313 BGB Nr. 13.
[571] BGHZ 48, S. 396 (399 f.) unter Hinweis auf RGZ 153, S. 59 (60 f.).
[572] BGHZ 16, S. 334 (337); 23 S. 249 (254).
[573] So ausdrücklich BGHZ 48, S. 396 (399), wonach die Berufung auf die Formnichtigkeit auch dann eine unzulässige Rechtsausübung darstellen könne, wenn der andere Teil die Formbedürftigkeit des Vertrages gekannt habe und mithin beide Teile bewusst gegen die gesetzlichen Formvorschriften verstoßen haben, soweit die Partei, die sich auf den Formmangel beruft, eine Haltung eingenommen habe, die mit einem früher von ihr bestätigten Verhalten nach Treu und Glauben unvereinbar sei; ähnlich bereits BGHZ 23, S. 249 (260 ff.) - „formlose Hoferbenbestimmung": „Die Tatsache, daß beide Beteiligten gewußt haben, daß eine Bindung des Hofeigentümers grundsätzlich den Abschluß eines formgerechten Vertrages voraussetzt, steht deshalb der Annahme, daß gleichwohl eine Bindung eingetreten sein könne, nicht entgegen" In BGHZ 16, S. 334 ff. („Kleinsiedlungs-Fall") scheint eine positive Kenntnis von der Unwirksamkeit auf Seiten des Teils, der die vertraglichen Ansprüche geltend macht, nicht vorzuliegen: „Die Siedler andererseits hatten zu ihr [der Siedlungsgesellschaft, der Vf.] das

zur Einschränkung der Formnichtigkeit des § 125 durch den Grundsatz von Treu und Glauben nach § 242 auf § 134 übertragen, so stünde der bewusste Verstoß gegen das SchwarzArbG (a.f.) – und damit die Kenntnis des Nichtigkeitsgrundes – einer Einschränkung der Nichtigkeitsfolgen nicht entgegen, da der *BGH* in den zitierten Entscheidungen die Aufrechterhaltung des formnichtigen Vertrags nach Treu und Glauben bejahte, obwohl die Parteien die Formbedürftigkeit kannten.

Das Schrifttum[574] lehnt eine Einschränkung der Nichtigkeitsfolgen des § 125 dagegen überwiegend ab, wenn die Parteien gesetzliche Formvorschriften bewusst missachtet haben. Diese Auffassung erscheint als die schlüssigere, denn sie behandelt nichtige, in Vollzug gesetzte Dauerschuldverhältnisse und formlos abgeschlossene, formbedürftige Verträge einheitlich; die Rechtsprechung legt demgegenüber keine einheitlichen Maßstäbe an: Die Kenntnis des die Nichtigkeit begründenden Umstandes kann einerseits der Anwendung des § 242 entgegenstehen – so im Fall der in Vollzug gesetzten, nichtigen Arbeits- und Dienstverhältnisse; andererseits kann sie aber auch unbeachtlich sein – so im Falle des Verstoßes gegen gesetzliche Formvorschriften. Gegen eine Einschränkung der Nichtigkeitsfolgen sprechen hier zudem dieselben Argumente wie schon oben[575] im Rahmen der unzulässigen Rechtsausübung: Wer bestehende Rechtsvorschriften bewusst außer acht lässt, ist nicht schutzwürdig und handelt insoweit auf eigenes Risiko. Daher ist der Auffassung zu folgen, die eine Einschränkung der Nichtigkeit konsequent ablehnt, wenn die Vertragspartei, die Rechte aus dem Vertrag geltend macht, von dem zur Nichtigkeit führenden Umstand Kenntnis hatte.

6. Ergebnis

§ 242 kann der Berufung auf die Nichtigkeit eines Vertrages grundsätzlich auch im Falle der Vertragsnichtigkeit nach § 134 entgegenstehen.

Kein Fall von § 242 liegt indessen vor, wenn der Schutzzweck des Verbotsgesetzes nicht die Nichtigkeit des Vertrages erfordert. Hier ergibt sich die modifizierte Rechtsfolge unmittelbar aus dem zweiten Halbsatz des § 134 in Verbin-

---

Vertrauen, daß sie wisse, wie diese Rechtangelegenheiten zu behandeln seien, um die Siedler vor Schaden zu bewahren, daß sie auch den Willen habe, es recht zu machen, und ihre Betreuungspflichten in einer Weise erfülle, die die Rechtsstellung der Siedler durch Beachtung der in Betracht kommenden gesetzlichen Vorschriften, insbesondere der Formvorschriften, sicherstelle.". Anders wohl noch das *RG*, RGZ 107, S. 357 (360 ff.); 117; S. 121 (124) – „Edelmann-Fall" ; RGZ 157, S. 207 (209).

[574] *Brox*, Allg. Teil des BGB, Rn. 313; *Flume*, Allg. Teil, Bd. II, § 15 III 4 c bb (S. 279 f.); *Larenz/Wolf*, Allg. Teil, § 27 Rn. 54; *Medicus*, Allg. Teil des BGB, Rn. 632; *ders.*, Bürgerliches Recht, Rn. 181; *Tiedtke*, NJW 1983, S. 713 (714); *Reinicke*, S. 53/66/163.

[575] Siehe dazu oben, Zweiter Teil, C. III. 3.

dung mit dem jeweiligen Verbotsgesetz selbst, welches insoweit „ein anderes" bestimmt.

Sofern die Nichtigkeit des Vertrages gemäß § 134 auf dem beiderseitigen, bewussten Verstoß gegen das SchwarzArbG (a.f.) beruht, ist eine auf die Grundsätze von Treu und Glauben nach § 242 gestützte Einschränkung der Nichtigkeitsfolgen abzulehnen. Auch der Umstand, dass der Vertrag fast vollständig erfüllt wurde, führt nicht zu einer Einschränkung der Nichtigkeitsfolgen. Zwar mögen die Parteien tatsächlich auf die Einhaltung der nichtigen Abrede vertraut haben; der Schutzwürdigkeit dieses Vertrauens steht jedoch die Kenntnis des Gesetzesverstoßes entgegen.

Zu beachten ist schließlich, dass die Nichtigkeit lediglich zum Wegfall vertraglicher Primär- und Sekundärrechte führt; sie führt aber keineswegs zur völligen Schutzlosigkeit der Vertragsparteien. Gesetzliche Ansprüche bleiben von der Nichtigkeitsfolge des § 134 vielmehr unberührt. Zu prüfen bleibt insbesondere, ob sich das Verhalten einer Vertragspartei als vorsätzliche sittenwidrige Schädigung i.S. des § 826 zu Lasten des anderen Teils darstellt. Auf diese Weise sind die Parteien zumindest dagegen geschützt, dass eine Partei die Nichtigkeit des Vertrages einseitig zu ihren Gunsten ausnutzt und sich dadurch zusätzliche Vorteile verschafft. Einer Einschränkung des § 134 durch § 242 bedarf es auch hier nicht.

D. Ansprüche aus Schuldverhältnis i.S. der §§ 311 II, 241 II

Im Zuge der Schuldrechtsreform wurde das bislang auf gewohnheitsrechtlicher Anerkennung beruhende Rechtsinstitut der culpa in contrahendo[576] (im Folgenden: c.i.c.) in § 311 II verankert. § 311 II beinhaltet allerdings keine Anspruchsgrundlage für Schadensersatzansprüche wegen der Verletzung vorvertraglicher Pflichten[577], sondern beschränkt sich auf die Anerkennung eines Schuldverhält-

---

[576] Die Aufnahme von Vertragsverhandlungen begründet ein gesetzliches Schuldverhältnis, welches vom tatsächlichen Zustandekommen eines Vertrags und seiner Wirksamkeit weitgehend unabhängig ist, und welches die Parteien zur gegenseitigen Rücksichtnahme und zu loyalem Verhalten verpflichtet, siehe *BGH*, Urt. v. 6.4.2001 – V ZR 394/99 (Karlsruhe) = NJW 2001, S. 2875 (2876), m.w.N. Auch der Gesetzgeber hat das Rechtsinstitut der c.i.c. schon vor der Schuldrechtsreform in § 11 Nr. 7 AGB-Gesetz (Gesetz zur Regelung des Rechts der allgemeinen Geschäftsbedingungen vom 9.12.1976, BGBl. I, S. 3317) als selbstverständlich vorausgesetzt, vgl. Palandt/*Heinrichs* § 311 Rn. 11 m.w.N.

[577] Hinsichtlich der von beiden Teilen zu beachtenden Pflichten verweist § 311 II auf § 241 II. Nach § 241 II kann das Rechtsverhältnis jeden Teil zur Rücksicht auf die Rechte, Rechtsgüter und Interessen des anderen Teils verpflichten. Durch die Vertragsanbahnung entsteht somit ein gesetzliches Schuldverhältnis mit Schutz- und Obhutspflichten.

nisses durch geschäftlichen Kontakt[578], welches die Beteiligten nach § 241 II zur gegenseitigen Rücksichtnahme auf die Rechte, Rechtsgüter und Interessen des anderen Teils verpflichtet[579]. Die schuldhafte Verletzung einer Pflicht aus §§ 311 II, 241 II[580] löst – entsprechend der Konzeption der Schuldrechtsreform, das Leistungsstörungsrecht zu vereinheitlichen – Schadensersatzansprüche nach § 280 I, der allgemeinen Schadensersatznorm für Pflichtverletzungen im Schuldverhältnis, aus[581]. Nach den allgemeinen Regeln des Schadensersatzrechts (§§ 249 ff.)[582] ist der Geschädigte so zu stellen, wie er stünde, wenn das schadensstiftende Ereignis nicht eingetreten wäre[583]. Der Umfang des Ersatzanspruches ist dabei keineswegs auf das sog. negative Interesse beschränkt; kann der Geschädigte nachweisen, dass der Vertrag bei pflichtgemäßem Verhalten des anderen Teils wirksam oder zu anderen Bedingungen zustande gekommen wäre, so kann er auch das Erfüllungsinteresse aus dem nicht zustande gekommenen Vertrag verlangen[584].

Neben der Verankerung der c.i.c. im BGB bezweckte der Gesetzgeber mit § 311 II auch eine Konturierung dieses Rechtsinstituts[585]. Sachliche Änderungen zur bestehenden Rechtslage waren indessen nicht beabsichtigt[586]. Daher haben die von Rechtsprechung und Schrifttum anerkannten Fallgruppen der c.i.c. auch weiterhin Gültigkeit[587]. Im Rahmen von Schwarzarbeitsverträgen sind vor allem zwei Fallgruppen der c.i.c. denkbar, die hier näher untersucht werden sollen: die Haftung auf Schadensersatz wegen des Nichtzustandekommens eines wirksamen Vertrages (I.) und die Haftung wegen der Verletzung von Schutzpflichten in Bezug auf Körper, Gesundheit und Eigentum (II.).

---

[578] § 311 II bestimmt, dass ein Schuldverhältnis mit Pflichten nach § 241 II auch durch die Aufnahme von Vertragsverhandlungen, die Anbahnung eines Vertrags oder ähnliche geschäftliche Kontakte entstehen kann. Der geschäftliche Kontakt bildet den Oberbegriff und gleichsam die Abgrenzung zu den nicht von § 311 II erfassten sozialen Kontakten, *Lorenz/Riehm,* Lehrbuch zum neuen Schuldrecht, Rn. 369 f.

[579] Es begründet somit keine primären Leistungspflichten.

[580] Der durch das Wort „kann" in § 241 II zum Ausdruck gebrachte Vorbehalt gilt für § 311 II nicht; die in § 241 II genannten Pflichten bestehen daher in jedem Fall. Denkbar ist aber eine Konkretisierung der Pflichten anhand der Art des geschäftlichen Kontakts.

[581] Dagegen ist eine Anwendung der §§ 280 I, 3; 282 – Schadensersatz statt der Leistung – mangels primärer Leistungspflichten aus § 311 II ausgeschlossen, BT-Drs. 14/7052; *Lorenz/Riehm,* Lehrbuch zum neuen Schuldrecht, Rn. 378.

[582] *Lorenz,* NJW 1999, S. 1001; *ders./Riehm,* Lehrbuch zum neuen Schuldrecht, Rn. 378.

[583] *Lorenz/Riehm,* Lehrbuch zum neuen Schuldrecht, Rn. 378.

[584] *BGH,* Urt. v. 24.6.1998 – XII ZR 126/96 (Celle) = NJW 1998, S. 2900 (2901); NJW 2001, S. 2875 f.; *Lorenz,* NJW 1999, S. 1001 f.; *ders./Riehm,* Lehrbuch zum neuen Schuldrecht, Rn. 378.

[585] BT-Drs. 14/6040, S. 162; *Lorenz/Riehm,* Lehrbuch zum neuen Schuldrecht, Rn. 366.

[586] BT-Drs. 14/6040, S. 162; *Lorenz/Riehm,* Lehrbuch zum neuen Schuldrecht, Rn. 366.

[587] *Lorenz/Riehm,* Lehrbuch zum neuen Schuldrecht, Rn. 379.

116

I. Schadensersatzansprüche wegen Nichtzustandekommens eines wirksamen Vertrags

Das Nichtzustandekommen eines Vertrages kann zur Haftung auf Schadensersatz aus § 280 I wegen Verschulden bei Vertragsanbahnung führen[588]. Zu dieser Fallgruppe gehört neben der Haftung für den Abbruch von Vertragsverhandlungen auch der Fall, dass die Parteien einen unwirksamen Vertrag schließen[589]. Die zuletzt genannte Fallgruppe kommt für die hier zu behandelnden Schwarzarbeitsverträge in Betracht, die wegen des beiderseitigen Verstoßes gegen das SchwarzArbG (a.F.) nach § 134 nichtig sind.

Anknüpfungspunkt für die Pflichtverletzung (§ 280 I) kann entweder die von einer Partei zu vertretende (§ 276)[590], unterlassene oder mangelhafte Aufklärung über das Wirksamkeitshindernis sein, aber auch die von einer Partei zu vertretende Herbeiführung der Unwirksamkeit des Vertrages[591]. Voraussetzung einer Haftung wegen eines Verschuldens bei der Vertragsanbahnung ist somit in beiden Fällen, dass die Unwirksamkeit des Vertrages auf einem Wirksamkeitshindernis beruht, das aus der Sphäre einer Vertragpartei stammt. Demgegenüber besteht grundsätzlich kein Anspruch aus Verschulden bei der Vertragsanbahnung, wenn es sich um ein Wirksamkeitshindernis handelt, das nicht der Sphäre einer Vertragspartei zuzurechnen ist[592].

Tritt die Nichtigkeit des Schwarzarbeitsvertrages gemäß § 134 infolge eines beiderseitigen Verstoßes gegen § 1 II Nr. 3 – 5 bzw. § 8 I SchwarzArbG (§§ 1 I, 2 I SchwarzArbG a.F.) ein, so ist das Wirksamkeitshindernis beiden Vertragsparteien gleichermaßen zuzurechnen. Die Unwirksamkeit des Vertrages ist mithin nicht auf das Verhalten nur einer Partei zurückzuführen. Da der Gesetzesverstoß beiden Vertragsparteien gleichermaßen bekannt ist, kann auch keine der Vertragsparteien von der Gegenseite eine Aufklärung über die Unwirksamkeitsgründe verlangen. Daher kommt eine Haftung aus § 280 I i.V.m. §§ 311 II, 241 II wegen des Abschlusses eines unwirksamen Vertrages nicht in Betracht[593].

---

[588] Palandt/*Heinrichs* § 311 Rn. 41.
[589] *Lorenz/Riehm,* Lehrbuch zum neuen Schuldrecht, Rn. 380.
[590] Für die Beweislast gilt § 280 I 2, siehe Palandt/*Heinrichs,* § 311 Rn. 22.
[591] BGHZ 18, S. 248 (252); *Lorenz/Riehm,* Lehrbuch zum neuen Schuldrecht, Rn. 380.
[592] BGHZ 116, S. 257; Palandt/*Heinrichs* § 311 Rn. 41, m.w.N.
[593] Eine Haftung käme daher nur bei einseitigen Verstößen in Betracht, wenn und soweit diese zur Nichtigkeit nach § 134 führten. Hier sind aber wiederum die Fälle auszuscheiden, in denen die andere Partei zwar nicht selbst gegen das gesetzliche Verbot verstößt, aber vom Verstoß des anderen Teils Kenntnis hat. In solchen Fällen scheidet nach richtiger Auffassung schon die Verletzung einer Aufklärungspflicht hinsichtlich der dem anderen Teil bekannten Umstände aus.

II. Schadensersatzansprüche wegen der Verletzung von Schutzpflichten

Eine weitere im Rahmen der c.i.c. anerkannte Fallgruppe ist die Haftung wegen der Verletzung von Schutzpflichten[594]. Hierbei handelt es sich um eine deliktsähnliche Haftung, die sich gemäß § 241 II über die in § 823 I geschützten absoluten Rechte wie Körper, Gesundheit und Eigentum hinaus auch auf andere Rechte, Rechtsgüter und Interessen erstreckt[595]; zudem haftet der Schuldner nach § 278 ohne Exkulpationsmöglichkeit nach § 831 I 2 für das Verschulden von Hilfspersonen[596]. Schwarzarbeiter und Auftraggeber haften daher gemäß § 280 I i.V.m. §§ 311 II, 241 II auch dann für vorsätzliche oder fahrlässige Verletzungen insbesondere von Körper und Eigentum, aber auch sonstige Rechte, Rechtsgüter oder Interessen des anderen Teils, wenn ein wirksamer Vertrag wegen § 134 nicht zustande gekommen ist.

Fraglich ist jedoch, ob das gesetzliche Schuldverhältnis aus § 311 II nur für den Zeitraum zwischen Vertragsanbahnung und Vertragsabschluss besteht. Pflichtverletzungen, die dem Vertragsschluss zeitlich nachfolgen, wären in diesem Fall nicht von §§ 280, 311 II erfasst. Vor der Schuldrechtsreform hat das Schrifttum eine solche Differenzierung vorgenommen: Demnach führte nur die Verletzung vorvertraglicher Pflichten zu einer Haftung aus c.i.c., Pflichtverletzungen im Abwicklungsstadium führten demgegenüber zu einer Haftung nach Gewährleistungsrecht und p.F.V.; bei Pflichtverletzungen im Zuge der Abwicklung nichtiger Verträge wurde eine Haftung aus „p.F.V. des nichtigen Vertrages" bzw. eines Schutzpflichtverhältnisses angenommen[597]. Nunmehr bildet § 311 II den Anknüpfungspunkt einer Haftung aus § 280 I. § 311 II ist keine Beschränkung auf vorvertragliche Pflichtverletzungen zu entnehmen. Das gesetzliche Schuldverhältnis des § 311 II besteht daher jedenfalls für die Dauer des geschäftlichen Kontakts, solange kein wirksamer Vertrag zwischen den Parteien vorliegt. Somit sind auch Schäden bei der Durchführung des nichtigen Vertrages nach § 280 I i.V.m. §§ 311 II, 241 II im Grundsatz ersatzfähig.

Nach § 280 I richtet sich der Anspruch auf Ersatz des durch die Pflichtverletzung entstandenen Schadens. Der Geschädigte ist so zu stellen, wie er ohne die Pflichtverletzung stünde. Da § 241 II neben absoluten Rechtsgütern auch den Schutz von Rechten und Interessen gewährt, fragt sich, ob auch das Erfüllungsinteresse des Auftraggebers bei mangelhaften Werkleistungen des Schwarzarbeiters nach § 280 I geschützt ist. Anlass zu dieser Frage gibt die Überlegung, dass der Auftraggeber bei ordnungsgemäßer Leistung des Schwarzarbeiters auch das (mangelfreie) Werk erhalten hätte. Allerdings ist das Erfüllungsinteresse

---

[594] So schon RGZ 78, S. 239 im „Linoleumrollen-Fall".

[595] Palandt/*Heinrichs* § 311 Rn. 21.

[596] Palandt/*Heinrichs* § 311 Rn. 22; *Lorenz/Riehm,* Lehrbuch zum neuen Schuldrecht, Rn. 384.

[597] Str., vgl. Palandt/*Heinrichs*[61], § 276 Rn. 106 und Einl v § 241 Rn. 8.

aufgrund der Nichtigkeit des Schwarzarbeitsvertrages rechtlich nicht geschützt. Infolgedessen scheidet insoweit auch eine Schutzpflichtverletzung aus. Der Schutz aus § 241 II beschränkt sich somit auf Schäden an Körper, Gesundheit und Eigentum des Auftraggebers und des Schwarzarbeiters.

III. Mitverschulden, § 254 I

Verursacht der Schwarzarbeiter bei der Ausführung der übernommenen Tätigkeiten einen Schaden an den Rechtsgütern des Auftraggebers, ist umstritten, ob sich der Auftraggeber ein Mitverschulden gemäß § 254 I schon deshalb anrechnen lassen muss, weil er bewusst einen Schwarzarbeiter mit der Ausführung der Tätigkeiten beauftragte.

1. Rechtsprechung

Nach Ansicht des *BGH* ist der Umstand, dass der Beauftragte ein Schwarzarbeiter i.s. des § 1 I Nr. 2 und 3 SchwarzArbG a.F. (§ 1 II Nr. 4 und 5 SchwarzArbG) ist, für die Beurteilung des Mitverschuldens gemäß § 254 I „überhaupt ohne Bedeutung"; entscheidend sei allein die Fachkompetenz, über die auch ein Schwarzarbeiter verfügen könne[598]. Allerdings könne ein Mitverschulden i.S. von § 254 I auch darin bestehen, dass der Geschädigte dem Schädiger, von dessen Fachkompetenz er nicht überzeugt sein konnte, eine erkennbar gefahrenträchtige Einwirkungsmöglichkeit auf eines seiner Rechtsgüter gestatte[599]. Auszugehen sei von dem Grundsatz, dass derjenige, der die Erledigung von Arbeiten übernehme, in aller Regel gegenüber dem Auftraggeber die alleinige Verantwortung für die Folgen seiner Tätigkeit trage. In Ausnahmefällen könne der Auftraggeber aber in einen nach § 254 I beachtlichen Selbstwiderspruch geraten, wenn er vom Beauftragten den vollen Ersatz eines Schadens verlange, den der Beauftragte bei der Erledigung des Auftrags verursacht habe. Ein solcher Ausnahmefall liege vor, wenn dem Auftraggeber bekannt gewesen sei, dass die Arbeiten mit besonderen Gefahren verbunden seien, die nur ein Fachmann erkennen und beherrschen könne, und wenn ihm bewusst gewesen sei oder hätte sein müssen, dass der Beauftragte nicht über die erforderliche Fachkompetenz verfüge, also überfordert sei. In diesem Fall sei es dem Auftraggeber nach § 254 I

---

[598] *BGH*, Urt. v. 2.10.1990 - VI ZR 14/90 (*OLG Schleswig*) = NJW 1991, S. 165 f. = JZ 1991, S. 99 = DB 1991, S. 223 f. = MDR 1991, S. 325 f. = GewArch 1991, S. 199 = BB 1991, S. 652 = ZIP 1990, S. 1481 ff. = VersR 1990, S. 1362 f. = ZfBR 1991, 160 f. = LM Nr. 58 zu BGB § 254 (Da) = BGHWarn 1990, Nr. 636 = EWiR § 254 1/91, S. 27 f. (m. Anm. *Tiedtke*); *BGH* Urt. v. 12.1.1993 - X ZR 87/91.

[599] *BGH*, Urt. v. 13.1.1967 - VI ZR 86/65 – VersR. 1967, S. 379; Urt. v. 2.7.1985 - VI ZR 68/84 = VersR 1985, S. 965; Urt. v. 29.5.1988 - VI ZR 311/87 = VersR 1988, S. 570; Urt. v. 13.12.1973 - VII ZR 89/71 = WM 1974, S. 311 (312).

verwehrt, den Beauftragten voll für die Folgen von Sorgfaltsmängeln verant-
wortlich zu machen, die er durch die Beauftragung selbst mitprovoziert habe.

Auch nach Auffassung des *OLG Celle*[600] besteht kein „Erfahrungssatz dahingehend, daß Schwarzarbeiter schlechtere Arbeit leisten als eingetragene Handwerksbetriebe".

2. Schrifttum

Die Ansicht des *BGH* ist im Schrifttum sowohl auf Zustimmung[601] als auch auf
Kritik gestoßen. *Tiedtke* lehnt die Auffassung des *BGH* als „zu rigoros" ab[602].
Dem Umstand, dass der Auftraggeber einen Schwarzarbeiter beauftragt habe,
könne nicht jede Bedeutung abgesprochen werden[603]. Mit *Lange*[604] sieht er in
der Beauftragung eines Schwarzarbeiters zumindest dann ein Mitverschulden
i.S. von § 254 I, wenn der Auftraggeber die Eignung des Beauftragten nicht
überprüft habe oder diesbezüglich Anlass zu Zweifeln bestanden habe[605]. Im
Schrifttum wird aber auch die Auffassung vertreten, schon die (bewusste[606]) Beauftragung eines Schwarzarbeiters begründe ohne weiteres ein Mitverschulden
i.S. von § 254 I[607].

3. Stellungnahme

Anhand der Schutzzwecke des SchwarzArbG (a.F.) lässt sich die Frage des Mitverschuldens nicht beantworten: Einerseits führt die Annahme eines Mitverschuldens aufgrund der bewussten Beauftragung des Schwarzarbeiters zwar zu
einer mit Blick auf § 1 II Nr. 5 bzw. § 8 I Nr. 1 lit. e) SchwarzArbG (§ 1 I Nr. 3
SchwarzArbG a.F.) – Schutz des Handwerks – bedenklichen Privilegierung von
Schwarzarbeitern im Verhältnis zu ordnungsgemäß eingetragenen Handwerkern;
denn während ordnungsgemäß eingetragene Handwerker die alleinige Verantwortung für die Folgen ihrer Tätigkeit tragen, wäre die Haftung des Schwarzarbeiters von vornherein um den Mitverschuldensanteil des Auftraggebers gemin-
dert. Andererseits könnte eine Mithaftung aus § 254 den Auftraggeber mögli-

---

[600] *OLG Celle*, Urt. v. 18.10.1972 – 9 U 76/70 = JZ 1973, S. 246 ff. – in dieser Entscheidung
verstieß der Beklagte gegen § 1 I SchwarzArbG a.F., während ein Verstoß des Klägers mangels „Gewinnsucht" verneint wurde.
[601] Münch-KommBGB/*Oetker* § 254 Rn. 53.
[602] *Tiedtke*, EWiR § 254 BGB 1/91, S. 27 (28).
[603] *Tiedtke*, EWiR § 254 BGB 1/91, S. 27 (28).
[604] *Lange/Schiemann*, Schadensersatz, § 10 IX 1, S. 572.
[605] *Tiedtke*, EWiR § 254 BGB 1/91, S. 27 (28).
[606] Nach *Benöhr*, NJW 1975, S. 1970 (1971), scheidet ein Anspruch des Auftraggebers gegen
den Schwarzarbeiter aus, wenn der Auftraggeber selbst den Tatbestand des SchwarzArbG a.F.
erfüllt oder wissentlich einen Schwarzarbeiter beschäftigt.
[607] Palandt/*Heinrichs* § 254 Rn. 16.

cherweise dazu veranlassen, von einer Beauftragung von Schwarzarbeitern ab-
zusehen und den Auftrag stattdessen an ordnungsgemäß eingetragene Handwerker zu vergeben. Der Gedanke des Schutzes des Auftraggebers vor minderwertigen Leistungen spricht wiederum gegen eine Mithaftung, kommt indessen bei
beiderseitigen bewussten Verstößen gegen das SchwarzArbG (a.f.) von vornherein nicht zum Tragen (s.o.). Der Schutzzweck des SchwarzArbG (a.f.) lässt
daher auch in dieser Frage beide Lösungen zu.

Der Grundsatz, dass derjenige, der die Erledigung von Arbeiten übernimmt, gegenüber dem Auftraggeber in aller Regel die alleinige Verantwortung für die
Folgen seiner Tätigkeit trägt, gilt ohne Zweifel bei Redlichkeit des Auftraggebers: da die fachgerechte Ausführung der Werkleistungen zu den vertraglichen
Hauptpflichten des Unternehmers gehört[608], darf der redliche Auftraggeber hier
ohne weiteres darauf vertrauen, dass der Beauftragte über die zur Ausführung
des Auftrags erforderliche Befähigung verfügt; umgekehrt darf derjenige, der
sich durch die Annahme des Auftrages eine solche Befähigung anmaßt, nicht
mit dem Einwand gehört werden, bei der Ausführung des Auftrags nicht hinreichend kontrolliert worden zu sein. Ob dieser Grundsatz jedoch auch bei der bewussten Beauftragung eines Schwarzarbeiters nach § 1 II Nr. 5 SchwarzArbG
(§ 1 I Nr. 3 SchwarzArbG a.F.) gilt, ist zweifelhaft, da ein wirksamer Vertrag,
der den Schwarzarbeiter zur fachgerechten Ausführung der Werkleistungen verpflichtet, in diesem Fall nicht besteht. Allerdings ist der Auftragnehmer auch
nach §§ 311 II, 241 II zum Schutz der Rechte und Interessen des Auftraggebers
verpflichtet; der Grundsatz, dass der Auftragnehmer die alleinige Verantwortung
für die Folgen seiner Tätigkeit trägt, gilt insoweit auch ohne wirksamen Vertrag.

Gleichwohl kann dem Umstand, dass der Auftraggeber weiss, dass der Auftragnehmer nicht in der Handwerksrolle eingetragen und deshalb zur Ausübung der
Tätigkeit nicht befugt ist, nicht jede Bedeutung abgesprochen werden. Zwar besteht zwischen der Nichteintragung in der Handwerksrolle und dem Schaden des
Auftraggebers nur ein mittelbarer Zusammenhang, da die Schädigung des Auftraggebers primär eine Folge mangelhafter Werkleistungen ist, die nicht auf die
fehlende Handwerksrolleneintragung, sondern vielmehr auf die fehlende Fachkompetenz des Auftragnehmers zurückzuführen ist. Die Eintragung in der
Handwerksrolle bietet jedoch aufgrund des vorausgesetzten Befähigungsnach-
weises eine Gewähr dafür, dass der Handwerker über die zur Ausübung des
Handwerks erforderliche berufliche Qualifikation und damit auch das nötige
Fachwissen verfügt. Dies gilt umso mehr, als die Handwerksrollenpflicht durch
die Reform der Handwerksordnung auf Handwerke beschränkt wurde, von denen bei unsachgemäßer Ausübung besondere Gefahren ausgehen. Damit will die
neue Handwerksordnung (auch) sicherstellen, dass Arbeiten, die mit besonderen

---

[608] Palandt/*Sprau* § 631 Rn. 12.

Gefahren verbunden sind, nur vom Fachmann ausgeführt werden, der diese Gefahren aufgrund seiner erworbenen Fachkenntnisse erkennen und beherrschen kann. Zwar können auch nicht eingetragene Handwerker in Einzelfällen über diese Kenntnisse verfügen und deshalb zur fachgerechten Ausführung solcher Tätigkeiten in der Lage sein; aus der fehlenden Eintragung in der Handwerksrolle kann daher nicht ohne weiteres auf eine mangelnde Fachkompetenz geschlossen werden. Gleichwohl besteht für den Auftraggeber unter diesen Umständen grundsätzlich Anlass, an der Eignung des Auftragnehmers zu zweifeln; der Auftraggeber darf in einem solchen Fall nicht ohne weiteres darauf vertrauen, dass der Auftragnehmer über die nötigen Fachkenntnisse verfügt.

Im Ergebnis ist daher ein Mitverschulden i.S. von § 254 I gegeben, wenn der Auftraggeber bewusst einen Schwarzarbeiter i.S. des § 1 I Nr. 3 – 5 bzw. § 8 I Nr. 1 SchwarzArbG (§ 1 I SchwarzArbG a.F.) oder § 1 II Nr. 1 SchwarzArbG beauftragt *und* Anlass bestand, an dessen Fachkompetenz zu zweifeln. Bei Verstößen gegen §§ 1 II Nr. 5 bzw. 8 I Nr. 1 lit. e) SchwarzArbG (§ 1 I Nr. 3 SchwarzArbG a.F.) ist dies regelmäßig anzunehmen, sofern nicht besondere Umstände *für* die Fachkompetenz des Schwarzarbeiters sprechen; handelt es sich demgegenüber um eine von der Eintragungspflicht des § 1 HwO ausgenommene Tätigkeit, darf der Auftraggeber regelmäßig davon ausgehen, dass der Auftragnehmer zur Ausführung dieser Tätigkeiten in der Lage ist.

IV. Haftungsausschluss, Haftungsbegrenzung

Mit Fragen des Haftungsausschlusses bzw. der Haftungsbegrenzung befasst sich die oben[609] zitierte Entscheidung des *OLG Celle*[610]. Dort ging es – vereinfacht – um die Regressforderung einer Auftraggeberin gegen einen Elektriker-Gesellen, der in Schwarzarbeit im Ladenlokal der Auftraggeberin Deckenleuchten montiert hatte, die infolge mangelhafter Befestigung nach wenigen Wochen herabstürzten und dabei mehrere Kunden der Auftraggeberin schwer verletzten. Übertrage, so das Gericht, ein Auftraggeber handwerkliche Tätigkeiten zur schnelleren und billigeren Erledigung an Schwarzarbeiter und komme es infolge fehlerhafter Ausführung zu einem erheblichen Schaden, so sei der Schwarzarbeiter nicht in jedem Falle mit dem gesamten Schaden zu belasten. Auch wenn dem Auftraggeber nicht schon deshalb ein Vorwurf zu machen sei, weil er sich überhaupt eines Schwarzarbeiters bedient habe und ihn auch kein Auswahlverschulden treffe und auch eine Anwendung der im Arbeitsrecht entwickelten Grundsätze der Haftungsminderung wegen gefahrengeneigter Tätigkeit nicht in Betracht komme, könnten Billigkeitsgrundsätze es ausnahmsweise erfordern, das Risiko zwischen Auftraggeber und Auftragnehmer in angemessener Weise zu verteilen und die Haftung des Auftragnehmers quoten- oder summenmäßig

---

[609] Zweiter Teil, D. III. 1.
[610] *OLG Celle*, Urt. v. 18.10.1972 – 9 U 76/70 = JZ 1973, S. 246 ff.

zu begrenzen, insbesondere wenn ein erheblicher Schaden entstanden sei und es dem Auftraggeber unter Berücksichtigung seiner wirtschaftlichen Lage, insbesondere eines ihm zuteil werdenden Versicherungsschutzes, im Vergleich zu der sozial und wirtschaftlich schwächeren Stellung des Auftragnehmers zugemutet werden dürfe, einen Teil des Schadens selbst zu tragen. Dass der Schwarzarbeiter eine volkswirtschaftlich unerwünschte, verbotene und unter Umständen strafbare Tätigkeit entfalte, stehe dem nicht entgegen, da sich der Auftraggeber zu seinem Vorteil die Schwarzarbeit zunutze mache und zudem in Kauf genommen habe, statt eines eingetragenen Handwerksbetriebes einen in aller Regel wirtschaftlich schwächeren Auftragnehmer, der im Gegensatz zu den meisten Betrieben über keinen Versicherungsschutz verfüge, in Anspruch zu nehmen[611].

Nach der hier vertretenen Auffassung scheidet ein Mitverschulden nach § 254 aus: zwar bestand für die Klägerin aufgrund der ihr bekannten, fehlenden Befugnis des Beklagten zur Handwerksausübung grundsätzlich Anlass, an dessen Fachkompetenz zu zweifeln; aufgrund der Ausbildung des Beklagten zum Elektriker-Gesellen durfte die Klägerin indes davon ausgehen, dass dieser zur fachgerechten Montage der Deckenleuchten in der Lage ist[612]. Eine Anwendung der im Arbeitsrecht entwickelten Grundsätze der Haftungsminderung wäre zwar insoweit denkbar, als die neuere arbeitsgerichtliche Rechtsprechung diese auf alle betrieblich veranlassten Tätigkeiten ausdehnt[613], scheitert jedoch an der bei Verstößen gegen § 1 I Nr. 2 und 3 SchwarzArbG a.F. (§ 1 II Nr. 4 und 5 SchwarzArbG) vorausgesetzen selbständigen Tätigkeit[614].

Zu überlegen bleibt, ob die Parteien möglicherweise einen stillschweigenden Haftungsausschluss vereinbart haben. Das *OLG Celle* sieht für einen derartigen Haftungsausschluss keine konkreten Anhaltspunkte[615]. Demgegenüber enthält der „typische Schwarzarbeitsvertrag" nach Auffassung von *Reuter*[616] einen Gewährleistungsausschluss: Aus Angst vor Aufdeckung der Schwarzarbeit sähen die Vertragsparteien – unabhängig von der Frage der Vertragswirksamkeit – von der Inanspruchnahme gerichtlicher Hilfe zur Durchsetzung von Mängelrügen ab, was bereits den Preis der Leistungen beeinflusse. Dem kann indes nicht gefolgt werden. Vielmehr werden die Parteien bei Vertragsschluss zunächst regelmäßig

---

[611] *OLG Celle*, JZ 1973, S. 246 (248).

[612] Der Umstand, dass hier nur ein einseitiger Verstoß gegen § 1 I SchwarzArbG a.F. vorlag, steht einem Mitverschulden nicht entgegen, da die Klägerin zumindest wusste, dass der Beklagte kein in der Handwerksrolle eingetragener Handwerker war.

[613] BAGE 78, S. 56; *BAG*, NJW 1998, S. 1810 (1811); 1999, S. 966 f.

[614] *Buchner*, in: Münchener Handbuch zum Arbeitsrecht, Bd. 1, § 40 Rn. 61 f. und § 46 Rn. 74. Zu undifferenziert insoweit Palandt/*Heinrichs* § 276 Rn. 41.

[615] *OLG Celle*, JZ 1973, S. 246 (247).

[616] *Reuter*, Zivilrechtliche Probleme der Schwarzarbeit, S. 31 (39 f).

von der reibungslosen Abwicklung des Schwarzarbeitsvertrags ausgehen, ohne die Haftungsfragen zu bedenken. Ohne konkrete Anhaltspunkte ist die Annahme eines konkludenten Haftungsausschlusses daher reine Fiktion; zudem würde ein solcher Haftungsausschluss bei Nichtigkeit des Vertrages ebenfalls von der Nichtigkeitsfolge des § 134 umfasst (Totalnichtigkeit).

Somit verbleibt noch die Möglichkeit einer Haftungsbegrenzung nach § 242. Dass die Schadenshöhe die Grenze der Leistungsfähigkeit des Schädigers bei weitem übersteigt, führt zwar für sich genommen zu keiner Haftungsbeschränkung, denn im Schadensrecht gilt der Grundsatz der Totalreparation[617]; aufgrund des auf Seiten des Auftraggebers bestehenden Versicherungsschutzes erscheint die Berücksichtigung von Billigkeits- und Zumutbarkeitserwägungen über § 242 zum Schutze des Schwarzarbeiters vor existenzvernichtenden Regressforderungen jedoch ausnahmsweise gerechtfertigt. Sinn und Zweck des SchwarzArbG (a.F.) stehen dem nicht entgegen, da bei beiderseitiger Kenntnis der fehlenden Befugnis zur Handwerksausübung keine der Vertragsparteien besonderes schutzwürdig ist.

V. Zusammenfassung

Der faktische geschäftliche Kontakt zwischen Auftraggeber und Schwarzarbeiter begründet ein von der (Un)wirksamkeit des Schwarzarbeitsvertrages unabhängiges gesetzliches Schuldverhältnis gemäß §§ 311 II, 241 II, welches Auftraggeber und Schwarzarbeiter zur gegenseitigen Rücksichtnahme auf Rechte, Rechtsgüter und Interessen des anderen Teils verpflichtet und bei schuldhaften Pflichtverletzungen Schadensersatzansprüche nach § 280 I auslöst.

Bei beiderseitigen, bewussten Verstößen gegen § 1 II Nr. 3 – 5 SchwarzArbG (§§ 1 I, 2 I SchwarzArbG a.F.) und § 1 II Nr. 1 SchwarzArbG beschränkt sich die Haftung auf das Integritätsinteresse der Parteien. Schadensersatzansprüche wegen Nichtzustandekommens eines wirksamen Vertrags bestehen dagegen nicht.

Die Haftung des Schwarzarbeiters gegenüber dem Auftraggeber ist um einen Mitverschuldensanteil i.S. von § 254 I zu mindern, wenn der Auftraggeber bewusst einen Schwarzarbeiter i.S. des § 1 II Nr. 3 – 5 SchwarzArbG (§ 1 I SchwarzArbG a.F.) oder § 1 II Nr. 1 SchwarzArbG beauftragt *und* Anlass bestand, an dessen Fachkompetenz zu zweifeln. Bei Verstößen gegen § 1 II Nr. 5 SchwarzArbG (§ 1 I Nr. 3 SchwarzArbG a.F.) ist dies regelmäßig anzunehmen, sofern nicht besondere Umstände *für* die Fachkompetenz des Schwarzarbeiters sprechen; bei Verstößen gegen § 1 II Nr. 3 und 4 SchwarzArbG (§ 1 I Nr. 1 und

---

[617] Palandt/*Heinrichs* Vorb v § 249 Rn. 6.

2 SchwarzArbG a.F.) und § 1 II Nr. 1 SchwarzArbG darf der Auftraggeber dagegen regelmäßig davon ausgehen, dass der Auftragnehmer zur Ausführung der übernommenen Tätigkeiten in der Lage ist. Ein vertraglicher Haftungsausschluss ist bei beiderseitigen, bewussten Verstößen gegen § 1 II Nr. 3 – 5 SchwarzArbG (§§ 1 I, 2 I SchwarzArbG a.F.) oder § 1 II Nr. 1 SchwarzArbG nach § 134 unwirksam. Bei Arbeitsverhältnissen – und damit lediglich im Rahmen des § 1 II Nr. 1 und 2 SchwarzArbG oder § 1 II Nr. 3 SchwarzArbG (§ 1 I Nr. 1 SchwarzArbG a.f.) – kommt eine Haftungsminderung nach den Grundsätzen der betrieblich veranlassten Tätigkeit in Betracht; in besonderen Ausnahmefällen ist zudem eine Haftungsbegrenzung über § 242 möglich.

E. Ansprüche aus Geschäftsführung ohne Auftrag

Zweifelhaft ist, ob nichtige Schwarzarbeitsverträge nach den Regeln über die Geschäftsführung ohne Auftrag gemäß §§ 677 ff. abgewickelt werden können.

I. Rechtsprechung

In BGHZ 111, S. 308 ff.[618] prüfte der *BGH* – nachdem er zuvor einen vertraglichen Vergütungsanspruch des Schwarzarbeiters wegen § 134 verneint hatte – die Voraussetzungen eines Anspruchs auf Aufwendungsersatz aus berechtigter Geschäftsführung ohne Auftrag gemäß §§ 683, 670. Zwar seien die §§ 677 ff. „in derartigen Fällen grundsätzlich anwendbar"; Aufwendungen aus einer vom Gesetz verbotenen Tätigkeit dürfe der Schwarzarbeiter jedoch nicht „den Umständen nach für erforderlich halten", so dass ein „Vergütungsanspruch" gemäß §§ 683, 670 „schon daher" entfalle[619]. Diese Auffassung vertrat auch das *OLG Oldenburg*[620] in einem Beschluss aus dem Jahre 1978.

II. Schrifttum

Die Anwendbarkeit der Vorschriften über die Geschäftsführung ohne Auftrag wird im Schrifttum überwiegend verneint[621], weil dies zu einer Umgehung der als vorrangig anzusehenden §§ 812 ff. führe. Teilweise[622] wird aber auch – mit

---

[618] *BGH*, Urt. v. 31.5.1990 – VII ZR 336/89 (Köln) = BGHZ 111, S. 308 ff. = NJW 1990, S. 2542 = JR 1991, S. 151 f. m. Anm. *Köhler*.

[619] BGHZ 111, S. 308 (311).

[620] *OLG Oldenburg*, Beschl. v. 24.1.1978 – 8 W 3/78 = GewArch 1978, S. 228 (229).

[621] Entschieden *Kern*, JuS 1993, S. 193 (194): „Dies wird dem Lebenssachverhalt in keiner Weise mehr gerecht"; ebenso *Reuter*, Zivilrechtliche Probleme der Schwarzarbeit, S. 31, 41; *Canaris*, NJW 1985, S. 2403 (2405); *Helf*, S. 125. Nach *Köhler*, JZ 1990, S. 466 (469) und *Voß*, S. 88, gilt dies jedenfalls für den Anspruch auf Aufwendungsersatz nach §§ 683 S. 1, 670 für die aufgrund des nichtigen Vertrags erbrachten Leistungen des Schwarzarbeiters.

[622] *Benöhr*, NJW 1975, S. 1970 (1971); ders., NJW 1973, S. 1286 (1287)[...] 1976, S. 497 (500 f.).

der Rechtsprechung – die Auffassung vertreten, die Vorschriften über die Geschäftsführung ohne Auftrag seien im Falle nichtiger Schwarzarbeitsverträge grundsätzlich anwendbar. Zwar wird auch hier ein Anspruch des Schwarzarbeiters auf Aufwendungsersatz für die von ihm erbrachten Leistungen aus §§ 683, 670 mit der Begründung abgelehnt, der Schwarzarbeiter habe die Aufwendungen wegen des Verbots des § 1 I SchwarzArbG a.F. (§ 1 II Nr. 3 – 5 Schwarz-ArbG) nicht i.s. von § 670 für erforderlich halten dürfen[623]; wegen der grundsätzlichen Anwendbarkeit der §§ 677 ff. seien jedoch Auskunfts- und Rechenschaftspflichten des Schwarzarbeiters gemäß §§ 666, 681 S. 2 denkbar, deren Verletzung zu Schadensersatzansprüchen des Auftraggebers führen könne[624].

III. Stellungnahme

Die Lösung der Rechtsprechung ist nicht frei von Widersprüchen und lässt mehrere Fragen offen. Dass der Schwarzarbeiter seine Tätigkeit nicht für erforderlich halten dürfe, obwohl er sie auf ausdrückliche Bestellung des Auftraggebers ausführt, mag noch damit zu erklären sein, dass die Erforderlichkeit i.S. von § 670 primär nach objektiven Maßstäben (allerdings mit subjektivem Einschlag) zu beurteilen ist[625]. Dass dem Schwarzarbeiter dann jedoch für seine Tätigkeit ein bereicherungsrechtlicher Wertersatzanspruch zustehen soll, vermag im Ergebnis kaum zu überzeugen. Sofern ein Aufwendungsersatzanspruch aus §§ 683 S. 1, 670 lediglich an den Voraussetzungen des § 670 scheitert, während im Übrigen die Voraussetzungen der berechtigten Geschäftsführung ohne Auftrag jedoch vorliegen, stellt sich zudem die Frage, ob die §§ 812 ff. neben den §§ 677 ff. überhaupt zur Anwendung kommen.

Im Übrigen stehen die zitierten Entscheidungen zur Anwendung der §§ 667 ff. bei nichtigen Schwarzarbeitsverträgen mit der ständigen Rechtsprechung des *BGH* im Einklang. Der *BGH* hält die Vorschriften über die Geschäftsführung ohne Auftrag im Falle der Nichtigkeit eines Vertrags wegen eines Verstoßes gegen ein gesetzliches Verbot (oder gegen die guten Sitten) uneingeschränkt für anwendbar, „wenn ihre sonstigen Voraussetzungen gegeben sind"[626]. Der Umstand, dass sich der Geschäftsführer aufgrund des Vertrags zur Leistung ver-

---

[623] *Sonnenschein*, JZ 1976, S. 497 (501); *Marschall*, Rn. 701.
[624] *Benöhr*, NJW 1975, S. 1970 (1971).
[625] *Voß*, S. 87 f.
[626] So ausdrücklich *BGH*, Urt. v. 25.6.1962 – VII ZR 120/61 (Nürnberg) = BGHZ 37, S. 258 (263) m.w.N. St. Rspr. seit RGZ 90, S. 211 (215); 94, S. 131 (134): *BGH*, Urt. v. 25.6.1962 – VII ZR 120/61 (Nürnberg) = BGHZ 37, S. 258 ff. (263 f.) – Verbotene Rechtsberatung; Urt. v. 31.1.1963 – VII ZR 284/61 (Frankfurt a.M.) = BGHZ 39, S. 87 (90) = NJW 1963, S. 950 (951); Urt. v. 31.5.1990 – VII ZR 336/89 (Köln) = BGHZ 111, S. 308 (311) = NJW 1990, S. 2542 = JR 1991, S. 151 (152) m. Anm. *Köhler*; Urt. v. 30.4.1992 – III ZR 151/91 (Düsseldorf) = BGHZ 118, S. 142 (150); NJW-RR 1993, S. 200; NJW 1997, S. 47 ff. – Sittenwidriger Adoptionsvertrag zum Erwerb eines Adelstitels, m.w.N.

pflichte bzw. für verpflichtet halte, stehe dem nicht entgegen[627]; eine derartige Einschränkung ergebe sich weder aus dem Wortlaut noch aus den Sinn des Gesetzes[628]. Dass der Geschäftsführer Aufwendungen, die aus einer vom Gesetz verbotenen Tätigkeit bestanden, nicht „den Umständen nach für erforderlich halten" dürfe i.S. des § 670, entspricht ebenso gefestigter Rechtsprechung[629].

In der Tat bereitet die Subsumtion der Tätigkeit des Schwarzarbeiters unter die recht unbestimmt gefassten Vorschriften der berechtigten Geschäftsführung ohne Auftrag *begrifflich* kaum Schwierigkeiten: Geschäft i.S. des § 677 ist jede Tätigkeit, die im Rahmen eines Dienst- oder Werkvertrags erbracht werden kann. Der Schwarzarbeiter führt dieses Geschäft für den Auftraggeber, mithin „für einen anderen". Infolge der Nichtigkeit des Schwarzarbeitsvertrags handelt der Schwarzarbeiter auch ohne vom Auftraggeber „beauftragt oder ihm gegenüber sonst dazu berechtigt zu sein". Da die Tätigkeit des Schwarzarbeiters in Erfüllung des nichtigen Vertrags erfolgt, entspricht sie ohne Zweifel auch dem Willen des Auftraggebers.

Gleichwohl bestehen gegen eine Anwendung der Vorschriften der Geschäftsführung ohne Auftrag zur Abwicklung verbotswidriger Verträge durchgreifende Bedenken. Ausgangspunkt ist die Überlegung, dass die Rechtsordnung dem zwischen den Parteien geschlossenen Vertrag wegen des Verstoßes gegen das gesetzliche Verbot die rechtliche Anerkennung versagt. Die Anwendung der §§ 677 ff. führt indessen zu einem vertragsähnlichen, gesetzlichen Schuldverhältnis, aus dem sich für beide Parteien Haupt- und Nebenpflichten – und damit korrespondierende Ansprüche – ergeben[630]. So ist der Geschäftsführer verpflichtet, das Geschäft so zu führen, „wie das Interesse des Geschäftsherrn mit Rücksicht auf dessen wirklichen oder mutmaßlichen Willen es erfordert", § 677. Zwar ist er zur Ausführung des Geschäfts grundsätzlich nicht verpflichtet[631]; führt er es jedoch aus, haftet er dem Geschäftsherrn nach § 280 I für von ihm zu vertretende Pflichtverletzungen bei der Ausführung des Geschäfts[632]. So kann z.B. der Abbruch der Geschäftsführung zur Unzeit ein zum Schadensersatz verpflichtendes Ausführungsverschulden darstellen[633]. Nebenpflichten des Geschäftsführers sind vor allem die Auskunfts- und Rechenschaftspflichten nach §§ 681 S. 2, 666, und die Pflicht zur Herausgabe des zur Ausführung des Auf-

---

[627] *BGH*, Urt. v. 31.1.1963 – VII ZR 284/61 (Frankfurt a.M.) = BGHZ 39, S. 87 (90); NJW 1997, S. 47 (48) m.w.N.

[628] *BGH*, Urt. v. 25.6.1962 – VII ZR 120/61 (Nürnberg) = BGHZ 37, S. 258 (263).

[629] BGHZ 37, S. 258 (263 f.); 111, S. 308 (311); 118, S. 142 (150); *BGH* NJW 1997, S. 47 (49).

[630] Palandt/*Sprau* Einf v § 677 Rn. 2.

[631] Umstritten ist dies insbesondere in Fällen sog. „pflichtgebundener Geschäftsführer", die hier aber keine Rolle spielen.

[632] Palandt/*Sprau* § 677 Rn. 15.

[633] Palandt/*Sprau* § 677 Rn. 16.

trags Erhaltenen sowie des aus der Geschäftsbesorgung Erlangten nach §§ 681 S. 2, 667. Auch im Rahmen der Nebenpflichten haftet der Geschäftsführer dem Geschäftsherrn nach § 280 I für von ihm zu vertretende Pflichtverletzungen.

Die Vorschriften der §§ 677 ff. führen demnach zu einem vertragsähnlichen gesetzlichen Schuldverhältnis mit Haupt- und Nebenpflichten, welches über das durch den geschäftlichen Kontakt begründete Schuldverhältnis der §§ 241 II, 311 II weit hinausgeht; unter Umständen kann dies zur (teilweisen) Aufrechterhaltung oder gar Durchführung des nichtigen Vertrags führen[634]: So käme bei Anwendung der §§ 677 ff. in der Festpreisabrede-Entscheidung des *BGH* ein Anspruch der Auftraggeberin gegen den Baubetreuer auf Schadensersatz nach § 280 I wegen Verletzung der Rechenschaftspflicht in Betracht, weil der Baubetreuer keinen detaillierten Nachweis über die Verwendung der ihm von Seiten der Klägerin zum Bau überlassenen Gelder führen konnte. Unter Umständen käme auch ein Anspruch auf Herausgabe des dem Baubetreuer zum Zwecke der Begleichung von Materialrechnungen überlassenen Geldes gemäß §§ 681 S. 2, 667 Alt. 1 in Betracht, soweit diese Gelder noch beim Geschäftsführer vorhanden waren oder nicht zu dem vorgesehenen Zweck verwendet wurden (wobei dem Geschäftsführer die Beweislast für die bestimmungsgemäße Verwendung der Mittel obläge)[635]. Die Frage der bestimmungsgemäßen Verwendung wäre – der Ansicht des *BGH* konsequent folgend – nach Maßgabe des nichtigen Vertrags zu beurteilen; auch dies führt nach Auffassung des *BGH* nicht zu einer rechtlichen Anerkennung des nichtigen Vertrages (weil Ansprüche auf Durchführung des nichtigen Vertrags nicht bestehen), „sondern nur zu einer angemessenen Risikoverteilung unter den Parteien des nichtigen Auftrags- bzw. Geschäftsbesorgungsvertrags bei der internen ‚Abwicklung' des Geschäfts, die zu verhindern auch bei gesetzes- oder sittenwidrigen Geschäften kein Bedürfnis besteht"[636]. Wie weit diese Rechtsprechung jedoch führen kann, zeigt ein Urteil des *OLG Stuttgart*[637], bei dem es – vereinfacht – um die Rückabwicklung eines gescheiterten „Titelkaufs", genauer: eines Vertrags über die Verschaffung eines akademischen Titels gegen Entgelt, ging: Zwecks Verschaffung des Titels „Dr. h.c." leitete der Beklagte einen größeren Geldbetrag, den ihm der Kläger zu diesem Zweck übergeben hatte, an einen Dritten weiter, der dem Kläger den Titel verschaffen sollte. Das *OLG Stuttgart* bejahte einen Anspruch des Klägers gegen den Beklagten auf Schadensersatz nach § 280 I wegen verschuldeter Un-

[634] Noch weitergehend *Einsele*, JuS 1998, S. 401 (403).
[635] So im Ergebnis auch *BGH*, NJW 1997, S. 47 (48) m.w.N., der den Anspruch auch im Falle zweckwidriger Verwendung des zur Ausführung des Auftrags Erhaltenen auf § 667 Alt. 1 stützt. Hierbei dürfte es sich freilich nicht mehr um einen Anspruch aus §§ 681 S. 2, 667 Alt. 1, sondern vielmehr um einen Anspruch auf Schadensersatz nach § 280 I handeln, insoweit richtig *OLG Stuttgart*, NJW 1996, S. 665 (666).
[636] *BGH*, NJW 1997, S. 47 (48) m.w.N.
[637] *OLG Stuttgart*, NJW 1996, S. 665 (666).

möglichkeit der Herausgabe nach §§ 681 S. 2, 667 Alt. 1, weil der Beklagte die bei Durchführung des Auftrags notwendigen Sicherungsvorkehrungen nicht eingehalten habe: Weil der Beklagte habe erkennen können und müssen, dass das vom Kläger beabsichtigte Geschäft sittenwidrig und daher risikoreich sei, habe er das Geld nicht weiterleiten dürfen. Bei einer solchen Argumentation kann kaum mehr zwischen der Verletzung von Vertragspflichten und solchen aus Geschäftsführung ohne Auftrag differenziert werden.

Die Anwendung der Vorschriften der Geschäftsführung ohne Auftrag führt aber auch zu Widersprüchen in Bezug auf Sinn und Zweck des gesetzlichen Verbots: Zwar bestünde bei Annahme einer berechtigten Geschäftsführung ohne Auftrag kein Anspruch des Auftraggebers gegen den Schwarzarbeiter auf Erbringung der verbotenen Leistung; gleichwohl wäre der Schwarzarbeiter verpflichtet, das Geschäft so zu führen, wie das Interesse des Auftraggebers mit Rücksicht auf dessen wirklichen oder mutmaßlichen Willen es erfordert (§ 677). Nach § 1 II Nr. 3 – 5 SchwarzArbG (§ 1 I SchwarzArbG a.F.) und § 1 II Nr. 1 SchwarzArbG kann eine solche Pflicht indessen nicht bestehen; vielmehr ist dem Schwarzarbeiter die Erbringung der Dienst- oder Werkleistungen generell untersagt. Die Annahme eines vertragsähnlichen gesetzlichen Schuldverhältnisses steht daher im Widerspruch zur Missbilligung des Rechtsgeschäfts durch das gesetzliche Verbot.

Das durch die Geschäftsführung ohne Auftrag entstehende gesetzliche Schuldverhältnis schlägt zudem auch auf die bereicherungsrechtliche Ebene durch: Hält man die §§ 677 ff. mit der Rechtsprechung und Teilen des Schrifttums in derartigen Fällen für „grundsätzlich anwendbar", so ist eine Anwendung des Bereicherungsrechts weitgehend ausgeschlossen, weil die berechtigte Geschäftsführung ohne Auftrag, solange sich der Geschäftsführer in ihrem Rahmen hält, den rechtlichen Grund für Leistungen und Eingriffe darstellt[638]. Für eine Anwendung des Bereicherungsrechts verbleiben im Rahmen der berechtigten Geschäftsführung ohne Auftrag nur die Fälle des § 682 – Haftung des Geschäftsführers bei fehlender Geschäftsfähigkeit – und solche, in denen der Geschäftsführer den Rahmen der berechtigten Geschäftsführung ohne Auftrag überschreitet. Dadurch laufen die speziellen Regelungen des BGB zur Rückabwicklung rechtsgrundlos erbrachter Leistungen weitgehend leer, zudem besteht die Gefahr einer Umgehung der Ausschlusstatbestände der §§ 814, 817 S. 2 und des 818 III. Wenn Teile des Schrifttums dem durch eine analoge Anwendung bereicherungsrechtlicher Vorschriften – insbesondere des § 817 S. 2, den der *BGH* im Bereich der §§ 677 ff. allerdings für nicht anwendbar hält[639] – begegnen wollen, erscheint dies wenig konsequent; schlüssig ist insoweit allein, von einem Vorrang des Bereicherungsrechts zur Rückabwicklung nichtiger Verträge auszugehen.

---

[638] *BGH,* NJW 1993, S. 3196; *Kern,* JuS 1993, S. 193 (194)
[639] BGHZ 39, S. 87 ff = NJW 1963, 950 (951).

Die besseren Gründe sprechen demnach für die Auffassung der herrschenden Lehre. Daher ist eine Anwendung der Vorschriften der Geschäftsführung ohne Auftrag bei nichtigen Verträgen abzulehnen.

F. Ansprüche auf Herausgabe gemäß § 985

I. Rechtsprechung

In einem vom *AG Oldenburg*[640] entschiedenen Fall verlangte der Kläger vom Beklagten die Herausgabe eines Bettes im Werte von 200,-- DM, welches er dem Beklagten als Entgelt für Elektroinstallationsarbeiten des Beklagten im Hause des Klägers übergeben hatte[641]. Der Beklagte war nicht in der Handwerksrolle eingetragen. Das Gericht bejahte auf Seiten des Beklagten die Voraussetzungen des § 1 I Nr. 3 SchwarzArbG a.F. (§ 8 I Nr. 1 lit. e SchwarzArbG) und auf Seiten des Klägers § 2 I SchwarzArbG a.F. (§ 8 I Nr. 2 SchwarzArbG). Infolge des beiderseitigen Verstoßes gegen das SchwarzArbG (a.F.) sah das Gericht die Einigung über den Eigentumsübergang gemäß § 134 als nichtig an. Einen Anspruch aus § 985 verneinte das Gericht dennoch: § 985 stehe der Einwand des § 817 S. 2 entgegen. § 817 S. 2 sei zu entnehmen, dass derjenige, der durch seine Leistung gegen das Gesetz verstoßen habe, nicht berechtigt sei, diese Leistung zurückzufordern. Dies müsse entgegen der herrschenden Meinung auch für § 985 gelten, da § 985 andernfalls bei besonders schwerwiegenden Gesetzesverstößen, bei denen sogar das dingliche Erfüllungsgeschäft nichtig sei, eine Rückforderung der gesetzwidrigen Leistung ermögliche.

II. Stellungnahme

1. Problembeschreibung

Die praktische Bedeutung des § 985 im Rahmen von nichtigen Schwarzarbeiterverträgen ist sehr gering[642]:

Im Unterschied zu dem vom *AG Oldenburg* entschiedenen Fall werden Dienst- oder Werkleistungen des Schwarzarbeiters vom Auftraggeber regelmäßig in Geld vergütet. Hier nützt dem Auftraggeber der Anspruch aus § 985 zumeist wenig: Bei bargeldlosem Zahlungsverkehr ist der auf Herausgabe von körperlichen Gegenständen (§ 90) gerichtete Anspruch aus § 985 von vornherein nicht anwendbar. Bei Barzahlung scheitert ein Anspruch aus § 985 zumeist aus praktischen Gründen, weil der Auftraggeber die an den Schwarzarbeiter übergebenen

---

[640] *AG Oldenburg*, Urt. v. 8.7.1986 – 9 C 41/86 = WM 1986, S. 1160 f.

[641] Im Ausgangsfall war zwischen den Parteien streitig, ob der Beklagte das Bett als Entgelt für bereits geleistete oder noch zu leistende Arbeiten erhalten hat.

[642] *Helf*, S. 125: „...kaum relevante Fälle...".

Geldscheine bzw. -münzen nicht einzeln identifizieren kann[643]. Eine sog. Geldwertvindikation[644] ist mit dem sachenrechtlichen Bestimmtheitsgrundsatz nicht zu vereinbaren und wird daher von der ganz herrschenden Meinung zu Recht abgelehnt. Auf Seiten des Auftraggebers verspricht ein Anspruch aus § 985 gegen den Schwarzarbeiter daher allenfalls dann Erfolg, wenn er die Dienst- oder Werkleistungen – wie im Fall des *AG Oldenburg* – nicht mit Geld, sondern mit Sachleistungen vergütet hat.

Aber auch für den Schwarzarbeiter ist ein Anspruch aus § 985 zumeist nutzlos. Denn eine Herausgabe von Dienstleistungen ist nicht möglich. Im Rahmen von Werkverträgen ist allerdings denkbar, dass der Schwarzarbeiter bei der Erbringung von Werkleistungen eigene Materialien verwendet, z.B. eigene Baumaterialien in das Haus des Bestellers einbaut. In diesen Fällen scheidet ein Anspruch auf Herausgabe der bereits eingebauten Materialien aus § 985 – unabhängig von der Frage, ob eine ggf. erfolgte Übereigung nach § 134 unwirksam war – aus, denn der Eigentumserwerb des Auftraggebers an den Materialien des Schwarzarbeiters tritt hier aufgrund der unabdingbaren Vorschriften der §§ 946 bis 948 ff. ein[645]; der Herausgabeanspruch aus § 985 kann sich somit allenfalls auf die noch nicht eingebauten Materialien erstrecken. Zu einem Austausch von Sachleistungen kommt es ferner bei Werklieferungsverträgen, da der Unternehmer hier Lieferung der von ihm herzustellenden oder zu erzeugenden Sachen schuldet, § 651. Hier schuldet der Unternehmer neben der Herstellung auch die Übereignung der Sache[646].

Für § 985 verbleibt daher bei der Rückabwicklung nichtiger Schwarzarbeitsverträge nur ein schmaler Anwendungsbereich. Soweit es bei der Vertragsdurchführung zwischen Schwarzarbeiter und Auftraggeber zum Austausch von Sachleistungen gekommen ist, sind Ansprüche auf Herausgabe des Eigentums aus § 985 jedoch in Betracht zu ziehen. Erweisen sich die Übereignungen hier gemäß § 134 als nichtig, kommt ein Anspruch aus § 985 – vorbehaltlich eines Ausschlusses analog § 817 S. 2 (dazu unten 3.) – in Betracht.

---

[643] *Helf*, S. 126: „Der Schwarzarbeiter hat das erhaltene Geld in aller Regel mit seinem eigenen vermischt und so gemäß § 948 BGB Eigentum daran erworben." In der Regel führt die Vermischung freilich zum Erwerb von Miteigentum nach §§ 947 I, 948.
[644] Demnach besteht der Anspruch aus § 985, solange sich die Geldscheine bzw. –münzen noch wertmäßig im Vermögen des Empfängers befinden, mögen sie auch nicht mehr gesondert beim Zahlungsempfänger vorhanden sein, vgl. *Westermann*, Sachenrecht, Bd. 1, 6. Aufl. 1990, § 30 V 3. Der Anspruch aus § 985 wäre folglich nicht auf Herausgabe bestimmter Geldmünzen bzw. Scheine gerichtet, sondern auf Herausgabe eines bestimmten Geldwertes.
[645] *Helf*, S. 126.
[646] *BGH*, DB 1969, S. 346; Palandt/*Sprau* § 651 Rn. 3 f.

2. Nichtigkeit der dinglichen Erfüllungsgeschäfte gemäß § 134

Das *AG Oldenburg* hat die Nichtigkeit der Übereignung des Bettes zur Erfüllung des Schwarzarbeitsvertrages ohne nähere Begründung bejaht. Dies ist allerdings nicht unzweifelhaft: Zwar führt § 134 zur Nichtigkeit des auf den beiderseitigen, bewussten Verstoß gegen §§ 1 II Nr. 3 – 5 SchwarzArbG (§§ 1 I, 2 I Schwarz-ArbG a.F.) und § 1 II Nr. 1 SchwarzArbG gerichteten Verpflichtungsgeschäfts, jedoch kann daraus nicht ohne weiteres auf die Nichtigkeit der Erfüllungsgeschäfte geschlossen werden; vielmehr lässt die Nichtigkeit des Verpflichtungsgeschäfts die Wirksamkeit des Erfüllungsgeschäfts wegen dessen abstrakter Rechtsnatur grundsätzlich unberührt[647]. Trennungs- und Abstraktionsprinzip[648] erfordern daher eine gesonderte Überprüfung der Nichtigkeit jedes einzelnen Rechtsgeschäfts. Ob ein Verbotsgesetz, welches zur Nichtigkeit des dagegen verstoßenden Verpflichtungsgeschäfts führt, auch die Nichtigkeit des Erfüllungsgeschäfts zur Folge hat, ist primär nach Sinn und Zweck des Verbotsgesetzes zu beurteilen[649]; eine Nichtigkeit ist insbesondere dann anzunehmen, wenn die Umstände, die die Verbotswidrigkeit des Verpflichtungsgeschäfts begründen, unmittelbar auch das Erfüllungsgeschäft betreffen[650].

Tatbestandlich missbilligt § 1 II SchwarzArbG – verkürzt – nur die Erbringung (so auch § 1 I SchwarzArbG a.F.) oder das Ausführenlassen (so § 2 I Schwarz-ArbG a.F.) von Dienst- oder Werkleistungen in Schwarzarbeit. § 1 II Schwarz-ArbG (§§ 1 und 2 SchwarzArbG a.F.) enthält indessen kein ausdrückliches Verbot der *Entlohnung* des Schwarzarbeiters. Gleichwohl will das SchwarzArbG (a.F.), wie sich insbesondere aus den von § 1 II Nr. 4, 5 SchwarzArbG (§ 1 I Nr. 2, 3 SchwarzArbG a.F.) in Bezug genommenen §§ 14, 55 GewO, 1 HwO ergibt, gerade gewerbsmäßige – und damit in aller Regel entgeltliche – Dienst- oder Werkleistungen erfassen; auch die Meldepflichten des § 1 II Nr. 1 und 2 SchwarzArbG sowie § 1 II Nr. 3 SchwarzArbG (§ 1 I Nr. 1 SchwarzArbG a.F.) knüpfen an entgeltliche Tätigkeiten an. Sinn und Zweck des SchwarzArbG (a.F.) lässt sich somit durchaus entnehmen, dass es sich auch gegen die Vergütung der Schwarzarbeit wendet. Insofern erscheint die Auffassung des *AG Oldenburg*, soweit es die Nichtigkeit der Übereignung des Bettes zur Erfüllung des Schwarzarbeitsvertrages bejaht hat, durchaus folgerichtig.

3. „Vindikationsausschluss" durch § 817 S. 2?

Mit der Anwendung des § 817 S. 2 im Rahmen des § 985 widerspricht das *AG Oldenburg* bewusst der herrschenden Rechtsprechung, die § 817 S. 2 außerhalb

---

[647] BGHZ 115, S. 123 (130); Staudinger/*Sack* § 134 Rn. 116.

[648] Siehe zu der Unterschieden nur *Jauernig*, Trennungsprinzip und Abstraktionsprinzip, in: JuS 1994, S. 720 ff.

[649] *BGH*, NJW 1986, 636 m.w.N.

[650] BGHZ 115, S. 123 (130).

des Bereicherungsrechts nicht anwendet[651]. Im Schrifttum[652] wird eine Anwendung des § 817 S. 2 im Rahmen des Eigentümer-Besitzerverhältnisses demgegenüber teilweise befürwortet: Es sei widersprüchlich, dass der Leistende seine Leistung gerade dann nach § 985 herausverlangen könne, wenn der Gesetz- oder Sittenverstoß so krass sei, dass er ausnahmsweise auf das dingliche Geschäft durchschlage[653]. Ähnlich argumentiert auch das *AG Oldenburg*: Eine Anwendung des § 817 S. 2 auf den dinglichen Herausgabeanspruch aus § 985 sei geboten, weil andernfalls bei besonders schwerwiegenden Gesetzesverstößen, bei denen sogar das dingliche Erfüllungsgeschäft nichtig sei, eine Rückforderung der gesetzwidrigen Leistung möglich sei. *Lorenz*[654] will die Frage, ob § 817 S. 2 auf Ansprüche außerhalb des Bereicherungsrechts anwendbar ist, anhand der Verbotsnorm beantworten: Im Rahmen der Vindikation sei entscheidend, „ob durch den Ausschluss der Vindikation ein die Interessen der Allgemeinheit berührender sittenwidriger Zustand perpetuiert wird oder nicht".

Der herrschenden Rechtsprechung ist zuzugeben, dass die systematische Stellung des § 817 S. 2 für eine Ausnahmevorschrift und damit gegen eine Anwendung außerhalb des Bereicherungsrechts spricht. Unschlüssig ist diese Argumentation jedoch insofern, als auch die herrschende Rechtsprechung § 817 S. 2 auf Gedanken der Rechtsschutzversagung, der Prävention oder der Strafe zurückführt, denn es erscheint wenig plausibel, den Rechtsschutz nur für die Leistungskondiktion zu versagen, aber nicht für die Vindikation. Auch als Instrument zur Prävention verbotswidrigen Handelns bliebe § 817 S. 2 ein stumpfes Schwert, wenn Herausgabeansprüche nach § 985 nicht ebenso ausgeschlossen wären. Um diese Wirkungen zu entfalten, müsste § 817 S. 2 vielmehr sämtliche Ansprüche des verbotswidrig Handelnden ausschließen.

Aber auch die Argumentation des *AG Oldenburg* vermag nicht voll zu überzeugen. Denn die Nichtigkeit des dinglichen Rechtsgeschäfts tritt nicht ein, weil der Gesetzesverstoß besonders schwerwiegend ist, sondern vielmehr deshalb, weil sich das Verbot gerade gegen den Leistungsaustausch wendet; mit anderen Worten: nicht die Schwere des Verbotsverstoßes entscheidet über die Frage, ob das dingliche Rechtsgeschäft nichtig ist, sondern vielmehr Sinn und Zweck des Verbotsgesetzes. Überzeugender erscheint es daher, mit *Lorenz* auf Sinn und Zweck des Verbots abzustellen.

---

[651] *BGH*, Urt. v. 14.6.1951 – IV ZR 37/50 = NJW 1951, S. 643 – § 817 S. 2 unanwendbar gegenüber Ansprüchen aus §§ 985, 989, 990; BGHZ 39, S. 87 (91) – § 817 S. 2 unanwendbar gegenüber Ansprüchen aus §§ 677 ff.; *BGH*, Urt. v. 20.5.1964 – VIII ZR 56/63 = BGHZ 41, S. 341 (349 f.) – § 817 S. 2 unanwendbar gegenüber Ansprüchen aus §§ 994 ff.

[652] Staudinger/*Lorenz* § 817 Rn. 14; *Reuter/Martinek*, § 6 V, S. 214; *Koppensteiner/Kramer*, S. 63 f. Ablehnend Palandt/*Sprau* § 817 Rn. 2; im Grundsatz auch *Ebert*, S. 375 f.

[653] Staudinger/*Lorenz* § 817 Rn. 14.

[654] Staudinger/*Lorenz* § 817 Rn. 14.

Ein Gesetzesverstoß, der zur Unwirksamkeit des Erfüllungsgeschäfts führt, wendet sich jedoch unmittelbar gegen die sachenrechtliche Güterzuordnung; wenn das Verbotsgesetz daher einen Rechtserwerb missbilligt und nach § 134 für nichtig erklärt, dient das der Aufrechterhaltung der vor dem Gesetzesverstoß bestehenden dinglichen Rechtslage. Der Veräußerer soll sein Eigentum behalten, der Erwerber soll kein Eigentum erwerben. Hier erscheint es nur folgerichtig, wenn das Gesetz demjenigen, dem es das Eigentum an einer Sache zuweist, auch den Herausgabeanspruch zubilligt, damit der materiellrechtlich gewollte Zustand auch tatsächlich hergestellt wird. Andernfalls würde es zudem zu einem dauerhaften Auseinanderfallen von Eigentum und Besitz kommen. Bei Anwendung des § 817 S. 2 könnte der Erwerber die Sache indessen behalten und gleich einem Eigentümer nutzen; insoweit führt die Anwendung von § 817 S. 2 zur Vereitelung des Verbotszwecks, indem gerade die verbotswidrig geschaffene Lage aufrecht erhalten wird. Dieses Ergebnis widerspräche dem Zweck der Nichtigkeitsanordnung.

Auf den Anspruch auf Herausgabe des Eigentums ist § 817 S. 2 daher nicht anzuwenden.

G. Ansprüche aus ungerechtfertigter Bereicherung

I. Rechtsprechung

Die Frage, ob und in welchem Umfang eine Rückabwicklung nichtiger Schwarzarbeitsverträge nach den Vorschriften über die ungerechtfertigte Bereicherung möglich ist, war in der Rechtsprechung bis zur Leitentscheidung des *BGH* in BGHZ 111, S. 308 ff. umstritten.

Ein Bereicherungsanspruch des vorleistenden Schwarzarbeiters auf Wertersatz für seine Leistungen scheiterte in Entscheidungen des *OLG Koblenz*[655], des *OLG Oldenburg*[656] und des *OLG Köln*[657] (Vorinstanz zu BGHZ 111, S. 308 ff.) an § 817 S. 2. Nach dieser Vorschrift habe derjenige, der gegen ein gesetzliches Verbot verstoße, grundsätzlich das Handlungsrisiko zu tragen. Die Zubilligung von Bereicherungsansprüchen nehme der Vertragsnichtigkeit die abschreckende Wirkung und mindere so den Schutz, der dem Handwerksstand gewährt werden solle[658]. Der Schwarzarbeiter würde sich leichter entschließen, gesetzwidrig zu handeln, wenn er den Arbeitslohn im Wege des Wertersatzes gemäß § 818 II einklagen könnte. Auch hätte er es in der Hand, durch Vorleistung die nachteiligen Folgen der Vertragsnichtigkeit zu umgehen[659]. Der Kondiktionsausschluss

---

[655] Urt. v. 24.9.1975 –1 U 563/74 = GewArch 1976, S. 25/26 = DB 1975, S. 2125 (2126).

[656] Beschl. v. 24.1.1978 – 8 W 3/78 = GewArch 1978, S. 228 (229).

[657] Urt. v. 11.10.1989 – 2 U 4/89 = NJW-RR 1990, S. 251 (252).

[658] *OLG Koblenz*, GewArch 1976, S. 25 (26).

[659] *OLG Köln*, NJW-RR 1990, S. 251 (252).

nach § 817 S. 2 sei deshalb nicht unbillig. Eine andere Auffassung vertrat das *OLG Düsseldorf*[660]: Die Anwendung des § 817 S. 2 müsse im Einzelfall an dem übergeordneten Grundsatz von Treu und Glauben gemessen werden. § 817 S. 2 könne da nicht zur Anwendung kommen, wo er eine Vermögensverschiebung zum Nachteil des Vorleistenden endgültig sanktioniere, die unter Berücksichtigung der Redlichkeit und der Verkehrssitte als unbillig angesehen werden müsse. Es könne nicht Zweck der Rechtsordnung sein, den durch ein gesetzliches Verbot missbilligten Zustand im Wege eines Ausschlusses des Rückforderungsrechts allein zu Lasten eines der Beteiligten zu legalisieren.

Der *BGH* bejaht einen Anspruch des vorleistenden Schwarzarbeiters auf Wertersatz für die von ihm erbrachten Leistungen gemäß §§ 812 I 1 Alt. 1, 818 II. Im Leitsatz der Entscheidung heißt es: „Im Falle eines gemäß § 134 BGB nichtigen Schwarzarbeitsvertrages kann der vorleistende Schwarzarbeiter unter Umständen gemäß §§ 812, 818 Abs. 2 BGB Wertersatz verlangen; der Anwendung von § 817 S. 2 BGB kann § 242 BGB entgegenstehen."[661] Zwar gelte § 817 S. 2 „grundsätzlich für Fallgestaltungen der vorliegenden Art", jedoch gehörten Bereicherungsansprüche dem „Billigkeitsrecht" an und stünden daher „in besonderem Maße unter den Grundsätzen von Treu und Glauben", mit denen es nicht zu vereinbaren sei, wenn „der Beklagte den Wert des rechtswidrig Erlangten nicht erstatten müßte, sondern unentgeltlich behalten könnte"[662]. Bei der Anwendung des den Gläubiger hart treffenden Rückforderungsverbots des § 817 S. 2 könne nicht außer Betracht bleiben, welchen Zweck das einschlägige Verbotsgesetz verfolge[663]. Der vor allem ordnungspolitischen Zielsetzung des SchwarzArbG a.F. sei mit dem Ausschluss vertraglicher Ansprüche weitgehend genüge getan; dass der Besteller von Schwarzarbeit die Leistung auf Kosten des vorleistenden Schwarzarbeiters unentgeltlich soll behalten dürfen, sei zur Durchsetzung der Ziele des Gesetzes nicht unabweisbar geboten. Generalpräventive Wirkung entfalte insoweit schon der Ausschluss vertraglicher Ansprüche verbunden mit der Gefahr der Strafverfolgung und der Nachzahlung von Steuern und Sozialabgaben bei Bekanntwerden der Schwarzarbeit. Nach den Vorstellungen des Gesetzgebers solle der wirtschaftlich meist stärkere Auftraggeber zudem keinesfalls günstiger behandelt werden als der wirtschaftlich schwächere Schwarzarbeiter. Unter diesen Umständen gewinne der an Treu und Glauben orientierte Gesichtspunkt, dass es nicht der Billigkeit entspräche, dem durch die Vorleistung begünstigten Auftraggeber den durch nicht gerechtfertigten Vorteil unentgeltlich zu belassen, entscheidend an Gewicht[664]. Zur Bemessung des Wertersatzes führt der *BGH* aus, dass der Anspruch in der Höhe durch das ursprünglich – in nichti-

---

[660] Urt. v. 29.11.1977 – 24 U 55/77 - BauR 1978, S. 412/413.
[661] BGHZ 111, S. 308 ff. (308/311 ff.).
[662] BGHZ 111, S. 308 (312).
[663] BGHZ 111, S. 308 (312).
[664] BGHZ 111, S. 308 (313).

ger Weise – vereinbarte Entgelt begrenzt sei. Der Schwarzarbeiter könne nicht mehr verlangen als ursprünglich vereinbart. Von dem so ermittelten Wert seien zudem „in aller Regel [...] ganz erhebliche Abschläge angebracht [...]". Insbesondere sei zu berücksichtigen, dass vertragliche Gewährleistungsrechte infolge der Nichtigkeit des Vertrages von vornherein nicht bestünden. Bereits aufgetretene Mängel seien im Rahmen der Saldierung in die Ausgleichsrechnung einzubeziehen[665].

Nach Ansicht des *OLG Düsseldorf*[666] sind die nach BGHZ 111, S. 308 ff. vorzunehmenden „ganz erheblichen Abschläge" mit mindestens 15 v.H. des ursprünglich vereinbarten Entgelts anzusetzen.

II. Schrifttum

Im Schrifttum wird überwiegend die Auffassung vertreten, eine bereicherungsrechtliche Rückabwicklung von nichtigen Schwarzarbeitsverträgen sei wegen § 817 S. 2 ausgeschlossen[667]:

Nach *Tiedtke*[668] kommt eine Einschränkung des § 817 S. 2 in Schwarzarbeitsfällen weder nach Sinn und Zweck des SchwarzArbG a.F. noch aus dem Gesichtspunkt von Treu und Glauben in Betracht. BGHZ 111, S. 308 ff. setze die Regelung des § 817 S. 2 contra legem außer Kraft[669]. Eine Einschränkung des § 817 S. 2 durch den Zweck des Verbotsgesetzes komme in Betracht, wenn das Verbotsgesetz den Schutz der anderen Vertragspartei bezwecke und der Kondiktionsausschluss diesen Schutz zunichte mache oder wenn die Aufrechterhaltung des verbotswidrig geschaffenen Zustands mit Sinn und Zweck des Verbotsgesetzes schlechthin unvereinbar sei und die Rechtsordnung dies nicht hinnehmen dürfe[670]. Das SchwarzArbG a.F. diene indessen nicht dem Schutz des Schwarzarbeiters[671]; da der Bereicherungsanspruch zudem nur auf Wertersatz gerichtet sei, werde auch der verbotswidrige Zustand durch den Bereicherungs-

---

[665] BGHZ 111, S. 308 (314).

[666] *OLG Düsseldorf*, Urt. v. 16.10.1992 – 22 U 230/91 = BauR 1993, S. 487 (490).

[667] So ausdrücklich *Wittmann*, BB 1964, S. 904 (906); *Schmidt*, MDR 1966, S. 463 (464); *Canaris*, NJW 1985, S. 2404; *Tiedtke*, EWiR 1990, S. 889; *ders.*, DB 1990, S. 2307 (2310); *Voß*, S. 101 ff., zusammenfassend S. 144 f.; *Kern*, FS Gernhuber, S. 203 ff. , *ders.*, JuS 1993, S. 193 ff.; RGRK-BGB/*Krüger-Nieland/Zöller* § 134 Rn. 58; MünchKommBGB/*Lieb* § 817 Rn. 34; *Larenz/Canaris* § 68 III 3 g (S. 167); Staudinger/*Lorenz* § 817 Rn. 10; *Kreizberg*, AR-Blattei, SD 1430, Rn. 87; *Marschall*, Rn. 702.

[668] *Tiedtke*, EWiR § 817 BGB 2/90, S. 889 f – Anm. zu BGHZ 111, 308 ff.; ausführlich *ders.*, DB 1990, S. 2307.

[669] *Tiedtke*, EWiR § 817 BGB 2/90, S. 889 (890); *ders.*, DB 1990, S. 2307 (2310); so auch *Voß*, S. 144; Staudinger/*Lorenz* § 817 Rn. 10.

[670] *Tiedtke*, DB 1990, S. 2307.

[671] *Tiedtke*, DB 1990, S. 2307; *ders.*, EWiR § 817 BGB 2/90, S. 890; So auch *Voß*, S. 122 f.

anspruch nicht beseitigt[672]. Eine Einschränkung des § 817 S. 2 durch Sinn und Zweck des SchwarzArbG a.f. sei daher nicht geboten. Auch der Grundsatz von Treu und Glauben aus § 242 rechtfertige eine Einschränkung des § 817 S. 2 – selbst unter Berücksichtigung des Verbotsgesetzes – nicht: Das SchwarzArbG a.f. enthalte keine Anhaltspunkte, dass der Ausschluss vertraglicher Ansprüche dem Zweck des Gesetzes bereits hinreichend Rechnung trage. Auch werde der Schwarzarbeiter nicht als solcher schlechter gestellt als der Auftraggeber; leiste der Auftraggeber vor, so treffe auch ihn die Folge des § 817 S. 2[673]. Vielmehr sei es mit Sinn und Zweck des SchwarzArbG a.f. nicht vereinbar, wenn dem Schwarzarbeiter ein Bereicherungsanspruch zustehe und er so im Ergebnis kaum anders gestellt werde als bei Wirksamkeit des Vertrags[674]. *Voß*[675] hält es für widersprüchlich, dass der *BGH* zwar eine Nichtigkeit des Vertrags nach § 134 bejaht, dann aber nicht die gesetzlich vorgegebenen Konsequenzen tragen wolle. Weil der Schwarzarbeiter im Ergebnis ein Entgelt erhalte, für Mängel aber nicht hafte, stehe er bei Nichtanwendung des § 817 S. 2 besser da als jeder legal arbeitende Handwerker[676]. *Kern*[677] wendet sich ausdrücklich gegen eine Einschränkung des § 817 S. 2 durch § 242. Fraglich sei bereits die Anwendung des Grundsatzes von Treu und Glauben bei gesetzwidrig Handelnden; in jedem Fall aber gebiete der Aspekt der Rechtsschutzversagung die Anwendung des § 817 S. 2. Nach *Weyer* ist die Rechtsprechung des *BGH* zur Schwarzarbeit vor allem deshalb bedenklich, weil sie „auf jede nachprüfbare Rückbindung an den Normzweck des Verbotsgesetzes verzichtet"[678].

Nicht wenige Stimmen im Schrifttum haben sich jedoch auch gegen eine Anwendung von § 817 S. 2 ausgesprochen[679]:

Nach *Sonnenschein* führt die Anwendung des § 817 S. 2 zu fragwürdigen Ergebnissen, weil die Vorschrift dem verbotswidrigen Geschäft faktisch einen dauerhaften Bestand verleihe, was dem Zweck des SchwarzArbG a.f., den Erfolg des Rechtsgeschäfts auf Dauer zu verhindern, widerspreche[680]. Daher habe der Kondiktionsausschluss nach § 817 S. 2 hinter dem vorrangigen Zweck des Verbotsgesetzes zurückzutreten. Dies gelte sowohl für die Fälle vollständiger

---

[672] *Tiedtke*, DB 1990, S. 2307 (2308). So auch *Voß*, S. 124.
[673] *Tiedtke*, DB 1990, S. 2307 (2309 f.).
[674] *Tiedtke*, EWiR § 817 BGB 2/90, S. 890.
[675] *Voß*, S. 127.
[676] *Voß*, S. 128.
[677] *Kern*, JuS 1993, S. 193 (195).
[678] *Weyer*, WM 2002, S. 627 (632).
[679] *Sonnenschein*, JZ 1976, S. 497 (500); *Thilenius*, S. 86 ff.; *Köhler*, JZ 1990, S. 466 ff.; *ders.*, EWiR 1990, § 817 BGB 1/90, S. 47 f.; *ders.*, JR 1991, S. 152 ff.; *Soergel/Hefermehl* § 134 Rn. 55. Zustimmend ferner *Kötz*, RabelsZ 58 (1994), S. 209 (225 f.).
[680] *Sonnenschein*, JZ 1976, S. 497 (500).

Vertragserfüllung[681] als auch bei einseitiger Vorleistung des Schwarzarbeiters[682]. Bei Letzterem führe der Kondiktionsausschluss zu besonders fragwürdigen Ergebnissen, da der selbst rechtsuntreue Auftraggeber die Leistungen des Schwarzarbeiters umsonst erhalte[683]. Zwar führe der Bereicherungsanspruch des Schwarzarbeiters im Ergebnis dazu, dass er in Form des Wertersatzes schließlich doch noch eine Vergütung erhalte und damit erst der verbotswidrige Gesamterfolg eintrete; aus Gründen der Gerechtigkeit sei diese Alternative der anderen, ebenso misslichen Alternative vorzuziehen, die den ebenfalls gesetzesuntreuen Auftraggeber auf Kosten des Schwarzarbeiters bevorzuge[684].

Auch nach Ansicht von *Köhler*[685] widerspricht die Anwendung des § 817 S. 2 dem Schutzzweck des SchwarzArbG a.F.: Durch § 817 S. 2 werde der Schwarzarbeiter kaum von der Schwarzarbeit abgeschreckt, da die Vorschrift durch eine Leistung Zug um Zug einfach zu umgehen sei. Für skrupellose Auftraggeber schaffe § 817 S. 2 sogar einen zusätzlichen Anreiz, Schwarzarbeiter zu engagieren und dann um ihren Lohn zu prellen[686].

Nach *Kötz*[687] sollte nicht nur die Frage der Nichtigkeit von Verträgen nach § 134, sondern auch die sich daran anknüpfende Frage des Ausschlusses von Bereicherungsansprüchen anhand des Zwecks des Verbotsgesetzes und unter Berücksichtigung der besonderen Umstände des Einzelfalles entschieden werden[688]. So werde der erforderliche Abschreckungseffekt bei Verträgen über die Leistung von „Schwarzarbeit" schon dadurch erreicht, dass der „Schwarzarbeiter" keinen Anspruch auf das vertraglich vereinbarte Entgelt habe und damit rechnen müsse, bestraft und zur Nachzahlung von Steuern herangezogen zu werden. Der Zweck des SchwarzArbG a.F. verlange es hingegen nicht, dass der Schwarzarbeiter ganz leer ausgehe und der Auftraggeber die aufgrund des nichtigen Vertrages erbrachten Leistungen unentgeltlich behalten könne.

---

[681] *Sonnenschein*, JZ 1976, S. 497 (501).

[682] *Sonnenschein*, JZ 1976, S. 497 (501 f.).

[683] Ähnlich *Thilenius*, S. 86/116.

[684] Ähnlich *Thilenius*, S. 116, nach dessen Auffassung der Schutzzweck der §§ 1 I Nr. 3, 2 I SchwarzArbG a.F. bei beiderseitigen Verstößen dahin zu verstehen sei, „daß das Gesetz Schwarzarbeit verhindern will, jedoch nicht die Wertkondiktion ausschließen, nachdem die Leistung einmal erbracht ist".

[685] *Köhler*, JZ 1990, S. 466 ff.; *ders.*, EWiR 1990, § 817 BGB 1/90, S. 47 f.; *ders.*, JR 1991, S. 152 ff.

[686] *Köhler*, JZ 1990, S. 466 (469); *ders.*, EWiR 1990, § 817 BGB 1/90, S. 47 (48); *ders.*, JR 1991, S. 152 (153).

[687] *Kötz*, RabelsZ 58 (1994), S. 209 (225 f.).

[688] *Kötz*, RabelsZ 58 (1994), S. 209 (225 f. und 229).

III. Stellungnahme

1. Überblick

Das Bereicherungsrecht dient der Rückabwicklung rechtsgrundloser Vermögensverschiebungen. Im Grundsatz gilt: Wer etwas ohne rechtlichen Grund erlangt hat, soll dies nicht behalten dürfen, sondern es demjenigen herausgeben, von dem er es – durch Leistung oder in sonstiger Weise – erlangt hat[689]. Bereicherungsrechtliche Ansprüche kommen somit erst in Betracht, wenn der Schwarzarbeitsvertrag in Vollzug gesetzt wurde. Hierbei kommt es typischerweise zu folgenden Fallkonstellationen:

Häufig Gegenstand gerichtlicher Entscheidungen sind die sog. „Vorleistungsfälle". Zumeist handelt es sich um Fälle, in denen der Schwarzarbeiter Dienst- oder Werkleistungen in Vorleistung erbracht hat, und nun – weil vertragliche Vergütungsansprüche an § 134 scheitern – bereicherungsrechtliche Ansprüche gegen den Auftraggeber geltend macht[690]. Unter den Voraussetzungen der §§ 812 ff. hat der Schuldner des Bereicherungsanspruchs – in diesem Fall der Auftraggeber – primär das „erlangte Etwas" an den Gläubiger des Bereicherungsanspruchs – den Schwarzarbeiter – herauszugeben. „Erlangt" hat der Auftraggeber Dienst- oder Werkleistungen des Schwarzarbeiters als (nicht gegenständlichen) Vermögensvorteil und Leistungsgegenstand[691] i.S. der §§ 812 ff.[692]. Dabei ist unerheblich, dass die Rechtsordnung diese Leistungen durch § 8 I Nr. 1 SchwarzArbG (§ 1 I SchwarzArbG a.F.) sanktioniert[693]. Als nicht gegenständliche Leistungen können Dienst- oder Werkleistungen freilich nicht in Natur herausgegeben werden[694]. Ein bereicherungsrechtlicher Anspruch kann sich daher nur auf Wertersatz in Geld nach § 818 II richten[695]. Weniger häufig, aber ebenso denkbar ist auch der umgekehrte Fall, dass der Auftraggeber in Vorlei-

---

[689] Vgl. *Bufe*, AcP 157, S. 215 (256).

[690] So im Falle *OLG Koblenz*, GewArch 1976, S. 25 f.; *OLG Düsseldorf*, BauR 1978, S. 412 f.

[691] „Erlangtes Etwas" kann, wie häufig definiert wird, jeder Vermögensvorteil sein, so *Brox/Walker*, Bes. Schuldrecht, § 37 Rn. 2. Diese Definition ist jedoch zu eng, weil dem „erlangten Etwas" kein Vermögenswert zukommen muss; vorzugswürdig ist daher der Ansatz, dasjenige als „erlangtes Etwas" anzusehen, was nach der Parteivereinbarung Leistungsgegenstand war, so MünchKommBGB/*Lieb* § 812 Rn. 287; Staudinger/*Lorenz* § 812 Rn. 65; *v. Caemmerer*, FS E. Rabel, S. 333 (348); *Loewenheim*, S. 20/23.

[692] Staudinger/*Lorenz* § 812 Rn. 72 m.w.N.; *Loewenheim*, S. 22 f.; *Brox/Walker*, Bes. Schuldrecht, § 37 Rn. 5; Nach a.A. besteht das Erlangte bei rechtsgrundlos erbrachten Dienst- oder Werkleistungen in der Ersparnis der sonst erforderlichen eigenen Aufwendungen, vgl. BGHZ 55, S. 128 (131) – Flugreisefall; RGRK-BGB/*Heimann-Trosien* § 812 Rn. 9 f.; *Helf*, S. 127. Dieser Auffassung ist indes nicht zu folgen, vielmehr ist zwischen dem „erlangten Etwas" und der dadurch eingetretenen Bereicherung zu differenzieren, vgl. *Loewenheim*, S. 22 f.

[693] Vgl. Staudinger/*Lorenz* § 812 Rn. 65.

[694] Staudinger/*Lorenz* § 818 Rn. 23, m.w.N.; *Voß*, S. 89 f.

[695] So auch im Falle BGHZ 111, S. 308 ff.; siehe auch *Kern*, FS Gernhuber, S. 191 (200); *ders.*, JuS 1993, S. 193 (194).

stung tritt und bereits vor Erbringung der Dienst- oder Werkleistungen die vereinbarte Vergütung ganz oder zum Teil an den Schwarzarbeiter entrichtet. In den meisten Fällen wird die Vergütung mit Geld erfolgen, denkbar sind aber auch Sachleistungen[696]. Der Bereicherungsanspruch richtet sich auch in diesem Fall zunächst auf Herausgabe des empfangenen Gegenstandes; ist er nicht mehr im Vermögen des Schwarzarbeiters vorhanden, ist auch dieser Anspruch auf Wertersatz nach § 818 II gerichtet.

Neben den Fällen der Vorleistung kommt eine bereicherungsrechtliche Rückabwicklung aber auch dann in Betracht, wenn beide Parteien ihre Leistungen vollständig oder auch nur teilweise Zug um Zug erbracht haben. Hierbei ist insbesondere an den Fall zu denken, dass der Auftraggeber die Ausführung der Werkleistungen durch den Schwarzarbeiter bemängelt und deshalb auf bereicherungsrechtlichem Wege (teilweise) Erstattung der gezahlten Vergütung verlangt.

Bei allen Fallkonstellationen steht zumeist die Kondiktionssperre des § 817 S. 2 im Mittelpunkt der Kontroverse um die bereicherungsrechtliche Rückabwicklung nichtiger Schwarzarbeitsverträge (siehe dazu unten 5.). Die – nicht weniger schwierige – Frage nach der einschlägigen Anspruchsgrundlage tritt demgegenüber zumeist in den Hintergrund (dazu sogleich 2.). Dies dürfte vor allem darauf zurückzuführen sein, dass die ganz h.M. die Kondiktionssperre des § 817 S. 2 im Unterschied zu den weiteren Ausschlusstatbeständen § 814, 1. Alt. (dazu unten 3.) und § 815 (dazu unten 4.) auf alle Fälle der Leistungskondiktion anwendet.

2. Anspruchsgrundlagen
a. § 812 I 1, 1. Alt.
BGHZ 111, S. 308 ff. bejaht einen Anspruch des vorleistenden Schwarzarbeiters auf Wertersatz nach §§ 812 I 1 Alt. 1, 818 II und rekurriert damit auf den Grundtatbestand der Leistungskondiktion, § 812 I 1, 1. Alt.[697].

Nach § 812 I 1 Alt. 1 ist derjenige, der etwas durch Leistung ohne rechtlichen Grund erlangt hat, zu dessen Herausgabe verpflichtet. Der Begriff der Leistung wird dabei zumeist definiert als bewusste und zweckgerichtete Vermehrung fremden Vermögens[698], wobei der Leistungszweck im Rahmen des § 812 I 1 Alt. 1 in der Erfüllung einer (vermeintlichen) Verbindlichkeit gesehen wird. Den

---

[696] So im Fall des *AG Oldenburg*, Urt. v. 8.7.1986 – 9 C 41/86 = WM 1986, S. 1160 f., siehe dazu oben, Zweiter Teil, F.

[697] Protokolle, in: *Mugdan*, Bd. II, S. 1170; *Loewenheim*, S. 7.

[698] BGHZ 58, S. 188; Palandt/*Sprau* § 812 Rn. 3; *Brox/Walker*, Bes. Schuldrecht, § 37 Rn. 6, jeweils m.w.N.

Rechtsgrund der Leistung erblickt die herrschende sog. subjektive Auffassung[699] in dem mit der Leistung verfolgten Zweck, die Verbindlichkeit zu erfüllen[700]; nach der sog. objektiven Auffassung[701] bildet nicht die Zweckerreichung den Rechtsgrund, sondern das der Leistung zugrunde liegende Kausalverhältnis[702]. Welcher Auffassung zu folgen ist, kann hier dahinstehen: Ist der Schwarzarbeitsvertrag nach § 134 nichtig, so besteht weder ein wirksames Kausalverhältnis noch wird der Leistungszweck (Erfüllung einer Verbindlichkeit) erreicht. Wer zur Erfüllung eines nichtigen Schwarzarbeitsvertrags leistet, erbringt seine Leistung daher stets ohne rechtlichen Grund i.S. von § 812 I 1 Alt. 1[703].

Von einer Leistung „zum Zwecke der Erfüllung einer Verbindlichkeit" i.S. der Definition des § 812 I 1 Alt. 1 kann allerdings begrifflich kaum mehr gesprochen werden, wenn *beide Vertragsparteien* wussten, dass der Vertrag nichtig war und eine Verbindlichkeit daher nicht bestand; vielmehr liegt der Zweck der Leistung hier in der für den anderen Teil erkennbaren Absicht, ihn zur freiwilligen Gegenleistung zu bestimmen[704]. Solche Fälle unterfallen § 812 I 1 Alt. 1 nicht, so dass insoweit nur §§ 812 I 2 Alt. 2, 817 S. 1 als weitere mögliche Anspruchsgrundlagen verbleiben. § 812 I 1 Alt. 1 ist daher nur anwendbar, wenn die Parteien zwar vom Verbotsverstoß wussten, den Vertrag aber gleichwohl für wirksam hielten.

Im Schrifttum wird die Auffassung vertreten, Leistungszweck könne grundsätzlich nur jeder von der Rechtsordnung erlaubte Zweck sein[705]. Nach Sinn und Zweck des SchwarzArbG (a.F.) ist indessen weder die Erbringung noch die Vergütung von Schwarzarbeit erlaubt, so dass eine Kondiktion der Leistung nach § 812 I 1 Alt. 1 bereits auf tatbestandlicher Ebene ausgeschlossen wäre. Gegen eine solche Einschränkung der Leistungskondiktion spricht jedoch, dass § 817 S. 1 die Kondiktion einer Leistung erlaubt, deren Zweck in der Weise bestimmt war, dass der Empfänger durch die Annahme gegen ein gesetzliches Verbot (oder gegen die guten Sitten) verstoßen hat. Hier wird die Kondiktion somit durch die Missbilligung des Leistungszwecks überhaupt erst möglich. Für die Generalklausel des § 812 I 1 Alt. 1 kann insoweit nichts anderes gelten.

---

[699] *Loewenheim*, S. 56 f.

[700] *Loewenheim*, S. 57; *Reuter/Martinek*, § 4 II, S. 107 ff.; Soergel/*Mühl* § 812 Rn. 2.

[701] Vgl. *Loewenheim*, S. 57.

[702] MünchKommBGB/*Lieb* § 812 Rn. 137; Jauernig/*Stadler* § 812 Rn. 13; *Larenz/Canaris*, II/2, § 67 III 1 a.

[703] So auch *Sonnenschein*, JZ 1976, S. 497 (500); Vgl. auch *Reuter/Martinek*, § 5 I, S. 126.

[704] Motive, Bd. II, S. 833, in: *Mugdan*, Bd. II, S. 465; *Reuter/Martinek*, § 6 I 2, S. 189; siehe auch *Loewenheim*, S. 60; *Helf*, S. 130 f., je m.w.N., ferner BGH NJW 1973, S. 612 (613).

[705] *Loewenheim*, S. 26.

b. § 812 I 2, 2. Alt.

§ 812 I 2 Alt. 2 ist einschlägig, wenn „der mit einer Leistung nach dem Inhalt des Rechtsgeschäfts bezweckte Erfolg nicht eintritt". Auch § 812 I 2 Alt. 2 ist somit ein Fall der Leistungskondiktion; im Unterschied zu § 812 I 1 Alt. 1 leistet der Bereicherungsgläubiger jedoch nicht zur Erfüllung einer (vermeintlichen) Verbindlichkeit[706], vielmehr besteht der Leistungszweck darin, den Empfänger zu einer rechtlich nicht erzwingbaren Gegenleistung oder zu einem sonstigen Verhalten zu bewegen[707]. Voraussetzung des § 812 I 2 Alt. 2 ist daher, dass eine tatsächliche (allerdings unterhalb der Schwelle zum Rechtsgeschäft liegende) Einigung über den Zweck der Leistung vorliegt (sog. Zweckvereinbarung) und dieser Leistungszweck nicht erreicht wurde[708].

Wissen die Parteien, dass ein wirksamer Vertrag nicht besteht, kommt – neben § 817 S. 1 (dazu sogleich c.) – allein ein Anspruch aus § 812 I 2 Alt. 2 in Betracht, weil eine Kondiktion nach § 812 I 1 Alt. 1 hier wegen Kenntnis der Unwirksamkeit der Leistungspflicht (vgl. § 814) ausgeschlossen ist[709]. Die Annahme einer Zweckvereinbarung bereitet insoweit keine Schwierigkeiten, als jede Parteien ihre Leistung ohne Zweifel in der Erwartung erbringt, dadurch den anderen Teil zur Erbringung der nicht geschuldeten Gegenleistung zu bewegen. *Kern*[710] wirft allerdings die Frage auf, ob einer Zweckvereinbarung, die dazu diene, den gesetzwidrigen Erfolg eines nichtigen Vertrags zu erreichen, als Umgehungsgeschäft nicht gleichfalls die Wirksamkeit zu versagen sei. Der Gedanke des Umgehungsgeschäfts trägt jedoch nicht. Zum einen handelt es sich hier schon nicht um ein Umgehungsgeschäft im Rechtssinne[711], denn die Zweckvereinbarung im Rahmen des § 812 I 2 Alt. 2 stellt, wie besehen, kein Rechtsge-

---

[706] Problematisch sind allerdings die Fälle der sog. gestaffelten Zweckverfolgung, bei denen streitig ist, ob § 812 I S. 2 Alt. 2 als Anspruchsgrundlage in Betracht kommt, wenn die Parteien mit den vertraglichen Leistungen zusätzliche, über den Inhalt des Vertrages hinausgehende Zwecke verfolgen, die sich später als nicht erreichbar herausstellen. Vgl. dazu einerseits *Brox/Walker*, Bes. Schuldrecht, § 37 Rn. 34; *Larenz/Canaris*, Schuldrecht, Bd. II/2 § 68 I 3 d, andererseits *BGH*, NJW-RR 86, 944; *Erman/Westermann* § 812 Rn. 51; *Soergel/Mühl* § 812 Rn. 206/209.

[707] *BGHZ* 44, S. 323 – Leistung in Erwartung der späteren Erbeinsetzung; *OLG Düsseldorf*, NJW-RR 1990, S. 692 – Leistung auf formnichtigen Grundstückskaufvertrag in der Erwartung der Heilung durch spätere Eintragung; *BGH*, NJW-RR 1990, S. 827 – Leistung zu dem Zweck, eine spätere Strafanzeige abzuwenden; *BGH*, NJW 2001, S. 3118 – Bebauung eines fremden Grundstücks durch den Mieter in der berechtigten Erwartung eines späteren Eigentumserwerbs.

[708] *MünchKommBGB/Lieb* § 812 Rn. 162 ff.; siehe auch *Reuter/Martinek*, § 5 V 3, S. 181.

[709] Vgl. *Kern*, FS Gernhuber, S. 197 (200).

[710] *Kern*, FS Gernhuber, S. 197 (200 f.); *ders.*, JuS 1993, S. 193 (194).

[711] Zur Dogmatik des Umgehungsgeschäfts *Teichmann*, JZ 2003, S. 761 (765/767). Zum Umgehungsgeschäft i.S. des § 134 *Hager*, S. 189 f.; *Jauernig* § 134 Rn. 18; *Erman/Palm* § 134 Rn. 18 f.; *Soergel/Hefermehl* § 134 Rn. 52; *Larenz*, Schuldrecht, Bd. I, § 22 II; *Flume*, Allg. Teil, Bd. II, § 17, 5 (S. 350 f.); *MünchKommBGB/Mayer-Maly/Armbrüster* § 134 Rn. 16 ff.

schäft dar; zum anderen besagt § 812 I 2 Alt. 2 nur, dass eine Leistung bei Nichterreichung des Leistungszwecks kondiziert werden kann. Daraus kann jedoch nicht im Umkehrschluss gefolgert werden, dass mit der Erreichung des Leistungszwecks auch dessen rechtliche Anerkennung verbunden ist.

Handeln die Parteien in Kenntnis der Nichtigkeit, ist ein Anspruch aus § 812 I 2 Alt. 2 daher grundsätzlich denkbar, solange der nichtige Schwarzarbeitsvertrag nicht vollständig abgewickelt wurde und der Leistungszweck somit noch nicht eingetreten ist.

c. § 817 S. 1

§ 817 S. 1 setzt voraus, dass der Zweck einer Leistung in der Art bestimmt ist, dass der Empfänger durch die Annahme der Leistung gegen ein gesetzliches Verbot (oder gegen die guten Sitten) verstößt. Die Begriffe des gesetzlichen Verbots und der guten Sitten entsprechen §§ 134, 138 I[712]; § 817 S. 1 bezieht den Gesetzes- bzw. Sittenverstoß allerdings nicht auf das Grundgeschäft, sondern auf die *Annahme der Leistung* durch den Empfänger. Einen Gesetzes- bzw. Sittenverstoß des Grundgeschäfts setzt § 817 S. 1 daher nicht voraus.

Anwendung und Auslegung dieser Vorschrift sind umstritten[713]. Die herrschende Meinung wendet § 817 S. 1 neben den Leistungskondiktionen aus § 812 I 1 Alt. 1 und § 812 I 2 Alt. 2 an[714]. Neben § 812 I 1 Alt. 1 hat § 817 S. 1 aber nur die Bedeutung eines Auffangtatbestandes: Ist bereits das Grundgeschäft nach § 134 nichtig – was bei gesetzes- oder sittenwidriger Leistungsannahme regelmäßig der Fall ist – liegen zumeist auch die Voraussetzungen des § 812 I 1 Alt. 1 vor[715]; selbständige Bedeutung erlangt § 817 S. 1 somit nur dann, wenn der Gesetzes- oder Sittenverstoß *allein die Leistungsannahme* betrifft, die Wirksamkeit des Grundgeschäfts indes unberührt lässt, denn die Nichtigkeit des Grundgeschäfts wird von § 817 S. 1 nicht vorausgesetzt[716]. Selbständige Bedeutung erlangt § 817 S. 1 ferner in den Fällen, in denen die Leistung in Kenntnis des Nichtbestehens der Leistungspflicht erbracht wurde, weil § 812 I 1 Alt. 1 dann durch § 814 gesperrt ist (nach a.A. liegt in diesem Fall schon keine Leistung i.S. des § 812 I 1 Alt. 1 vor). Oftmals wird hier allerdings § 812 I 2, 2. Alt. einschlägig sein; neben § 812 I 2, 2. Alt. hat § 817 S. 1 nur in den Fällen eigenständige

---

[712] *Reuter/Martinek*, § 5 V 1, S. 175; MünchKommBGB/*Lieb* § 817 Rn. 2.

[713] Zur Vorgeschichte des § 817 S. 1 *Reuter/Martinek*, § 5 V 1, S. 175 f.; *Honsell*, S. 65 ff.

[714] *Helf*, S. 127; Palandt/*Sprau*, § 817 Rn. 2; Soergel/*Mühl* § 817 Rn. 1; *Reeb*, S. 64; *Reuter/Martinek*, § 5 V 1, S. 177 m.w.N.

[715] BGH, Urt. v. 28.1.1953 – II ZR 265/51 (München) = BGHZ 8, S. 348 (370); *Reuter/Martinek*, § 5 V 1, S. 175; *Koppensteiner/Kramer*, S. 61 f.; *Reeb*, S. 63; *Kern*, JuS 1993, S. 193 (195).

[716] MünchKommBGB/*Lieb* § 817 Rn. 4; Palandt/*Sprau* § 817 Rn. 10; *Medicus*, Bürgerliches Recht, Rn. 694; *Reeb*, S. 64.

Bedeutung, in denen § 812 I 2 Alt. 2 durch § 815 gesperrt oder der mit der Leistung bezweckte Erfolg eingetreten ist[717].

Während die herrschende Lehre § 817 S. 1 somit auch auf voll ausgebildete, nichtige Rechtsgeschäfte anwendet, handelt es sich nach anderer Auffassung um einen Sonderfall der condictio ob rem für den Fall der Gesetzes- oder Sittenwidrigkeit der Rechtsgrundabrede[718]. Der Anwendungsbereich des § 817 S. 1 wäre demnach auf Fälle beschränkt, in denen – im Unterschied zu § 812 I 1 Alt. 1 – eine bloße Rechtsgrundabrede vorliegt, deren Zweck – im Unterschied zu § 812 I 2 Alt. 2 – zwar erreicht wurde, der jedoch – und hier liegt die Besonderheit – durch die Rechtsordnung missbilligt wird[719]. Vorleistungsfälle wären demnach nicht über § 817 S. 1, sondern über § 812 I 2 Alt. 2 zu lösen, da der Leistungszweck (Veranlassen des Empfängers der Leistung zur Erbringung der nicht geschuldeten Gegenleistung) in diesen Fällen nicht erreicht wurde[720]. Der Vorteil dieser Auslegung, die sich maßgeblich auf die ähnliche Wortwahl der § 817 S. 1 und § 812 I 2 Alt. 2 und das historische Vorbild des § 817 S. 1, die condictio ob turpem causam stützt, liegt in der Präzisierung des Anwendungsbereichs des § 817 S. 2; allerdings wird § 817 S. 1 um einen der wenigen Anwendungsbereiche beschnitten, in denen § 817 S. 1 noch eigenständige Bedeutung erlangt, nämlich die Fälle, in denen der Gesetzes- oder Sittenverstoß des Empfängers *nicht* zur Vertragsnichtigkeit führt[721]; angesichts der ohnehin geringen eigenständigen Bedeutung der Vorschrift vermag diese Einschränkung nicht zu überzeugen.

Ebenso umstritten ist, ob § 817 S. 1 auf Seiten des Empfängers ein Verschulden erfordert. Die Rechtsprechung[722] hält ein Verschulden in Form von Kenntnis oder Kennenmüssens des Gesetzesverstoßes (bzw. Sittenverstoßes) für erforderlich, weil § 817 S. 1 eine Sanktion für die missbilligte Leistungsannahme darstelle. Im Schrifttum[723] wird demgegenüber ein objektiver Verbotsverstoß für ausreichend erachtet, es sei denn, das Verbot enthält selbst subjektive Merkma-

---

[717] *Reuter/Martinek*, § 5 V 1, S. 177; *Reeb*, S. 64.

[718] *Honsell*, S. 77; MünchKommBGB/*Lieb* § 817 Rn. 5; *Reuter/Martinek*, § 5 V 3, S. 180 f.; ausführlich zum Ganzen *Honsell*, S. 65 ff. § 817 S. 1 ist jedoch keine lex specialis zu § 812 I 2 Alt. 2 (so aber *Kern*, FS Gernhuber, S. 191, 201), da § 817 S. 1 auf einen besonderen Fall zugeschnitten ist, den § 812 I 2, 2. Alt. nicht zu erfassen vermag, dazu sogleich.

[719] *Reuter/Martinek*, § 5 V 3, S. 181.

[720] A.A. wohl *Kern*, FS Gernhuber, S. 191 (201).

[721] MünchKommBGB/*Lieb* § 817 Rn. 6 will diese Fälle über § 812 I 2 Alt. 2 lösen. Diese Lösung bereitet jedoch Schwierigkeiten, wenn die Parteien ausdrücklich eine vertragliche Vereinbarung getroffen haben.

[722] RGZ 105, S. 270 (272); 127, S. 276 (279); 151, S. 70 (73); BGHZ 50, S. 90 (92).

[723] *Reuter/Martinek*, § 5 V 1, S. 177 f.; vgl. auch Erman/*Westermann* § 817 Rn. 8; MünchKommBGB/*Lieb* § 817 Rn. 38; RGRK-BGB/*Heimann-Trosien* § 817 Rn. 8. Uneingeschränkt *Reeb*, § 6 4 a, S. 65.

le. Es erscheint überzeugend, die Kondiktion nach § 817 S. 1 nicht an strengere Voraussetzungen zu knüpfen, als das Verbot selbst aufstellt, da andernfalls die Gefahr bestünde, dass ein objektiv verbotswidriger Zustand durch Ausschluss der Kondiktion perpetuiert wird.

Der Schwarzarbeiter kann seine Leistungen somit grundsätzlich nach § 817 S. 1 kondizieren, wenn der Auftraggeber durch die Annahme der Dienst- oder Werkleistungen bewusst gegen das SchwarzArbG (a.F.) verstößt; umgekehrt muss für eine Kondiktion des Auftraggebers nach § 817 S. 1 der Schwarzarbeiter durch die Annahme des Entgelts bewusst gegen das SchwarzArbG (a.F.) verstoßen. Beides wird in Rechtsprechung und Schrifttum[724] bejaht, meist ohne nähere Begründung.

Unproblematisch ist dies allerdings nur hinsichtlich der Annahme der Dienst- oder Werkleistungen des Schwarzarbeiters durch den Auftraggeber: Der Auftraggeber handelt nach § 8 I Nr. 2 SchwarzArbG (§ 2 I SchwarzArbG a.F.) ordnungswidrig, wenn er vorsätzlich Dienst- oder Werkleistungen in erheblichem Umfang *ausführen lässt*, indem er eine oder mehrere Personen beauftragt, die diese Leistungen unter vorsätzlichem Verstoß gegen die in § 8 I Nr. 1 SchwarzArbG (§ 1 I SchwarzArbG a.F.) genannten Vorschriften erbringen. § 8 I Nr. 2 SchwarzArbG (§ 2 I SchwarzArbG a.F.) erfasst somit (auch) die Entgegennahme der Dienst- oder Werkleistungen durch den Auftraggeber. Damit verstößt der Auftraggeber durch die Annahme der Leistung gegen ein gesetzliches Verbot i.S. des § 817 S. 1[725].

Hinsichtlich der Annahme des Entgelts durch den Schwarzarbeiter ist dies weniger sicher, denn ausdrücklich verbietet § 8 I Nr. 1 SchwarzArbG (§ 1 I SchwarzArbG a.F.) dem Schwarzarbeiter nur die Erbringung der Dienst- oder Werkleistungen; die Annahme des Entgelts erfüllt hingegen nicht die tatbestandlichen Voraussetzungen des § 8 I Nr. 1 SchwarzArbG (§ 1 I SchwarzArbG a.F.)[726]. Wie jedoch oben[727] ausgeführt wurde, will das SchwarzArbG (a.F.) den Schwarzarbeiter durch das Verbot des § 8 I Nr. 1 SchwarzArbG (§ 1 I SchwarzArbG a.F.) von der Erbringung *entgeltlicher* Dienst- oder Werkleistungen unter Verstoß gegen die Melde- und Erlaubnispflichten des § 8 I Nr. 1 SchwarzArbG (§ 1 I SchwarzArbG a.F.) abhalten. Insoweit widerspricht die Annahme eines Entgelts für (verbotswidrig) erbrachte Dienst- oder Werkleistungen durchaus Sinn und Zweck des SchwarzArbG (a.F.)[728]. Erachtet man dies

---

[724] Nicht differenzierend insoweit *Sonnenschein*, JZ 1976, S. 497 (500); differenzierend *Helf*, S. 129.

[725] Ebenso *Helf*, S. 129.

[726] Siehe dazu auch oben, Zweiter Teil, F. II. 2.

[727] Zweiter Teil, F. II. 2.

[728] Ebenso *Helf*, S. 129.

für einen Anspruch aus § 817 S. 1 für ausreichend, erlaubt § 817 S. 1 – vorbehaltlich der weiteren Voraussetzungen – auch die Kondiktion des an den Schwarzarbeiter gezahlten Entgelts durch den Auftraggeber.

d. § 951 I 1

Nach § 951 I 1 kann derjenige, der nach den §§ 946 bis 950 einen Rechtsverlust erleidet, von demjenigen, zu dessen Gunsten die Rechtsänderung eintritt, für diesen Rechtsverlust eine Vergütung in Geld nach den Vorschriften über die ungerechtfertigte Bereicherung verlangen.

Bedeutung erlangen die §§ 951, 812 ff. vor allem bei Bauleistungen, denn hier erlangt der Auftraggeber Vermögenswerte häufig durch Verbindung nach § 946[729]; hat der Schwarzarbeiter z.b. als Bauhandwerker aufgrund des (unwirksamen) Werkvertrages eigenes Material für das Bauvorhaben des Bestellers verwendet, stellt sich die Frage, ob § 951 I 1 den Weg zu einer Kondiktion eröffnet.

Teilweise wird die Auffassung vertreten, § 951 I 1 erfasse den Rechtserwerb aufgrund von Leistungen an den Erwerbenden nicht; beruhe der Rechtserwerb daher auf dem Willen des Leistenden, sei die Leistungskondiktion nach § 812 I 1 Alt. 1, I 2 unmittelbar anwendbar, auch wenn sich der Rechtserwerb technisch nach den §§ 946 ff. vollziehe[730], wobei allerdings § 951 I 2 im Interesse der Werterhaltung auf die Leistungskondiktion entsprechend anwendbar sei[731]. Konsequenter erscheint es jedoch, in § 951 I 1 eine umfassende Rechtsgrundverweisung auch auf die Leistungskondiktionen nach § 812 I 1 Alt. 1 und § 812 I 2 zu erblicken[732]. In keinem Fall sollte die Frage, ob ein Anspruch aus Leistungs- oder Nichtleistungskondiktion besteht, davon abhängig gemacht werden, nach welchen Vorschriften sich der Vermögenserwerb vollzieht. Taugliches Abgrenzungskriterium ist allein die Frage, ob die Vermögensmehrung auf einer Leistung, also einer bewussten und zweckgerichteten Vermögensmehrung, beruht. Ist dies der Fall, ist eine Bereicherung „in sonstiger Weise" schon begrifflich ausgeschlossen[733].

---

[729] Ferner dann, wenn man eine (allerdings konstruiert erscheinende) Übereignung von Baumaterialien nach §§ 929 ff. gemäß § 134 als unwirksam betrachtet (zweifelhaft).
[730] So Palandt/*Bassenge* § 951 Rn. 2/4.
[731] Staudinger/*Gursky* § 951 Rn. 2; Palandt/*Bassenge* § 951 Rn. 2.
[732] BGHZ 40, S. 272; BGH NJW 1989, S. 2745; *Schwab/Prütting*, Sachenrecht, Rn. 467. Anders (nur Verweis auf die Nichtleistungskondiktion nach § 812 I 1 Alt. 2) *OLG Hamm*, NJW-RR 1992, S. 1105; MünchKommBGB/*Quack* § 951 Rn. 3; Staudinger/*Gursky* § 951 Rn. 2.
[733] *Medicus*, Bürgerliches Recht, Rn. 727.

3. Die Kondiktionssperre des § 814, 1. Alt.

Nach § 814, 1. Alt. kann der Gläubiger des Bereicherungsanspruchs das zum Zwecke der Erfüllung einer Verbindlichkeit Geleistete nicht zurückfordern, wenn er gewusst hat, dass er zur Leistung nicht verpflichtet war. Diese Vorschrift betrifft ausweislich ihres Wortlauts nur Leistungen „zum Zwecke der Erfüllung einer Verbindlichkeit" und damit Leistungen i.S. des § 812 I 1, 1 Alt.[734]. Wussten beide Parteien von der Nichtigkeit, hat § 814 Alt. 1 allenfalls deklaratorische Bedeutung, da in solchen Fällen schon rein begrifflich keine Leistung „zum Zwecke der Erfüllung einer Verbindlichkeit" i.S. des § 812 I 1 Alt. 1 vorliegt[735]. Leistungen, deren Zweck nicht in der Erfüllung einer (vermeintlichen) Verbindlichkeit besteht, werden von § 814 Alt. 1 nicht erfasst. Unanwendbar ist § 814 Alt. 1 daher in Fällen des § 812 I 2, 2. Alt.[736]; ebenso unanwendbar ist § 814 Alt. 1 auf § 817 S. 1 (condictio ob turpem vel iniustam causam)[737].

Die h.M.[738] führt diesen Kondiktionsausschluss auf das Verbot des venire contra factum proprium zurück: allein das widersprüchliche Verhalten einer Leistungserbringung trotz Kenntnis der Nichtschuld rechtfertige die Kondiktionssperre des § 814, 1. Alt.[739]. Präzise Rechtskenntnisse von der Unwirksamkeit der Verpflichtung sind hierbei nicht zu verlangen; andererseits reicht jedoch die bloße Kenntnis der Tatsachen, aus denen sich die Unwirksamkeit der Verpflichtung ergibt, noch nicht aus. Erforderlich ist vielmehr eine Art „Parallelwertung in der Laiensphäre"[740]: Der Leistende muss daher nicht nur um den Verbotsverstoß wissen, sondern auch den zutreffenden Schluss ziehen, dass er nichts schuldet. Falsche Schlüsse, Irrtümer (selbst verschuldete) oder Zweifel des Leistenden an der Rechtslage schließen die Anwendung des § 814 Alt. 1 daher aus[741]. Zu weit gehen dürfte daher die Auffassung, eine solche Kenntnis sei in Schwarzarbeitsfällen generell anzunehmen[742]. Zwar dürfte diese Schlussfolgerung bei beiderseitigen, bewussten Verstößen gegen das SchwarzArbG (a.F.) indessen auch für den juristischen Laien naheliegen[743]; allerdings ist § 814 Alt. 1 gerade in diesen

---

[734] Vgl. Staudinger/*Lorenz* § 814 Rn. 1; *Kern*, FS Gernhuber, S. 197 (200).

[735] Siehe oben Zweiter Teil, G. III. 2. a.

[736] Palandt/*Sprau* § 814 Rn. 1 f. m.w.N.

[737] Palandt/*Sprau* § 814 Rn. 1 f. m.w.N.

[738] BGHZ 36, S. 232 (235); 73, S. 202 (205); MünchKommBGB/*Lieb* § 814 Rn. 2.

[739] *Reuter/Martinek,* § 6 I, S. 185.

[740] Staudinger/*Lorenz* § 814 Rn. 3; MünchKommBGB/*Lieb* § 814 Rn. 7 m.w.N.

[741] MünchKommBGB/*Lieb* § 814 Rn. 10.

[742] So *Kern*, FS Gernhuber, S. 197 (200); a.A. *Helf*, S. 131 unter Hinweis auf die unsichere Rechtslage. In der Rechtsprechung ist die Frage der Nichtigkeit von Schwarzarbeitsverträge bei beiderseitigen bewussten Verstößen gegen die §§ 1 I Nr. 3, 2 I SchwarzArbG a.F. nunmehr seit dem 23.09.1982 durch BGHZ 85, S. 39 ff. höchstrichterlich geklärt. Zweifel am Nichtbestehen einer Verpflichtung können hier allenfalls noch unter dem Gesichtspunkt der Einschränkung der Nichtigkeitsfolgen durch Treu und Glauben nach § 242 bestehen.

[743] *Fenn*, Anm. zu BGH, Urt. v. 23.09.1982 – VII ZR 183/80, ZIP 1983, S. 466.

Fällen allenfalls deklaratorisch, da die Leistung hier zu dem für den Empfänger erkennbaren Zweck erfolgt, diesen zu einem vertraglich nicht geschuldeten Verhalten zu bewegen. In solchen Fällen greift nicht § 812 I 1 Alt. 1, sondern die condictio ob rem/ causa data causa non secuta nach § 812 I 2 Alt. 2. Zudem ist fraglich, ob § 814 Alt. 1 als Ausprägung des Grundsatzes vom Verbot des venire contra factum proprium bei einer Kondiktion nach § 812 I 1 Alt. 1 nicht entsprechend seinem Sinn und Zweck einzuschränken wäre, weil infolge des beiderseitigen bewussten Verbotsverstoßes auch auf Seiten des Empfängers kein schutzwürdiges Vertrauen besteht[744].

4. Die Kondiktionssperre des § 815

Nach § 815 ist die Rückforderung wegen Nichteintritt des mit der Leistung bezweckten Erfolges ausgeschlossen, wenn der Eintritt des Erfolgs von Anfang an unmöglich war und der Leistende dies gewusst hat oder der Leistende den Eintritt des Erfolges wider Treu und Glauben verhindert hat. § 815 bezieht sich ausweislich des Wortlauts ausschließlich auf die condictio ob rem (causa data causa non secuta) nach § 812 I 2, 2. Alt. (Rückforderung wegen Nichteintritt des mit der Leistung bezweckten Erfolges); auf andere Kondiktionstatbestände ist § 815 nicht anwendbar[745]. § 815 Alt. 1 ist – wie § 814 Alt. 1 – eine Ausprägung des Verbots widersprüchlichen Verhaltens; in § 815 Alt. 2 wirkt der ebenfalls aus Treu und Glauben abgeleitete Grundsatz des Verbots der Berufung auf eine treuwidrig manipulierte Situation[746].

§ 815 Alt. 2 kommt in Schwarzarbeitsfällen keine Bedeutung zu, denn die Verhinderung des vom SchwarzArbG (a.F.) missbilligten Erfolges dürfte schwerlich als wider Treu und Glauben verstoßend anzusehen sein[747]. Begrifflich bereitet es indes keine Schwierigkeiten, den vom SchwarzArbG (a.F.) missbilligten Erfolg als „von Anfang an unmöglich" i.S. des § 815 Alt. 1 anzusehen (s.o. zu § 134) und auch ein entsprechendes Wissen des Leistenden dürfte hier regelmäßig anzunehmen sein (s.o. zu § 812 I 1 Alt. 1). Wie bei § 814 Alt. 1 stellt sich jedoch auch hier die Frage, ob § 815 Alt. 1 als Ausprägung des Grundsatzes vom Verbot des venire contra factum proprium entsprechend seinem Sinn und Zweck eingeschränkt werden sollte, wenn der Grund für die Unmöglichkeit des Erfolges (auch) im verbotswidrigen Verhalten des Empfängers liegt. Ein schutzwürdiges Vertrauen auf Seiten des Empfängers ist aufgrund des beiderseitigen, bewussten Verbotsverstoßes nicht gegeben; beruft sich der selbst verbotwidrig handelnde Leistungsempfänger auf § 815 Alt. 1, muss dies vielmehr als wider-

---

[744] Siehe zu diesem Problemkreis *Reuter/Martinek*, § 6 I, S. 187. Dazu auch sogleich.

[745] *Reuter/Martinek*, § 6 III, S. 196; *Loewenheim*, S. 69.

[746] *Reuter/Martinek*, § 6 III/IV, S. 196.

[747] *Reuter/Martinek*, § 6 IV, S. 197.

sprüchliches Verhalten bewerten werden[748]. Auf diese Fälle sollte § 815 Alt. 1 daher – entsprechend seiner ratio – nicht angewendet werden.

5. Die Kondiktionssperre des § 817 S. 2

Bei der zivilrechtlichen Behandlung von Verträgen, die gegen das SchwarzArbG (a.f.) verstoßen, steht neben § 134 vor allem § 817 S. 2 und die damit verbundene Frage im Mittelpunkt, ob eine bereicherungsrechtliche Rückabwicklung nichtiger Schwarzarbeitsverträge durch § 817 S. 2 ausgeschlossen ist. Auch diese Diskussion ist die Folge einer unsicheren Anwendung und Auslegung des § 817 S. 2.

a. Die Anwendung und Auslegung des § 817 S. 2 im Überblick

aa. Rechtsprechung

Die höchstrichterliche Rechtsprechung zu § 817 S. 2 lässt eine klare Linie vermissen[749]: Einerseits weitet der *BGH* den Anwendungsbereich des § 817 S. 2 aus und wendet die Kondiktionssperre – im Unterschied zu den §§ 814, 815, s.o. – „als allgemeine Regel auf alle Arten von Bereicherungsansprüchen"[750] an; darüber hinaus wendet er § 817 S. 2 auch auf einseitige Gesetz- oder Sittenverstöße des Leistenden an, denn es sei nicht zu rechtfertigen, dass derjenige, der etwas ohne eigenen Gesetz- oder Sittenverstoß von einem gesetz- oder sittenwidrig Leistenden empfangen habe, zur Herausgabe der Bereicherung verurteilt werde, während derjenige, der ebenfalls einen Gesetz- oder Sittenverstoß begangen habe, die Leistung behalten könne[751]. Andererseits sieht der *BGH* § 817 S. 2 als eine Ausnahmevorschrift an[752], die rechtspolitisch problematisch sei, häufig zu unbefriedigenden Ergebnissen führe[753] und daher eng auszulegen sei[754]. Außer-

---

[748] Ähnlich für § 814 S. 1 *Reuter/Martinek*, § 6 I, S. 187. Zwar handelt es sich bei den Kondiktionssperren der §§ 814, 815, 817 S. 2 um von Amts wegen zu berücksichtigende Einwendungen; der Rechtsgedanke der Arglisteinrede bleibt davon jedoch unberührt.

[749] Staudinger/*Lorenz* § 817 Rn. 10 a.E.; *Reuter/Martinek*, § 6 V, S. 207 ff.; *Thilenius*, S. 89.

[750] *BGH*, Urt. v. 19.4.1961 – IV ZR 217/60 (Frankfurt) = BGHZ 35, S. 103 (107) (Bereicherungsanspruch aus § 531); Urt. v. 7.3.1962 – V ZR 132/60 (Köln) = BGHZ 36, S. 395 (399); Urt. v. 6.5.1965 – II ZR 217/62 (Karlsruhe) = BGHZ 44, S. 1 (6); Urt. v. 29.4.1968 – VII ZR 9/66 (Nürnberg) = BGHZ 50, S. 90 (91).

[751] *BGH*, Urt. v. 28.1.1953 – II ZR 265/51 (München) = BGHZ 8, S. 348 (370 f.), unter Hinweis auf RGZ 161, S. 52 (55).

[752] *BGH*, Urt. v. 2.12.1955 – I ZR 46/54 (Hamburg) = BGHZ 19, S. 205 (206); Urt. v. 19.4.1961 – IV ZR 217/60 (Frankfurt) = BGHZ 35, S. 103 (109) Urt. v. 6.5.1965 – II ZR 217/62 (Karlsruhe) = BGHZ 44, S. 1 (6).

[753] *BGH*, Urt. v. 31.1.1963 – VII ZR 284/61 (Frankfurt a.M.) = BGHZ 39, S. 87 (91), unter Hinweis auf BGHZ 8, S. 348 (370 f.); Urt. v. 20.11.1953 – V ZR 124/52 (Köln) = BGHZ 11, S. 90 (97); Urt. v. 20.5.1964 – VIII ZR 56/63 (Braunschweig) = BGHZ 41, S. 341 (344); Urt. v. 7.12.1988 – IVb ZR 93/87 = BGHZ 106, S. 169 (174).

[754] *BGH*, Urt. v. 6.5.1965 – II ZR 217/62 (Karlsruhe) = BGHZ 44, S. 1 (6).

halb des Bereicherungsrechts sei die Vorschrift nicht anwendbar[755]. Subjektiv setze § 817 S. 2 voraus, dass sich der Leistende des Gesetzes- oder Sittenverstoßes bewusst gewesen sei, also vorsätzlich gehandelt habe. Zudem müsse die Leistung unmittelbar gegen ein Gesetz oder gegen die guten Sitten verstoßen und zudem dauerhaft und nicht nur vorübergehend oder als Durchgangsposten beim Empfänger verbleiben.

Während die Rechtsprechung § 817 S. 2 somit einerseits über Wortlaut und systematische Stellung der Vorschrift hinaus analog auf alle Arten von Bereicherungsansprüchen und bei einseitigen Gesetzesverstößen anwendet, ist sie andererseits um eine restriktive Anwendung des § 817 S. 2 bestrebt[756]; neben den soeben aufgeführten tatbestandlichen Einschränkungen des § 817 S. 2 dürfte auch die Anwendung der Geschäftsführung ohne Auftrag bei nichtigen Verträgen (etwa zur Rückabwicklung gescheiterter Titelkäufe[757]) von dem – freilich unausgesprochenen – Gedanken getragen sein, eine Abwicklung des nichtigen Vertrags unter weitgehender Ausschaltung des § 817 S. 2 zu ermöglichen.

Uneinheitlich ist die Rechtsprechung vor allem in der Frage, ob und inwieweit die Kondiktionssperre des § 817 S. 2 eine Berücksichtigung von Billigkeitserwägungen erlaubt. Einer Berufung auf die Grundsätze von Treu und Glauben, soweit sie sich allein gegen die Rechtsfolge des § 817 S. 2 richtet, steht die Rechtsprechung überwiegend ablehnend gegenüber[758]. In einem Fall, der eine gegen § 319 II Nr. 5 HGB (a.F., nun § 319 III 1 Nr. 3 lit. a HGB) verstoßende Tätigkeit eines Abschlussprüfers betraf, lehnte der *BGH*[759] eine Übertragung der in Schwarzarbeitsfällen vertretenen Einschränkung des § 817 S. 2 durch § 242 aufgrund der fehlenden „besonderen Verhältnisse, die bei Schwarzarbeit aus-

---

[755] *BGH*, Urt. v. 31.1.1963 – VII ZR 284/61 (Frankfurt a.M.) = BGHZ 39, S. 87 (91), unter Hinweis auf *BGH*, JZ 1951, S. 716, RGRK-BGB § 817 Anm. 2 und BGHZ 35, S. 103 (109); *BGH*, Urt. v. 8.1.1975 – VIII ZR 126/73 (Hamm) = BGHZ 63, S. 365 (368 f.). Siehe auch *BGH*, Urt. v. 14.6.1951 – IV ZR 37/50 = NJW 1951, S. 643: § 817 S. 2 unanwendbar gegenüber Ansprüchen aus §§ 985, 989, 990, 823. Für Unanwendbarkeit gegenüber Verwendungsersatzanspruch aus §§ 994 ff. *BGH*, Urt. v. 20.5.1964 – VIII ZR 56/63 (Braunschweig) = BGHZ 41, S. 341 (343/349), die Anwendbarkeit gegenüber dem Herausgabeanspruch aus § 985 aber offen lassend. Gänzlich offen lassend hingegen *BGH*, Urt. v. 17.12.1959 – II ZR 32/59 (Düsseldorf) = BGHZ 31, S. 295 (303).
[756] Siehe auch *Reuter/Martinek*, § 6 V, S. 207.
[757] Vgl. *BGH*, Urt. v. 10.10.1996 – III ZR 205/95 (Karlsruhe) = NJW 1993, S. 47 f.
[758] So bereits RGZ 78, S. 282 (284 f.). Nach BGHZ 8, S. 348 (373) soll „der Gesichtspunkt der Gerechtigkeit bewußt unberücksichtigt" bleiben; nach *BGH*, Urt. v. 7.3.1962 – V ZR 132/60 (Köln) = BGHZ 36, S. 395 (399 f.) „soll auch grundsätzlich die Regelung des § 817 S. 2 BGB nicht mit der allgemeinen Arglisteinrede bekämpft werden können."; ferner BGHZ 19, S. 205 (209). Zweifelnd indes *BGH*, Urt. v. 20.5.1964 – VIII ZR 56/63 (Braunschweig) = BGHZ 41, S. 341 (348). Offen lassend *BGH*, Urt. v. 2.12.1955 – I ZR 46/54 (Hamburg) = BGHZ 19, S. 205 (209). Siehe dazu auch *Reuter/Martinek*, § 6 V, S. 206.
[759] *BGH*, Urt. v. 30.4.1992 – III ZR 151/91 (Düsseldorf) = BGHZ 118, S. 142 ff.

nahmsweise zu einer einschränkenden Auslegung des § 817 S. 2 geführt haben" ab; auch ein allgemeiner Grundsatz lasse sich daraus nicht ableiten[760]. Ein weiterer Fall betraf einen gegen § 120 I Nr. 2 OWiG verstoßenden Anzeigenvertrag. Auch hier lehnte der *BGH* eine einschränkende Auslegung des § 817 S. 2 ab, weil sonst das vom Gesetzgeber erstrebte Ziel weitgehend unterlaufen werde[761]. Somit liegt die Einschränkung des § 817 S. 2 durch § 242 in Schwarzarbeitsfällen nicht auf der Linie der übrigen Rechtsprechung zu § 817 S. 2[762].

bb. Schrifttum

Auch die herrschende Lehre[763] wendet § 817 S. 2 auf alle Fälle der Leistungskondiktion und auch in Fällen einseitiger Verbots- und Sittenverstöße des Leistenden an. Eine – aufgrund des Wortlauts und der systematischen Stellung der Vorschrift an sich naheliegende[764] – Beschränkung auf die in Bezug genommene Kondiktion des § 817 S. 1[765] wird von der herrschenden Lehre ebenso abgelehnt wie eine Beschränkung auf ihren historischen Anwendungsbereich[766], die causa futura[767]. Auch eine Beschränkung auf Fälle, in denen beide Parteien ihre Leistungen vollständig erbracht haben[768] – was im Ergebnis zu einer Unanwendbarkeit des § 817 S. 2 in Vorleistungsfällen führen würde - wird von der herrschenden Lehre abgelehnt. Gleiches gilt für Einschränkungen durch § 242.

Ob die Kondiktionssperre des § 817 S. 2 bei Gesetzesverstößen von subjektiven Voraussetzungen abhängig ist, ist umstritten. Teilweise wird ein Bewusstsein des Verbotsverstoßes i.S. einer sog. „Parallelwertung in der Laiensphäre" verlangt[769]; teilweise wird jedoch von subjektiven Voraussetzungen gänzlich abgesehen[770].

---

[760] BGHZ 118, S. 142 (150).

[761] BGHZ 118, S. 182 (193).

[762] *BGH*, WM 1965, S. 586 (589); NJW 1992, S. 310 (311).

[763] *Koppensteiner/Kramer*, S. 62; Palandt/*Sprau* § 817 Rn. 2; Staudinger/*Lorenz* § 817 Rn. 10; *Wieling*, § 3 III 6 (S. 35). So aber auch *Reeb*, § 6 4 b (S. 68).

[764] *Loewenheim*, S. 70; *Koppensteiner/Kramer*, S. 61.

[765] Dafür jedoch *Heck*, AcP 124, S. 1 (21 ff./53 f.), wobei § 817 S. 1 aber die allgemeine Leistungskondiktion nach § 812 I 1 Alt. 1 in den Fällen der Nichtigkeit der Kausalabrede verdrängen soll.

[766] Dafür *Honsell*, S. 147 ff. Ausgeschlossen wäre somit lediglich die Rückforderung von Leistungen, die um eines zukünftigen, verwerflichen Erfolges willen erbracht worden sind.

[767] *Reuter/Martinek*, § 6 V, S. 208 f.

[768] So *Bufe* AcP 157, S. 215 (239/256 f.); *Reeb*, S. 66 f.; *Heck,* AcP 124, S. 1 (33).

[769] Staudinger/*Lorenz* § 817 Rn. 22.

[770] *Reuter/Martinek*, § 6 V, S. 212 f.; *Koppensteiner/Kramer*, S. 64 f. Wer § 817 S. 2 jedoch als zivilrechtliche Strafe ansieht, muss den Kondiktionsausschluss aufgrund des Verschuldensprinzips konsequent auch an subjektive Voraussetzungen knüpfen. Gleiches gilt, wenn § 817 S. 2 auf Präventionsgedanken gestützt wird, da eine Verhaltenssteuerung bei unbewusstem Verhalten schlechterdings ausscheidet.

Allgemein anerkannt ist dagegen eine Begrenzung des § 817 S. 2 entsprechend dem Zweck des gesetzlichen Verbots[771]: Bei der Anwendung der Kondiktionssperre dürfe der Zweck des gesetzlichen Verbots nicht außer Betracht bleiben. Vielmehr müsse „bei ihrer Anwendung stets und generell gefragt werden, ob die Aufrechterhaltung der rechtsgrundlosen Vermögenszuordnung mit dem *Zweck der Nichtigkeitssanktion* vereinbar ist oder nicht"[772]. Insbesondere dürfe § 817 S. 2 nicht zur Anwendung kommen, wenn der Kondiktionsausschluss zur Perpetuierung einer rechtswidrigen Vermögenslage führe. Zu prüfen sei jedoch auch die Möglichkeit einer Aufteilung des nichtigen Rechtsgeschäfts in nichtige und gültige Vereinbarungen[773]. Entsprechend der Regelung des § 134 geht die herrschende Meinung somit auch bei § 817 S. 2 von einem – freilich ungeschriebenen – Normzweckvorbehalt aus.

b. Normzweck und Funktion

Der Ursprung aller Unsicherheiten bei der Anwendung und Auslegung des § 817 S. 2 liegt in dem unklaren Normzweck der Vorschrift[774]:

aa. Zivilrechtliche Strafvorschrift

Nach den Motiven[775] sollte § 817 S. 2 als zivilrechtliche Strafvorschrift die verwerfliche Gesinnung des Leistenden mit dem Verlust seiner Leistung ohne be-

---

[771] So bereits *Fabricius*, JZ 1963, S. 85 (90 f.): Ausschluss des § 817 S. 2 bei Verbotsgesetzen, deren Schutzzweck „im Interesse des Leistenden selbst oder aber außenstehender Dritter es erfordert, daß das Geleistete dem Leistenden zurückgewährt wird"; ferner sei zu erwägen, „§ 817 S. 2 auf solche Sachverhalte nicht anzuwenden, bei denen Annahme und Hingabe deshalb gegen ein gesetzliches Verbot verstoßen, weil einzelne Modalitäten der Leistung gesetzwidrig sind, der generelle Zweck der Vermögensverschiebung aber von der Rechtsordnung gebilligt wird."; weitergehend *Reuter/Martinek*, § 6 V, S. 210 f., dazu sogleich.

[772] *Reuter/Martinek*, § 6 V, S. 210 (Hervorhebung im Original).

[773] *Reuter/Martinek*, § 6 V, S. 211 sprechen insoweit von § 817 S. 2 als ein „*normativ graduierendes Rechtsschutzverweigerungsprinzip*".

[774] Zum schweizerischen Recht (Art. 66 OR: „Was in der Absicht, einen rechtswidrigen oder unsittlichen Erfolg herbeizuführen, gegeben worden ist, kann nicht zurückgefordert werden") BGE 102 II S. 411 (412): „[Es] ist [...] der Wille des Gesetzes, das pönalen Charakter hat und keine Klage auf Rückforderung des Geleisteten zulässt, weil die Forderung des staatlichen Schutzes nicht würdig ist [...]. Dass sich eine stossende Begünstigung einer Vertragspartei ergeben kann, ist daher entsprechend dem Grundgedanken des Art. 66 OR, der rechtswidrigen und unsittlichen Gedanken vorbeugen will, solange in Kauf zu nehmen, als das Gesetz selbst keine bessere Lösung vorsieht [...]." kritisch hierzu *Heller*, S. 64; um Einschränkung des – wie § 817 S. 2 auf das römisch-rechtliche Kondiktionensystem zurückgehenden – Art. 66 OR bemüht auch *Giger*, S. 141 ff.

[775] Motive, Bd. II, S. 849, in: *Mugdan*, Bd. II, S. 474.

sonderen Ausgleich bestrafen; vor allem in der älteren Rechtsprechung[776] wurde die Kondiktionssperre des § 817 S. 2 daher häufig als eine zivilrechtliche Strafe angesehen. Auch das Schrifttum bezeichnet § 817 S. 2 mitunter als „bürgerlichrechtliche Strafvorschrift"[777]; Auftrieb erfährt diese – bisweilen überwunden geglaubte[778] – Auffassung insbesondere durch Stimmen des jüngeren Schrifttums, die einzelne Vorschriften des BGB[779] und einzelne Ausprägungen der Rechtsprechung[780] auf Strafgedanken zurückführen wollen[781].

Gegen einen Strafcharakter des § 817 S. 2 wird indes eingewandt, die Vorschrift lasse den strafrechtlichen Grundsatz der Schuldangemessenheit außer Betracht[782]: So führe der Rückforderungsausschluss bei wertvollen Leistungen stets zu schweren Sanktionen, während er umgekehrt bei geringwertigen Leistungen auch nur eine schwache Sanktion darstelle. *Schäfer*[783] hingegen hält zumindest eine abstrakte Proportionalität zwischen Unrecht und Strafe für gewährleistet, weil die Bestrafung durch den Verfall des Bereicherungsanspruchs um so höher ausfalle, je schwerer der Verbotsverstoß sei. Dies würde freilich voraussetzen, dass der Grad der Sitten- oder Verbotswidrigkeit in einem proportionalen Verhältnis zur Höhe der Leistung steht, was zu bezweifeln ist[784]; selbst bei entsprechender *abstrakter Proportionalität* führte das weder zwischen unterschiedlichen Verbotsvorschriften (bzw. den ungeschriebenen guten Sitten) noch zwischen unterschiedlichen Verschuldensformen differenzierende Alles-oder-nichts-Prinzip des § 817 S. 2 im *konkreten Einzelfall* kaum zu angemessenen

---

[776] RGZ 95, S. 349; 105, S. 270 (271); 151, S. 73; 161, S. 52 (57 f.); *BGH, JZ* 1951, S. 716 (718); NJW 1962, S. 1148; Urt. v. 31.1.1963 – VII ZR 284/61 (Frankfurt a.M.) = BGHZ 39, S. 87 (91) = NJW 1963, S. 950 = MDR 1963, S. 403 = BB 1963, S. 367 f. = LM BGB § 242 Nr. 17; *BGH,* WM 1967, S. 1217 (1218); WM 1977, S. 72 f.; NJW 1983, S. 1420 (1422 f.); NJW 1989, S. 3217; NJW 1993, S. 2018.

[777] *Schäfer,* AcP 202, S. 397; *Kern,* JuS 1993, S. 193 (195). Ablehnend *Ebert,* S. 370; *Canaris,* FS Steindorff, S. 519 (523); *Thilenius,* S. 103 f.; *Helf,* S. 133.

[778] So z.B. *Dauner,* JZ 1980, S. 495 (499); *Helf,* S. 133 f.

[779] Insbesondere §§ 241 a, 611 a, 288, 253 und § 817 S. 2, zusammenfassend *Schäfer,* AcP 202, S. 397 (428 f.).

[780] Insbesondere die Rechtsprechung zur Verletzung musikalischer Urheberrechte und zu Verletzungen des allgemeinen Persönlichkeitsrechts durch die Presse, vgl. *Schäfer,* AcP 202, S. 397 (418/422 ff.), m.w.N.

[781] So z.B. *Ebert,* Pönale Elemente im deutschen Privatrecht, Tübingen, 2004; *Schäfer,* AcP, 202, S. 397 ff.; *Körner,* NJW 2000, S. 241 ff. Siehe dazu auch oben Zweiter Teil, A. III. 1. b. cc.

[782] *Ebert,* S. 370; *Hager,* S. 185 f.; *Heck,* AcP 124, S. 57; *Helf,* S. 138; *Honsell,* S. 59; *Horter,* S. 46 f.

[783] *Schäfer,* AcP 202, S. 397 (408).

[784] Einen Zusammenhang zwischen dem Wert der Leistung und der Schwere des Verschuldens verneint *Ebert,* S. 370. Ihr ist zuzustimmen: so wird etwa die Anstiftung zum Mord nicht dadurch verwerflicher, dass der Auftraggeber statt fünftausend zehntausend Euro zahlt.

bzw. verhältnismäßigen Strafen[785]. Eine Verschuldensabwägung durch entsprechende Anwendung des § 254 widerspricht indes dem Wortlaut des § 817 S. 2 und wird deshalb von der ganz h.M. zu Recht abgelehnt[786].

Die Ungereimtheiten der Straftheorie treten vor allem in Vorleistungsfällen zu Tage. So erscheint ungereimt, dass § 817 S. 2 hier nur den Vorleistenden „bestraft"[787] und das Erlangte auch einem Leistungsempfänger belässt, der durch die verbotene Leistungsannahme selbst gesetzwidrig gehandelt hat[788]. Allein die Vorleistung selbst stellt indes keinen zureichenden Strafgrund dar. Denn gerade in Fällen der verbotenen Annahme der Leistung (§ 817 S. 1) ist kein Grund dafür ersichtlich, nur die verbotene Leistungserbringung zu bestrafen und dadurch die ebenfalls verbotene Annahme der Leistung zu belohnen. Eine Strafe, die von zwei gleich Strafwürdigen den einen straft, den anderen belohnt, wird man nicht nur als ungereimt[789], sondern vielmehr als willkürlich bezeichnen müssen. Der Strafgedanke vermag einen Kondiktionsausschluss ferner auch dann nicht zu rechtfertigen, wenn es sich bei dem verletzten Verbotsgesetz nicht um einen Straf- oder Ordnungswidrigkeitstatbestand handelt[790].

Darüber hinaus erfüllt § 817 S. 2 auch keinerlei schuldausgleichende Funktion[791]: Ein schuldhafter Eingriff in fremde Individualrechtsgüter oder Rechte, genauer: in Individualrechtsgüter oder Rechte des Vertragspartners, ist insbesondere bei beiderseitigen bewussten Verstößen gegen Straf- und Ordnungswidrigkeitstatbestände nicht gegeben. Insoweit bezweckt § 817 S. 2 – wie schon § 134 – keinen Ausgleich für das schuldhafte Verhalten eines Vertragspartners gegenüber dem anderen (denn beide Vertragsparteien haben die gesetzeswidrige Regelung bewusst und gewollt getroffen). Eine „Strafe" stellt § 817 S. 2 zudem nur für die vorleistende Vertragspartei dar (oder für diejenige Vertragspartei, die ein schlechtes Geschäft gemacht hat und bei Nichteingreifen des § 817 S. 2 den nichtigen Vertrag ansonsten rückabwickeln könnte). Der Kondiktionsausschluss erfüllt auch insoweit nicht die Funktion eines Ausgleichs für schuldhafte Eingriffe in fremde Individualrechtsgüter oder Rechte. Der Strafgedanke ist somit abzulehnen.

---

[785] Ebenso *Ebert*, S. 370; *Horter*, S. 46 f.

[786] RGZ 78, 282 ff.(285); *Reuter/Martinek*, § 6 V, S. 207; *Rost*, S. 46.

[787] BGHZ 8, S. 348 (370 f.); *Canaris*, FS Steindorff, S. 519 (523); *Flume*, Allg. Teil, Bd. II, § 18, 10 (S. 390).

[788] Ebenso *Ebert*, S. 370; *Koppensteiner/Kramer*, S. 63; *Rost*, S. 46; *Reeb*, S. 66, hält den Strafgedanken deshalb gar für eine „absurde Deutung".

[789] So *Larenz*, Lehrbuch des Schuldrechts, Besonderer Teil, 12. Aufl. 1981, § 69 III S. 560, zitiert nach: *Reuter/Martinek*, § 6 V, S. 204.

[790] *Honsell*, S. 58.

[791] *Schäfer*, AcP 202, S. 397 (425).

bb. Der Gedanke der Rechtsschutzverweigerung

Heute wird die Funktion des § 817 S. 2 in Rechtsprechung[792] und Schrifttum[793] überwiegend in einer Rechtsschutzverweigerung zu Lasten des verbotswidrig Handelnden gesehen. Es sei „ [...] ein wesentliches Anliegen dieser Vorschrift [...], dem Kläger den Rechtsschutz für Ansprüche zu versagen, die aus gesetz- oder sittenwidrigen Rechtsgeschäften hergeleitet werden. Mit solchem Makel behaftete Rechtsgeschäfte sollen nicht vor die staatlichen Gerichte gebracht werden können. Die Gerichte stehen den Beteiligten für ihre der Rechts- oder Sittenordnung widerstreitenden Geschäfte nicht zur Verfügung. Um die Folgen dieser Geschäfte, soweit sie allein die Parteien betreffen, sollen die Gerichte sich nicht kümmern"[794].

Wie die umfangreiche höchstrichterliche Rechtsprechung zu § 817 S. 2 belegt, ist die Vorschrift freilich kaum geeignet, eine „Quelle unerfreulicher Streitig- keiten zu verstopfen"[795]. Insoweit führt § 817 S. 2 auch keineswegs zu einer Entlastung der Gerichte, zumal diese zumindest den Gesetzes- bzw. Sittenver- stoß in jedem Fall prüfen müssen[796]. Auch sonst weist die Theorie der Rechts- schutzversagung mehrere Ungereimtheiten auf[797]: So ist wenig plausibel, dass

---

[792] *BGH*, Urt. v. 7.5.1953 – IV ZR 183/52 (Düsseldorf) = BGHZ 9, S. 333 (336): „§ 817 Satz 2 BGB verneint nicht den Bereicherungsanspruch als solchen, sondern versagt ihm nur den Rechtsschutz"; *BGH*, Urt. v. 2.12.1955 – I ZR 46/54 (Hamburg) = BGHZ 19, S. 205 (209): „[...] Zweck des § 817 S. 2 [...], dem Kl. den Rechtsschutz für Leistungen der dort bezeich- neten Art zu versagen". Unentschieden *BGH*, Urt. v. 21.12.1954 – IV ZR 36/55 (Düsseldorf) = BGHZ 19, S. 338 (340): „Mag man die Rechtfertigung für diese Gesetzesbestimmung darin finden, daß sie den Gläubiger des Herausgabeanspruchs für seinen eigenen Gesetzesverstoß bestrafen will, oder aber darin, daß der staatliche Rechtsschutz dem zu versagen sei, der selbst sittenwidrig gehandelt hat". *BGH*, Urt. v. 25.09.1958 – VII ZR 85/57 (Hamm) = BGHZ 28, S. 164 (169): Willen des Gesetzgebers [...], daß unter beiderseitigem Gesetzes oder Sittenver- stoß abgeschlossene Geschäfte keinen Rechtsschutz verdienen und der bei einem solchen Ge- schäft Vorleistende auf eigene Gefahr handelt." Siehe auch BGHZ 35, S. 103 (107); 36, S. 394 (399); 44, S. 1 (6); *OLG Köln*, NJW-RR 1994, S. 1540 (1542).
[793] *Reuter/Martinek*, § 6 V, S. 206; *Koppensteiner/Kramer*, S. 63; MünchKommBGB/*Lieb* § 817 Rn. 9 m.w.N.; Soergel/*Mühl* § 817 Rn. 11; *Dauner*, JZ 1980, S. 495 (499); Pa- landt/*Sprau*, § 817 Rn. 1.
[794] *BGH*, Urt. v. 19.4.1961 – IV ZR 217/60 (Frankfurt) = BGHZ 35, S. 103 ff. Vgl. auch *BGH*, Urt. v. 7.3.1962 – V ZR 132/60 (Köln) = BGHZ 36, S. 395 (399 f.): „§ 817 Satz 2 BGB entzieht nicht den Bereicherungsanspruch, sondern versagt nur einem Kläger den Rechts- schutz für einen Anspruch, der aus einem gesetzwidrigen oder sittenwidrigen Rechtsgeschäft abgeleitet wird. Er soll mit solchen Makeln behaftete Rechtsgeschäfte nicht vor die staatli- chen Gerichte bringen können [...]; um die Folgen dieser Geschäfte, soweit sie allein die Par- teien treffen, sollen sich die Gerichte nicht kümmern."
[795] So aber *BGH*, Urt. v. 28.1.1953 – II ZR 265/51 (München) = BGHZ 8, S. 348 ff. (373): „Die Vorschrift verstopft ganz mit Absicht eine Quelle unerfreulicher Streitigkeiten.".
[796] *Bufe*, AcP 157, S. 215 (255); *Ebert*, S. 372; *Honsell*, S. 60 f.; *Horter*, S. 52.
[797] Anders *Dauner*, JZ 1980, S. 495 (499): „de lege lata jedoch erscheint ein solches Ver- ständnis des § 817 Satz 2 zumindest gut vertretbar und in sich konsequent".

§ 817 S. 2 zwar Ansprüchen des sittenwidrig Handelnden aus Leistungskondiktion, nicht jedoch einer Vindikation nach § 985 entgegenstehen soll. Auch die
Beschränkung des Begriffs der Leistung auf Vermögensvorteile, die endgültig in
das Vermögen des Leistungsempfängers übergegangen sind sowie auf Leistungen, die unmittelbar aus den missbilligten Vorgängen geschuldet werden, zeigt,
dass der Gedanke der Rechtsschutzversagung nur sehr halbherzig umgesetzt
wird[798].

Zudem bleibt diese Auffassung die Begründung dafür schuldig, *warum* § 817
S. 2 die Kondiktion von Leistungen ausschließt, die unter Verstoß gegen ein gesetzliches Verbot (bzw. gegen die guten Sitten) erbracht wurden[799]. Das
Schlagwort „Rechtsschutzversagung" charakterisiert insoweit lediglich die *Wirkung* des § 817 S. 2 (wobei offen bleibt, ob § 817 S. 2 den Bereicherungsanspruch als solchen oder nur seine Durchsetzbarkeit[800] ausschließt); es erklärt jedoch nicht den Sinn und Zweck dieser Rechtsschutzversagung[801]. Die These von
der Rechtsschutzversagung bedarf daher der Ausfüllung durch materiellrechtli-
che Wertungsgesichtspunkte, da sie andernfalls keinen tragfähigen Begründungsansatz für § 817 S. 2 zu liefern vermag.

cc. Verbot des venire contra factum proprium
Teilweise wird § 817 S. 2 auf das Verbot des venire contra factum proprium, das
Verbot widersprüchlichen Verhaltens, als Ausprägung des allgemeinen Grundsatzes von Treu und Glauben zurückgeführt. Wer in Kenntnis der Gesetzes- oder
Sittenwidrigkeit leiste, handle widersprüchlich, wenn er die Leistung später unter Berufung auf die Gesetzes- oder Sittenwidrigkeit zurückfordere[802]. Einen
ähnlichen Begründungsansatz verfolgen die Auffassungen, die zur Begründung
der Kondiktionssperre des § 817 S. 2 den Einwand unredlichen Rechtserwerbs
anführen[803].

---

[798] Vgl. *Rost*, S. 49. Auch *Bufe*, AcP 157, S. 215 (216) hält es für überholt, § 817 S. 2 damit
zu erklären, „daß die Justiz gegenüber schmählichen Geschäften mit der Bewegung der Entrü-
stung und des Ekens ihr Antlitz verhülle".
[799] Mit Recht bezeichnet *Rost* (S. 48) den Begriff der Rechtsschutzversagung insoweit als
„farblos".
[800] So BGHZ 28, S. 164 (169); 36, S. 395 (399 f.).
[801] *Canaris*, FS Steindorff, S. 519 (523); *Ebert*, S. 372.
[802] *Niederländer*, FS Gutzwiller, S. 621 (622); ähnlich *Rost*, S. 56 ff. (58), zusammenfassend
S. 234.
[803] *Flume*, Allg. Teil, Bd. II, § 18, 10 (S. 390). *Koppensteiner/Kramer*, S. 63: „Der Ausschluss
der Kondiktion ist in dieser Sicht Ausdruck des ganz allgemeinen Gedankens der Rechtsschutzversagung in all den Fällen, in denen sich der Gläubiger zur Begründung seiner Ansprüche auf sein eigenes gesetzes- oder sittenwidriges Verhalten berufen muss ('nemo auditur
propriam turpitudinem allegans')".

Diese Auffassung vermag nicht zu überzeugen. Der Ursprung des Verbots des venire contra factum proprium liegt im Vertrauensschutz[804]. Ein (abstrakt) schutzwürdiges Vertrauen des Leistungsempfängers, die Leistung behalten zu dürfen, kommt aber nur dann in Betracht, wenn er durch deren Annahme nicht selbst gegen das gesetzliche Verbot (oder die guten Sitten) verstoßen hat, somit lediglich in den Fällen einseitiger Gesetzes- bzw. Sittenverstöße des Leistenden. Dagegen ist in den Fällen beiderseitiger Verstöße ein Vertrauen darauf, die unter Verstoß gegen ein gesetzliches Verbot oder gegen die guten Sitten angenommene Leistung behalten zu dürfen, nur schwer vorstellbar; dass ein solches Vertrauen jedenfalls keinen Schutz genießt, belegt § 819 II, der für den verbots- oder sittenwidrig handelnden Bereicherungsschuldner die verschärfte Haftung nach §§ 819 I, 292, 987, 989 vorsieht. Der Gedanke des Vertrauensschutzes kommt daher allenfalls in den Fällen der analogen Anwendung des § 817 S. 2 auf einseitige Verbots- bzw. Sittenverstöße des Leistenden zum tragen; den Kondiktionsausschluss bei beiderseitigen Verbots- bzw. Sittenverstößen vermag er indes nicht zu rechtfertigen. Vielmehr ermöglicht § 817 S. 2 dem in gleicher Weise verbots- bzw. sittenwidrig handelnden Bereicherungsschuldner das nicht minder widersprüchliche Verhalten, sich gegenüber dem Erfüllungsanspruch auf die Vertragsnichtigkeit und gegenüber der Leistungskondiktion auf den Kondiktionsausschluss zu berufen[805].

Im Unterschied zu §§ 814, 1. Alt., 815, 1. Alt. lässt sich die Kondiktionssperre des § 817 S. 2 somit nicht auf den Grundsatz vom Verbot widersprüchlichen Verhaltens zurückführen.

dd. Präventionsgedanken

Im Schrifttum[806] wird die Rechtsschutzversagung durch § 817 S. 2 oftmals mit Präventionsgedanken legitimiert. Nach *Canaris*[807] wird § 134 durch § 817 S. 2 auf bereicherungsrechtlicher Ebene flankiert: Jede Partei solle vom Vollzug der verbotswidrigen Erfüllung abgehalten werden, indem § 817 S. 2 der vorleistenden Partei das zusätzliche Risiko aufbürde, die Leistung nicht zurückzuerhalten. Dieses Risiko solle dem Leistenden auch durch Billigkeitserwägungen nicht

---

[804] BGHZ 72, S. 322; *Dette*, S. 32; Soergel/*Teichmann* § 242 Rn. 281; *Singer*, S. 74; *Horter*, S. 53 f.

[805] *Reuter/Martinek*, § 6 V, S. 203.

[806] So vor allem *Canaris*, FS Steindorff, S. 519 (522 ff.); *Larenz/Canaris*, Schuldrecht, Bd. II/2, § 68 III 3 S. 162 ff.; *Reuter/Martinek*, § 6 V, S. 206 f.; zurückhaltender *Ebert*, S. 373 f., die den Präventionsgedanken wohl nur bei einseitigen gesetzes- oder sittenverstößen des Leistenden für tragfähig erachtet.

[807] *Canaris*, FS Steindorff, S. 519 (522 ff.); *Larenz/Canaris*, Schuldrecht, Bd. II/2, § 68 III 3 S. 162 ff.

wieder abgenommen werden[808]. Nach *Reuter/Martinek*[809] wirkt der Gedanke der Rechtsschutzverweigerung nicht nur präventiv, sondern auch reaktiv: Präventiv insofern, als die Rechtsschutzversagung die Parteien von der Vornahme des verbots- bzw. sittenwidrigen Geschäfts abhalten solle, reaktiv insofern, als eine Rechtsschutzverweigerung, die allein den verbots- bzw. sittenwidrigen Teil eines Rechtsgeschäfts betrifft, die Parteien „auf den Boden des Rechts" zurückzwingen könne. Allerdings dürfe der Gedanke der Rechtsschutzversagung nicht zur Vertuschung oder Legitimierung von Wertungswidersprüchen dienen; vielmehr dürfe § 817 S. 2 nur eingreifen, „wenn und soweit eine Rechtsschutzverweigerung nach Maßgabe des konkreten Gesetzes- oder Sittenverstoßes im Einzelfall im Interesse der Allgemeinheit erforderlich und angemessen ist."[810]

Obgleich die Präventionswirkung zivilrechtlicher Vorschriften empirisch nur schwer nachzuweisen ist[811], erscheint es überspitzt, die Präventivwirkung des § 817 S. 2 als Frage von „Glauben oder Nichtglauben"[812] abzutun. Allerdings dürfte die Präventivfunktion des § 817 S. 2 – vor allem in Fällen beiderseitiger bewusster Verstöße gegen gesetzliche Verbote wie das SchwarzArbG (a.F.) – in der Tat als gering einzuschätzen sein, da die Parteien das Risiko, die Leistung aufgrund des § 817 S. 2 nicht kondizieren zu können, durch eine Abwicklung des Geschäfts Zug um Zug weitgehend ausschalten können. Zudem kann die Vorschrift in ihrem eigentlichen Anwendungsbereich, den beiderseitigen Gesetzes- oder Sittenverstößen, für den Empfänger der Leistung sogar einen Anreiz darstellen, eine gesetz- oder sittenwidrige Leistung anzunehmen, wenn er diese wegen § 817 S. 2 entschädigungslos behalten kann; unter Umständen führt dies sogar zu einer „Prämierung des größeren Gauners"[813]. Auch wenn sich die Vorschrift des § 817 S. 2 im Unterschied zu § 817 S. 1 an den Leistenden wendet und dadurch hinnimmt, dass derjenige, der durch die Annahme der Leistung gegen ein gesetzliches Verbot verstoßen hat, diese nach § 817 S. 2 anschließend sogar behalten darf[814], ändert dies freilich nichts an der im Ergebnis wenig glücklichen faktischen Belohnung des – u.U. ebenfalls verbotswidrig handelnden – Empfängers der Leistung. Nicht zu überzeugen vermag der Gedanke der

---

[808] *OLG Koblenz*, Urt. v. 24.9.1975 – 1 U 563/74 = DB 1975, S. 2125 (2126): Die Regelung des § 817 S. 2 sei nicht unbillig, denn derjenige, der gegen ein gesetzliches Verbot verstoße, habe grundsätzlich das Handlungsrisiko zu tragen. So auch *OLG Oldenburg*, Beschl. v. 24.1.1978 – 8 W 3/78 = GewArch 1978, S. 228 (229).

[809] *Reuter/Martinek*, § 6 V, S. 206 f.

[810] *Reuter/Martinek,* § 6 V, S. 206 f.

[811] *Bunte*, FS Giger, S. 55 (62).

[812] So aber *Bunte*, FS Giger, S. 55 (62) und *Horter*, S. 45.

[813] *Honsell*, S. 2; *Weyer*, WM 2002, S. 627 (629).

[814] *Horter*, S. 48 f.; nach *Ebert*, S. 370 „wäre die generalpräventive Wirkung des § 817 BGB nicht geringer, wenn der Nachteil nicht den Leistenden treffen würde, sondern den Empfänger, es also bei der in § 817 S. 1 BGB getroffenen Regelung bliebe".

Prävention schließlich bei beiderseits durchgeführten Verträgen, weil § 817 S. 2 hier das verbotswidrige Geschäft perpetuiert.

ee. Zusammenfassung

Obwohl § 817 S. 2 in den Motiven als zivilrechtliche Strafvorschrift bezeichnet wird, vermag diese Auffassung aufgrund der soeben aufgezeigten Einwände nicht zu überzeugen (aa.). Mit Recht wird ein Strafzweck des § 817 S. 2 daher überwiegend verneint. Stattdessen stellen Rechtsprechung und Lehre heute überwiegend den Gedanken der Rechtsschutzversagung in den Vordergrund. Der Gedanke der Rechtsschutzversagung allein vermag den Normzweck des § 817 S. 2 allerdings nicht zu erklären; vielmehr beschreibt das Schlagwort „Rechtsschutzversagung" lediglich die Wirkung des § 817 S. 2 und bedarf insoweit der Ergänzung (bb.). Das Verbot widersprüchlichen Verhaltens ist hierfür ungeeignet, da – im Unterschied zu §§ 814 Alt. 1, 815, Alt. 1 – in den typischen Anwendungsfällen des § 817 S. 2, den beiderseitigen Verbotsverstößen, kein (abstrakt) schutzwürdiges Vertrauen erkennbar ist (cc.). Aufgrund der fraglichen Präventionswirkung ist schließlich auch die Präventionstheorie nicht frei von Bedenken (dd.).

c. Resumee

Zum Ausgangspunkt der Diskussion um die Anwendung und Auslegung des § 817 S. 2 ist zu bemerken, dass es vielfach nicht um eine „Einschränkung" des § 817 S. 2 geht. Denn § 817 S. 2 betrifft ausweislich seines Wortlauts und seiner systematischen Stellung nur den Ausschluss der Kondiktion nach § 817 S. 1 bei beiderseitigem Gesetzesverstoß. Nur im Rahmen des Anspruchs aus § 817 S. 1 kann daher überhaupt von einer Einschränkung des § 817 S. 2 gesprochen werden. In den Fällen des Ausschlusses von Ansprüchen aus §§ 812 I 1 Alt. 1, 812 I 2 Alt. 2 geht es hingegen nicht um Einschränkungen, sondern vielmehr um die *analoge Anwendung* des § 817 S. 2. Die Frage, die sich dort stellt, ist folglich nicht, wie weit die Vorschrift einzuschränken ist, sondern inwieweit eine analoge Anwendung gerechtfertigt ist.

Aufgrund des unsicheren Normzwecks des § 817 S. 2 (s.o. ee.) sollte die Frage der analogen Anwendung des § 817 S. 2 stets anhand von Sinn und Zweck des Verbotsgesetzes beantwortet werden. Denn die Frage, ob eine Kondiktion der Leistung zuzulassen ist, weil ein Kondiktionsausschluss z.B. zu einer Perpetuierung der vom gesetzlichen Verbot missbilligten Vermögenslage führen würde, oder ob umgekehrt eine Kondiktion zu versagen ist, weil etwa ein Anspruch auf Wertersatz zur Kommerzialisierung einer verbotenen Leistung führen oder gar einen Anreiz zur Vornahme der verbotenen Handlung schaffen würde[815], ist

---

[815] *Weyer*, WM 2002, S. 627 (631).

immer eine Frage von Sinn und Zweck des gesetzlichen Verbots. Wie die Nichtigkeitsanordung nach § 134 muss folglich auch der Kondiktionsausschluss nach § 817 S. 2 an Sinn und Zweck des gesetzlichen Verbots gemessen werden.

Auch im Schrifttum hat sich die Begrenzung des § 817 S. 2 entsprechend dem Zweck des gesetzlichen Verbots durchgesetzt[816]: Bei der Anwendung der Kondiktionssperre dürfe der Zweck des gesetzlichen Verbots nicht außer Betracht bleiben. Vielmehr müsse „bei ihrer Anwendung stets und generell gefragt werden, ob die Aufrechterhaltung der rechtsgrundlosen Vermögenszuordnung mit dem *Zweck der Nichtigkeitssanktion* vereinbar ist oder nicht"[817].

Angesichts der oftmals als unbillig erscheinenden Folgen und dem unsicheren Normzweck des Kondiktionsausschlusses wird man jedoch noch einen Schritt weiter gehen müssen: In erster Linie ist nach Sinn und Zweck des Verbots zu entscheiden, ob ein Rückforderungsanspruch zu gewähren oder zu versagen ist[818]. Dabei darf jedoch nicht vom Regelfall einer Kondiktionssperre ausgegangen werden, denn § 817 S. 2 beschränkt sich – entsprechend dem Wortlaut und der Systematik – zunächst auf § 817 S. 1; die allgemeine „Regel" ist vielmehr der bereicherungsrechtliche Grundsatz, dass rechtsgrundlose Vermögensverschiebungen zurückzugewähren sind. Daher ist die entsprechende Anwendung des § 817 S. 2 außerhalb des durch Worlaut und systematische Stellung vorgebenen Anwendungsbereichs des § 817 S. 1 nur insoweit gerechtfertigt, als Sinn und Zweck des Verbots dies *erfordern*. Zu prüfen ist dabei auch – i.S. eines „normativ graduierenden Rechtsschutzverweigerungsprinzips"[819] – die Möglichkeit einer Beschränkung des Kondiktionsausschlusses, sofern eine solche nach Sinn und Zweck des Verbots möglich erscheint.

d. Beiderseitige Leistungserbringung

Wenig problematisch ist zunächst der Fall, dass beide Parteien ihre Leistungen ganz oder teilweise erbracht haben.

---

[816] *Fabricius*, JZ 1963, S. 85; *Reuter/Martinek*, § 6 V, S. 210 f. Für eine vorrangige Berücksichtigung des Schutzzwecks der Verbotsnorm auch *Ebert*, S. 373, die die Funktion der Vorschrift im Übrigen jedoch in einer „Billigkeitskorrektur der Ausnahme (§ 817 S. 1 BGB) von der Ausnahme (§ 814 BGB) der Regel des § 812 BGB" sieht. Vgl. auch *Weyer*, WM 2002, S. 627 (629): „Welche Rückabwicklungsfolgen der Normzweck des Verbotsgesetzes fordert, ist vielmehr aufgrund einer Abwägung zwischen der Zielsetzung des Verbotsgesetzes und dem Ziel einer dem gescheiterten Rechtsgeschäft gerecht werdenden Rückabwicklung zu ermitteln." Bei verbotswidrigen Rechtsgeschäften i.S. des § 134 dürfte diese Abwägung freilich in aller Regel zugunsten der Ziele des Verbotsgesetzes ausfallen.

[817] *Reuter/Martinek*, § 6 V, S. 210 (Hervorhebung im Original).

[818] Vgl. auch *Weyer*, WM 2002, S. 627 (628).

[819] *Reuter/Martinek*, § 6 V, S. 211.

Hierbei ist zum einen an den Fall zu denken, dass der Auftraggeber mit der Ausführung der Werkleistungen durch den Schwarzarbeiter wegen angeblicher Mängel nicht einverstanden ist und deshalb auf bereicherungsrechtlichem Wege (teilweise) Erstattung der gezahlten Vergütung verlangt. Eine solche Kondiktion würde freilich zu einem verschleierten Minderungsrecht führen. Dass dies mit Sinn und Zweck des SchwarzArbG (a.f.) unvereinbar ist, liegt auf der Hand. Dem kann auch nicht entgegengehalten werden, das SchwarzArbG (a.f.) wolle den Auftraggeber vor mangelhaften Leistungen und vor unsachgemäßer Verwendung von Rohmaterialien schützen, denn hier gilt das zu § 134 Gesagte entsprechend: Schutzwürdig ist allein der redliche Auftraggeber; bei beiderseitigen bewussten Verstößen gegen § 1 II Nr. 1 SchwarzArbG und § 1 II Nr. 3 – 5 SchwarzArbG (§§ 1 I, 2 I SchwarzArbG a.f.) ist ein Schutz des bösgläubigen Auftraggebers hingegen nicht bezweckt.

Zum anderen kommt bei beiderseitiger Erfüllung das Interesse einer oder beider Parteien in Betracht, sich nachträglich von dem durchgeführten Geschäft loszusagen. Ein entsprechendes Interesse wird freilich nur für die Partei bestehen, die wirtschaftlich betrachtet das schlechtere Geschäft gemacht hat. Gegen eine solche Kondiktion spricht freilich, dass es nicht Sinn und Zweck der Nichtigkeitsanordnung nach § 134 ist, den am Rechtgeschäft beteiligten Personen nach vollendetem Gesetzesverstoß zu ermöglichen, sich nachträglich vom Geschäft loszusagen[820]. Ergänzend mag hierfür – vorbehaltlich aller oben[821] aufgeführten Bedenken – aufgrund des *von beiden Seiten einvernehmlich durchgeführten Geschäfts* ausnahmsweise auch der Gedanke des *venire contra factum proprium* herangezogen werden[822].

e. Vorleistung des Schwarzarbeiters – Differenzierung zwischen Wertersatz für Dienst- oder Werkleistungen und Wertersatz für verwendetes Material

Ausdrücklich verboten ist nach § 8 I Nr. 1 SchwarzArbG (§ 1 I SchwarzArbG a.f.) die Erbringung von Dienst- oder Werkleistungen. Bei bewusstem Verstoß gegen § 8 I Nr. 1 SchwarzArbG (§ 1 I SchwarzArbG a.f.) werden diese Leistungen somit von der Kondiktionssperre des § 817 S. 2 erfasst. Damit ist zugleich ein bereicherungsrechtlicher Anspruch des Schwarzarbeiters auf Wertersatz für die Dienst- oder Werkleistungen ausgeschlossen, da auch ein solcher Wertersatzanspruch Sinn und Zweck des SchwarzArbG (a.f.) widersprechen würde. Daran vermag auch die nach der Rechtsprechung vorzunehmende Minderung des Wertersatzanspruchs um „nicht unerhebliche Abschläge" nichts zu ändern: Trotz der vorzunehmenden Abschläge handelt es sich weiter um einen Wertersatzanspruch des Schwarzarbeiters für die verbotswidrig erbrachten

---

[820] Vgl. *Honsell*, S. 153.

[821] Zweiter Teil, G. III. 5. b.cc.

[822] *Honsell*, S. 153.

Dienst- oder Werkleistungen und damit in der Sache um einen geminderten „Vergütungsanspruch". Zudem widerspricht es Sinn und Zweck von § 1 II Nr. 1 und §§ 1 II Nr. 3 – 5, 8 I SchwarzArbG (§§ 1 I, 2 I SchwarzArbG a.F.), wenn der Schwarzarbeiter, um sich zumindest die „Vergütung" nach §§ 812, 818 zu sichern, zur Erbringung der Dienst- oder Werkleistungen bestimmt wird. Ein bereicherungsrechtlicher Wertersatzanspruch für die Dienst- oder Werkleistungen des Schwarzarbeiters ist demnach mit Sinn und Zweck des SchwarzArbG (a.F.) nicht zu vereinbaren.

Als mit Sinn und Zweck des SchwarzArbG (a.F.) vereinbar erscheint demgegenüber eine Differenzierung zwischen Dienst- und Werkleistungen (im engeren Sinne) und den dafür aufgewendeten Materialien: Das SchwarzArbG (a.F.) verbietet die Erbringung von Dienst- oder Werkleistungen; die bloße Lieferung von Materialien wird demgegenüber nicht untersagt. Auch das BGB differenziert mit den §§ 631, 651 zwischen Werkleistungen einerseits und der Lieferung herzustellender oder zu erzeugender Sachen andererseits; da das SchwarzArbG (a.F.) an die Begriffe des BGB (§§ 611, 631) anknüpft, bestehen für eine solche Differenzierung – im Unterschied zu der von der Rechtsprechung vertretenen Auffassung – durchaus auch Anhaltspunkte im Wortlaut des SchwarzArbG (a.F.). Ein bereicherungsrechtlicher Anspruch auf Wertersatz für die vom Schwarzarbeiter aufgewendeten Materialien widerspricht aber auch nicht Sinn und Zweck des SchwarzArbG (a.F.), da der Wertersatzanspruch kein Entgelt für die Tätigkeit des Schwarzarbeiters beinhaltet; der Wertersatzanspruch wird somit auch nicht zu einem (verminderten) Vergütungsanspruch. Materialien des Schwarzarbeiters, die er noch nicht zur Ausführung der Dienst- oder Werkleistungen verwendet hat, verbleiben ohne Zweifel in seinem Vermögen; verliert er sein Eigentum infolge von Verbindung, Vermischung oder Verarbeitung nach §§ 946 ff., erscheint der bereicherungsrechtliche Wertersatzanspruch insoweit lediglich als Rechtsfortwirkungsanspruch für das verlorene Eigentum.

Auf diese Weise kann der Kondiktionsausschluss des § 817 S. 2 auf den verbotenen Teil – die Erbringung von Dienst- oder Werkleistungen gegen Entgelt – beschränkt werden. Mit dieser Differenzierung ist das Problem der Rückbindung des Kondiktionsausschlusses an den Normzweck des Verbotsgesetzes sachgerecht gelöst[823]. Zwar bleibt § 817 S. 2 auch weiter eine „den Gläubiger hart belastende Vorschrift"[824]; übermäßig harte und – weil nicht von Sinn und Zweck des Verbots umfasste – unverhältnismäßige Folgen werden jedoch vermieden.

---

[823] Vgl. *Weyer*, WM 2002, S. 627 (632).
[824] So BGHZ 50, S. 90 (92).

f. Vorleistung des Auftraggebers

Von geringerer praktischer Relevanz ist der Fall der Vorleistung des Auftraggebers. Das von Teilen des Schrifttums gegen eine Einschränkung des Kondiktionsausschlusses nach § 817 S. 2 durch Sinn und Zweck des SchwarzArbG (a.f.) vorgebrachte Argument, der durch die Erbringung der Dienst- oder Werkleistungen geschaffene Zustand könne faktisch nicht rückgängig gemacht werden, trägt hier nicht, da eine Kondiktion des Entgelts immer möglich ist.

Gleichwohl bestehen gegen eine Kondiktion gewichtige Bedenken: Mit der Kondiktion nach §§ 812 I 1, 1. Alt., 812 I 2, 2. Alt., 817 S. 1 hätte der Auftraggeber ein Druckmittel in der Hand, um den Schwarzarbeiter zur Erbringung der vereinbarten Leistungen zu bestimmen. Der Schwarzarbeiter könnte umgekehrt – um sich die Gegenleistung zu sichern – zur Erbringung der verbotenen Leistung bestimmt werden. Dieses Ergebnis widerspräche Sinn und Zweck der Nichtigkeitsanordnung, die Einheit der Rechtsordnung zu sichern und Verstöße gegen das SchwarzArbG (a.f.) zu verhindern. § 817 S. 2 gibt dem Schwarzarbeiter indes die Möglichkeit der tätigen Reue. Ansprüchen des Auftraggebers gegen den Schwarzarbeiter auf Herausgabe von Vorleistungen aus §§ 812 I 1 Alt. 1, 812 I 2, Alt. 2, 817 S. 1 steht somit § 817 S. 2 (analog) entgegen.

6. Höhe des bereicherungsrechtlichen Anspruchs des Schwarzarbeiters auf Wertersatz nach § 818 II

Auf der Basis der hier vertretenen Beschränkung der Kondiktion auf den Ersatz von Materialkosten bereitet die Berechnung der Höhe des bereicherungsrechtlichen Anspruchs des Schwarzarbeiters auf Wertersatz nach § 818 II keine Probleme: Dieser richtet sich grundsätzlich nach dem objektiven Wert der verarbeiteten bzw. gelieferten Materialien. Bei mangelhafter Verarbeitung von Materialien fehlt es indes an einer Bereicherung des Auftraggebers, so dass in diesem Fall kein bzw. nur ein um den Wert der Mängel geminderter Wertersatzanspruch besteht.

Nicht zu überzeugen vermag hingegen der vom *BGH* geforderte erhebliche Abschlag wegen der mit der Schwarzarbeit verbundenen Risiken, insbesondere aufgrund fehlender Gewährleistungsrechte. Nicht nur, dass objektive Kriterien zur Bemessung der Höhe des Abschlags nur schwer zu ermitteln sein werden; es ist auch nicht einzusehen, warum bei beiderseitigen Verstößen gegen das SchwarzArbG (a.f.) der Schwarzarbeiter das „abstrakte" Risiko potenziell mangelhafter Leistungen tragen soll. Zwar bezweckt das SchwarzArbG (a.f.) auch den Schutz des Bestellers vor mangelhaften Leistungen, jedoch ist nicht ersichtlich, dass es diesen Schutz auch dem gesetzwidrig handelnden Auftraggeber gewähren will. Im Fall eines ausdrücklich vereinbarten Gewährleistungsausschlusses müsste dem Schwarzarbeiter entsprechend dieser Auffassung zudem konsequent voller Wertersatz zugesprochen werden; hier wird der Wertungswiderspruch zu Sinn und Zweck des SchwarzArbG (a.F.) offenkundig.

H. Ansprüche aus dem Recht der Unerlaubten Handlungen
I. Einführung

Ansprüche aus unerlaubter Handlung kommen sowohl neben vertraglichen Ansprüchen als auch bei Nichtigkeit einer vertraglichen Vereinbarung zwischen Schädiger und Geschädigtem in Betracht. Besteht zwischen Schädiger und Geschädigtem allerdings ein wirksamer Vertrag, sind Wechselwirkungen zwischen Vertragsrecht und Deliktsrecht zu beachten. Vorrangige vertragliche Regelungen, insbesondere vertragliche Haftungsmilderungen, dürfen durch deliktische Ansprüche nicht ausgehöhlt werden[825]. Im Fall der Unwirksamkeit eines Vertrages wegen Verstoßes gegen ein gesetzliches Verbot nach § 134 stellt sich dieses Problem allerdings nicht.

II. Die Haftung des Schwarzarbeiters für Schäden des Auftraggebers

Schädigungen des Auftraggebers durch den Schwarzarbeiter können in den unterschiedlichsten Fallgestaltungen auftreten. Typisch und daher von besonderer praktischer Relevanz sind Schädigungen infolge mangelhafter Leistungen des Schwarzarbeiters, da es Schwarzarbeitern häufig an den erforderlichen Qualifikationen zur fachgerechten Ausführung der vereinbarten Dienst- oder Werkleistungen fehlt. Häufig kommt es in solchen Fällen zu schadensbedingten Aufwendungen des Auftraggebers wie Gutachterkosten zur Feststellung des Mangels oder Mangelbeseitigungskosten. Schäden können dem Auftraggeber aber auch bei Verzögerung oder Einstellung der Leistungen durch den Schwarzarbeiter entstehen. Stets fragt sich, ob und inwieweit in solchen Fällen Schadensersatz nach den deliktsrechtlichen Vorschriften der §§ 823 I, II, 826 verlangt werden kann[826]. Bezüglich der Probleme des Mitverschuldens des Auftraggebers aus § 254 sei auf das oben Gesagte verwiesen[827].

1. Ansprüche des Auftraggebers aus § 823 I
a. Rechtsgutsverletzung

Ein Anspruch des Auftraggebers gegen den Schwarzarbeiter aus § 823 I setzt die Verletzung von absoluten Rechten des Auftraggebers – insbesondere Eigentum

---

[825] Palandt/*Sprau* Einf v § 823, Rn. 5; nach BGHZ 96, S. 221 besteht z.B. im Rahmen eines Werkvertrages kein Aufwendungsersatzanspruch wegen Eigentumsverletzung aus § 823 I ohne Mangelbeseitigungsverlangen.

[826] *Wittmann*, BB 1964, S. 904 (905 f.), hält Ansprüche des Auftraggebers aus Deliktsrecht für denkbar.

[827] Siehe dazu oben, Zweiter Teil, D. III.

sowie Körper und Gesundheit – voraus. Das Vermögen des Auftraggebers als solches wird dagegen von § 823 I nicht geschützt[828].

Besondere Probleme bestehen lediglich in Fällen der Eigentumsverletzung infolge mangelhafter Dienst- oder Werkleistungen des Schwarzarbeiters. Wird z.b. eine beschädigte Sache vom Schwarzarbeiter bei Reparaturarbeiten zerstört, so wird eine Eigentumsverletzung an der Sache selbst zumeist ausscheiden, weil die Sache bereits vor der Reparatur beschädigt war. Ein Anspruch aus § 823 I kommt somit allenfalls nach den Grundsätzen der sog. „weiterfressenden Schäden" in Betracht. Dies setzt voraus, dass sich der Mangel auf einen vor der Schädigung durch die Erbringung der Dienst- oder Werkleistungen bereits bestehenden, bis dahin jedoch mangelfreien Teil des Leistungsobjekts ausgeweitet hat[829]. Stets muss somit bereits vor Erbringung der Dienst- oder Werkleistungen unbeschädigtes Eigentum vorhanden sein.

b. Verletzungshandlung, Rechtspflicht zur Erfolgsabwendung bei Unterlassen

Die Verletzungshandlung liegt in einer Beeinträchtigung der absoluten Rechte des Auftraggebers durch positives Tun oder durch Unterlassen[830]. Unproblematisch sind lediglich die Fälle, in denen die Verletzungshandlung an ein positives Tun des Schwarzarbeiters anknüpft; spezifische Probleme bereiten demgegenüber die Fälle der Verletzung des geschützten Rechtsguts durch Unterlassen, etwa bei Schäden infolge der Nichtausführung oder des Abbruchs der Leistungen des Schwarzarbeiters.

Die Anknüpfung an ein Unterlassen als haftungsbegründendes Verletzungsverhalten i.S. von § 823 I setzt voraus, dass eine entsprechende Rechtspflicht zur Abwendung des Erfolges besteht[831]. Entsprechende Rechtspflichten können sich nach verbreiteter Auffassung aus Vertrag, Gesetz, vorangegangenem gefährlichen Tun oder der Aufnahme von Vertragsverhandlungen ergeben[832]. Bei Wirksamkeit des Vertrages zwischen Schwarzarbeiter und Auftraggeber werden sich entsprechende Handlungspflichten zumeist aus dem Vertrag ableiten lassen; bei Fehlen eines wirksamen Vertrages – mithin bei beiderseitigen, bewussten Verstößen gegen § 1 II Nr. 1 SchwarzArbG und §§ 1 II Nr. 3 – 5, 8 I SchwarzArbG (§§ 1, 2 SchwarzArbG a.F.) – besteht diese Möglichkeit indes nicht. Beim Abbruch bereits begonnener Leistungen kommt allerdings eine Rechtspflicht des

---

[828] Vermögensschutz gewähren allerdings § 823 II (bei Vorliegen eines entsprechenden Schutzgesetzes) sowie § 826.

[829] Palandt/*Sprau*[61] Vorbem v § 633, Rn. 28.

[830] Palandt/*Sprau* § 823, Rn. 2

[831] Palandt/*Sprau* § 823, Rn. 2 und Palandt/*Heinrichs* Vorbem v § 249, Rn. 84.

[832] Palandt/*Heinrichs* Vorbem v § 249, Rn. 84, mit Nachweisen der Rspr.

Schwarzarbeiters aus Ingerenz, also vorangegangenem gefährlichen Tun, in Betracht. So begründet das Ausheben einer Baugrube unabhängig von der Frage der Vertragswirksamkeit die Pflicht zur Absicherung der Baustelle. Kommt es noch vor Beginn der Leistung durch den Schwarzarbeiter zu einer Rechtsgutsverletzung beim Auftraggeber, dürfte jedoch auch eine Garantenpflicht aus Ingerenz ausscheiden: verpflichtet sich etwa ein nicht in der Handwerksrolle eingetragener Dachdecker, das Dach eines Rohbaus unter Verstoß gegen §§ 1 II Nr. 5, 8 I Nr. 1 lit. e) SchwarzArbG (§ 1 I Nr. 3 SchwarzArbG a.F.) einzudecken, und kommt es infolge eines von Anfang an unterlassenen Tätigwerdens des Schwarzarbeiters durch den Eintritt von Regenwasser zu Schäden am Gebäude des Auftraggebers, scheidet sowohl der – infolge des beiderseitigen, bewussten Verbotsverstoßes nach § 134 nichtige – Vertrag als Anknüpfungspunkt einer Rechtspflicht aus und auch eine Rechtspflicht aus Ingerenz scheidet aus, da der Schwarzarbeiter keine Gefahrenquelle geschaffen hat. Somit bliebe lediglich das Versprechen der Leistung als Anknüpfungspunkt für eine Haftung wegen unterlassener Erfolgsabwendung[833]. Eine solche Garantenpflicht würde jedoch die Nichtvornahme der im nichtigen Vertrag vereinbarten Leistungshandlung über den Umweg des § 823 I sanktionieren und ist deshalb abzulehnen.

c. Schaden

§ 823 I deckt nur das Integritätsinteresse ab, also das Interesse an der Unversehrtheit der Rechtsgüter des Auftraggebers. Demgegenüber schützt § 823 I nicht das Äquivalenzinteresse am Erhalt der versprochenen Leistung[834].

2. Ansprüche des Auftraggebers aus § 823 II i.V.m. § 8 I Nr. 1 Schwarz-ArbG (§ 1 I SchwarzArbG a.F.)

Voraussetzung eines Schutzgesetzes i.S. von § 823 II ist, dass das in Rede stehende Gesetz Individualschutz, also den Schutz eines individuellen Personenkreises, bezweckt. Der Schutz individueller Interessen darf dabei nicht lediglich Reflexwirkung einer auf den Schutz allgemeiner Interessen abzielenden Regelung sein, sondern muss sich deutlich aus dem Gesetz ergeben. Nach der Definition des *BGH*[835] ist eine Rechtsnorm ein Schutzgesetz, „wenn sie – sei es auch neben dem Schutz der Gesamtheit – gerade dazu dienen soll, den einzelnen oder einzelne Personenkreise gegen die Verletzung eines Rechtsgutes zu schützen. Es kommt nicht auf die Wirkung, sondern auf den Inhalt und Zweck des Gesetzes sowie darauf an, ob der Gesetzgeber bei Erlass des Gesetzes gerade einen Rechtsschutz, wie er wegen der behaupteten Verletzung in Anspruch genommen

---

[833] Dazu *OLG Karlsruhe*, VersR 1978, S. 61 ff.
[834] Zur Frage des Mitverschuldens siehe oben Zweiter Teil, D. III.
[835] *BGH*, Urt. v. 27.1.1954 – VI ZR 309/52 (Düsseldorf) = BGHZ 12, S. 146 (148); BGHZ 22, S. 293 (297); 26, S. 42 (43); 40, S. 306; 66, S. 354 (355); 122, S. 1 (3 f.).

wird, zugunsten von Einzelpersonen oder Personenkreisen gewollt oder doch mitgewollt hat".

Anhaltspunkte für einen über den Schutz allgemeiner Interessen hinausgehenden Schutzzweck des SchwarzArbG (a.f.) ergeben sich allenfalls aus der Begründung zum Entwurf des SchwarzArbG von 1957[836]. Danach dürfte der Schutz des Auftraggebers vor mangelhaften Leistungen zumindest mitbezweckt sein. Auch für § 823 II gilt – wie schon oben im Rahmen des § 134 – dieser Zweck jedoch nicht uneingeschränkt. Denn § 8 I Nr. 1 SchwarzArbG (§ 1 I SchwarzArbG a.F.) dient nicht dem Schutze des selbst i.S. von § 8 I Nr. 2 SchwarzArbG (§ 2 I SchwarzArbG a.F.) verbotswidrig handelnden Auftraggebers. Geschützt wird auch hier nur der redliche Auftraggeber. Das SchwarzArbG (a.F.) ist somit kein Schutzgesetz zu Gunsten des unredlichen Auftraggebers.

3. Ansprüche des Auftraggebers aus § 823 II i.V.m. § 263 I StGB

Im Schrifttum[837] ist im Rahmen deliktischer Ansprüche des Schwarzarbeiters gegen den Auftraggeber die Frage aufgeworfen worden, ob dem Schwarzarbeiter ein Anspruch auf Schadensersatz aus § 823 I i.V.m. § 263 I StGB für den Fall zusteht, dass der Auftraggeber von vornherein beabsichtigt, den Schwarzarbeiter um das vereinbarte Entgelt für die Dienst- oder Werkleistungen zu prellen. Diese Frage stellt sich aber auch im umgekehrten Falle, wenngleich sie hier praktisch weniger relevant werden dürfte, weil der Schwarzarbeiter als der zur Dienst- oder Werkleistung verpflichtete Vertragspartner regelmäßig in Vorleistung tritt.

Konstruktiv sind die Voraussetzungen eines Betruges nach § 263 I StGB erfüllt, denn durch die Täuschung über die Erfüllungsbereitschaft wird der Auftraggeber zu einer Verfügung über sein Vermögen veranlasst; im Unterschied zu den verbotswidrigen Arbeitsleistungen des Schwarzarbeiters (dazu unten III.3.) unterfällt das vom Auftraggeber entrichtete Entgelt unzweifelhaft dem Vermögensschutz des § 263 I StGB.

4. Ansprüche des Auftraggebers aus § 826

Ansprüche des Auftraggebers aus § 826 setzen eine vorsätzliche sittenwidrige Schädigung durch den Schwarzarbeiter voraus. Ob hierfür allein die Übernahme der Verpflichtung zur Erbringung von Dienst- oder Werkleistungen in Kenntnis des Verstoßes gegen § 8 I Nr. 1 SchwarzArbG (§ 1 I SchwarzArbG a.F.) ausreicht, ist zu bezweifeln. Da zur Annahme einer vorsätzlichen Schädigung i.S. des § 826 auch bedingter Vorsatz ausreicht, kann ein Anspruch aber zu bejahen

---

[836] BT-Drs. II/1111.
[837] *Köhler*, JZ 1990, S. 466 (471 f.).

sein, wenn der Schwarzarbeiter aufgrund fehlender Qualifikation (§§ 1 II Nr. 5, 8 I Nr. 1 lit. e SchwarzArbG/ § 1 I Nr. 3 SchwarzArbG a.f.) mit einer Schädigung des Auftraggebers rechnet und diese billigend in Kauf nimmt.

In den oben zu § 823 II BGB i.V.m. § 263 I StGB geschilderten Fällen des Eingehungsbetruges kommt es im Übrigen zu einem Gleichlauf mit § 826.

III. Die Haftung des Auftraggebers für Schäden des Schwarzarbeiters

In Schwarzarbeitsfällen sind nicht nur deliktische Ansprüche des Auftraggebers gegen den Schwarzarbeiter denkbar; auch der Schwarzarbeiter kann Schäden an seinen Rechtsgütern erleiden. Die Fallgestaltung, dass der Schwarzarbeiter durch den Auftraggeber um das vereinbarte Entgelt geprellt wird, ist bereits aufgezeigt worden. Von Bedeutung ist aber auch die Frage, ob und ggf. unter welchen Voraussetzungen der Auftraggeber für Arbeitsunfälle des Schwarzarbeiters haftet. Denkbare Anspruchsgrundlagen sind wiederum § 823 I, § 823 II i.V.m. § 8 I Nr. 2 SchwarzArbG (§ 2 I SchwarzArbG a.F.) bzw. i.V.m. § 263 I StGB sowie § 826.

1. Ansprüche des Schwarzarbeiters aus § 823 I

Erleidet der Schwarzarbeiter infolge einer rechtswidrigen und schuldhaften Rechtsgutsverletzung durch den Auftraggeber Schäden an seinen absoluten Rechtsgütern, vor allem an Körper, Gesundheit und Eigentum, ist ein Schadensersatzanspruch aus § 823 I gegeben. Unter diesen Umständen ist ein Anspruch des Schwarzarbeiters aus § 823 I auch bei Arbeitsunfällen grundsätzlich denkbar[838].

Probleme können sich allenfalls mit Blick auf ein Mitverschulden des Schwarzarbeiters aus § 254 ergeben. Entsprechend dem oben Gesagten dürfte die bloße Übernahme von Schwarzarbeit aber auch für den Schwarzarbeiter noch kein Mitverschulden i.S. des § 254 begründen[839].

2. Ansprüche des Schwarzarbeiters aus § 823 II i.V.m. § 8 I Nr. 2 SchwarzArbG (§ 2 I SchwarzArbG a.F.)

Ein solcher Anspruch des Schwarzarbeiters ist zu bezweifeln, denn der Zweck des § 8 I Nr. 2 SchwarzArbG (§ 2 I SchwarzArbG a.F.) ist allein die Verhinderung der Auftragsvergabe an Schwarzarbeiter. § 8 I Nr. 2 SchwarzArbG (§ 2 I SchwarzArbG a.F.) ist jedoch nicht zu entnehmen, dass durch diese Vorschrift der Schwarzarbeiter in irgendeiner Weise geschützt werden soll.

---

[838] *Wittmann*, BB 1964, S. 904 (906).
[839] Siehe dazu oben, Zweiter Teil, D. III.

3. Ansprüche des Schwarzarbeiters aus § 823 II i.V.m. § 263 I StGB

Ein Anspruch des Schwarzarbeiters aus §§ 823 II, 263 I StGB kommt in Betracht, wenn der Auftraggeber mit Blick auf die Nichtigkeit des Vertrages von vornherein nicht die Absicht hatte, das vereinbarte Entgelt für die Dienst- oder Werkleistung des Schwarzarbeiters zu erbringen[840]. Hier fragt sich, ob ein Vermögensschaden i.S. des § 263 I StGB vorliegt[841]; in der Sache geht es dabei um die Frage, ob die Rechtsordnung auch rechtswidrige Erwerbsaussichten dem Schutz des § 263 I StGB unterstellt.

Im Schrifttum wird ein solcher Anspruch teils bejaht[842], teils bezweifelt[843]. Nach der Auffassung von *Tiedtke* sind die Voraussetzungen eines Anspruchs aus § 823 II i.V.m. § 263 I StGB erfüllt, wenn der Auftraggeber von Anfang an nicht die Absicht hatte, den Schwarzarbeiter zu bezahlen. Nach der Auffassung von *Köhler* begründen gesetzwidrige Arbeitsleistungen keinen ersatzfähigen Vermögensschaden; ein Anspruch komme daher nur hinsichtlich des aufgewandten Materials in Betracht[844].

Mit Blick auf die Rechtsprechung zu § 252 S. 2 dürfte einen Anspruch aus § 823 II zu verneinen sein: Nach der Rechtsprechung des *BGH*[845] stellt ein entgangener Verdienst, der nur unter Verstoß gegen Vorschriften des SchwarzArbG (a.F.)[846] hätte erzielt werden können, keinen erstattungsfähigen Schaden i.S. des § 252 S. 2 dar; der entscheidende Gesichtspunkt liege weniger in der Nichtigkeit des gewinnbringenden Rechtsgeschäfts wegen des Gesetzesverstoßes nach § 134 als vielmehr darin begründet, dass die Gewinnerzielung selbst vom Gesetz missbilligt werde und der Prätendent daher etwas fordere, dass er nur mit rechtswidrigen Mitteln hätte erlangen können. Entsprechendes muss auch für einen Anspruch aus § 823 II gelten.

4. Ansprüche des Schwarzarbeiters aus § 826

Ein solcher Anspruch kommt in Betracht, wenn der Auftraggerber die Leistung des Schwarzarbeiters in Kenntnis der Nichtigkeit entgegennimmt und sich insgeheim vorbehält, seine Leistung nicht zu erbringen. Unter diesen Umständen

---

[840] *Kern*, JuS 1993, S. 193 (194).
[841] Dazu *Kern*, JuS 1993, S. 193 (194); Köhler, JZ 1990, S. 469 f.
[842] *Tiedke*, DB 1990, S. 2307.
[843] *Köhler*, EwiR 1990, S. 47 (48).
[844] *Köhler*, JZ 1990, S. 466 (469 f.).
[845] *BGH*, Urt. v. 20.12.1990 – III ZR 150/89 = BGHR BGB § 252 S 2 Verdienstentgang 1, (vorgehend *OLG Nürnberg*, Urt. v. 1.3.1989 - 4 U 1604/88 und *LG Nürnberg-Fürth*, Urt. v. 21.3.1988 - 4 O 5186/87), im Anschluss an *BGH*, NJW 1986, S. 1486 und *OLG Oldenburg*, NJW-RR 1988, S. 496 sowie *LG Karlsruhe*, NJW 1975, S. 1420.
[846] I.d.F. v. 31.5.1974 (BGBl. I, S. 1252) und v. 29.1.1982 (BGBl. I, S. 109).

verstößt die Annahme der Leistung des Schwarzarbeiters gegen die guten Sitten. Da der Schwarzarbeiter aber keinen vertraglichen Entgeltanspruch hat, stellt der entgangene Verdienst keinen ersatzfähigen Schaden dar. In Betracht kommt allenfalls Ersatz für nutzlos aufgewendetes Material.

IV. Anspruchsausschluss gemäß § 817 S. 2

Nach herrschender Meinung in Rechtsprechung[847] und Schrifttum[848] steht § 817 S. 2 deliktischen Ansprüchen nicht entgegen.

Der herrschenden Meinung ist zu folgen: aufgrund des unsicheren Normzwecks und der oftmals als unbillig und ungerecht empfundenen Rechtsfolgen des § 817 S. 2 ist die Anwendung dieser Vorschrift außerhalb ihres durch Wortlaut und Systematik vorgegebenen Anwendungsbereichs äußerst problematisch. Hält man trotz dieser Bedenken eine Anwendung des § 817 S. 2 außerhalb des Bereicherungsrechts nicht für generell ausgeschlossen, so sollte die Frage der Anwendung des § 817 S. 2 – wie im Bereicherungsrecht auch, s.o. – primär nach Sinn und Zweck des Verbotsgesetzes beantwortet werden. Für einen Ausschluss aller nur denkbaren Schadensersatzansprüche enthält das SchwarzArbG (a.F.) indessen keine Anhaltspunkte; dass ein Ersatz des Mangelschadens nicht verlangt werden kann, folgt schon aus § 823 I selbst (s.o.); einer analogen Anwendung des § 817 S. 2 bedarf es insoweit nicht.

---

[847] *BGH*, Urt. v. 9.10.1991 – VIII ZR 19/91 = NJW 1992, S. 310 (311) = WM 1992, S. 151 ff. = VersR 1992, S. 106, m. Anm. *Ackermann*, EWiR 1992, S. 159 f.; *OLG Koblenz*, NJW 1996, S. 665; *OLG Hamm*, NJW-RR 1993, S. 96.

[848] *Schlechtriem*, JZ 1993, S. 128 (131). Eine (analoge) Anwendung des § 817 S. 2 auf § 823 II dürfte auch dann ausgeschlossen sein, wenn sich der Geschädigte an dem Gesetzesverstoß beteiligt hat. Soweit § 823 II hier überhaupt einschlägig ist (Schutzzweck!), kann die Beteiligung des Geschädigten unproblematisch im Rahmen des § 254 berücksichtigt werden.

Dritter Teil: Einseitige Verstöße gegen §§ 1 II, 8 I Nr. 1 SchwarzArbG
(§ 1 I SchwarzArbG a.F.)

A. Nichtigkeit des Schwarzarbeitsvertrags nach § 134

Wie im ersten Teil dargelegt wurde, sind Fälle denkbar, in denen der Auftraggeber trotz der Beauftragung eines Schwarzarbeiters selbst nicht gegen §§ 1 II, 8 I
Nr. 2 SchwarzArbG (§ 2 I SchwarzArbG a.F.) verstößt, so dass nur ein einseitiger Verstoß des Schwarzarbeiters gegen §§ 1 II, 8 I Nr. 1 SchwarzArbG (§ 1 I
SchwarzArbG a.F.) vorliegt. Auch in dieser Fallgruppe stellt sich aus zivilrechtlicher Sicht zunächst die Frage nach der Nichtigkeit des „Schwarzarbeitsvertrags" gemäß § 134.

I. Rechtsprechung
1. Die instanzgerichtliche Rechtsprechung bis 1984

Vor den Leitentscheidungen des *BGH* vom 19.1.1984 und vom 20.12.1984 (dazu sogleich 2. und 3.) wurde die Frage nach der Nichtigkeit von „Schwarzarbeitsverträgen" bei einseitigen Verstößen des Auftragnehmers gegen § 1 I
SchwarzArbG a.F. in der Rechtsprechung der Oberlandesgerichte überwiegend
bejaht: Zwar vertrat das *OLG Celle*[849] in einer Entscheidung aus dem Jahre 1972
die Auffassung, dass dem Auftraggeber bei einseitigem Verstoß des Auftragnehmers gegen § 1 I (Nr. 3) SchwarzArbG a.F. jedenfalls vertragliche Ansprüche wegen Schlechterfüllung und positiver Forderungsverletzung zustehen und
ließ im Übrigen offen, ob in diesem Fall auch vertragliche Erfüllungsansprüche
bestehen oder ob insoweit eine „partielle Unwirksamkeit" eintritt; im Jahre 1977
bejahte aber das *OLG Düsseldorf*[850] die Nichtigkeit eines Vertrages nach § 134
wegen einseitigen Verstoßes gegen § 1 I Nr. 3 SchwarzArbG a.F. Der Zweck
des SchwarzArbG a.F. sei darauf gerichtet, einen Leistungsaustausch zwischen
Auftraggebern und nicht in der Handwerksrolle eingetragenen Gewerbetreibenden generell zu verhindern[851]. Dem folgte das *OLG Oldenburg*[852] in einer Entscheidung aus dem Jahre 1978.

---

[849] *OLG Celle*, Urt. v. 18.10.1972 – 9 U 76/70 = JZ 1973, S. 276 (247) = Versicherungsrecht
1973 S. 1122.
[850] *OLG Düsseldorf*, Urt. v. 29.11.1977 – 24 U 55/77 = BauR 1978, S. 412 f.
[851] *OLG Düsseldorf*, Urt. v. 29.11.1977 – 24 U 55/77 = BauR 1978, S. 412 f.
[852] *OLG Oldenburg*, Beschl. v. 24.1.1978 – 8 W 3/78 = GewArch 1978, S. 228 f.

2. *BGH*, Urt. v. 19.1.1984 – VII ZR 121/83

Der ersten Entscheidung des *BGH*[853] zur Frage der Wirksamkeit von Verträgen bei einseitigen Verstößen gegen § 1 I SchwarzArbG a.f.[854] lag – vereinfacht – folgender Sachverhalt zugrunde:

Der Beklagte verpflichtete sich gegenüber dem Kläger zur Errichtung eines Mehrfamilienhauses auf dem Grundstück des Klägers zu einem Festpreis von 230.000 DM. Im Jahre 1978 begann er mit der Ausführung der Bauarbeiten. Anfang 1979 stellte er die Arbeiten ein und verweigerte die Beseitigung bereits aufgetretener Mängel. Der Kläger, der bereits einen Betrag von mehr als 223.000 DM an den Beklagten entrichtet hatte, beauftragte daraufhin andere Unternehmer mit der Nachbesserung und Fertigstellung des Bauwerks. Der Beklagte war weder in der Handwerksrolle eingetragen noch im Besitz einer Gewerbeerlaubnis, wovon der Kläger aber erst nach Einstellung der Bauarbeiten erfahren hatte. Der Kläger verlangte vom Beklagten einen Teil der durch die Beauftragung weiterer Unternehmer entstandenen Aufwendungen und Ersatz der Kosten eines zur Feststellung der Mängel eingeholten Gutachtens.

Der *BGH* hielt den zwischen dem Kläger und dem Beklagten geschlossenen Werkvertrag für wirksam[855]. Grundsätzlich entscheide Sinn und Zweck einer Verbotsvorschrift über die Nichtigkeit des Rechtsgeschäfts. Ein gewichtiger Hinweis für die Nichtigkeit sei eine für alle Beteiligten geltende Straf- oder Bußgeldandrohung. Deshalb sei ein Vertrag, durch den beide Vertragspartner gegen das SchwarzArbG a.f. verstoßen, nach § 134 nichtig. Da sich der klagende Bauherr aber im vorliegenden Fall nicht rechtswidrig verhalten habe und von dem Gesetzesverstoß des Beklagten keine Kenntnis gehabt habe, sei es nicht gerechtfertigt, dem Werkvertrag die Wirksamkeit zu versagen[856]. Der Verstoß des Beklagten gegen § 1 I Nr. 3 SchwarzArbG a.f. führe daher nicht zur Nichtigkeit nach § 134[857].

Verträge, durch deren Abschluss nur eine der Vertragsparteien ein gesetzliches Verbot verletze, seinen in der Regel als gültig anzusehen. Solche Rechtsgeschäfte seien nur in besonderen Fällen nichtig, nämlich dann, wenn der Zweck des Verbotsgesetzes nicht anders zu erreichen sei und die rechtsgeschäftliche Regelung nicht hingenommen werden dürfe. Diese Lage bestehe etwa dann, wenn der Schutz des nicht verbotswidrig handelnden Vertragspartners die Nich-

---

[853] *BGH*, Urt. v. 19.1.1984 – VII ZR 121/83 (Oldenburg) = BGHZ 89, S. 369 ff. = NJW 1984, S. 1175 = JR 1985, S. 146 ff. m. Anm. *Schubert*.

[854] I.d.F. v. 31.5.1974 (BGBl. I, S. 1252).

[855] BGHZ 89, S. 369 (374 f.).

[856] BGHZ 89, S. 369 (372)

[857] BGHZ 89, S. 369 (372). Dies gelte auch für den Verstoß gegen § 1 HWO, BGHZ 89, S. 369 (371) unter Hinweis auf BGHZ 88, S. 240 ff.

tigkeit des Rechtsgeschäfts erfordere oder der Erfüllungsanspruch auf eine unerlaubte Tätigkeit gerichtet sei[858]. Diese Voraussetzungen seien aber bei einem
einseitigen Verstoß des Auftragnehmers nicht erfüllt. Vielmehr sei es im Interesse des gesetzestreuen Auftraggebers geboten, ihm die bei Vertragswirksamkeit
bestehenden Erfüllungs- und Gewährleistungsansprüche zu belassen[859]. Der
Auftragnehmer werde bei Wirksamkeit des Vertrages auch nicht zu einer gesetzwidrigen Leistung verurteilt, weil der Schwarzarbeiter den Vertrag nicht in
Person erfüllen müsse; er müsse die Ausführung der Arbeiten vielmehr einem
eingetragenen Handwerksbetrieb übertragen. Dies entspreche den Zielen des
SchwarzArbG a.F., die Belange des Arbeitsmarktes und der Handwerkerschaft
zu wahren und einer Minderung des Steuer- und Sozialversicherungsaufkom-
mens vorzubeugen. Zudem bleibe so aufgrund der für den Auftragnehmer zu
erwartenden Kostennachteile die generalpräventive Funktion des SchwarzArbG
a.F. erhalten[860]. Ohne den handwerksrechtlichen Status seines Vertragspartners
prüfen zu müssen, habe der gesetzestreue Auftraggeber die Wahl, den Vertrag
durchzuführen, aus wichtigem Grund zu kündigen oder wegen arglistigen Verhaltens seines Vertragspartners anzufechten. Der durch das SchwarzArbG a.F.
ebenfalls angestrebte Schutz des Bestellers trete in den Vordergrund und verhin-
dere die Nichtigkeit des Vertrages. Ein einseitiger Verstoß des Auftragnehmers
gegen § 1 I SchwarzArbG a.F. könne aber „möglicherweise" nach § 134 zur
Nichtigkeit des Vertrages führen, "wenn der Auftraggeber zwar nicht selbst verbotswidrig handelt, aber den Gesetzesverstoß des Vertragspartners kennt und
diesen bewusst zum eigenen Vorteil ausnutzt"[861].

3. *BGH*, Urt. v. 20.12.1984 – VII ZR 388/83

Der zweiten Entscheidung[862] lag – verkürzt – folgender Sachverhalt zugrunde:
Die Klägerin errichtete im Jahre 1976 ein Einfamilienhaus. Mit der Ausführung
der Rohbauarbeiten beauftragte sie den Beklagten, als Werklohn wurde ein Preis
von 23.000 DM vereinbart. Der Beklagte, der nicht in die Handwerksrolle eingetragen war, führte die Arbeiten zusammen mit zwei Hilfskräften aus. Die Klägerin warf der Beklagten eine mangelhafte Bauausführung vor, wodurch am
Gebäude Mängel aufgetreten seien, deren Behebung einen erheblichen Kosten-
aufwand erfordere. Sie verlangte deshalb vom Beklagten Zahlung von 30.000
DM nebst Zinsen und begehrte die Feststellung, dass der Beklagte auch zum Ersatz des weiteren Schadens verpflichtet sei.

---

[858] BGHZ 89, S. 369 (373).
[859] BGHZ 89, S. 369 (374).
[860] BGHZ 89, S. 369 (374 f.).
[861] BGHZ 89, S. 369 (375).
[862] *BGH*, Urt. v. 20.12.1984 – VII ZR 388/83 (OLG Oldenburg) = NJW 1985, S. 2403 f. m.
Anm. *Canaris*.

Während das Berufungsgericht den Werkvertrag für nichtig hielt, führte der *BGH* seine im Urteil vom 19.1.1984 – VII ZR 121/83 – eingeleitete Rechtsprechung fort: Keiner der Regelungszwecke des SchwarzArbG a.f. führe bei einseitigem Verstoß des Auftragnehmers gegen § 1 I Nr. 3 SchwarzArbG a.f. zur Nichtigkeit des Vertrages. Im Interesse des gesetzestreuen Auftraggebers sei es vielmehr geboten, ihm die vertraglichen Erfüllungs- und Gewährleistungsansprüche zu belassen. Anders könne es dagegen sein, wenn der Auftraggeber zwar nicht selbst verbotswidrig gehandelt, aber den Verstoß des Auftragnehmers gekannt und bewusst zum eigenen Vorteil ausgenutzt habe[863]. Ob die Klägerin den Gesetzesverstoß des Beklagten möglicherweise gekannt habe, sei unerheblich, da sie den Gesetzesverstoß des Beklagten jedenfalls nicht bewusst zum eigenen Vorteil ausgenutzt habe. Nach den Feststellungen des Berufungsgerichts lasse es sich nicht ausschließen, dass es der Klägerin nur um die Vergabe eines kostensparenden Auftrags ging, so dass sie nicht aus Gewinnsucht gehandelt habe; daher verbiete sich die Annahme, die Klägerin habe einen von ihr möglicherweise erkannten Gesetzesverstoß des Beklagten bewusst zum eigenen Vorteil ausnutzen wollen[864].

4. Die instanzgerichtliche Rechtsprechung nach 1984

Mit den Leitentscheidungen des *BGH* hat sich die Differenzierung zwischen ein- und beiderseitigen Verstößen gegen das SchwarzArbG a.F. in der Rechtsprechung durchgesetzt[865].

---

[863] *BGH*, NJW 1985, S. 2403 (2404); ebenso *Schmidt*, WM 1985, S. 1085.

[864] *BGH*, NJW 1985, S. 2403 (2404).

[865] *OLG Düsseldorf*, Urt. v. 14.7.1986 - 5 U 36/86 = BauR 1986, S. 733 und BauR 1987, S. 562 ff.: Nichtigkeit eines Werkvertrages bei beiderseitigem Verstoß gegen das SchwarzArbG a.F. Dem Auftraggeber stehen in diesem Fall auch bei mangelhaften Leistungen keinerlei Gewährleistungsansprüche zu. *OLG Köln*, Urt. v. 11.10.1989 - 2 U 4/89 = NJW-RR 1990, S. 251 f. = EWiR 1990, S. 917 = EWiR 1990, S. 47 m. Anm. *Köhler*, EWiR 1990, S. 47 f. (Vorinstanz zu *BGH*, Urt. v. 31.5.1990 - VII ZR 336/89): Vertrag bei beiderseitigem bewusstem Verstoß gegen SchwarzArbG a.F. nichtig; *OLG Düsseldorf*, Urt. v. 16.10.1992 - 22 U 230/91 = OLGR Düsseldorf 1993, S. 116 ff. = NJW-RR 1993, S. 884 f. = BauR 1993, S. 487 ff. = BauR 1993, S. 124: Vertrag gemäß § 134 nichtig, wenn entweder Schwarzarbeiter und Auftragnehmer gegen §§ 1 I Nr. 3, 2 I SchwarzArbG a.F. verstoßen oder der Schwarzarbeiter gegen § 1 I Nr. 3 SchwarzArbG a.F. verstößt und der Auftraggeber dies bewusst zu seinem Vorteil ausnutzt; *OLG Düsseldorf*, Urt. v. 13.5.1998 – 22 U 245/96 = NJW-RR 1998, S. 1710 f. = BauR 1999, S. 787 = OLGR Düsseldorf 1999, S. 94 = IBR 1998, S. 434 m. Anm. *Kieserling* (S. 437): Einseitiger Verstoß des Schwarzarbeiters gegen § 1 I Nr. 3 SchwarzArbG a.F. führt nicht zur Vertragsnichtigkeit nach § 134, wenn dem Auftraggeber der Verstoß nicht bekannt war; *OLG Nürnberg*, Urt. v. 25.5.2000 – 13 U 4512/99 = BauR 2000, S. 1494 ff.: Werkvertrag bei einseitigem, dem Auftraggeber nicht bekanntem Verstoß gegen § 1 I Nr. 3 SchwarzArbG a.F. nicht gemäß § 134 ganz oder hinsichtlich des Werklohnanspruches teilweise nichtig. Siehe ferner *OLG Düsseldorf*, Urt. v. 8.1.1993 - 22 U 203/92 – OLGR Düsseldorf 1993, S. 177 = BauR 1993, S. 507.

Die Frage, wann der Auftraggeber den Verstoß des Schwarzarbeiters gegen § 1 I SchwarzArbG a.f. „bewusst zum eigenen Vorteil ausnutzt", erörterte das *OLG Hamm*[866] in einer Entscheidung aus dem Jahre 1989: Das auf Seiten des Auftraggebers neben der Kenntnis vom Gesetzesverstoß des Schwarzarbeiters erforderliche bewusste Ausnutzen dieser Kenntnis zum eigenen Vorteil liege nicht vor, „wenn es nur um die Vergabe eines kostensparenden Auftrags ging (vgl. *BGH* NJW 1985, S. 2403)." Im konkreten Fall lag der vom Auftraggeber für die Dacheindeckung seines Wohnhauses mit dem Schwarzarbeiter vereinbarte Pauschalpreis von 15.000 DM nach Einschätzung eines Sachverständigen „für ein Dach dieser Größe im üblichen Verhandlungsbereich, wenn auch an der unteren Grenze. Der Preis erschien dem Sachverständigen nicht als derart niedrig, dass jeder Laie sofort hätte feststellen müssen, dass er nicht von einer Handwerksfirma bedient wird".

Die Frage, ob dem Auftragnehmer ein vertraglicher Vergütungsanspruch für unter Verstoß gegen § 1 I SchwarzArbG a.F. erbrachte Dienst- oder Werkleistungen zusteht, blieb ungeachtet der Leitentscheidungen des *BGH* in der Rechtsprechung der Instanzgerichte heftig umstritten: Das *LG Bonn*[867] wies im Jahre 1990 den Antrag eines gegen § 1 I Nr. 2 SchwarzArbG a.f.[868] verstoßenden Werkunternehmers auf Prozesskostenhilfe für eine Werklohnklage gegen den (redlichen) Auftraggeber mit der Begründung ab, der Vertrag sei „zumindest insoweit nichtig, als durch ihn ein Vergütungsanspruch des Werkunternehmers begründet werden sollte"[869]. Das *LG Mainz*[870] vertrat in einer Entscheidung aus dem Jahre 1997 die Auffassung, ein Schwarzarbeiter, der ohne Wissen des Bestellers gegen § 1 I Nr. 3 SchwarzArbG a.F. verstoße, verliere seinen Lohnanspruch, während der gesetzestreue Auftraggeber seine Erfüllungs- und Gewährleistungsansprüche behalte. Durch die Versagung des Vergütungsanspruchs des Schwarzarbeiters solle der Zielsetzung des SchwarzArbG a.F. möglichst wirkungsvoll entsprochen werden[871]. Dieser Auffassung folgte auch das *LG Nürnberg-Fürth*[872] in einer Entscheidung aus dem Jahre 1999.

Andere Instanzgerichte wandten sich demgegenüber ausdrücklich gegen eine solche halbseitige Nichtigkeit von Schwarzarbeitsverträgen bei einseitigen Ver-

---

[866] *OLG Hamm*, Urt. v. 29.9.1989 - 26 U 96/89 = MDR 1990, S. 243 = ZfSch 1990, S. 121 = BauR 1990, S. 386.

[867] *LG Bonn*, Beschl. v. 24.10.1990 – 15 O 121/90 = NJW-RR 1991, S. 180.

[868] Das Gericht bejahte eine Verletzung der Anzeigepflicht aus §§ 1 I Nr. 2 Var. 1 SchwarzArbG a.F., 14 GewO durch den Kläger. Die Annahme der Nichtigkeit durch das Gericht steht im Widerspruch zu der im Schrifttum überwiegend vertretenen Auffassung, wonach derartige Verstöße nicht zur Vertragsnichtigkeit nach § 134 führen.

[869] *LG Bonn*, Beschl. v. 24.10.1990 – 15 O 121/90 = NJW-RR 1991, S. 180, re. Sp.

[870] *LG Mainz*, Urt. v. 26.2.1997 – 9 O 214/96 = NJW-RR 1998, S. 48 f.

[871] Siehe auch *Schneider*, MDR 1998, S. 690 (692).

[872] *LG Nürnberg-Fürth*, Urt. v. 9.11.1999 – 1 O 3255/99 = NZBau 2000, S. 436 ff.

stößen gegen § 1 I SchwarzArbG a.F. In diesem Sinne entschieden im Jahre 1993 die Landgerichte *Traunstein*[873] und *Görlitz*[874] und im Jahre 1998 das *LG Leipzig*[875]: Nur wenn beide Vertragsparteien gegen das SchwarzArbG a.F. verstoßen oder im Falle eines einseitigen Verstoßes der andere diesen Verstoß kennt und bewusst zu seinem Vorteil ausnutzt, führe dies zu einer Nichtigkeit gemäß § 134; andernfalls sei der Vertrag in vollem Umfange wirksam.

Das Urteil des *LG Nürnberg-Fürth* wurde vom *OLG Nürnberg*[876] in der Berufungsinstanz aufgehoben: Die Auffassung, der Werkvertrag sei – bezogen auf den Werklohnanspruch des Auftragnehmers – gemäß § 134 teilweise nichtig, stehe mit der Rechtsprechung des *BGH* in Widerspruch. Zwar habe der *BGH* bislang nur solche Fälle eines einseitigen Gesetzesverstoßes entschieden, in denen der Auftraggeber, dem der Gesetzesverstoß seines Vertragspartners bei Vertragsschluß nicht bekannt war, Ansprüche auf Erfüllung des Werkvertrages bzw. auf Gewährleistung geltend gemacht habe; er sei aber in all diesen Fällen von der generellen Gültigkeit des Werkvertrages ausgegangen und habe es für ausreichend gehalten, den Unternehmer allein ordnungsrechtlich zur Verantwortung zu ziehen. Eine Schlechterstellung des gutgläubigen Auftraggebers im Vergleich zu einem bösgläubigen Auftraggeber liege darin nicht: Der bösgläubige Auftraggeber habe keinen Anspruch auf Erfüllung des Werkvertrages und auf Gewährleistung und sei daher auch nicht zur Gegenleistung verpflichtet; nur soweit der Unternehmer geleistet habe, komme ein Wertersatzanspruch in Betracht. Der gutgläubige Auftraggeber habe aber einen Anspruch auf ordnungsgemäße Vertragserfüllung und müsse daher zur Gegenleistung verpflichtet sein. Es bestehe kein Grund, den Auftraggeber für einen ihm unbekannten Gesetzesverstoß des Auftragnehmers zu belohnen, indem man dem Auftraggeber jeden Anspruch versage.

Auch sei es mit dem Gleichbehandlungsgrundsatz schwer zu vereinbaren, dem Auftragnehmer des gutgläubigen Auftraggebers jeden Anspruch abzuerkennen, obgleich er zur Leistung (mittels eines Drittunternehmers) verpflichtet sei, wohingegen der Auftragnehmer des bösgläubigen Auftraggebers keine Erfüllung schulde und ihm, soweit er geleistet habe, immerhin ein Bereicherungsanspruch zugebilligt werde, da ein sachlicher Grund für diese Ungleichbehandlung nicht erkennbar sei. Hinzu komme, dass darin zugleich eine Strafe für den Auftragnehmer liege, deren Verhältnismäßigkeit aufgrund der Kumulation von zivil-

[873] *LG Traunstein*, Urt. v. 27.10.1993 – 3 S 2112/93 = NJW-RR 1994, S. 442 f.
[874] *LG Görlitz*, Urt. v. 5.10.1993 – 1 O 0315/93 = NJW-RR 1994, S. 117 ff.
[875] *LG Leipzig*, Urt. v. 21.8.1998 – 16 O 561/98 = BauR 1999, S. 923 ff. = IBR 2000, S. 224 (m. Anm. *Kieserling*).
[876] *OLG Nürnberg*, Urt. v. 25.5.2000 – 13 U 4512/99 = BauR 2000, S. 1494 ff. = OLGR Nürnberg 2001, S. 47 ff. = ZAP EN-Nr 690/2000 = JurBüro 2001, S. 52 = IBR 2000, S. 393 (m. Anm. *Wellensiek*).

rechtlicher Leistungspflicht und Sanktion nach dem SchwarzArbG a.F. zweifelhaft sei, zumal die Wirkung der zivilrechtlichen Sanktion wirtschaftlich weit
über die strafrechtliche hinausgehen könne: Nach jeder vertretenen Ansicht habe
der gutgläubige Auftraggeber einen Anspruch auf Durchführung des Vertrags
durch Leistung eines eingetragenen Betriebes. Bei einem Vertrag größeren Vo-
lumens, z.B. über Werkleistungen im Umfang von 1. Mio DM, für die der
nächstgünstige Bieter 1,1 Mio. DM verlangt, könne der gutgläubige Auftraggeber, der unmittelbar nach Vertragsschluss, aber noch vor Beginn der Ausführung
des Werks von der Nichteintragung erfahre, vom Auftragnehmer Durchführung
des Vertrags durch Leistung eines eingetragenen Betriebes verlangen. Der Auftragnehmer habe den Vertrag durch Einschaltung des nächstgünstigen Bieters zu
erfüllen und an diesen 1,1 Mio. DM zu zahlen. Die Ansicht, die dem Auftragnehmer keinerlei – vertraglichen oder bereicherungsrechtlichen – Anspruch zu-
billige, laufe darauf hinaus, dass der Auftraggeber das ordnungsgemäß erstellte
Werk kostenlos zu erhalten hätte und es unentgeltlich behalten dürfe. Andererseits würde der Auftragnehmer an den von ihm eingeschalteten Drittunternehmer 1,1 Mio. DM zu zahlen haben, ohne für seine Leistung, zu der er zivilrechtlich wirksam verpflichtet war, vom Auftraggeber etwas zu bekommen. Dazu
müßte er noch mit einer erheblichen Geldbuße nach § 1 SchwarzArbG a.F.
rechnen. Eine Legitimation für eine derartige Kumulierung von Sanktionen sei
nicht ersichtlich, ebensowenig ein Grund für die damit korrespondierende Belohnung des Auftraggebers. Letzteres könne geradezu ein Anreiz für skrupellose
Auftraggeber sein, derartige Fallgestaltungen herbeizuführen und unter Behauptung ihrer Gutgläubigkeit (deren Nichtbestehen wohl der Auftragnehmer zu
beweisen hätte) ungerechtfertigte Gewinne zu ziehen.

Halte man hingegen den Werkvertrag für wirksam, entfalle dieser Anreiz; es bestehe aber auch kein Anreiz für den Auftragnehmer, weil dieser nicht nur keinen
Gewinn erziele, sondern auch noch die Differenz zwischen dem niedrigeren eigenen Werklohnanspruch und dem höheren des von ihm beauftragten eingetragenen Unternehmers und darüber hinaus die Geldbuße nach § 1 SchwarzArbG
a.F. zu tragen habe. Zwar seien auch Fälle denkbar, in denen etwa der Unternehmer die Leistung selbst vollständig oder nahezu vollständig erbracht habe,
bevor die fehlende Eintragung in die Handwerksrolle aufkomme, so dass der
Unternehmer lediglich für geringe Restfertigstellungsarbeiten und/oder im
Rahmen der Erfüllung der Gewährleistungsansprüche einen eingetragenen
Drittunternehmer einschalten müsse, so dass die zivilrechtliche Kostensanktion
geringer ausfalle oder gar nicht zum Tragen komme. Dennoch sei der Vertrag
auch in einem solchen Fall voll wirksam. Nicht zu folgen sei insbesondere der
Auffassung, wonach ein Werklohnanspruch nur anteilig bestehen soll, soweit

die Arbeiten durch ein eingetragenes Unternehmen erbracht wurden[877], da dies in der Praxis zu erheblichen Abgrenzungsproblemen führe.

Selbst bei Annahme einer Vertragsnichtigkeit bestehe aufgrund der vorliegenden Umstände des Falles der Anspruch des Klägers, denn es sei anerkannt, dass die "Berufung auf die Nichtigkeit" eines gegen ein gesetzliches Verbot verstoßenden Rechtsgeschäfts im Einzelfall gegen Treu und Glauben verstoßen könne, so dass der Vertrag im Ergebnis als wirksam zu behandeln sei. Hierbei sei zu berücksichtigen, dass der Kläger die streitgegenständlichen Arbeiten zwar nicht allein, jedoch als Nebengewerk im Rahmen von Hallenbauarbeiten, für welche er in die Handwerksrolle eingetragen war, hätte ausführen dürfen und dass die Arbeiten durch ordnungsgemäß angemeldete Arbeitnehmer ausgeführt wurden. Außerdem seien die Arbeiten fertiggestellt und der Beklagte habe bereits Abschlagszahlungen geleistet. Keine der Parteien wolle die Rückgewähr der jeweils von ihr erbrachten Leistungen. Vielmehr bestehe auch der Beklagte auf Vertragserfüllung; er mache noch Gewährleistungsansprüche geltend.

5. *BGH*, Beschl. v. 25.1.2001 - VII ZR 296/00

Das Urteil des *OLG Nürnberg*[878] wurde vom siebten Zivilsenat des *BGH*[879] durch Beschluss vom 25.1.2001 bestätigt. Der einseitige Verstoß des Auftragnehmers gegen § 1 I Nr. 3 SchwarzArbG a.F. führe nicht zur Nichtigkeit des Vertrags gemäß § 134, auch nicht bezogen auf den Werklohnanspruch des Unternehmers. Gleiches gelte hinsichtlich des Umstands, dass der Auftragnehmer nur für das Metallbauerhandwerk und nicht für das Spengler- und Dachdeckerhandwerk in die Handwerksrolle eingetragen war.

6. Resumee

Einseitige Verstöße gegen § 1 I SchwarzArbG a.F. führen nach Ansicht der Rechtsprechung grundsätzlich nicht zur Nichtigkeit des Vertrages nach § 134, und zwar weder hinsichtlich des gesamten Vertrags noch beschränkt auf einzelne Vertragsteile. Wirksam ist insbesondere auch der vertragliche Vergütungsanspruch des verbotswidrig handelnden Schwarzarbeiters. Allerdings hat der gesetzestreue Auftraggeber die Wahl, den Vertrag durchzuführen, aus wichtigem Grund zu kündigen oder wegen arglistigen Verhaltens seines Vertragspartners anzufechten.

---

[877] Staudinger/*Sack* § 134 Rn. 281 a.E.
[878] *OLG Nürnberg*, Urt. v. 25.5.2000 – 13 U 4512/99 = BauR 2000, S. 1494 ff. = OLGR Nürnberg 2001, S. 47 ff. = 7 AP EN-Nr 690/2000 – JurBüro 2001, S. 52 = IBR 2000, S. 595 (m. Anm. *Wellensiek*).
[879] *BGH*, Urt. v. 25.1.2001 - VII ZR 296/00 = BauR 2001, S. 632 = ZfBR 2001, S. 269.

Diese Grundsätze gelten für den Fall, dass der Auftraggeber bei Vertragsschluss den (beabsichtigten) Verstoß des Schwarzarbeiters gegen § 1 I SchwarzArbG a.f. nicht kannte[880]. Aber auch bei entsprechender Kenntnis des Auftraggebers ist der Vertrag nach Auffassung der Rechtsprechung nicht ohne weiteres nach § 134 nichtig[881]. Fraglich ist allerdings, ob der Auftraggeber auch hier die Wahl hat, den Vertrag durchzuführen, aus wichtigem Grund zu kündigen oder wegen arglistigen Verhaltens seines Vertragspartners anzufechten.

Für möglich hält die Rechtsprechung eine Nichtigkeit nach § 134 bei einseitigen Verstößen gegen § 1 I SchwarzArbG a.F. nur dann, „wenn der Auftraggeber zwar nicht selbst verbotswidrig handelt, aber den Gesetzesverstoß des Vertragspartners kennt und diesen bewusst zum eigenen Vorteil ausnutzt"[882]. Unter welchen Voraussetzungen ein bewusstes Ausnutzen des Gesetzesverstoßes zum eigenen Vorteil anzunehmen ist, hat die Rechtsprechung dabei allerdings offen gelassen; ausgeschlossen sei diese Annahme zumindest dann, wenn es sich nicht ausschließen lasse, dass es dem Auftraggeber nur um die Vergabe eines kostensparenden Auftrags ging und er daher nicht aus Gewinnsucht gehandelt habe[883]. Ob es solche Fälle jedoch nach derzeit geltendem Recht überhaupt noch geben kann, ist fraglich (dazu unten III. 1.).

II. Schrifttum

1. Die mehrheitlich vertretene Auffassung – Wirksamkeit des Vertrags

Die Darstellung der mehrheitlich vertretenen Auffassung bereitet insofern Schwierigkeiten, als im Schrifttum nicht immer hinreichend deutlich herausgestellt wird, ob die jeweilige Auffassung zwischen den einzelnen Fallgruppen des § 1 I SchwarzArbG a.F. differenziert oder nicht.

Nach herrschender Meinung sind Verträge bei einseitigen Verstößen des Schwarzarbeiters gegen § 1 I SchwarzArbG a.F. jedenfalls dann wirksam, wenn der Auftraggeber den (beabsichtigten) Verstoß des Schwarzarbeiters gegen § 1 I SchwarzArbG a.F. bei Abschluss des Vertrages nicht kannte.

Auffassungen, die zwischen den einzelnen Tatbeständen des § 1 I SchwarzArbG a.F. differenzieren, halten Verträge bei Verstößen gegen § 1 I Nr. 1 SchwarzArbG a.F. zumeist für wirksam[884]. Weil die Aufnahme einer entgeltlichen Tätig-

---

[880] BGHZ 89, S. 369 ff.
[881] *BGH*, NJW 1985, S. 2403 f.
[882] BGHZ 89, S. 369 (375).
[883] *BGH*, NJW 1985, S. 2403 (2404).
[884] *Erdmann*, SchwarzArbG, § 1 Rn. 219. *Tiedtke*, EWiR 1991, S. 223 (224); wohl auch *Buchner*, WiVerw 1979, S. 212 (224 f); A.A. *Marschner*, AuA 1995, S. 84 (86). Vgl. zu den

keit gerade Voraussetzung für das Entstehen der in § 1 I Nr. 1 SchwarzArbG a.f. aufgeführten Meldepflichten sei, richte sich die Vorschrift nicht gegen den Vertrag als solchen, sondern nur gegen das Unterlassen der Anzeige[885]. Nach dieser Auffassung handelt es sich bei § 1 I Nr. 1 SchwarzArbG a.f. schon nicht um ein (die Vertragsnichtigkeit erforderndes) gesetzliches Verbot i.S. des § 134. Für die Wirksamkeit ist insoweit auch unerheblich, ob der andere Teil vom Verbotsverstoß Kenntnis hatte oder nicht. Bei Verstößen des Auftragnehmers gegen § 1 I Nr. 3 SchwarzArbG a.f. ist es nach überwiegender Auffassung[886] zum Schutze des redlichen Auftraggebers erforderlich, entsprechende Verträge als wirksam anzusehen, wenn der Auftraggeber den Verstoß des Auftragnehmers gegen § 1 I Nr. 3 SchwarzArbG a.f. bei Abschluss des Vertrages nicht kannte; ein schutzwürdiges Interesse des Auftraggebers, welches das Absehen von der Nichtigkeitsfolge rechtfertige, bestehe dagegen nicht, wenn der Auftraggeber den Verstoß des Auftragnehmers bei Abschluss des Vertrages gekannt habe.

Nach *Sonnenschein*[887] ist der Vertrag nichtig, wenn der andere Teil den Verstoß kennt „oder damit rechnet und doch durch den Abschluss des Vertrages bewusst mitwirkt". Die Anforderungen an die Nichtigkeit sind damit im Vergleich zu den vorgenannten Auffassungen abgeschwächt: Schon bedingter Vorsatz reicht für die Annahme von Nichtigkeit nach § 134 aus. Nach *Köhler*[888] ist das bewusste Sichverschließen vor der Kenntniserlangung einer Kenntnis gleichzusetzen. Andere Vertreter des Schrifttums[889] sprechen sich – noch weitergehend – für eine Nichtigkeit des Vertrages aus, wenn der Auftraggeber den Verstoß kannte oder infolge einer auf grober Fahrlässigkeit beruhenden Unkenntnis nicht kannte.

Die von der Rechtsprechung vertretene Auffassung, ein einseitiger Verstoß des Schwarzarbeiters gegen § 1 I Nr. 3 SchwarzArbG a.f. könne allenfalls dann nach § 134 zur Nichtigkeit des Vertrages führen, wenn der Auftraggeber den

---

ähnlich gelagerten Fällen von Verstößen gegen § 104 SGB IV *Plagemann*, Anm. zu *OLG Karlsruhe*, Urt. v. 6.4.1993 – 18a U 138/92, EWiR § 104 SGB IV 1/93, S. 707 (708).

[885] *Erdmann*, SchwarzArbG, § 1 Rn. 219.

[886] *Brox*, Allg. Teil des BGB, Rn. 325; Erman/*Palm* § 134 Rn. 89; Soergel/*Hefermehl* § 134 Rn. 55; *Brandenstein/Corino/Petri*, NJW 1997, S. 625 (630); *Kreizberg*, AR-Blattei, SD 1430 Rn. 85; Staudinger/*Peters* § 631 Rn. 74; *Medicus*, Allg. Teil des BGB, Rn. 651; *Buchner*, GewArch 1990, S. 1 (41/42); *Köhler*, JZ 1990, S. 466 f., Ganten/Jagenburg/*Motzke* vor § 8 VOB/B Rn. 7; *Benöhr*, NJW 1975, S. 1970; *ders.*, BB 1975, S. 232 (235). A.A. *Voß*, S. 82; *Thilenius*, S. 41.

[887] *Sonnenschein*, JZ 1976, S. 497.

[888] JZ 1990, S. 167.

[889] Erman/*Palm* § 134 Rn. 89; Soergel/*Hefermehl* § 134 Rn. 55; *Brandenstein/Corino/Petri*, NJW 1997, S. 625 (630). A.A. *Voß*, S. 82; *Thilenius*, S. 41.

Verstoß kennt und darüber hinaus bewusst zum eigenen Vorteil ausnutzt, wird dagegen überwiegend abgelehnt[890].

2. Nichtigkeit des Vertrags

Teile des Schrifttums sprechen sich in Fällen einseitiger Verstöße gegen § 1 I Nr. 3 SchwarzArbG a.f. stets für eine Vertragsnichtigkeit aus, unabhängig davon, ob der Auftraggeber bei Abschluss des Vertrages vom Verstoß des Schwarzarbeiters gegen § 1 I Nr. 3 SchwarzArbG a.f. Kenntnis hatte oder hätte haben können[891]. Vorrangiger Schutzzweck des SchwarzArbG a.f. sei nicht der Schutz des Auftraggebers, sondern der Schutz des Handwerks und der öffentlichen Kassen. Dieser Zweck gebiete auch bei einseitigen Verstößen, entsprechenden Verträgen die Wirksamkeit zu versagen[892]. *Thilenius* begründet dies mit einem Vergleich zwischen dem Zweck des Art. 1 § 1 RBeratG und dem Zweck des § 1 I Nr. 3 SchwarzArbG a.F.[893]: Da die Schutzzwecke beider Vorschriften übereinstimmten und die unerlaubte Rechtsberatung letzlich nichts anderes sei als eine besonderer Fall der Schwarzarbeit, sei ein Vertrag bei einseitigem Verstoß gegen § 1 I Nr. 3 SchwarzArbG a.f. entsprechend der Rechtsprechung des *BGH* zu Verstößen gegen Art. 1 § 1 RBeratG nichtig[894]. Es bestehe somit kein Erfüllungsanspruch des Auftraggebers[895].

3. Halbseitige Teilnichtigkeit

Ein beachtlicher Teil des Schrifttums[896] hält in den Fällen, in denen der Auftraggeber bei Abschluss des Vertrages von dem Verstoß des Auftragnehmers gegen § 1 I Nr. 3 SchwarzArbG a.F. keine Kenntnis hatte, eine Aufspaltung der Nichtigkeitsfolgen nach dem von *Canaris*[897] entwickelten Lösungsmodell der sog.

---

[890] Entschieden *Voß*, S. 70 (zum Hintergrund der Argumentation des *BGH ders.*, S. 59 ff.); Staudinger/*Sack* § 134 Rn. 281; einschränkend Erman/*Palm* § 134 Rn. 89; zustimmend dagegen Erman/*Schwenker*, § 631 Rn. 16.

[891] *Thilenius*, S. 41; *Voß*, S. 82; *Kern*, FS Gernhuber, S. 191 (198). Für Vertragsnichtigkeit gemäß § 134 bei einseitigen Verstößen gegen das SchwarzArbG a.F. auch *Jauernig* § 134 Rn. 12.

[892] *Kern*, FS Gernhuber, S. 191 (195, 198); *Voß*, S. 82.

[893] *Thilenius*, S. 39.

[894] *Thilenius*, S. 40 f.

[895] *Thilenius*, S. 41.

[896] *Canaris*, Anm. zu BGH, NJW 1985, S. 2403 (2404 f.); *ders.*, Gesetzliches Verbot und Rechtsgeschäft, S. 30 f.; MünchKommBGB/*Mayer-Maly/Armbrüster* § 134 Rn. 77; Staudinger/*Sack* § 134 Rn. 279; Staudinger/*Peters* § 631 Rn. 74; wohl auch AK-BGB/*Damm* § 134 Rn. 47; unentschieden Erman/*Palm* § 134 Rn. 89. Ablehnend dagegen *Voß*, S. 75 ff. Zur Rechtsprechung siehe schon oben, Dritter Teil, A. I.

[897] *Canaris*, Anm. zu BGH, NJW 1985, S. 2403 (2404); *ders.*, Gesetzliches Verbot und Rechtsgeschäft, S. 30 f. Nach Ansicht von *Canaris* führt dieses Lösungsmodell auch in Fällen des Mietwuchers im Sinne von § 5 WiStG zu sachgerechten Lösungen.

„halbseitigen Teilnichtigkeit" für sachgerecht: Während der gesetzestreue Auftraggeber seine vertraglichen Rechte behalte, führe § 134 hinsichtlich der vertraglichen Rechte des verbotswidrig handelnden Auftragnehmers zur Nichtigkeit. Der redliche Auftraggeber behalte somit den vertraglichen Primäranspruch auf Erbringung der vereinbarten Dienst- oder Werkleistungen sowie sämtliche vertraglichen Sekundärrechte beim Auftreten von Leistungsstörungen. Der verbotswidrig handelnde Auftraggeber soll demgegenüber auf Bereicherungsansprüche beschränkt sein und auch diese bei wissentlichem Verstoß gegen § 1 I Nr. 3 SchwarzArbG a.f. gemäß § 817 S. 2 verlieren.

„Ein anderes" i.S. von § 134, 2. Halbs. könne nicht nur die Vollwirksamkeit, sondern auch eine Zwischenform wie die halbseitige Teilnichtigkeit sein, die sich hier aus einer „teleologisch sinnvollen Beschränkung der Nichtigkeitsfolgen" anhand des Normzwecks des verletzten Verbots[898] ergebe: Einerseits widerspreche die volle Wirksamkeit des Vertrages den Zwecken des SchwarzArbG a.F., die bei einem einseitigen Verstoß des Auftragnehmers in gleicher Weise berührt seien wie bei einem beiderseitigen Verstoß von Auftragnehmer und Auftraggeber, so dass es vom Gesetzeszweck her nicht gerechtfertigt sei, dem Auftragnehmer seinen Werklohnanspruch zu belassen, nur weil der Auftraggeber nicht ebenfalls gegen das Gesetz verstoßen habe und von diesem Verstoß auch nichts gewusst habe[899]; vielmehr sei es im Gegenteil geradezu sinnwidrig, wenn der Auftragnehmer seinen Werklohnanspruch allein mit der Begründung durchsetzen könne, der andere Teil habe vom Gesetzesverstoß nichts gewusst[900]. Andererseits widerspreche aber die volle Nichtigkeit dem vom SchwarzArbG a.F. bezweckten Schutz des Auftraggebers. Zudem sei es ungerecht, dem Auftraggeber seine vertraglichen Rechte ohne eigenen Gesetzesverstoß zu nehmen[901]. Hinzu komme, dass nach dem Grundsatz vom „Verbot der Berufung auf eigenes Unrecht" dem verbotswidrig Handelnden die Berufung auf den eigenen Gesetzesverstoß versagt sei, nicht jedoch demjenigen, dem kein solcher Verstoß zur Last falle[902].

Die Nichtigkeit sei daher auf die vertraglichen Rechte der verbotswidrig handelnden Vertragspartei zu beschränken. An deren Stelle trete ein Bereicherungs-

---

[898] *Canaris*, Anm. zu BGH, NJW 1985, S. 2403 (2404 f.); *ders.*, Gesetzliches Verbot und Rechtsgeschäft, S. 31 f.
[899] *Canaris*, Anm. zu BGH, NJW 1985, S. 2403 (2405).
[900] *Canaris*, Anm. zu BGH, NJW 1985, S. 2403 (2405).
[901] Der Einwand, eine Totalnichtigkeit benachteilige den nicht verbotswidrig handelnden Teil in ungerechtfertigter Weise, erscheint nur auf den ersten Blick überzeugend. Tatsächlich ist dies kein schlagendes Argument gegen eine Nichtigkeit, denn auch im Falle der Anfechtung nach §§ 119, 120 werden dem Anfechtungsgegner die vertraglichen Rechte ohne eigenes vorwerfbares Verhalten genommen. Dem Anfechtungsgegner verbleibt nur ein Anspruch auf Ersatz des negativen Interesses gemäß § 122.
[902] *Canaris*, Gesetzliches Verbot und Rechtsgeschäft, S. 31 f.

anspruch nach §§ 812, 818 II. Zwar leiste der verbotswidrig Handelnde auf eine bestehende Forderung und insoweit nicht ohne Rechtsgrund, der Anspruch aus §§ 812, 818 II trete jedoch im Wege der Rechtsfortbildung an die Stelle der nichtigen Entgeltabrede[903]. Ausgeschlossen sei der Bereicherungsanspruch nach § 817 S. 2, wenn der Gesetzesverstoß wissentlich begangen wurde[904].

III. Stellungnahme

Voraussetzung für die Anwendung des § 134 ist ein Normkonflikt zwischen Rechtsgeschäft und gesetzlichem Verbot, mithin zwischen Schwarzarbeitsvertrag und § 8 I Nr. 1 SchwarzArbG (§ 1 I SchwarzArbG a.F.); nur in diesem Falle stellt sich die Frage, wie dieser Normkonflikt aufzulösen ist[905].

Nach § 8 I Nr. 1 SchwarzArbG (§ 1 I SchwarzArbG a.F.) ist die Erbringung von Dienst- oder Werkleistungen in erheblichem Umfang unter Verstoß gegen Anzeige-, Melde- und Erlaubnispflichten des § 8 I Nr. 1 lit. a) – e) SchwarzArbG (§ 1 I Nr. 1 bis 3 SchwarzArbG a.F.) verboten, sofern es sich nicht um einen Ausnahmefall nach § 8 IV SchwarzArbG (§ 1 III SchwarzArbG a.F.) handelt. Dass § 8 I Nr. 1 SchwarzArbG (§ 1 I SchwarzArbG a.F.) dem Schwarzarbeiter ein entsprechendes Tun verbietet, bedeutet allerdings noch nicht, dass auch *das Rechtsgeschäft*, genauer: das Verpflichtungsgeschäft, welches den Schwarzarbeiter zur Erbringung der Dienst- oder Werkleistungen verpflichtet, *als solches* gegen § 8 I Nr. 1 SchwarzArbG (§ 1 I SchwarzArbG a.F.) verstößt.

Bei *beiderseitigen Verstößen* gegen § 1 II Nr. 1 oder §§ 1 II Nr. 3 – 5, 8 I SchwarzArbG (§§ 1 I, 2 I SchwarzArbG a.F.) ergibt sich der Verbotsverstoß des Verpflichtungsgeschäfts daraus, dass die Vertragsparteien bei Vertragsschluss *wissen und wollen*, dass die Dienst- oder Werkleistungen in Schwarzarbeit, d.h. unter Verstoß gegen Anzeige-, Melde- und Erlaubnispflichten nach § 1 II Nr. 1 oder § 8 I Nr. 1 SchwarzArbG (§ 1 I SchwarzArbG a.F.) erbracht werden; gerade diese „Schwarzarbeitsabrede" unterscheidet den Schwarzarbeitsvertrag von einem inhaltlich nicht zu missbilligenden Vertrag über Dienst- oder Werkleistungen, denn erst durch die Schwarzarbeitsabrede wird die vertraglich vereinbarte Leistung zu einer unerlaubten Tätigkeit[906]. Bei einseitigen Verstößen gegen § 8 I Nr. 1 SchwarzArbG (§ 1 I SchwarzArbG a.F.) ist deshalb zwischen der bewussten und der unbewussten Beauftragung eines Schwarzarbeiters zu differenzieren:

---

[903] *Canaris*, Gesetzliches Verbot und Rechtsgeschäft, S. 32.
[904] *Canaris*, Anm. zu BGH NJW 1985, S. 2403 (2404 und 2405); *ders.*, Gesetzliches Verbot und Rechtsgeschäft, S. 30, für die Behandlung von Verstößen gegen § 5 WiStG und § 302 a StGB. Dazu ebenfalls *ders.* in: FS Steindorff, S. 519 (530).
[905] Vgl. dazu auch oben, Zweiter Teil, A. III. 2.
[906] Siehe oben, Zweiter Teil A. III. 2.

1. Kenntnis des Auftraggebers

Nach bisheriger Rechtsprechung ist eine Kenntnis des Auftraggebers vom Verstoß des Schwarzarbeiters gegen § 1 I SchwarzArbG a.f. bei Vertragsschluss unerheblich, solange der Auftraggeber den Verstoß nicht bewusst zum eigenen Vorteil ausnutzt[907]. Diese Rechtsprechung wurde allerdings anhand des SchwarzArbG i.d.F. vom 31.5.1974 entwickelt, welches über den bloßen Tatvorsatz hinaus ein Handeln „aus Gewinnsucht" verlangte; sie dürfte infolge mehrfacher Gesetzesänderungen heute überholt sein[908].

---

[907] BGHZ 89, S. 369 (375); *BGH*, NJW 1985, S. 2403 (2404). Dafür auch *Schmidt*, WM 1985, S. 1085.

[908] Diese Rechtsprechung wurde vom *BGH* (Urt. v. 19.1.1984 – VII ZR 121/83 = BGHZ 89, S. 369 ff. = NJW 1984, S. 1175 = JR 1985, S. 146 ff. m. Anm. *Schubert*) im Jahre 1984 anhand eines Falles aus dem Jahre 1978 entwickelt, bei dem das SchwarzArbG in der Fassung vom 31.5.1974 (BGBl. I, S. 1252) zur Anwendung kam. In der Fassung vom 31.5.1974 erforderte der subjektive Tatbestand der §§ 1 I, 2 I SchwarzArbG a.f. mehr als nur den Tatvorsatz, einen Schwarzarbeiter mit der Ausführung von Dienst- oder Werkleistungen in erheblichem Umfange zu beauftragen; erforderlich war darüber hinaus ein Handeln aus Gewinnsucht (siehe dazu auch oben Erster Teil, A.). Ein lediglich einseitiger Verstoß gegen § 1 I SchwarzArbG a.f. lag demnach auch dann vor, wenn der Auftraggeber bewusst einen Schwarzarbeiter mit der Erbringung von Dienst- oder Werkleistungen in erheblichem Umfange beauftragte, dem Auftraggeber jedoch ein Handeln aus Gewinnsucht nicht nachzuweisen war. Im Jahre 1981 wurde dieses subjektive Merkmal durch das objektive Merkmal der „Erzielung wirtschaftlicher Vorteile in erheblichem Umfange" ersetzt (Art. 5 BillBG v. 15.12.1981, BGBl. I, S. 1390), dem Vorläufer der heute geltenden Fassung der Erbringung von „Dienst- oder Werkleistungen in erheblichem Umfange" (Art. 1 Nr. 1, lit. a, aa SchwArbÄndG v. 26.7.1994, BGBl. I, S. 1792, ausführlich dazu oben, Erster Teil. A). Infolge der Aufhebung des Merkmals des Handelns aus Gewinnsucht genügt nunmehr in subjektiver Hinsicht vorsätzliches Handeln i.S. des § 10 OWiG. Weiß der Auftraggeber bei Abschluss des Vertrages, dass es sich bei dem Beauftragten um einen Schwarzarbeiter i.S. des § 8 I Nr. 1 SchwarzArbG (§ 1 I SchwarzArbG a.f.) handelt, ist der subjektive Tatbestand des § 8 I Nr. 2 SchwarzArbG (§ 2 I SchwarzArbG a.f.) bereits erfüllt; weitere subjektive Tatbestandsmerkmale bestehen nicht. Wenn der Auftraggeber bei Abschluss des Vertrags vom (beabsichtigten) Verstoß des Schwarzarbeiters gegen § 8 I Nr. 1 SchwarzArbG (§ 1 I SchwarzArbG a.f.) Kenntnis hatte, kommt ein lediglich einseitiger Verstoß des Schwarzarbeiters gegen § 8 I Nr. 1 SchwarzArbG (§ 1 I SchwarzArbG a.f.) somit nur dann in Betracht, wenn auf Seiten des Auftraggebers *objektive Tatbestandsmerkmale* des § 8 I Nr. 2 SchwarzArbG (§ 2 I SchwarzArbG a.f.) nicht erfüllt sind. Dies ist dann der Fall, wenn der Auftraggeber den Schwarzarbeiter mit der Ausführung von Dienst- oder Werkleistungen in nicht erheblichem Umfange beauftragt. Ein Verstoß des Schwarzarbeiters gegen § 8 I Nr. 1 SchwarzArbG (§ 1 I SchwarzArbG a.f.) kann in dieser Konstellation (nur) dann vorliegen, wenn er für mehrere Auftraggeber Dienst- oder Werkleistungen erbringt, die zwar nicht einzeln, wohl aber zusammengenommen einen erheblichen Umfang erreichen; hier verstößt der Schwarzarbeiter gegen § 8 I Nr. 1 Schwarz-ArbG (§ 1 I SchwarzArbG a.F.), ohne dass der einzelne Auftraggeber – trotz vorsätzlicher Beauftragung eines Schwarzarbeiters – zugleich gegen § 8 I Nr. 2 SchwarzArbG (§ 2 I SchwarzArbG a.F.) verstößt.

a. Beauftragung mit Dienst- oder Werkleistungen in erheblichem Umfang

Beauftragt der Auftraggeber bewusst einen Schwarzarbeiter mit der Erbringung von Dienst- oder Werkleistungen in erheblichem Umfang, so handelt es sich nicht mehr um einen lediglich einseitigen Verstoß gegen § 8 I Nr. 1 SchwarzArbG (§ 1 I SchwarzArbG a.F.). Vielmehr verstoßen hier beide Vertragsparteien objektiv und subjektiv gegen § 8 I SchwarzArbG (§§ 1 I und 2 I SchwarzArbG a.F.); diese Fälle sind folglich nach den Regeln über die beiderseitigen Verstöße gegen das SchwarzArbG (a.F.) zu behandeln[909].

b. Beauftragung mit Dienst- oder Werkleistungen von nicht erheblichem Umfang

Weiß der Auftraggeber bei Vertragsschluss vom beabsichtigten Verstoß des Schwarzarbeiters gegen § 8 I Nr. 1 SchwarzArbG (§ 1 I SchwarzArbG a.F.), wird demnach regelmäßig auch ein Verstoß gegen § 8 I Nr. 2 SchwarzArbG (§ 2 I SchwarzArbG a.F.) vorliegen; ein Verstoß gegen § 8 I Nr. 2 SchwarzArbG (§ 2 I SchwarzArbG a.F.) scheidet nur dann aus, wenn die vereinbarten Dienst- oder Werkleistungen für den Auftraggeber *keinen erheblichen Umfang* aufweisen[910]. Um einen „lediglich" einseitigen Verstoß des Schwarzarbeiters gegen § 8 I Nr. 1 SchwarzArbG (§ 1 I SchwarzArbG a.F.) handelt es sich jedoch auch in diesen Fällen nicht. Denn nach § 14 OWiG ist die Tat zumindest als (notwendige) Teilnahme am Verstoß gegen § 8 I Nr. 1 SchwarzArbG (§ 1 I SchwarzArbG a.F.) zu bewerten. Ein bloß einseitiger Verstoß gegen § 8 I Nr. 1 SchwarzArbG (§ 1 I SchwarzArbG a.F.) kann bei Kenntnis mithin nicht angenommen werden.

Es fragt sich daher, ob auch diese Fälle entsprechend den zu beiderseitigen Verstößen gegen § 8 I SchwarzArbG (§§ 1 I, 2 I SchwarzArbG a.F.) entwickelten Regeln zu behandeln sind. Dagegen spricht, dass es sich bei dem einzelnen, zwischen Auftraggeber und Auftragnehmer geschlossenen Vertrag über die Erbringung von Dienst- oder Werkleistungen von nicht erheblichem Umfang um einen Bagatellfall handelt, während § 8 I SchwarzArbG (§§ 1 I, 2 I SchwarzArbG a.F.) nach seinem Sinn und Zweck nur die schweren Fälle der Schwarzarbeit erfassen will. Andererseits liegt auch in diesen Fällen eine „Schwarzarbeitsabrede" vor: Beide Parteien wissen und wollen, dass die Leistungen vom Schwarzarbeiter in Schwarzarbeit ausgeführt werden. Insoweit liegt auch hier ein Normkonflikt zwischen Verpflichtungsgeschäft und § 8 I Nr. 1 SchwarzArbG (§ 1 I SchwarzArbG a.F.) vor. Wie bei beiderseitigen Verstößen gegen § 8 I SchwarzArbG (§§ 1 I, 2 I SchwarzArbG a.F.) ist aber auch hier kein Grund ersichtlich, warum der Schwarzarbeiter zur Leistung unter Einhaltung der nach § 8 I Nr. 1 SchwarzArbG (§ 1 I SchwarzArbG a.F.) vorgeschriebenen Anzeige- Melde- und

---

909 Insoweit wird auf die obigen Ausführungen (Zweiter Teil) verwiesen.
910 Siehe oben, Dritter Teil, A. III. 1. a.

Erlaubnispflichten gezwungen sein sollte, wenn sich *beide Parteien einig* waren, dass die Leistungen in Schwarzarbeit erbracht werden sollten. Ebenso wie bei beiderseitigen bewussten Verstößen gegen § 8 I SchwarzArbG (§§ 1, 2 SchwarzArbG a.f.) widerspräche eine solche gesetzeskonforme Interpretation des Rechtsgeschäfts auch hier dem übereinstimmenden Parteiwillen. Da es jedoch mit dem Prinzip der Einheit der Rechtsordnung nicht zu vereinbaren wäre, wenn der Schwarzarbeiter durch den Vertrag zu einer verbotenen Tätigkeit verpflichtet würde, kann insoweit nichts anderes gelten als bei einem beiderseitigen Verstoß gegen § 8 I SchwarzArbG (§§ 1, 2 SchwarzArbG a.F.). Demnach führt die bewusste Beauftragung eines Schwarzarbeiters nach § 134 zur Nichtigkeit des Schwarzarbeitsvertrags.

2. Unkenntnis des Auftraggebers
a. Pflicht zu rechtmäßigem Verhalten

Wusste der Auftraggeber bei Vertragsschluss nicht, dass er an einen Schwarzarbeiter geraten ist, kann eine Einigung der Vertragsparteien darüber, dass die Leistungen in Schwarzarbeit ausgeführt werden sollen ("Schwarzarbeitsabrede"), nicht angenommen werden. Dass der für die andere Vertragspartei unerkannt gebliebene Wille des Schwarzarbeiters, die Leistungen unter Verstoß gegen die Pflichten nach § 8 I Nr. 1 SchwarzArbG (§ 1 I SchwarzArbG a.F.) auszuführen, unbeachtlich ist, ergibt sich zumeist schon aus den allgemeinen Regeln über die Auslegung von Willenserklärungen: Ein redlicher Auftraggeber kann und darf davon ausgehen, dass der Auftragnehmer seine Leistungen unter Einhaltung bestehender Rechtsnormen ausführt, auch wenn dies nicht ausdrücklich vereinbart wurde. Dass ein entgegenstehender und dem Auftraggeber unbekannter Wille des Schwarzarbeiters unbeachtlich ist, ergibt sich aber auch aus dem Rechtsgedanken des § 116, wonach der geheime Vorbehalt, das Erklärte nicht zu wollen, die Wirksamkeit eines Vertrages immer dann unberührt lässt, wenn der andere den Vorbehalt nicht kennt; entsprechend diesem Grundsatz handelt es sich auch bei einer für den anderen Teil nicht erkennbaren Absicht des Schwarzarbeiters, die Dienst- oder Werkleistungen unter Verstoß gegen § 8 I Nr. 1 SchwarzArbG (§ 1 I SchwarzArbG a.F.) zu erbringen, um eine unbeachtliche Mentalreservation.

Gegenüber dem redlichen Auftraggeber ist der Schwarzarbeiter demnach grundsätzlich verpflichtet, die Dienst- oder Werkleistungen unter Einhaltung der bestehenden Anzeige-, Melde- und Erlaubnispflichten zu erbringen. Insoweit ist das Rechtsgeschäft zunächst "verbotsneutral"; vielmehr verlangt die im Rahmen von Schuldverhältnissen allgemein anerkannte Leistungstreuepflicht, nach der die Vertragsparteien verplichtet sind, alles zu tun, um den Leistungserfolg vorzubereiten, herbeizufülhren und zu sichern und alles zu unterlassen, was den Vertragszweck oder den Leistungserfolg beeinträchtigen oder gefährden könnte[911], die Einhaltung der nach § 1 II Nr. 1 SchwarzArbG und §§ 1 II Nr. 3 – 5, 8 I SchwarzArbG (§ 1 I SchwarzArbG a.f.) bestehenden Pflichten.

b. Verpflichtung zur Übertragung der Dienst- oder Werkleistungen auf legale Gewerbetreibende bzw. Handwerksbetriebe

Problematisch sind die Fälle, in denen es dem Schwarzarbeiter nicht möglich ist, seine Leistung auf gesetzmäßigem Wege zu erbringen. Denkbar ist dies insbesondere in Fällen der Pflicht zum Erwerb einer Reisegewerbekarte nach §§ 1 II Nr. 4, 2. Var., 8 I Nr. 1 lit. d), 2. Var. SchwarzArbG (§ 1 I Nr. 2, 2. Var. SchwarzArbG a.f.) und der Pflicht zur Eintragung in der Handwerksrolle nach §§ 1 II Nr. 5, 8 I Nr. 1 lit. e) SchwarzArbG (§ 1 I Nr. 3 SchwarzArbG a.f.). Denn während es sich in den Fällen der Pflicht zur Anzeige vom Beginn des selbständigen Betriebes eines stehenden Gewerbes nach §§ 1 II Nr. 4, 1. Var., 8 I Nr. 1 lit. d), 1. Var. SchwarzArbG (§ 1 I Nr. 2, 1 Var. SchwarzArbG a.f.) – gleiches gilt z.B. für § 1 II Nr. 3, 8 I Nr. 1 lit. a) – c) SchwarzArbG (§ 1 I Nr. 1 SchwarzArbG a.f.) – um erlaubnisfreie Tätigkeiten handelt, die lediglich der Anzeige bzw. Meldung der Tätigkeit bei der zuständigen Stelle bedürfen, handelt es sich bei §§ 1 II Nr. 4, 2. Var., 8 I Nr. 1 lit. d), 2. Var. SchwarzArbG (§ 1 I Nr. 2, 2. Var. SchwarzArbG a.f.) und §§ 1 II Nr. 5, 8 I Nr. 1 lit. e) SchwarzArbG (§ 1 I Nr. 3 SchwarzArbG a.f.) um erlaubnispflichtige Tätigkeiten. Liegen die Voraussetzungen für die Erteilung der Erlaubnis in der Person des Schwarzarbeiters nicht vor, so kann es hier im Falle einer Verurteilung des Schwarzarbeiters zur Erbringung der Dienst- oder Werkleistungen zu einem Normkonflikt zwischen Rechtsgeschäft und § 8 I Nr. 1 SchwarzArbG (§ 1 I SchwarzArbG a.f.) kommen. Diese Fälle bedürfen daher der weiteren Prüfung. Aus Gründen der Übersichtlichkeit der Darstellung beschränken sich die folgenden Ausführungen auf das Beispiel der unbefugten Handwerksausübung (§§ 1 II Nr. 5, 8 I Nr. 1 lit. e SchwarzArbG/ § 1 I Nr. 3 SchwarzArbG a.f.); für die unbefugte Gewerbeausübung gelten diese Ausführungen jedoch sinngemäß.

Die umstrittene Frage, ob der Schwarzarbeiter bei Wirksamkeit des Vertrages zur Erbringung von Dienst- oder Werkleistungen unter Verstoß gegen § 8 I Nr. 1 lit. e SchwarzArbG (§ 1 I Nr. 3 SchwarzArbG a.f.) und damit zur Vornahme einer verbotenen und bußgeldbewehrten Handlung verpflichtet wäre[912], oder ob er den Vertrag ohne Verbotsverstoß erfüllen kann und muss, indem er die Ausführung der Dienst- oder Werkleistungen auf einen eingetragenen Handwerksbe-

---

[911] Palandt/*Heinrichs* § 242 Rn. 27.
[912] So *Wittmann*, BB 1964, S. 904 (905); *Schmidt*, MDR 1966, S. 463 (464); *Kern*, in: FS Gernhuber, S. 191 (196). So auch *OLG Celle*, JZ 1973, S. 246 (247).

trieb überträgt[913], ist hierbei von zentraler Bedeutung. Dabei sind zwei Problemkreise zu trennen:

Auf der vertragsrechtlichen Ebene geht es um die Frage, ob der zwischen Schwarzarbeiter und Auftraggeber geschlossene Vertrag es dem Schwarzarbeiter seinem Inhalt nach gestattet, die Dienst- oder Werkleistungen auf eingetragene Handwerksbetriebe zu übertragen. Die herrschende Meinung bejaht dies mit dem Argument, dass der Schwarzarbeiter regelmäßig nicht in Person leisten müsse; daher sei er bei Wirksamkeit des Vertrags nicht zur Vornahme einer verbotenen Handlung gezwungen[914]. Dieser Argumentation ist der *BGH* für den werkvertraglichen Bereich gefolgt[915]. Diese Auffassung ist allerdings nicht unproblematisch: Selbst wenn der Auftragnehmer nach dem Inhalt des Vertrages nicht zur Leistung in Person verpflichtet ist, so ist doch zweifelhaft, ob er auch berechtigt ist, sämtliche Leistungen auf Dritte zu übertragen. Zum Schwur kommt es aber jedenfalls dann, wenn der Auftragnehmer nach dem Inhalt des Vertrags zur Leistung in Person verpflichtet ist. Da einseitige Verstöße gegen gesetzliche Verbote nach ständiger Rechtsprechung des *BGH*[916] ausnahmsweise zur Nichtigkeit des Rechtsgeschäfts führen, wenn der Erfüllungsanspruch auf eine unerlaubte Tätigkeit gerichtet ist, fragt sich, ob der Schwarzarbeitsvertrag auch in einem solchen Falle wirksam wäre. Dass der Schwarzarbeiter die Dienst- oder Werkleistungen übertragen könne (und müsse), vermag aber auch dann nicht zu überzeugen, wenn der Auftraggeber bei Abschluss des Vertrages vom Verstoß des Auftragnehmers gegen § 8 I Nr. 1 SchwarzArbG (§ 1 I SchwarzArbG a.F.) Kenntnis hatte.

Neben diesem vertragsrechtlichen Problemkreis besteht jedoch noch ein weiteres, in diesem Zusammenhang – soweit ersichtlich – bislang nicht erörtertes handwerksrechtliches Problem: Die Ausführungen der herrschenden Meinung beruhen auf der Prämisse, dass es dem Schwarzarbeiter handwerksrechtlich erlaubt ist, die Dienst- oder Werkleistungen auf ordnungsgemäß eingetragene Handwerksbetriebe zu übertragen. Dies ist indes nicht unzweifelhaft, denn nach der Rechtsprechung mehrerer Verwaltungsgerichte[917] ist die Übertragung von handwerklichen Leistungen an Dritte nicht ohne weiteres geeignet, den Vorwurf der unzulässigen Handwerksausübung gemäß § 1 HwO auszuräumen. Wäre die

---

[913] *Benöhr*, NJW 1975, S. 1970 (1971); *ders.*, BB 1975, S. 232 (235); *Honig*, GewArch 1976, S. 24).

[914] *Benöhr*, NJW 1975, S. 1970 (1971); *ders.*, BB 1975, S. 232 (235); *Honig*, GewArch 1976, S. 24).

[915] BGHZ 89, S. 369 (374).

[916] BGHZ 46, S. 24 (26); 65, S. 368 (370); 78, S. 263 (265); 93, S. 264 (267); 118, S. 182 (188). *BGH*, NJW 1981, S. 1204 (1205); 1984, S. 230 (231); 1984, S. 1175 (1176); *BGH*, Urt. v. 22.3.1990 – IX ZR 117/88 = BGH Warn 1990 Nr. 89 = BGHR BGB § 134 Notar 1.

[917] *VG Augsburg*, Urt. v. 11.10.1974 – 101 II 74 = GewArch 1975, S. 124 ff. (124 f.); *OVG Münster*, Urt. v. 10.5.1977 – IV 834/75 = RReg 8 St 515/73 OWi = GewArch 1974, S. 23 f.

Übertragung der Dienst- oder Werkleistungen handwerksrechtlich unzulässig, wäre der Auftragnehmer weiterhin zur Vornahme einer nach den §§ 1, 117 HwO und – bei erheblichem Umfang der Leistung – nach § 8 I Nr. 1 lit. e) Schwarz-ArbG (§ 1 I Nr. 3 SchwarzArbG a.f.) verbotenen Tätigkeit verpflichtet. Damit wäre der Argumentation, der Schwarzarbeiter werde durch den Vertrag nicht zu einem gesetzwidrigen Tun verpflichtet, die Grundlage entzogen.

aa. Handwerksrechtliche Zulässigkeit einer Übertragung der Leistungen auf eingetragene Handwerksbetriebe

Es fragt sich somit, ob die Übertragung der Leistungen auf Dritte den Vorwurf der unzulässigen Handwerksausübung ausräumt. Dies ist anhand der Vorschriften des SchwarzArbG (a.f.) und der HwO zu beurteilen. In der Sache bestehen hier unterschiedliche Auffassungen zwischen den Verwaltungsgerichten und den Bußgeldsenaten der Oberlandesgerichte[918].

(1). Die Rechtsprechung der Verwaltungsgerichte

Nach einer Entscheidung des *VG Augsburg*[919] aus dem Jahre 1974 wird durch die Übertragung von Aufgaben an Dritte der Vorwurf der unzulässigen Handwerksausübung gemäß § 1 HwO nicht ohne weiteres ausgeräumt. Die Tätigkeit als Generalunternehmer unter Einschaltung von Subunternehmern müsse im Rechtsverkehr offen gelegt werden; eine geheime und damit eigenmächtige Übertragung von Aufgaben an Dritte ohne ausdrückliche Zustimmung des Auftraggebers erfülle diese Voraussetzungen nicht. Das *OVG Münster*[920] sah es in einer Entscheidung aus dem Jahre 1977 als „handwerksrechtlich unerheblich" an, dass die handwerklichen Arbeiten in dem zu entscheidenden Fall nicht durch eigene Arbeitskräfte des Vertragspartners ausgeführt wurden. Wesentlich sei insoweit nur, dass die Verantwortung für die handwerkliche Tätigkeit als eigene Leistung gegenüber den Auftraggebern übernommen wurde.

(2). Die Rechtsprechung der Bußgeldsenate der Oberlandesgerichte

In der Rechtsprechung der Bußgeldsenate der Oberlandesgerichte wurde diese Frage jedoch anders beurteilt. In einem Beschluss aus dem Jahre 1973 sah das *BayObLG*[921] die bloße Auftragsvermittlung als handwerksrechtlich irrelevante Tätigkeit an. Auch das *OLG Zweibrücken*[922] sah die Auftragsvermittlung nicht

---

[918] Vgl. § 80 a OWiG.

[919] *VG Augsburg*, Urt. v. 11.10.1974 – 101 II 74 = GewArch 1975, S. 124 ff. (124 f.).

[920] *OVG Münster*, Urt. v. 10.5.1977 – IV 834/75 – RReg 8 St 515/73 OWi = GewArch 1974, S. 23 f.

[921] *BayObLG*, Beschl. v. 23.5.1973 – RReg. 8 St 515/73 OWi = GewArch 1974, S. 23 f.

[922] *OLG Zweibrücken*, Beschl. v. 4.1.1979 – Ss 306/78 = GewArch 1979, S. 93 f.

als Betrieb eines selbständigen Handwerks i.S. der §§ 1, 117 HwO, § 1 I Nr. 3 SchwarzArbG a.F. an: „Wer handwerkliche Arbeiten, zu deren Vornahme er sich verpflichtet hat, durch in der Handwerksrolle eingetragene Betriebe verrichten lässt, betreibt damit nicht selbst ein Handwerk als stehendes Gewerbe, auch wenn er im Verhältnis zum Auftraggeber als alleiniger Unternehmer auftritt und mit den eingesetzten Handwerksbetrieben nur im Innenverhältnis abrechnet."

(3). Streitentscheidung

Die nach Ansicht des *VG Augsburg* erforderliche Offenlegung im Rechtsverkehr steht der Übertragung der Dienst- oder Werkleistungen an Dritte in Schwarzarbeitsfällen nicht entgegen, da es spätestens mit der Verurteilung des Schwarzarbeiters zur Leistung und dem Hinweis, dass er die übernommenen Dienst- oder Werkleistungen auf eingetragene Handwerksbetriebe übertragen müsse, zu einer solchen Offenlegung kommt.

Schwerer wiegt der Einwand des *OVG Münster*, solange die Verantwortung für die handwerkliche Tätigkeit als eigene Leistung gegenüber den Auftraggebern übernommen werde, sei es handwerksrechtlich unerheblich, ob die handwerklichen Arbeiten selbst, durch eigene oder fremde Arbeitskräfte ausgeführt werden. Da der Schwarzarbeiter als Vertragspartner des Auftraggebers die vertragliche Verantwortung für die Herbeiführung des Leistungserfolges trägt, wird man auf der Grundlage der Ausführungen des *OVG Münster* eine handwerkliche Tätigkeit i.S. des § 1 HwO auch dann bejahen müssen, wenn der Schwarzarbeiter Subunternehmer mit der Erbringung der Dienst- oder Werkleistungen beauftragt, so dass auch in diesem Fall ein Verstoß gegen §§ 1, 117 HwO und – bei Vorliegen der weiteren Voraussetzungen – auch ein Verstoß gegen § 8 I Nr. 1 lit. e) SchwarzArbG (§ 1 I Nr. 3 SchwarzArbG a.F.) gegeben wäre. Zu überzeugen vermag diese Auffassung jedoch nicht: Überträgt der Schwarzarbeiter die versprochenen Dienst- oder Werkleistungen auf einen eingetragenen Handwerksbetrieb, so handelt dieser selbständig und eigenverantwortlich aufgrund der gegenüber dem Schwarzarbeiter übernommenen vertraglichen Verpflichtung zur Erbringung der Dienst- oder Werkleistungen; es handelt sich daher zwar um vertragliche, aber nicht um handwerkliche Leistungen des Schwarzarbeiters[923]. Die Ausführung der Tätigkeiten durch einen ordnungsgemäß eingetragenen Handwerksbetrieb gewährleistet auch die Einhaltung der hohen Leistungsstandards[924] im Handwerk. Insoweit gelten die Ausführungen des *BGH* hinsichtlich

---

[923] Die Frage, ob ein Handwerksbetrieb vorliegt, ist anhand der Betriebsstruktur des Unternehmens zu beantworten, *Honig,* Handwerksordnung, § 1 Rn. 61, 72. Weil eine Eingliederung des ausführenden Handwerksbetriebes in den „Betrieb" des Schwarzarbeiters nicht erfolgt, handelt es sich auch insoweit nicht um eine handwerkliche Tätigkeit des Schwarzarbeiters.
[924] BVerfGE 13, S. 97; *Honig,* Handwerksordnung, § 1 Rn. 4.

der Ziele des SchwarzArbG (a.F.) sinngemäß: Die Ausführung der vom Schwarzarbeiter versprochenen Arbeiten durch einen eingetragenen Handwerksbetrieb entspricht den Zielen des § 8 I Nr. 1 lit. e) SchwarzArbG (§ 1 I Nr. 3 SchwarzArbG a.F.), die Belange der Handwerkerschaft zu wahren.

Die Übertragung der Dienst- oder Werkleistungen auf einen eingetragenen Handwerksbetrieb ist demnach handwerksrechtlich zulässig. Der Schwarzarbeiter setzt sich dadurch nicht dem Vorwurf der unzulässigen Handwerksausübung gemäß §§ 1, 117 HwO aus. Demnach entfällt auch ein Verstoß gegen § 8 I Nr. 1 lit. e) SchwarzArbG (§ 1 I Nr. 3 SchwarzArbG a.F.).

bb. Vertragsrechtliche Zulässigkeit einer Übertragung der Leistungen auf eingetragene Handwerksbetriebe

Zur Beantwortung der Frage, ob die Dienst- oder Werkleistungen auf Dritte übertragen werden können, ist der Inhalt des zwischen Schwarzarbeiter und Auftraggeber geschlossenen Vertrags entscheidend. Weil diese Verträge je nach Einzelfall unterschiedliche Inhalte aufweisen können, kann diese Frage nicht für alle für Verstöße gegen das SchwarzArbG (a.F.) in Betracht kommenden Verträge[925] gleich beantwortet werden. Die folgende Untersuchung beschränkt sich daher auf Dienst- und Werkverträge i.S. der §§ 611, 631.

Ein Werkvertrag lag auch der Entscheidung BGHZ 89, S. 369 ff. zugrunde. Zur vertraglichen Zulässigkeit der Übertragung der Werkleistungen auf Dritte führt der *BGH* lediglich aus, dass der Schwarzarbeiter den Vertrag nicht in Person erfüllen müsse. *Kern*[926] wirft dem *BGH* vor, er deute den vereinbarten Werkvertrag in unzulässiger Weise in einen Werkverschaffungsvertrag um. Eine solche Auslegung entspreche mangels der dazu erforderlichen ausdrücklichen Vereinbarung nicht dem Willen der Vertragsparteien und verstoße damit gegen § 133. Es handle sich demnach um eine „Zwangsumdeutung" des Werkvertrags in einen Werkverschaffungsvertrag, die weder durch § 139 noch § 140 gedeckt sei[927].

(1). Persönliche Leistungspflichten

Der Werkvertrag verpflichtet den Unternehmer zur Herstellung des versprochenen Werkes, § 631 I. Da es im Werkvertragsrecht an einer § 613 entsprechenden Regelung fehlt, ist der Werkunternehmer grundsätzlich nicht zur Leistung in

---

[925] Dazu oben, Erster Teil, B. I. 1.
[926] *Kern*, in: FS Gernhuber, S. 191 (196 ff.).
[927] *Kern*, in: FS Gernhuber, S. 191 (196 f.).

Person verpflichtet[928]. Der Unternehmer schuldet daher nur den Erfolg, zu dessen Herbeiführung er sich auch der Hilfe Dritter bedienen kann. Alleiniger Vertragspartner bleibt aber auch in diesem Fall der Unternehmer, der für das Verhalten Dritter nach § 278 haftet[929]. Eine Verpflichtung zur persönlichen Leistungserbringung kann sich aber dann ergeben, wenn es dem Besteller erkennbar auf besondere persönliche Fähigkeiten des Unternehmers ankommt[930]. Zwar dürfte dies bei den von § 8 I Nr. 1 lit. e) SchwarzArbG (§ 1 I Nr. 3 Schwarz-ArbG a.F.) erfassten, den eingetragenen Handwerksbetrieben vorbehaltenen Tätigkeiten kaum je der Fall sein, weil diese von jedem eingetragenen Handwerksbetrieb ausgeführt werden können; grundsätzlich ist eine persönliche Verpflichtung aber möglich. Bei Dienstverträgen ist der zur Dienstleistung Verpflichtete nach der Vorschrift des § 613 im Zweifel stets zur persönlichen Leistung verpflichtet. Bei persönlicher Leistungspflicht des Auftragnehmers wäre der Anspruch des Auftraggebers tatsächlich auf eine verbotene Leistung gerichtet.

(2). Nicht persönliche Leistungspflichten

Wird der Auftragnehmer nach dem Inhalt des Vertrags nicht zur Leistung in Person verpflichtet, ist damit noch nicht die Frage beantwortet, ob er auch berechtigt ist, die Leistung *vollständig* auf Subunternehmer zu übertragen: Ist der Werkunternehmer (entsprechendes gilt auch für Dienstleister) nicht zur Leistung in Person verpflichtet, führt dies nach Auffassung von *Kern*[931] nur dazu, dass er berechtigt ist, zur Erbringung der Leistung Personal einzusetzen. Er sei hingegen nicht dazu berechtigt, die Leistungen auf Subunternehmer zu übertragen. Ein solcher Vertrag sei ein Werkverschaffungsvertrag und damit ein besonderer Typ des Werkvertrags mit anderem Inhalt, der einer ausdrücklichen Vereinbarung bedürfe und nicht in einen normalen Werkvertrag hineininterpretiert werden könne.

Ob der Schwarzarbeiter auch bei nicht persönlichen Leistungspflichten berechtigt ist, die Leistung *vollständig* auf Subunternehmer zu übertragen, kann wiederum nicht für alle Werkverträge einheitlich entschieden werden. Vielmehr ist zu differenzieren:

---

[928] Staudinger/*Peters* Vorbem. zu §§ 631 ff, Rn. 43; RGRK-BGB/*Glanzmann* § 631 Rn. 10; Erman/*Schwenker* § 631 Rn. 30; MünchKommBGB/*Soergel* § 631 Rn. 135; Soergel/*Teichmann* § 631 Rn. 11; *Kern* in: FS Gernhuber, S. 191 (196); Ingenstau/Korbion/*Oppler* § 4 Nr. 8 VOB/B Rn. 1; *Brox/Walker*, Bes. Schuldrecht, § 23 Rn. 1.

[929] Staudinger/*Peters* § 631 Rn. 31 f./36; vgl. auch *Brox/Walker*, Bes. Schuldrecht, § 23 Rn. 1.

[930] Denkbar ist dies etwa bei der Herstellung wissenschaftlicher oder künstlerischer Werke, vgl. *Brox/Walker*, Bes. Schuldrecht, § 23 Rn. 1.

[931] *Kern* in: FS Gernhuber, S. 191 (196).

Im Anwendungsbereich der VOB/B ist die Übertragung von Leistungen an Subunternehmer in § 4 Nr. 8 I VOB/B geregelt. Demnach sind die Werkleistungen grundsätzlich im Betrieb des Unternehmers zu erbringen, § 4 Nr. 8 I 1 VOB/B. Eine Übertragung an Subunternehmer ist aber nach § 4 Nr. 8 I 2 VOB/B mit schriftlicher Zustimmung des Auftraggebers möglich. Ohne Zustimmung des Auftraggebers ist eine Übertragung nur bei solchen Leistungen zulässig, auf die der Betrieb des Unternehmers nicht eingerichtet ist, § 4 Nr. 8 I 3 VOB/B. Letzteres könnte zwar – auf den ersten Blick – bei einem nicht eingetragenen Handwerksbetrieb anzunehmen sein; allerdings wird § 4 Nr. 8 I 3 VOB/B einschränkend dahingehend ausgelegt, dass es sich um nicht sonderlich ins Gewicht fallende Leistungsteile handeln darf, auf die der Betrieb des Unternehmers nicht eingerichtet ist, die mithin typischerweise an Spezialisten vergeben werden[932]. Die vollständige Übertragung der Dienst- oder Werkleistungen auf Dritte ist demnach von § 4 Nr. 8 I 3 VOB/B nicht erfasst. Nach § 4 Nr. 8 I 2 VOB/B ist sie somit nur bei schriftlicher Zustimmung des Auftraggebers zulässig[933]. Die Zustimmung kann auch nach Vertragsschluss erfolgen[934]. Umstritten ist, ob die Verweigerung der Zustimmung im alleinigen Belieben des Bestellers steht[935] oder ob der Besteller sie nur bei Vorliegen hinreichender Gründe verweigern kann[936]. Für die letztgenannte Auffassung spricht, dass den Besteller grundsätzlich die Obliegenheit zur Mitwirkung trifft[937], wobei an das Vorliegen hinreichender Gründe keine überhöhten Anforderungen gestellt werden sollten, da sich aus der Zwischenschaltung eines Subunternehmers spezifische Risiken für den Besteller ergeben[938]: Obwohl der Besteller nicht Vertragspartner des Subunternehmers wird, können sich Abwicklungsprobleme aus dem Vertragsverhältnis zwischen Subunternehmer und Auftragnehmer gleichwohl auf den Besteller auswirken. Zu denken ist insbesondere an eine Arbeitsniederlegung des Subunternehmers mangels Vergütung durch den Hauptunternehmer[939]. Diese Gefahr besteht insbesondere bei der Beauftragung von Subunternehmern durch Schwarzarbeiter, weil hier zu erwarten ist, dass der vom Schwarzarbeiter kalkulierte Werklohn die Kosten eines legal arbeitenden Handwerkers bzw. Handwerksbetriebes nicht deckt[940]. Demnach wird man eine Pflicht zur Zustimmung jedenfalls dann nicht annehmen können, wenn der Auftraggeber vom Verstoß des Schwarzarbeiters gegen § 8 I Nr. 1 lit. e) SchwarzArbG (§ 1 I Nr. 3

---

[932] Staudinger/*Peters* § 633 Rn. 151; Ingenstau/Korbion/*Oppler* § 4 Nr. 8 VOB/B Rn. 16.

[933] So auch Ingenstau/Korbion/*Oppler* § 4 Nr. 8 VOB/B Rn. 9.

[934] Staudinger/*Peters* § 633 Rn. 150; Ingenstau/Korbion/*Oppler* § 4 Nr. 8 VOB/B Rn. 9.

[935] So Ganten/Jagenburg/Motzke/*Hofmann* § 4 Nr. 8 VOB/B Rn. 36.

[936] So Staudinger/*Peters* § 633 Rn. 150.

[937] Vgl. Staudinger/*Peters* § 633 Rn. 150.

[938] Dazu im Einzelnen Staudinger/*Peters* § 633 Rn. 150.

[939] Staudinger/*Peters* § 633 Rn. 150.

[940] BGHZ 89, S. 369 (374 f.).

SchwarzArbG a.F.) keine Kenntnis hatte[941]. Im Anwendungsbereich der VOB/B ist eine Übertragung der gesamten Werkleistungen auf Subunternehmer daher nur bei ausdrücklicher schriftlicher Zustimmung des Auftraggebers zulässig. Wird die Zustimmung vom Auftraggeber berechtigt verweigert, ist eine Übertragung der Leistungen auf Subunternehmer nicht zulässig. Auch in diesem Fall wäre der Anspruch des Bestellers auf eine verbotene Leistung gerichtet.

Außerhalb des Anwendungsbereichs der VOB/B wird man die vollständige Übertragung der vereinbarten Leistungen an Subunternehmer erst recht für zulässig halten müssen[942]. Teilweise[943] wird jedoch vertreten, dass dies auch hier nur mit Zustimmung des Auftraggebers möglich sei; lediglich die Einhaltung der Schriftform sei im Unterschied zu § 4 Nr. 8 VOB/B entbehrlich[944]. Für das Zustimmungserfordernis sprechen die schon oben dargestellten Risiken einer Übertragung der gesamten Leistungen vom Schwarzarbeiter auf Subunternehmer. Dagegen spricht indessen die Regelung des § 267 I, der eine für alle Schuldverhältnisse geltende Privilegierung des Schuldners enthält[945]: Hat der Schuldner nicht in Person zu leisten, kann nach § 267 I auch ein Dritter an Stelle des Schuldners die vertraglich geschuldete Leistung bewirken. Zwar behandelt § 267 nach einer im Schrifttum vertretenen Auffassung nur den Fall, dass ein Dritter die Leistung an den Gläubiger aus eigenem Antrieb für den Schuldner bewirkt, nicht aber den Fall, dass der Schuldner selbst mit Hilfe eines Dritten leistet[946]; wenn aber ein Dritter die Leistung auch ohne Veranlassung des Schuldners erbringen kann, ohne dass der Gläubiger dies ablehnen kann (§ 267 II), so ist nicht ersichtlich, warum die Leistung durch Dritte auf Veranlassung des Schuldners von der Zustimmung des Gläubigers abhängen soll.

---

[941] So *Riedl*, S. 99 f. Für die Fälle, in denen der Auftraggeber vom Verstoß des Schwarzarbeiters gegen § 1 I Nr. 3 SchwarzArbG a.F. Kenntnis hat, ist allerdings zu überlegen, ob die Verweigerung der Zustimmung – und damit die Verpflichtung zur Leistung in Person – nicht als ein treuwidriges Verhalten zu werten ist, weil der Auftraggeber insoweit weiß, dass der Schwarzarbeiter die Leistung in eigener Person nicht ohne Verstoß gegen § 1 I Nr. 3 SchwarzArbG a.F. erbringen kann.

[942] Vgl. *Ingenstau/Korbion/Oppler*, § 4 Nr. 8 VOB/B Rn. 1; MünchKommBGB/*Soergel* § 631 Rn. 135; Soergel/*Teichmann* § 631 Rn. 11; Ganten/Jagenburg/Motzke/*Hofmann* § 4 Nr. 8 VOB/B Rn. 2.

[943] Staudinger/*Peters* § 631 Rn. 152, ferner Rn. 150 sowie Vorbem zu §§ 631 ff Rn. 44; *Riedl*, S. 96 f.; Ähnlich *Kern*, in: FS Gernhuber, S. 191 (196) der in diesem Fall freilich einen Werkverschaffungsvertrag annimmt.

[944] Staudinger/*Peters* § 631 Rn. 152.

[945] MünchKommBGB/*Keller* § 267 Rn. 1/3; Hk-BGB/*Schulze* § 267 Rn. 1.

[946] Staudinger/*Selb* § 267 Rn. 5 m.w.N.

cc. Konsequenzen

Die Argumentation der herrschenden Meinung, der Schwarzarbeiter sei regelmäßig nicht zur Leistung in Person verpflichtet und müsse daher die Ausführung der Dienst- oder Werkleistungen auf einen eingetragenen Handwerksbetrieb übertragen, vermag in vielen Fällen aus vertragsrechtlicher Sicht nicht zu überzeugen: Im Rahmen von Werkverträgen kann der Unternehmer nach dem Inhalt des Vertrags (ausnahmsweise) zur persönlichen Leistung verpflichtet sein. In diesem Falle kann der Schwarzarbeiter die Ausführung der Dienst- oder Werkleistungen nicht auf Dritte übertragen. Ist der Unternehmer nicht zur Leistung in Person verpflichtet, so kommt eine vollständige Übertragung der Dienst- oder Werkleistungen zwar in Betracht; im Falle der Anwendbarkeit der VOB/B ist sie aber von der schriftlich zu erteilenden Zustimmung des Auftraggebers abhängig. Verweigert der Auftraggeber die Zustimmung, ist eine vollständige Übertragung der Werkleistungen auf Subunternehmer nicht möglich. Bei Dienstverträgen ist § 613 zu beachten, wonach der zur Dienstleistung Verpflichtete im Zweifel zur Leistung in Person verpflichtet ist. Ist dem Dienstvertrag kein anderer Inhalt zu entnehmen, ist eine Übertragung der Leistungen daher ausgeschlossen. Gleiches gilt gemäß § 664 I 1 für Auftragsverträge.

Es sind daher sowohl Fälle denkbar, in denen eine Übertragung der Dienst- oder Werkleistungen zulässig ist, als auch Fälle, in denen eine Übertragung unzulässig ist. Bei Unzulässigkeit der Übertragung der Leistungen auf eingetragene Handwerksbetriebe liegt ein Normkonflikt zwischen dem Anspruch auf Erbringung der vereinbarten Dienst- oder Werkleistungen und § 8 I Nr. 1 SchwarzArbG (§ 1 I SchwarzArbG a.F.) vor. Dementsprechend soll für die weitere Prüfung der zivilrechtlichen Folgen danach differenziert werden, ob eine Übertragung der Dienst- oder Werkleistungen auf eingetragene Handwerksbetriebe (bzw. auf legal tätige Reisegewerbetreibende bei Verstößen gegen § 8 I Nr. 1 lit. d, 2. Var. SchwarzArbG/ § 1 I Nr. 2, 2. Var SchwarzArbG a.F.) nach Art und Inhalt des Vertrages möglich ist (dazu unten 4.) oder nicht (dazu sogleich 3.).

Ob der Schwarzarbeiter seine Leistungen auf einen eingetragenen Handwerksbetrieb hätte übertragen können, ist allerdings irrelevant, soweit der Schwarzarbeiter die Dienst- oder Werkleistungen bereits (ganz oder teilweise) unter Verstoß gegen § 8 I Nr. 1 lit. e) SchwarzArbG (§ 1 I Nr. 3 SchwarzArbG a.F.) erbracht hat, denn im diesem Fall ist der Gesetzesverstoß unwiderruflich eingetreten. Diese Fallgruppe soll daher gesondert behandelt werden (dazu unten 5.)

3. Die Behandlung von Verträgen, bei denen eine Übertragung der Dienst- oder Werkleistungen nach dem Inhalt des Vertrags unzulässig ist

Ist eine Übertragung der Dienst- oder Werkleistungen auf einen eingetragenen Handwerksbetrieb (bzw. in Fällen der §§ 1 II Nr. 4, 2. Var., 8 I Nr. 1 lit. d, 2.

Var. SchwarzArbG/ § 1 I Nr. 2, 2. Var. SchwarzArbG a.f. auf einen legal Reisegewerbetreibenden) nach dem Inhalt des Vertrags nicht möglich, so fragt sich, ob ein solcher Vertrag nach § 134 nichtig ist.

Die Rechtsprechung müsste hier konsequent auf Nichtigkeit des Vertrages entscheiden: Nach ständiger Rechtsprechung des *BGH*[947] führen einseitige Verstöße gegen gesetzliche Verbote ausnahmsweise dann zur Nichtigkeit des Rechtsgeschäfts, wenn der Erfüllungsanspruch auf eine unerlaubte Tätigkeit gerichtet ist. Dies aber ist der Fall, wenn der Schwarzarbeiter nach Art und Inhalt des Vertrages zur Leistung in Person verpflichtet ist oder eine vollständige Übertragung auf Dritte unzulässig ist.

Es wird aber auch die Auffassung vertreten, dass auch die Verpflichtung zur Leistung in Person nicht nach § 134 zur Nichtigkeit des Vertrags führt, sondern vielmehr nur zur rechtlichen Unmöglichkeit des Anspruchs auf die verbotene Tätigkeit[948]. Dieser Gedanke liegt vor allem dann nahe, wenn man mit *Honig*[949] die Auffassung vertritt, die fehlende Eintragung des Unternehmers in der Handwerksrolle mache einen Vertrag nicht automatisch zum Schwarzarbeitsvertrag, weil erst die spätere Ausführung der Arbeiten ohne Eintragung in der Handwerksrolle verbotswidrig ist.

Diese Auffassung ist abzulehnen. Wie bereits dargestellt wurde, dient die Anordnung der Nichtigkeit nach § 134 dem Schutz der Einheit der Rechtsordnung. Zwar stünde § 275 I einer – unmittelbaren – Pflicht des Schwarzarbeiters zur Vornahme einer verbotenen Tätigkeit entgegen; mittelbar wäre die Nichtvornahme der verbotenen Tätigkeit jedoch durch den Sekundäranspruch auf Schadensersatz wegen Nichterfüllung sanktioniert. Auch ein solcher Anspruch würde dem Grundsatz der Einheit der Rechtsordnung widersprechen. Niemand darf zu einer verbotenen Tätigkeit verpflichtet werden oder für dessen Nichtvornahme haften. Durch die Haftung auf Schadensersatz wegen Nichterfüllung entstünde zudem ein Druck zur Vornahme der verbotenen Tätigkeit: Der Schwarzarbeiter, der die Leistungen in diesem Falle nicht auf Dritte übertragen kann, würde wohl, um einer solchen Haftung zu entgehen, den Vertrag unter Verstoß gegen das Verbot zu erfüllen suchen. Dies widerspräche den Zwecken von § 1 II und § 8 I Nr. 1 SchwarzArbG (§ 1 I SchwarzArbG a.F.). Auch hinsichtlich möglicher Gewährleistungsrechte des Auftraggebers ist zu beachten, dass die Gewährleistung in einem solchen Fall nur durch den Schwarzarbeiter selbst erbracht werden könnte. Auch dies verstieße gegen den Schutzzweck des SchwarzArbG

---

[947] BGHZ 46, S. 24 (26); 65, S. 368 (370); 78, S. 263 (265); 93, S. 264 (267); 118, S. 182 (188). *BGH*, NJW 1981, S. 1204 (1205); 1984, S. 230 (231); 1984, S. 1175 (1176); *BGH*, Urt. v. 22.3.1990 IX ZR 117/88 = BGH Warn 1990 Nr. 89 = BGHR BGB § 134 Notar 1.
[948] Vgl. *Riedl*, S. 101 ff.
[949] *Honig*, GewArch 1976, S. 24.

(a.F.)[950]. Einschränkungen sind hier allenfalls denkbar, wenn eine Leistung durch den Schwarzarbeiter in Person bedungen ist und es im Stadium der Vertragsausführung zu mangelhaften Leistungen kommt: Ist anzunehmen, dass der Auftraggeber diese Vereinbarung nicht getroffen hätte, wenn er gewusst hätte, dass er mit einem Schwarzarbeiter kontrahiert, erscheint es mit Blick auf den Schutz des redlichen Auftraggebers vor mangelhaften Werkleistungen gerechtfertigt, dem Auftraggeber im Wege der ergänzenden Vertragsauslegung einen Anspruch auf Mängelbeseitigung durch einen legal tätigen Handwerkbetrieb zuzubilligen. Die Annahme, dass der Auftraggeber in diesem Fall Mängelbeseitigung durch einen legal tätigen Handwerkbetrieb gewollt und vereinbart hätte, dürfte insbesondere dann naheliegen, wenn die Vertragsparteien keinen Gewährleistungsausschluss vereinbart haben; der Schwarzarbeiter ist unter diesen Umständen nach Treu und Glauben (§ 157) gehalten, sich hierauf einzulassen, weil er selbst zur legalen (Nach-)Erfüllung von vornherein nicht in der Lage war.

Im Übrigen gilt: Verträge, bei denen eine Übertragung der Leistungen auf eingetragene Handwerksbetriebe (§§ 1 II Nr. 5, 8 I Nr. 1 lit. e SchwarzArbG/ § 1 I Nr. 3 SchwarzArbG a.f.) oder legal tätige Gewerbetreibende (§§ 1 II Nr. 4, 8 I Nr. 1 lit. d SchwarzArbG/ § 1 I Nr. 2 SchwarzArbG a.f.) nach dem Inhalt des Vertrags nicht möglich ist, sind nach § 134 nichtig. Der redliche Auftraggeber kann vom Schwarzarbeiter jedoch verlangen, so gestellt zu werden, wie er stünde, wenn er vom Angebot des Schwarzarbeiters nie gehört hätte; ihm steht insoweit ein Anspruch auf Ersatz des Vertrauensschadens gemäß §§ 280 I, 241 II, 311 II zu.

4. Die Behandlung von Verträgen bei Übertragbarkeit der Dienst- oder Werkleistungen

Namentlich *Kern*[951] wirft dem *BGH* vor, die „Zwangsumdeutung" des Werkvertrags in einen Werkverschaffungsvertrag sei selbst für den Fall, dass sie durch § 139 oder § 140 gedeckt sei, als Umgehungsgeschäft gemäß § 134 nichtig. Insoweit handele es sich um einen grundsätzlich ähnlich gelagerten Fall wie in der Festpreisabrede-Entscheidung, bei der der *BGH* ebenfalls ein Umgehungsgeschäft angenommen habe.

Ein Rechtsgeschäft stellt ein Umgehungsgeschäft dar, wenn es den von einem Verbotsgesetz missbilligten Erfolg auf einem Weg zu erreichen sucht, der vom

---

[950] Der Schutz des Auftraggebers muss in solchen Fällen darauf beschränkt bleiben, dass er verlangen kann, so gestellt zu werden, als habe er den Vertrag nie geschlossen. Damit wird zumindest das Integritätsinteresse des Auftraggebers geschützt.

[951] *Kern*, in: FS Gernhuber, S. 191 (196 f.).

Wortlaut der Verbotsnorm nicht erfasst wird[952]. Umstritten ist, ob das Umgehungsgeschäft insoweit lediglich ein „Scheinproblem" im Rahmen der Auslegung (bzw. der analogen Anwendung) der Verbotsnorm darstellt oder ob es sich um ein eigenständiges Rechtsinstitut handelt, welches grundsätzlich eine Umgehungsabsicht der Vertragsparteien voraussetzt[953]. Da es nach letztgenannter Auffassung auf eine Umgehungsabsicht nicht ankommen soll, wenn Sinn und Zweck der Verbotsnorm die Nichtigkeit des Rechtsgeschäfts gebieten, die Frage nach Sinn und Zweck der Verbotsnorm aber gerade eine Frage der Auslegung ist, handelt es sich nach vorzugswürdiger Auffassung beim Umgehungsgeschäft nicht um ein eigenständiges Rechtsinstitut, sondern *stets* um eine Frage der Auslegung bzw. analogen Anwendung der Verbotsnorm. Die Frage der Nichtigkeit ist daher anhand von Sinn und Zweck der Verbotsnorm zu entscheiden, so dass es auch nicht darauf ankommen kann, ob die Parteien die Umgehung des Verbots beabsichtigten[954].

Es fragt sich allerdings, ob die herrschende Meinung tatsächlich im Widerspruch zur Festpreisabrede-Entscheidung des *BGH* steht. In der Festpreisabrede-Entscheidung hatten Baubetreuer und Auftraggeber nach den Feststellungen des Gerichts vertraglich vereinbart, dass der Baubetreuer berechtigt sein sollte, die Bauausführung *auf Schwarzarbeiter* zu übertragen. Die Abrede zwischen Baubetreuer und Auftraggeber verletzte damit zwar nicht unmittelbar den Wortlaut des § 1 I SchwarzArbG a.F., wohl aber seinen Sinn und Zweck, die Erbringung von Dienst- oder Werkleistungen durch Schwarzarbeiter zu verhindern. Vorliegend muss der Auftragnehmer die Ausführung der Leistungen aber auf ordnungsgemäß eingetragene Handwerker bzw. Handwerksbetriebe übertragen; im Unterschied zur Festpreisabrede-Entscheidung erfolgt die Erbringung der Leistungen somit *durch einen legalen Handwerksbetrieb*. Somit werden weder Wortlaut noch Sinn und Zweck des SchwarzArbG (a.F.) verletzt. Daher handelt es sich bei der Festpreisabrede-Entscheidung des *BGH* nicht um einen grundsätzlich ähnlich gelagerten Fall. Ist die Übertragung der Dienst- oder Werkleistung auf ordnungsgemäß eingetragene Handwerker oder Handwerksbetriebe

---

[952] *Brox*, Allg. Teil des BGB, Rn. 328; Soergel/*Hefermehl* § 134 Rn. 37; Staudinger/*Sack* § 134 Rn. 144.
[953] So MünchKommBGB/*Mayer-Maly/Armbrüster* § 134 Rn. 16 ff.
[954] *Teichmann*, Arndt: Die „Gesetzesumgehung" im Spiegel der Rechtsprechung, JZ 2003, S. 761 (765/767); *Hager*, S. 189 f.; *Jauernig* § 134 Rn. 18; Erman/*Palm* § 134 Rn. 18; Soergel/*Hefermehl* § 134 Rn. 52; *Flume*, Allg. Teil, Bd. II, § 17, 5 (S. 350 f.) spricht von „sinngemäßer Gesetzesauslegung". Fraglich ist daher, ob er eine analoge Anwendung der Verbotsnorm nicht in Betracht zieht. Nach MünchKommBGB/*Mayer-Maly/Armbrüster* § 134 Rn. 16 ff. ist die Gesetzesumgehung ein eigenständiges Rechtsinstitut, welches grundsätzlich Umgehungsabsicht erfordert. Eine Ausnahme sei allerdings für den Fall anzuerkennen, dass der Zweck des Schutzgesetzes vereitelt würde. Hier sei dem Rechtsgeschäft unabhängig vom Bewusstsein der Beteiligten die Wirkung zu versagen. Mit Recht gegen das Erfordernis einer bewussten Gesetzesumgehung *Hager*, S. 190, m.w.N.

zulässig, scheidet ein Umgehungsgeschäft aus, da bei Erbringung der Dienst-oder Werkleistungen durch ordnungsgemäß eingetragene Handwerksbetriebe kein von Sinn und Zweck des SchwarzArbG (a.f.) missbilligter Erfolg eintritt. Soweit die Übertragung von Dienst- oder Werkleistungen auf einen eingetrage-nen Handwerksbetrieb vertraglich zulässig ist, besteht demnach aus Sicht des SchwarzArbG (a.f.) kein Grund, den vertraglichen Ansprüchen des Auftragge-bers gegen den Auftragnehmer die rechtliche Anerkennung zu versagen.

Teile des Schrifttums halten den im Falle der Wirksamkeit des Vertrages beste-henden Anspruch des Schwarzarbeiters auf Entlohnung mit Sinn und Zweck des SchwarzArbG (a.f.) für unvereinbar, weshalb der Vertrag auch hier – trotz des lediglich einseitigen Verstoßes – in vollem Umfange nichtig sei. Teilweise wird die Nichtigkeit allerdings auch auf den Anspruch des Schwarzarbeiters auf die vereinbarte Vergütung beschränkt[955]. Beide Auffassungen begründen die Nich-tigkeit nicht mit der Gesetzwidrigkeit des Anspruchs auf die Dienst- oder Werkleistung, sondern mit der Gesetzwidrigkeit des Vergütungsanspruchs, der sich als Entlohnung einer gesetzeswidrigen Tätigkeit darstelle. Ob dies tatsäch-lich der Fall ist, hängt jedoch davon ab, ob der Schwarzbeiter die Leistungen be-reits erbracht hat oder nicht. Denn in den Fällen, in denen der Schwarzarbeiter noch nicht tätig geworden ist – also im Stadium vor Vertragserfüllung – liegt nach der hier vertretenen Auslegung der § 1 II, 8 I Nr. 1 SchwarzArbG (§ 1 I SchwarzArbG a.F.) kein Verbotsverstoß vor, wenn der „Schwarzarbeiter" die Erbringung der Dienst- oder Werkleistungen z.B. auf einen eingetragenen Handwerksbetrieb überträgt. Da schon tatbestandlich kein Verstoß gegen das SchwarzArbG (a.f.) vorliegt, ist mit dem *BGH* und der h.M. im Schrifttum da-von auszugehen, dass die Zwecke des SchwarzArbG (a.f.) auch dem Anspruch des „Schwarzarbeiters" auf Vergütung nicht entgegenstehen. Hat der „Schwarz-arbeiter" noch keine Leistungen unter Verstoß gegen § 1 II Nr. 5, 8 I Nr. 1 lit. e) SchwarzArbG (§ 1 I Nr. 3 SchwarzArbG a.F.) erbracht, ist der Vertrag wirksam. Der Schwarzarbeiter schuldet Vertragserfüllung. Zu diesem Zweck muss er die vertraglich vereinbarten Leistungen auf ordnungsgemäß eingetragene Hand-werksbetriebe übertragen.

5. Die Rechtslage nach verbotswidriger (Teil-)Leistung des Schwarzarbei-ters

Das in Rechtsprechung und Schrifttum vorgebrachte Argument, der Schwarzar-beiter könne und müsse seine Leistungen auf einen eingetragenen Handwerks-betrieb übertragen, vermag dann nicht mehr zu überzeugen, wenn der Schwarz-arbeiter die Dienst- oder Werkleistungen bereits vollständig unter Verstoß gegen §§ 1 II Nr. 5, 8 I Nr. 1 lit. e) SchwarzArbG (§ 1 I Nr. 3 SchwarzArbG a.F.) er-

---

[955] Dazu sogleich.

bracht hat und es insoweit nur noch um die Frage des Vergütungsanspruchs geht. Dass der Schwarzarbeiter seine Leistungen auf einen legal tätigen Handwerksbetrieb hätte übertragen können, ist nach vollendetem Gesetzesverstoß im Hinblick auf den Erfüllungsanspruch irrelevant. Bedeutung erlangt dieser Umstand erst beim Auftreten von Mängeln. Hier ist eine Nacherfüllung durch Dritte weiter möglich. Bei einer Teilleistung bleibt hingegen zumindest eine legale Resterfüllung weiter möglich. Daneben ist auch in diesem Falle eine legale Nacherfüllung bei mangelhaften Leistungen weiterhin möglich.

In sämtlichen Fällen besteht ein Konflikt zwischen den Ansprüchen des redlichen Auftraggebers auf Rest- und/oder Nacherfüllung und dem Anspruch des Schwarzarbeiters auf Vergütung für die bereits erbrachten Leistungen. Denn während die Rechte des redlichen Auftraggebers schutzwürdig sind, stellt sich der Vergütungsanspruch des Schwarzarbeiters für die bereits erbrachten (Teil-) Leistungen als eine mit Sinn und Zweck des SchwarzArbG (a.F.) nur schwerlich zu vereinbarende Vergütung einer verbotenen Tätigkeit dar.

a. Halbseitige Teilnichtigkeit?

Für diese Fälle könnte das von *Canaris* vertretene Modell der halbseitigen Teilnichtigkeit eine sachgerechte Lösung bieten. Hat der Schwarzarbeiter dagegen noch nicht geleistet, schießt auch die Theorie der halbseitigen Teilnichtigkeit über das gesteckte Ziel hinaus: Denn wenn der Schwarzarbeiter seine Leistung auf legale Weise erbringt, ist nicht ersichtlich, warum ihm dann nicht auch der Anspruch auf die Gegenleistung zustehen soll. Schließlich erbringt er seine Leistung nun, ohne gegen das SchwarzArbG (a.F.) zu verstoßen. Wenn der Auftragnehmer zur Leistung verpflichtet ist, muss ihm der Anspruch auf die Gegenleistung zugestanden werden; überträgt der Schwarzarbeiter die Ausführung der Dienst- oder Werkleistungen auf Dritte, vermögen auch Sinn und Zweck des SchwarzArbG (a.F.) die Versagung eines Anspruchs des Schwarzarbeiters auf die vertraglich vereinbarte Vergütung nicht zu rechtfertigen, weil §§ 1 II, 8 I Nr. 1 SchwarzArbG (§ 1 I SchwarzArbG a.F.) nicht verletzt sind. Insofern wäre es widersprüchlich und mit Sinn und Zweck des SchwarzArbG (a.F.) nicht zu vereinbaren, ihm den vertraglichen Anspruch auf den Werklohn zu versagen[956].

Dieser Widerspruch der Theorie der halbseitigen Teilnichtigkeit wäre indes vermeidbar durch eine Beschränkung auf die Fälle, in denen der Schwarzarbeiter die Leistungen bereits unter Verstoß gegen §§ 1 II, 8 I Nr. 1 SchwarzArbG (§ 1 I SchwarzArbG a.F.) erbracht hat. Für diese Fälle könnte dieser Lösungsansatz einen gangbaren Mittelweg zwischen den Alternativen Vollwirksamkeit und Totalnichtigkeit eröffnen. Denn bei Totalnichtigkeit verlöre der Auftraggeber

---

[956] *Köhler*, JZ 1990, S. 466 (467).

neben dem Erfüllungsanspruch auch die vertraglichen Sekundärrechte, insbesondere Gewährleistungsrechte und Ansprüche auf Schadensersatz wegen Nichterfüllung, die ihm bei Annahme von halbseitiger Teilnichtigkeit erhalten blieben. Durch eine halbseitige Teilnichtigkeit könnten vor allem Gewährleistungsfälle sachgerecht gelöst werden, womit den Zielen der §§ 1 II, 8 I Nr. 1 SchwarzArbG (§ 1 I SchwarzArbG a.f.) entsprochen wäre. Insoweit scheint diese Lösung auf den ersten Blick sowohl dem Zweck des SchwarzArbG (a.f.) als auch dem Schutzbedürfnis des gutgläubigen Auftraggebers gleichermaßen gerecht zu werden.

aa. Begriff

Wie bereits dargelegt wurde, werden nach der Auffassung von *Canaris* nur die vertraglichen Rechte der verbotswidrig handelnden Vertragspartei von der Nichtigkeit erfasst, während die nicht verbotswidrig handelnde Vertragspartei ihre vertraglichen Rechte behält. Der Begriff halbseitige „Teilnichtigkeit" darf somit nicht i.s. einer quantitativen Nichtigkeit des Rechtsgeschäfts missverstanden werden, wie sie etwa bei Verstößen gegen Preisbestimmungen eintreten soll[957]; hinsichtlich der Ansprüche des Auftragnehmers tritt vielmehr Totalnichtigkeit ein[958].

Die Auffassung von *Canaris* hat in Rechtsprechung und Schrifttum[959] kontroverse Diskussionen ausgelöst. In der instanzgerichtlichen Rechtsprechung[960] hat sie durchaus Gefolgschaft[961] gefunden. Bemerkenswert ist jedoch, dass ähnliche Ansätze bereits in der älteren Rechtsprechung zu finden sind:

---

[957] Palandt/*Heinrichs* § 134 Rn. 26 f.; MünchKommBGB/*Mayer-Maly/Armbrüster* § 134 Rn. 107. Auch in Fällen des Mietwuchers nach § 5 WiStG und § 302 a StGB wird eine höhenmäßige Begrenzung des vereinbarten Mietzinses erwogen, wobei umstritten ist, ob eine Begrenzung auf die noch zulässige Höchstmiete oder den üblichen bzw. angemessenen Mietzins vorzunehmen ist (ausführlich Staudinger/*Sack* § 134 Rn. 92-95). Auch für diese Fälle befürwortet *Canaris* die „halbseitige Teilnichtigkeit", siehe *Canaris*, Gesetzliches Verbot und Rechtsgeschäft, S. 30 f., *ders.*, in: FS Steindorff, S. 519 (530 ff.).

[958] Der Begriff weist daher gewisse Unschärfen auf, denn genau genommen handelt es sich um eine „halbseitige Nichtigkeit" des Rechtsgeschäfts.

[959] MünchKommBGB/*Mayer-Maly/Armbrüster* § 134 Rn. 77, 108 f.; Staudinger/*Sack* § 134 Rn. 279/280. Als „nicht sachgerecht" ablehnend *Köhler*, JZ 1990, S. 466 (467); *Cahn*, JZ 1997, S. 1 (13).

[960] *LG Mainz*, Urt. v. 26.2.1997 – 9 O 214/96 = NJW-RR 1998, S. 48; *LG Bonn*, Beschl. v. 24.10.1990 – 15 O 121/90 = NJW-RR 1991, S. 180 f.

[961] Bereicherungsrechtliche Ansprüche wurden dabei stets verneint: Nach Ansicht des *LG Bonn* (NJW-RR 1991, S. 180 f.) scheitern Ansprüche aus §§ 812 ff. jedenfalls an § 817 S. 2, der im konkreten Fall nicht durch den Grundsatz von Treu und Glauben nach § 242 einzuschränken sei, weil der Besteller durch den Schwarzarbeiter wirtschaftlichen Risiken ausgesetzt werde, ohne diese bewusst in Kauf zu nehmen, so dass es nicht grob unbillig erscheine, ihm die vom Schwarzarbeiter erbrachten Leistungen unentgeltlich zu belassen (neben der

Schon vor den Ausführungen von *Canaris* deutet das *OLG Celle*[962] in einem im Jahre 1972 entschiedenen Fall, der einen einseitigen Verstoß des Auftragnehmers gegen § 1 I SchwarzArbG a.f.[963] betraf, eine Aufspaltung der Nichtigkeitsfolgen an: Zwar widerspreche es den Zwecken des SchwarzArbG a.f., dem Auftraggeber einen klagbaren Anspruch auf Durchführung der Arbeiten zuzubilligen und den Auftragnehmer so zu einem strafbaren Verhalten zu nötigen; ebenso widerspreche es aber dem Schutzzweck des SchwarzArbG a.f., dem Auftraggeber, der sich nicht strafbar gemacht habe, vertragliche Ansprüche wegen Schlechterfüllung, insbesondere aus positiver Forderungsverletzung, zu versagen, da das SchwarzArbG a.f. auch den Schutz des Auftraggebers vor Schäden durch minderwertige Leistungen und unsachgemäße Verwendung von Materialien bezwecke. Zudem würde der Schwarzarbeiter im Vergleich zu anderen Handwerkern unangemessen privilegiert. Der Vertrag sei daher insoweit nicht unwirksam[964].

Auch der *BGH*[965] hat in einer Entscheidung aus dem Jahre 1962 erwogen, Teile eines gegen Art. 1 § 1 RBeratG[966] verstoßenden Geschäftsbesorgungsvertrages von den Nichtigkeitsfolgen des § 134 auszunehmen: Zwar werde der Erfüllungsanspruch des Geschäftsherrn von der Nichtigkeitsfolge umfasst, weil er dem Zweck des RBeratG, eine unsachgemäße Beratung und Vertretung des Rechtssuchenden zu verhindern, widerspreche[967]; es sei aber „entsprechend dem vom Gesetz verfolgten Zweck, daran zu denken, den Teil der dem Geschäftsherren erwachsenen Rechte von der Nichtigkeit auszunehmen, der geeignet ist, ihn zu schützen. Der Rechtsbesorger würde dann dem Auftraggeber unmittelbar nach Auftragsrecht (§§ 662 ff BGB) haften, während er andererseits wegen seiner eigenen Leistungen auf einen Anspruch aus ungerechtfertigter Bereicherung angewiesen wäre"[968].

„zumindest abstrakt" bestehende Gefahr minderwertiger Leistungen könne der Auftraggeber bei Bauleistungen nach § 729 II RVO zur Zahlung nicht entrichteter Sozialversicherungsbeiträge herangezogen werden.). Nach Ansicht des *LG Mainz* (NJW-RR 1998, S. 48) sind bereicherungsrechtliche Ansprüche des Schwarzarbeiters nicht gegeben, da er seine Leistungen nicht ohne rechtlichen Grund, sondern zur Erfüllung der wirksamen Forderung des Auftraggebers aus dem insoweit wirksamen Werkvertrag erbracht habe.

[962] *OLG Celle*, Urt. v. 18.10.1972 – 9 U 76/70 = JZ 1973, S. 246 (247) li. Sp.

[963] In dem zugrunde liegenden Fall hat das *OLG Celle* offen gelassen, ob ein Verstoß gegen § 1 I Nr. 3 SchwarzArbG a.F. vorlag.

[964] *OLG Celle*, Urt. v. 18.10.1972 – 9 U 76/70 = JZ 1973, S. 246 (247) li. Sp.

[965] *BGH*, Urt. v. 25.6.1962 – VII ZR 120/61 = BGHZ 37, S. 258 ff. = NJW 1962, S. 2010.

[966] RBeratG v. 13.12.1935 (RGBl. I, S. 1478). Das Gesetz richtet sich nur einseitig gegen den Rechtsbesorger.

[967] BGHZ 37, S. 258 (261) = NJW 1962, S. 2010.

[968] BGHZ 37, S. 258 (263), m. Hinweis auf BGHSt 8, S. 211 und RG SeuffArch 83 Nr. 122.

In einer späteren Entscheidung hat der *BGH*[969] dahinstehen lassen, „ob aus der Tatsache, daß der eine Vertragspartner sich dem anderen gegenüber zu einer ihm verbotenen Dienstleistung verpflichtet hat, zwingend schon die Nichtigkeit des ganzen Vertrages gemäß § 134 BGB herzuleiten ist (...). Es könnte auch in Betracht gezogen werden, daß zwar in einem solchen Fall das gesetzliche Verbot einem Erfüllungsanspruch (und Schadensersatzanspruch wegen Nichterfüllung) des Dienstleistungsberechtigten entgegensteht, nicht aber den Vertrag nichtig macht und deshalb auch nicht den Anspruch des Dienstleistungsverpflichteten auf das vereinbarte Entgelt ausschließt, wenn er seine Leistung vertragsmäßig erbracht hat".

An diese Rechtsprechung hat der *BGH* in Fällen einseitiger Verstöße gegen § 1 I SchwarzArbG a.F. jedoch, wie gesehen[970], nicht angeknüpft. Vielmehr hat er eine solche Aufspaltung der Nichtigkeitsfolgen durch Beschluss vom 25.1.2001[971] ausdrücklich abgelehnt.

bb. Vereinbarkeit mit § 134

Nach *Zimmermann*[972] deckt der Wortlaut des § 134 eine halbseitige Teilnichtigkeit von Rechtsgeschäften nicht. Der Vorbehalt des 2. Halbs. beziehe sich auf den Begriff Nichtigkeit; mit „ein anderes" könne deshalb nur Wirksamkeit des Rechtsgeschäfts gemeint sein.

Diese rein begriffliche Deduktion vermag nicht zu überzeugen. Nichtigkeit i.S. von § 134, 1. Halbs. bedeutet nach allgemeiner Auffassung (im Grundsatz) vollständige Nichtigkeit des Rechtsgeschäfts; insoweit stellt die halbseitige Teilnichtigkeit des Rechtsgeschäfts durchaus „ein anderes" dar. Dies dürfte auch der herrschenden Meinung entsprechen, die den Vorbehalt des § 134, 2. Halbs. als „Hebel" zur Erzielung einer dem Normzweck des Verbotsgesetzes gerecht werdenden Rechtsfolge ansieht[973]. Sollte die halbseitige Teilnichtigkeit eine dem Normzweck des gesetzlichen Verbots angemessene Rechtsfolge sein, so ermöglicht § 134, 2. Halbs. auch die dogmatische Konstruktion einer „halbseitigen Nichtigkeit"[974].

---

[969] *BGH*, Urt. v. 1.6.1966 – VIII ZR 65/64 = BGHZ 46, S. 24 (29) , unter Hinweis auf *Flume*, Allg. Teil, Bd. II, S. 347.
[970] Dritter Teil. A. I. 6.
[971] *BGH*, Urt. v. 25.1.2001 - VII ZR 296/00 = BauR 2001, S. 632 = ZfBR 2001, S. 269.
[972] *Zimmermann*, S. 42/113f.
[973] Staudinger/*Sack* § 134 Rn. 87.
[974] Staudinger/*Sack* § 134 Rn. 113; MünchKommBGB/*Mayer-Maly/Armbrüster* § 134 Rn. 105.

cc. Vereinbarkeit mit § 139

Dass eine Teilnichtigkeit von Rechtsgeschäften dem BGB keineswegs fremd ist, belegen § 306 und § 139. Insbesondere § 139 könnte jedoch einer Einschränkung der Nichtigkeitsfolgen bezogen auf die vertraglichen Ansprüche des Auftraggebers entgegenstehen, denn nach § 139 ist ein Rechtsgeschäft insgesamt nichtig, *„wenn nicht anzunehmen ist, dass es auch ohne den nichtigen Teil vorgenommen sein würde"*.

In den Fällen der halbseitigen Nichtigkeit ist § 139 nach Auffassung von *Canaris* aber nicht anwendbar, da § 139 als Ausprägung des Grundsatzes der Privatautonomie hinter der Begrenzung der Privatautonomie durch § 134 zurücktrete[975]; dementsprechend enthält § 134, was die Reichweite der Nichtigkeit anbetrifft, nach Auffassung von *Mayer-Maly*[976] die speziellere Regelung.

Unter der Prämisse, dass der Zweck eines Verbots – hier §§ 1 II, 8 I Nr. 1 SchwarzArbG (§ 1 I SchwarzArbG a.F.) – die halbseitige Nichtigkeit des Rechtsgeschäfts verlangt, erscheint dies konseqent, da die Anwendung von § 139 diesen Zweck vereiteln würde. Auch im Schrifttum ist anerkannt, dass zur Bestimmung der Rechtsfolgen der Nichtigkeit einzelner Vertragsteile neben den zu § 139 entwickelten Regeln Sinn und Zweck des verletzten Verbotsgesetzes heranzuziehen sind[977]. Daher steht § 139 einer halbseitigen Vertragsnichtigkeit nicht entgegen[978].

dd. Vereinbarkeit mit §§ 812 ff.

Konstruktive Schwierigkeiten bereitet die Begründung eines Bereicherungsanspruchs des Auftragnehmers aus § 812 I 1 Alt. 1: Beschränkt sich die Nichtigkeit des Rechtsgeschäfts auf die Ansprüche des Schwarzarbeiters, während die Ansprüche des Auftraggebers wirksam bestehen bleiben, so erfolgt die Leistung des Schwarzarbeiters zum Zwecke der Erfüllung einer tatsächlich bestehenden Verbindlichkeit; der Zweck der Leistung, die Befreiung von der Verbindlichkeit gegenüber dem Auftraggeber, wird erreicht. Die Leistung erfolgt daher nicht ohne rechtlichen Grund, so dass ein Bereicherungsanspruch aus § 812 I 1 Alt. 1

---

[975] *Canaris*, Gesetzliches Verbot und Rechtsgeschäft, S. 32.

[976] MünchKommBGB/*Mayer-Maly/Armbrüster* § 134 Rn.109.

[977] Staudinger/*Sack* § 134 Rn. 88.

[978] Vgl. auch MünchKommBGB/*Mayer-Maly/Armbrüster* § 134 Rn. 109: „Fordern Sinn und Zweck des Verbotsgesetzes Gesamtnichtigkeit, so kann diese auch durch Vertragsklauseln nicht abgewendet werden. [...] Die Reichweite der Nichtigkeit ist also jeweils den nach § 134 maßgeblichen Kriterien zu entnehmen, die insofern als speziellere den nach § 139 relevanten Grundsätzen vorgehen."

an sich nicht besteht[979]. Im Gegenteil: Da dem Schwarzarbeiter nach der Lehre von der halbseitigen Teilnichtigkeit kein vertraglicher Vergütungsanspruch zusteht, eine Verbindlichkeit des Auftragebers insoweit nicht besteht, müsste der Auftraggeber ein an den Schwarzarbeiter entrichtetes Entgelt konsequent nach § 812 I 1 Alt. 1 kondizieren können.

Canaris versucht dieses Problem durch eine Rechtsfortbildung der §§ 812 I 1 Alt. 1, 818 II zu lösen. Eine solche Rechtsfortbildung des § 812 I 1 Alt. 1 ist allerdings bedenklich, da sie die Gefahr einer Verwässerung des § 812 I 1 Alt. 1 in sich birgt. Denkbar wäre zwar ein Anknüpfen an die Zweckverfehlungskondiktion des § 812 I 2, 2. Alt.[980]; § 817 S. 1, der von einem Teil der Literatur als lex specialis zu § 812 I 2 Alt. 2 angesehen wird[981], stünde dem bei einem lediglich einseitigen Gesetzesverstoß des Schwarzarbeiters gegen §§ 1 II, 8 I Nr. 1 SchwarzArbG (§ 1 I SchwarzArbG a.F.) nicht entgegen. Tatbestandlich setzt ein Anspruch aus § 812 I 2 Alt. 2 jedoch voraus, dass „der mit einer Leistung nach dem Inhalt des Rechtsgeschäfts bezweckte Erfolg nicht eintritt", wobei der Leistungszweck darin besteht, den Empfänger zu einer rechtlich nicht erzwingbaren Gegenleistung zu bewegen[982]. Zwar ist die Gegenleistung des Auftraggebers bei halbseitiger Nichtigkeit nicht rechtsgeschäftlich geschuldet, so dass die (Vor-)Leistung des Schwarzarbeiters insoweit durchaus auch den vom Schwarzarbeiter verfolgten Zweck verfehlt, den Auftraggeber zur Gegenleistung zu bestimmen; eine solche Zweckbestimmung kann jedoch nicht einseitig von Seiten des Schwarzarbeiters erfolgen, sondern setzt vielmehr eine Einigung der Parteien darüber voraus, dass die Leistung zur Herbeiführung eines vertraglich nicht geschuldeten Erfolges bestimmt sein soll[983]. Dies wiederum setzt eine entsprechende Kenntnis des Auftraggebers voraus, die bei einseitigen Verstößen des Schwarzarbeiters in der Regel nicht vorliegen wird. Demnach lässt sich auch ein Anspruch aus Zweckverfehlungskondiktion nicht sauber begründen.

Ist man zudem mit *Canaris* und dem *LG Mainz* in dem eingangs geschilderten Fall der Auffassung, § 817 S. 2 schließe eine Kondiktion bei bewusstem Gesetzesverstoß aus, dann führt dies im Ergebnis dazu, dass dem Schwarzarbeiter bei einseitigem Verstoß gegen §§ 1 II, 8 I Nr. 1 SchwarzArbG (§ 1 I SchwarzArbG a.F.) auch kein bereicherungsrechtlicher Anspruch auf Wertersatz gegen den

---

[979] *Köhler*, JZ 1990, S. 466 (467); Staudinger/*Sack* § 134 Rn. 97, 113; krit. auch *Kern*, in: FS Gernhuber, S. 191 (195).

[980] *Köhler*, JZ 1990, S. 466 (467) hält eine Zweckverfehlungskondiktion für denkbar, lässt diese Frage jedoch im Ergebnis offen.

[981] *Kern*, in: FS Gernhuber, S. 191 (201) m.w.N.

[982] BGHZ 44, S. 323 – Leistung in Erwartung der späteren Erbeinsetzung; *OLG Düsseldorf*, NJW-RR 1990, S. 692 – Leistung auf formnichtigen Grundstückskaufvertrag in der Erwartung der Heilung durch spätere Eintragung; *BGH* NJW-RR 1990, S. 827 – Leistung zu dem Zweck, eine spätere Strafanzeige abzuwenden.

[983] *Kern*, in: FS Gernhuber, S. 191 (200 f.).

Auftraggeber zusteht, und zwar weder aus § 812 I 1 Alt. 1 noch aus § 812 I 2 Alt. 2. Den Schwarzarbeiter hier schlechter zu stellen als bei einem beiderseitigen Verstoß, bei dem ihm nach der hier vertretenen Auffassung zumindest ein bereicherungsrechtlicher Anspruch auf Wertersatz für die verarbeiteten Materialien verbleibt, ist nach Sinn und Zweck des SchwarzArbG (a.f.) nicht erforderlich, auch nicht aus dem Gesichtspunkt der Täuschung des Auftraggebers[984]. Um den Schwarzarbeiter hier nicht schlechter zu stellen als bei beiderseitigen Verstößen gegen §§ 1 II, 8 I SchwarzArbG (§§ 1 I, 2 I SchwarzArbG a.F.), müsste dem Schwarzarbeiter auch hier durch eine Einschränkung des Anwendungsbereichs von § 817 S. 2 durch Sinn und Zweck des gesetzlichen Verbots geholfen werden[985].

ee. Resumee

Gegen die Theorie der halbseitigen Teilnichtigkeit bestehen nach alledem erhebliche Bedenken:

Von ihrem Ansatz her ist die Theorie nicht auf die Fälle beschränkt, in denen der Schwarzarbeiter bereits verbotswidrig geleistet hat. Eine solche Beschränkung ist jedoch notwendig, weil es nach Sinn und Zweck des SchwarzArbG (a.F.) nicht erforderlich ist, dem Schwarzarbeiter einen vertraglichen Vergütungsanspruch auch dann zu versagen, wenn er die Leistung auf legalem Wege erbringt. Auch muss die Wirksamkeit der Ansprüche des Auftraggebers auf die Fälle beschränkt werden, in denen eine legale Leistungserbringung überhaupt möglich ist, denn ein Anspruch auf (Nach-)Leistung unter Verstoß gegen die §§ 1 II, 8 I Nr. 1 SchwarzArbG (§ 1 I SchwarzArbG a.F.) verstieße, ebenso wie ein Anspruch auf Schadensersatz statt der Leistung, gegen das Prinzip der Einheit der Rechtsordnung[986].

Vor allem aber lässt sich der nach der Theorie der halbseitigen Teilnichtigkeit gewollte Bereicherungsanspruch des Schwarzarbeiters nicht dogmatisch sauber begründen. Da kein Bereicherungstatbestand die halbseitige Teilnichtigkeit sauber zu erfassen vermag, müsste die Kondiktion erst im Wege einer bereicherungsrechtlichen Rechtsfortbildung eröffnet werden. Eine solche Rechtsfortbildung ist jedoch wenig überzeugend, wenn der Anspruch wegen der Kondiktionssperre des § 817 S. 2 im Ergebnis ohnehin leer läuft. Um hier Wertungswidersprüche zur Behandlung beiderseitiger Verstöße gegen §§ 1 II, 8 I Schwarz-

---

[984] A.A. *LG Mainz*, Urt. v. 26.2.1997 – 9 O 214/96 = NJW-RR 1998, S. 48 f.: Der gesetzestreue Auftraggebers sei „wesentlich stärker" schutzwürdig als der gesetzeswidrig handelnde oder den Gesetzesverstoß ausnutzende Auftraggeber, der das mit dem Gesetzesverstoß verbundene Risiko bewusst in Kauf nehme.
[985] Dazu oben, Zweiter Teil, G. III. 5. und, zusammenfassend, 6.
[986] Dazu oben, Dritter Teil, A. III. 4.

ArbG (§§ 1 I, 2 I SchwarzArbG a.f.) zu beseitigen, müssten die Einschränkungen des § 817 S. 2 in Fällen beiderseitiger Verbotsverstöße entsprechend herangezogen werden, da der Werkvertrag andernfalls faktisch in eine Schenkung umgewandelt würde.

b. Teilnichtigkeit?

Möglicherweise können die dogmatischen Schwierigkeiten der halbseitigen Teilnichtigkeit durch eine Teilnichtigkeit des Rechtsgeschäfts überwunden werden, die (nur) den Teil der Leistungen ergreift, die unter Verstoß gegen §§ 1 II, 8 I Nr. 1 SchwarzArbG (§ 1 I SchwarzArbG a.f.) erbracht wurden.

Ausgangspunkt der Überlegungen ist der Zeitpunkt des Vertragsschlusses: Ist die Erfüllung des Vertrages auf legale Art und Weise möglich, spricht nichts gegen eine volle Wirksamkeit des Vertrages, da zu diesem Zeitpunkt noch kein Verstoß gegen das SchwarzArbG (a.f.) vorliegt. Die Vertragsnichtigkeit ist hier weder von Sinn und Zweck des SchwarzArbG (a.f.) noch vom Prinzip der Einheit der Rechtsordnung her geboten. Vielmehr hat der gutgläubige Auftraggeber Anspruch auf ordnungsgemäße Vertragserfüllung und ist dafür zur Gegenleistung verpflichtet[987]. Hat der Schwarzarbeiter allerdings (vollständig oder teilweise) verbotswidrig geleistet, ist der Verstoß gegen die §§ 1 II Nr. 5, 8 I Nr. 1 lit. e) SchwarzArbG (§ 1 I Nr. 3 SchwarzArbG a.f.) unwiderruflich eingetreten. Weiter möglich bleibt indessen auch hier eine legale Resterfüllung bei Teilleistungen sowie die legale Erfüllung von Gewährleistungsrechten. Diese Rechte sollten dem redlichen Auftraggeber auch erhalten bleiben. Soweit der Schwarzarbeiter die Arbeiten durch ein eingetragenes Unternehmen erbringt, ist aber auch sein Werklohnanspruch gegeben[988].

Eine auf die verbotswidrigen Leistungen beschränkte Teilnichtigkeit vermeidet eine mit Blick auf das Synallagma-Prinzip von Leistung und Gegenleistung bedenkliche Aufspaltung des Rechtsgeschäfts i.S. einer halbseitigen Teilnichtigkeit; andererseits bleiben die – weiter legal erbringbaren – Ansprüche auf Resterfüllung und Gewährleistung bestehen. Dieser Lösung kann auch nicht entgegengehalten werden, sie führe in der Praxis zu erheblichen Abgrenzungsproblemen[989]; vielmehr kann der Schwarzarbeiter Leistungen von Drittunternehmern leicht durch ausgestellte Rechnungen belegen.

---

[987] Ebenso Staudinger/*Sack* § 134 Rn. 281 a.E.; *Köhler* JZ 1990, S. 466 (468).

[988] Staudinger/*Sack* § 134 Rn. 281 a.E.

[989] So aber *OLG Nürnberg*, Urt. v. 25.5.2000 – 13 U 4512/99 = BauR 2000, S. 1494 ff. = OLGR Nürnberg 2001, S. 47 ff. = ZAP EN-Nr 690/2000 = JurBüro 2001, S. 52 = IBR 2000, S. 595 (m. Anm. *Wellensiek*).

Dennoch bestehen auch gegen diese Lösung dogmatische Bedenken. Zwar stellt die Teilnichtigkeit des Rechtsgeschäfts als Rechtsfolge durchaus „ein anderes" i.S. von § 134, 2. Halbs. dar; tatbestandlich setzt dies jedoch voraus, dass ein Teil *des Rechtsgeschäfts,* genauer: des Schuldvertrages, gegen das gesetzliche Verbot verstößt. Daran aber fehlt es, wenn der Auftraggeber gutgläubig ist und daher keine Schwarzarbeitsabrede vorliegt und auch keine Leistung in Person vereinbart wurde. Hier liegt allein eine verbotswidrige Leistungserbringung durch den Schwarzarbeiter vor. Das Rechtsgeschäft als solches wird dadurch jedoch nicht verbotswidrig. Insoweit kommt auch eine Teilnichtigkeit des Rechtsgeschäfts hier nicht in Betracht.

6. Ergebnis

Nach nahezu einhelliger Auffassung der Rechtsprechung und der herrschenden Meinung im Schrifttum ist es zum Schutze des redlichen Auftraggebers geboten, Schwarzarbeitsverträge bei einseitigen Verstößen des Schwarzarbeiters gegen §§ 1 II, 8 I Nr. 1 SchwarzArbG (§ 1 I SchwarzArbG a.F.) als wirksam anzusehen. Dieser Auffassung ist im Grundsatz zu folgen, wenngleich sie mehrerer Einschränkungen bedarf:

Redlich ist der Auftraggeber nur, wenn er den beabsichtigten Verstoß des Schwarzarbeiters gegen §§ 1 II, 8 I Nr. 1 SchwarzArbG (§ 1 I SchwarzArbG a.F.) bei Abschluss des Vertrages *nicht kennt.* Kennt der Auftraggeber den Verstoß des Auftragnehmers gegen §§ 1 II, 8 I Nr. 1 SchwarzArbG (§ 1 I SchwarzArbG a.F.), kommt ein lediglich einseitiger Verstoß des Auftragnehmers gegen §§ 1 II, 8 I Nr. 1 SchwarzArbG (§ 1 I SchwarzArbG a.F.) kaum in Betracht[990]; vielmehr liegt hier regelmäßig auch ein Verstoß des Auftraggebers gegen §§ 1 II, 8 I Nr. 2 SchwarzArbG (§ 2 I SchwarzArbG a.F.) und damit ein beiderseitiger Verbotsverstoß vor. Im Übrigen liegt – wegen § 14 OWiG – zumindest ein beiderseitiger Verstoß gegen § 8 I Nr. 1 SchwarzArbG (§ 1 I SchwarzArbG a.F.) vor. Insoweit ist es unrichtig, diesen Fall wie einen einseitigen Verstoß gegen ein gesetzliches Verbot zu behandeln. Es ist auch nicht einzusehen, warum der Schutz des redlichen Auftraggebers auch einem Auftraggeber zu Teil werden soll, der bewusst einen Schwarzarbeiter beauftragt. Der Auftraggeber erwartet hier nichts anderes als bei einem beiderseitigen Verstoß gegen §§ 1 II, 8 I SchwarzArbG (§§ 1 I, 2 I SchwarzArbG a.F.) – nämlich Schwarzarbeit. Weiss der Auftraggeber daher bei Abschluss des Vertrages, dass es sich bei seinem Vertragspartner um einen Schwarzarbeiter handelt, so ist der Vertrag entsprechend den Regeln über beiderseitige Verstöße gegen § 1 II Nr. 1 SchwarzArbG und §§ 1 II Nr. 3 – 5, 8 I SchwarzArbG (§§ 1 I und 2 I SchwarzArbG a.F.) zu behandeln.

---

[990] Dazu oben, Dritter Teil, A. III. 1. b.

Nach ebenso überwiegender Auffassung in Rechtsprechung und Schrifttum muss der Schwarzarbeiter seinen vertraglichen Pflichten in der Weise nachkommen, dass er die Leistung unter Einhaltung der gesetzlichen Vorschriften erbringt. In den Fällen der §§ 1 II Nr. 5, 8 I Nr. 1 lit. e) SchwarzArbG (§ 1 I Nr. 3 SchwarzArbG a.f.) müsse er einen eingetragenen Handwerksbetrieb mit der Erbringung der Dienst- oder Werkleistungen beauftragen. Dafür könne er das vertraglich vereinbarte Entgelt verlangen.

Gegen diese Lösung kann nicht eingewandt werden, die Übertragung von Dienst- oder Werkleistungen auf eingetragene Handwerksbetriebe sei handwerksrechtlich unzulässig. Es ist aber für jeden Einzelfall genau zu prüfen, ob sie auch nach dem Inhalt des zwischen Schwarzarbeiter und Auftraggeber geschlossenen Vertrages zulässig ist.

Ist sie es nicht, ist der Vertrag nach § 134 nichtig, weil er auf eine verbotene Leistung gerichtet ist. Zwar verliert der redliche Auftraggeber hier seine vertraglichen Rechte, insbesondere seinen Erfüllungsanspruch und – soweit der Schwarzarbeiter bereits Leistungen erbracht hat – seine Gewährleistungsrechte; das Interessse an der Erbringung einer verbotenen Leistung genießt jedoch aus Gründen der Einheit der Rechtsordnung keinen Schutz (vgl. auch §§ 309, 307 a.F.). Der Auftraggeber kann insoweit nur Ersatz des Vertrauensschadens gemäß §§ 280 I, 241 II, 311 II verlangen.

Ist die Übertragung der Dienst- oder Werkleistungen auf Dritte dagegen nach dem Inhalt des Vertrages zulässig, vermag die Lösung der herrschenden Meinung nur dann voll zu überzeugen, wenn der Auftragnehmer noch nicht geleistet hat. Hier kann der Auftragnehmer die Dienst- oder Werkleistungen noch auf einen eingetragenen Handwerksbetrieb übertragen und so den Verstoß gegen §§ 1 II, 8 I Nr. 1 SchwarzArbG (§ 1 I SchwarzArbG a.F.) abwenden. Unter diesen Umständen ist kein Grund ersichtlich, dem „Schwarzarbeiter" einen Anspruch auf die vereinbarte Vergütung zu versagen.

Bei der überwiegenden Zahl der Fälle wird es jedoch so sein, dass der Fall erst zu einem Zeitpunkt vor die Gerichte gelangt, zu dem der Schwarzarbeiter seine Leistungen schon (ganz oder zum Teil) unter Verstoß gegen §§ 1 II, 8 I Nr. 1 SchwarzArbG (§ 1 I SchwarzArbG a.F.) erbracht hat. Kann er in diesen Fällen Vergütung verlangen, so wird er faktisch für eine verbotene Tätigkeit entlohnt. Das ist ein zweifelhaftes Ergebnis, und zwar umso mehr, als richtigerweise Vergütungsansprüche gegen den bösgläubigen Auftraggeber nicht bestehen[991]. Wie gezeigt wurde, kann die Vergütungspflicht konstruktiv zwar durch eine (halbseitige) Teilnichtigkeit auf legal erbrachte Leistungen beschränkt werden; dog-

---

[991] Siehe oben, Zweiter Teil, A. III. 3., G. III. 5. und Dritter Teil, A. III. 1.

matisch vermögen diese Lösungsansätze jedoch nicht zu überzeugen. Der Schuldvertrag als solcher ist daher wirksam. Die Frage, ob der Auftraggeber zur Vergütung der geleisteten „Schwarzarbeit" verpflichtet ist, ist damit freilich noch nicht beantwortet; denn möglicherweise kann der Auftraggeber die Gegenleistung verweigern[992].

B. Nichtigkeit gemäß § 138 I

§ 138 I wird nur dann relevant, wenn der Verstoß gegen das gesetzliche Verbot nicht die Nichtigkeit des Rechtsgeschäfts nach § 134 zur Folge hat[993]. In solchen Fällen kann sich die Sittenwidrigkeit des Rechtsgeschäfts nach richtiger Auffassung auch aus dem Verstoß gegen das gesetzliche Verbot ergeben. Dazu müssen über den bloßen Gesetzesverstoß hinaus besondere, die Sittenwidrigkeit des Rechtsgeschäfts begründende Umstände i.S. der zu § 138 I entwickelten Fallgruppen hinzukommen[994].

I. Sittenwidriges Verhalten gegenüber dem Vertragspartner

Ein sittenwidriges Verhalten des Schwarzarbeiters gegenüber dem Auftraggeber wäre bei Kenntnis des Auftraggebers von vornherein abzulehnen, wobei diese Fälle nach der hier vertretenen Auffassung bereits der Fallgruppe der beiderseitigen Verstöße gegen das SchwarzArbG (a.F.) zuzuordnen sind, so dass sich die Frage der Nichtigkeit nach § 138 I insoweit nicht stellt.

Hat der Auftraggeber keine Kenntnis von der beabsichtigten Schwarzarbeit, ist ein sittenwidriges Verhalten gegenüber dem Vertragspartner zwar denkbar, soweit der Schwarzarbeiter den Auftraggeber über die ordnungsgemäße Ausübung der Tätigkeit getäuscht hat; aufgrund des Vorrangs des § 123 I vor § 138 I wäre das Rechtsgeschäft in diesem Fall aber nicht von vornherein nach § 138 I nichtig, sondern lediglich nach § 123 I anfechtbar.

II. Sittenwidriges Verhalten gegenüber Dritten oder der Allgemeinheit

Zu einer Schädigung Dritter oder der Allgemeinheit, insbesondere jedoch des Handwerks, kommt es nicht, wenn der Schwarzarbeiter die Tätigkeit auf ordnungsgemäß eingetragene Handwerker bzw. Handwerksbetriebe überträgt; so-

---

[992] Dazu unten, Dritter Teil, F. IV.

[993] Siehe dazu auch oben, Zweiter Teil, B. III. Die Rechtsprechung erwägt eine Nichtigkeit von Schwarzarbeitsverträgen nach § 138 I allerdings selbst dann nicht, wenn der Auftraggeber Kenntnis vom (beabsichtigten) Verstoß des Schwarzarbeiters gegen § 1 I SchwarzArbG a.F. (§ 8 I Nr. 1 SchwarzArbG) hatte.

[994] RGZ 115, S. 319 (325 f.), BAG, NJW 1993, S. 2701 (2703); RGRK-BGB/*Krüger-Nieland/Zöller* § 138 Rn. 9; Staudinger/*Sack* § 138 Rn. 96; Staudinger/*Dilcher*[12] § 138 Rn. 121; Soergel/*Hefermehl* § 138 Rn. 37.

weit der Handwerker bereits unter Verstoß gegen §§ 1 II Nr. 5, 8 I Nr. 1 lit. e) SchwarzArbG (§ 1 I Nr. 3 SchwarzArbG a.f.) geleistet hat, gelten die obigen Ausführungen zu § 134 entsprechend: allein die bloße verbotswidrige *Leistungserbringung* macht das Rechtsgeschäft *als solches* nicht sittenwidrig[995].

C. Anfechtung

Nach BGHZ 89, S. 369 (375)[996] hat ein Auftraggeber, der ohne sein Wissen an einen Schwarzarbeiter geraten ist, die Wahl, ob er „den Vertrag durchführen, aus wichtigem Grunde kündigen oder wegen des arglistigen Verhaltens seines Vertragspartners gar anfechten" will.

Der *BGH* billigt dem redlichen Auftraggeber somit ein Anfechtungsrecht gemäß § 123 I Alt. 1 zu. Daneben[997] kommt jedoch auch eine Anfechtung nach § 119 II Alt. 1 (Anfechtbarkeit infolge eines Irrtums über verkehrswesentliche Eigenschaften der Person) in Betracht. Diesen Anfechtungsgrund haben der *BGH*[998] im Fall eines Verstoßes gegen § 1 HwO und das *LG Görlitz*[999] im Falle eines Verstoßes gegen das SchwarzArbG a.f. erwogen.

I. Anfechtbarkeit gemäß § 119 II Alt. 1

1. Ursächlicher Irrtum über verkehrswesentliche Eigenschaften der Person

Wer sich bei der Abgabe einer auf den Abschluss eines Vertrages gerichteten Willenserklärung über eine im Verkehr als wesentlich angesehene Eigenschaft seines Vertragspartners irrt, kann seine Willenserklärung gemäß § 119 II Alt. 1 anfechten[1000].

Zu den verkehrswesentlichen Eigenschaften i.S. des § 119 II Alt. 1 zählen auch berufliche oder berufsrechtliche Qualifikationen des Vertragspartners, soweit sie tatsächliche oder rechtliche Verhältnisse der Person betreffen, ihren Grund in der Person selbst haben und nach den Anschauungen des Verkehrs dessen Wert-

---

[995] Siehe oben, Dritter Teil, A. III. 6.

[996] *BGH*, Urt. v. 19.1.1984 – VII ZR 121/83 (Oldenburg) = BGHZ 89, S. 369 ff. = NJW 1984, S. 1175 ff. = JR 1985, S. 146 ff. m. Anm. *Schubert*.

[997] Sind die Voraussetzungen beider Vorschriften erfüllt, kann der Anfechtungsberechtigte zwischen der Anfechtung nach § 123 I Alt. 1 oder § 119 II Alt. 1 wählen; die für den Anfechtungsberechtigten günstigere Variante ist jedoch die Anfechtung nach § 123 I Alt. 1, da der Anfechtungsberechtigte so einer möglichen Schadensersatzpflicht nach § 122 I entgeht, vgl. nur Hk-BGB/*Dörner* § 123 Rn. 13.

[998] Sog. „Handwerksrollen-Entscheidung", *BGH*, Urt. v. 22.9.1983 - VII ZR 43/83 = BGHZ 88, S. 240 ff. = ZfBR 1984, S. 31.

[999] *LG Görlitz*, Urt. v. 5.10.1993 – 1 O 0315/93 = NJW-RR 1994, S. 117 (119).

[1000] *Larenz/Wolf*, Allg. Teil, § 36 Rn. 49.

212

schätzung im Rahmen des Vertragsverhältnisses beeinflussen[1001]. Verkehrswesentlich i.S. des § 119 II sind allerdings nur solche Eigenschaften, „die von dem Erklärenden in irgendeiner Weise für den anderen Teil erkennbar dem Vertrag zugrunde gelegt worden sind"[1002]. Zur Anfechtung berechtigt ein solcher Irrtum zudem nur dann, wenn der Auftraggeber die Willenserklärung bei Kenntnis der Sachlage und bei verständiger Würdigung des Falles nicht abgegeben haben würde, § 119 I a. E., der Irrtum mithin für die Abgabe der Willenserklärung ursächlich geworden ist[1003].

Nach Ansicht des *BGH* kann das Vorliegen der Handwerksrolleneintragung gemäß § 1 HwO verkehrswesentliche Eigenschaft der Person i.S. des § 119 II Alt. 1 sein. Dies ist insoweit bemerkenswert, als die (fehlende) Handwerksrolleneintragung gemäß § 1 HwO nach Ansicht des *BGH* für § 134 und für § 254 grundsätzlich bedeutungslos ist. Zumindest hinsichtlich § 119 II 1. Alt. ist der Auffassung des *BGH* zuzustimmen: Die Eintragung in der Handwerksrolle gemäß § 1 HwO ist grundsätzlich von der *beruflichen Qualifikation* des Handwerkers abhängig und hat daher ihren Grund *in der Person selbst*. Ohne sie darf ein Handwerk als stehendes Gewerbe selbständig nicht betrieben werden (§§ 1, 117 HwO, 1 II Nr. 5, 8 I Nr. 1 lit. e SchwarzArbG; 1 I Nr. 3 SchwarzArbG a.F.). Da der Vertragspartner in diesem Fall die geschuldeten Dienst- oder Werkleistungen ohne die Eintragung in der Handwerksrolle nicht in eigener Person erbringen darf[1004], ist dieser Umstand insoweit auch für die Wertschätzung des Vertragspartners von Bedeutung.

Im Rahmen der §§ 1 II Nr. 4, 8 I Nr. 1 lit. d) SchwarzArbG (§ 1 I Nr. 2 SchwarzArbG a.F.) ist demgegenüber zwischen der in §§ 1 II Nr. 4, 2. Var., 8 I Nr. 1 lit. d) 2. Var. SchwarzArbG (§ 1 I Nr. 2, 2. Var. SchwarzArbG a.F.) genannten Gewerbeerlaubnis nach § 55 GewO (Reisegewerbekarte) und der in §§ 1 II Nr. 4, 1. Var., 8 I Nr. 1 lit. d) 1. Var. SchwarzArbG (§ 1 I Nr. 2, 2. Var. SchwarzArbG a.F.) genannten Anzeigepflicht zu differenzieren: Die Erteilung der Gewerbeerlaubnis nach § 55 GewO ist grundsätzlich nicht von der beruflichen Qualifikation des Antragstellers abhängig. Allerdings ist ihre Erteilung nach § 57 I GewO zu versagen, wenn Tatsachen die Annahme rechtfertigen, dass der Antragsteller die für die beabsichtigte Tätigkeit erforderliche Zuverläs-

---

[1001] „Je nach Sachlage", so *BGH*, Urt. v. 22.9.1983 – VII ZR 43/83 = BGHZ 88, S. 240 (245 f.) = NJW 1984, S. 230 (231) = JR 1984, S. 322 (324) m. Anm. *Köhler*; OLG Nürnberg, BauR 1985, S. 322; *OLG Hamm*, NJW-RR 1990, S. 523; *OLG Köln*, NJW-RR 1990, S. 523; *LG Görlitz*, NJW-RR 1994, S. 117 (118).
[1002] BGHZ 88, S. 240 (246) = NJW 1984, S. 230 = LM § 134 BGB Nr. 108; *LG Görlitz*, NJW-RR 1994, S. 117 (118); RGRK-BGB/*Krüger-Nieland* § 119 Rn. 32.
[1003] Palandt/*Heinrichs* § 119 Rn. 31.
[1004] *BGH*, Urt. v. 19.1.1984 – VI ZR 121/83 (Oldenburg) = BGHZ 89, S. 369 ff. = NJW 1984, S. 1175 ff. = JR 1985, S. 146 ff. m. Anm. *Schubert*.

sigkeit nicht besitzt. Da die Ausübung eines Reisegewerbes entgegen § 55 I GewO aber gemäß § 60 d GewO von der zuständigen Behörde verhindert werden kann, betrifft das Fehlen der Reisegewerbekarte rechtliche Verhältnisse des Vertragspartners, die für dessen Wertschätzung ebenfalls von Bedeutung sind. Anders liegt es bei den §§ 1 II Nr. 4, 1. Var., 8 I Nr. 1 lit. d) 1. Var. Schwarz-ArbG (§ 1 I Nr. 2, 1. Var. SchwarzArbG a.F.): Da die Ausübung eines stehenden Gewerbes nicht an eine Erlaubnis gebunden ist, kann die Missachtung der Anzeigepflicht gemäß § 14 GewO (i.V.m. §§ 146 II Nr. 1 GewO, 1 II Nr. 4, 1. Var., 8 I Nr. 1 lit. d) 1. Var. SchwarzArbG; § 1 I Nr. 2, 1. Var. SchwarzArbG a.F.) nicht als Fehlen einer *berufsrechtlichen Qualifikation* angesehen werden.

Verstöße gegen § 1 II Nr. 1 und §§ 1 II Nr. 3, 8 I Nr. 1 lit. a) – c) SchwarzArbG (§ 1 I Nr. 1 SchwarzArbG a.F.) sind entsprechend den Verstößen gegen §§ 1 II Nr. 4, 1. Var., 8 I Nr. 1 lit. d) 1. Var. SchwarzArbG (§ 1 I Nr. 2, 1. Var. SchwarzArbG a.F.) zu behandeln. Auch sie haben mit *beruflichen* oder *berufsrechtlichen Qualifikationen* des Vertragspartners nichts zu tun.

2. Konkurrenz zum werkvertraglichen Gewährleistungsrecht

Im Rahmen eines Werkvertrages können Konkurrenzprobleme zwischen der Anfechtung nach § 119 II und dem werkvertraglichen Gewährleistungsrecht auftreten.

Führt das Fehlen *beruflicher Qualifikationen* dazu, dass das Werk mangelhaft hergestellt wird i.S. von § 633, würden die werkvertraglichen Gewährleistungsvorschriften der §§ 634 ff. durch ein Anfechtungsrecht nach § 119 II umgangen: Einerseits würde dem Werkunternehmer durch eine Anfechtung das Recht zur Nacherfüllung aus § 635 genommen, andererseits könnte der Auftraggeber durch die Anfechtung eine Rückabwicklung des Vertrages auch noch nach Ablauf der Gewährleistungsfrist des § 634 a erreichen, § 121. Die Anfechtung nach § 119 II wegen eines Irrtums über *berufliche Qualifikationen* des Vertragspartners ist daher ausgeschlossen, wenn der Unternehmer infolgedessen ein mangelhaftes Werk herstellt und dadurch der Anwendungsbereich der Gewährleistungsvorschriften der §§ 633 ff. eröffnet ist[1005].

II. Anfechtbarkeit gemäß § 123 I Alt. 1

1. Ursächliche arglistige Täuschung

Während der *BGH*[1006] einem Auftraggeber, der ohne sein Wissen an einen Schwarzarbeiter geraten ist, die Möglichkeit zugesteht, den Vertrag wegen des

---

[1005] MünchKommBGB/*Kramer* § 119 Rn. 29 m.w.N.
[1006] *BGH*, Urt. v. 19.1.1984 – VII ZR 121/83 (Oldenburg) = BGHZ 89, S. 369 ff. = NJW 1984, S. 1175 = JR 1985, S. 146 ff. m. Anm. *Schubert*.

arglistigen Verhaltens seines Vertragspartners anzufechten, hat das *LG Görlitz*[1007] in einem vergleichbaren Fall[1008] ein Anfechtungsrecht des redlichen Auftraggebers aus § 123 I Alt. 1 verneint.

Eine arglistige Täuschung setzt das vorsätzliche[1009] Erregen oder Aufrechterhalten eines Irrtums durch Vorspiegeln oder Entstellen von Tatsachen (positives Tun) oder durch pflichtwidriges Verschweigen von Tatsachen (Unterlassen) voraus[1010]. Unproblematisch sind die Fälle der Erregung eines Irrtums über die Einhaltung der in §§ 1 II, 8 I Nr. 1 SchwarzArbG (§ 1 I SchwarzArbG a.F.) genannten Pflichten durch positives Tun, wobei an die Behauptung, den genannten Pflichten nachzukommen, keine allzu hohen Anforderungen zu stellen sind; so dürfte aus der Bezeichnung „Meisterbetrieb" oder „Fachbetrieb" regelmäßig darauf zu schließen sein, dass es sich um einen ordnungsgemäß eingetragenen Handwerksbetrieb handelt und die in §§ 1 II Nr. 5, 8 I Nr. 1 lit. e) SchwarzArbG (§ 1 I Nr. 3 SchwarzArbG a.F.) genannte Handwerksrolleneintragung vorliegt. Da die Erbringung von Dienst- oder Werkleistungen unter Verstoß gegen §§ 1 II, 8 I Nr. 1 SchwarzArbG (§ 1 I SchwarzArbG a.F.) verboten ist und der Auftraggeber durch das bloße Ausführenlassen dieser Leistungen bereits objektiv gegen §§ 1 II, 8 I Nr. 2 SchwarzArbG (§ 2 I SchwarzArbG a.F.) verstößt, dürfte für den Auftragnehmer aber auch eine entsprechende Aufklärungspflicht gegenüber dem Auftraggeber bestehen, so dass das Unterlassen der Aufklärung über die beabsichtigte Schwarzarbeit als ein pflichtwidriges Verschweigen von Tatsachen i.S. des § 123 I anzusehen ist.

Darüber hinaus setzt das Anfechtungsrecht nach § 123 I Alt. 1 voraus, dass der Auftraggeber durch eine arglistige Täuschung seitens des Schwarzarbeiters zur Abgabe seiner auf den Abschluss des Schwarzarbeitsvertrages gerichteten Willenserklärung bestimmt worden ist. Erforderlich ist daher auch ein ursächlicher Zusammenhang zwischen Täuschung und Abgabe oder Inhalt der Willenserklärung[1011]. Dies kommt nur bei einer unbewussten Beauftragung eines Schwarzarbeiters in Betracht; hier hindert selbst grobe Fahrlässigkeit den Kausalitätsnachweis nicht, da es für § 123 auf ein Verschulden des Getäuschten nicht ankommt[1012].

[1007] *LG Görlitz*, Urt. v. 5.10.1993 – 1 O 0315/93 = NJW-RR 1994, S. 117 (119).
[1008] Wie in BGHZ 89, S. 369 ff. verstieß der Auftraggeber selbst nicht gegen § 2 I SchwarzArbG a.F., und hatte auch vom Verstoß des Auftraggebers gegen § 1 I Nr. 3 SchwarzArbG a.F. keine Kenntnis.
[1009] MünchKommBGB/*Kramer* § 123 Rn. 6; Hk-BGB/*Dörner* § 123 Rn. 5
[1010] Hk-BGB/*Dörner* § 123 Rn. 2; MünchKommBGB/*Kramer* § 123 Rn. 11 ff.
[1011] MünchKommBGB/*Kramer* § 123 Rn. 9.
[1012] MünchKommBGB/*Kramer* § 123 Rn. 9.

2. Konkurrenz zum werkvertraglichen Gewährleistungsrecht

Nach allgemeiner Ansicht schließt die Anwendbarkeit der Vorschriften der §§ 633 ff. eine Anfechtung nach § 123 I Alt. 1 nicht aus, da der arglistig Täuschende nicht schutzwürdig ist.

D. Wegfall bzw. Fehlen der Geschäftsgrundlage, § 313

§ 313 normiert das bislang auf gewohnheitsrechtlicher Anerkennung beruhende Rechtsinstitut vom Wegfall bzw. Fehlen der Geschäftsgrundlage im BGB. Da es dem Gesetzgeber hierbei vor allem um die gesetzliche Verankerung und Konkretisierung dieses Rechtsinstituts ging[1013], während er an den von Rechtsprechung und Lehre entwickelten tatbestandlichen Voraussetzungen grundsätzlich festhalten wollte[1014], sind an die Geschäftsgrundlage auch weiterhin strenge Anforderungen zu stellen[1015]. Geschäftsgrundlage eines Vertrages sind demnach Umstände, die nicht Vertragsinhalt sind, aber nach den gemeinsamen Vorstellungen beider Vertragsparteien oder zumindest nach den für die andere Vertragspartei erkennbaren und von ihr nicht beanstandeten Vorstellungen einer Vertragspartei bei Vertragsschluss vorausgesetzt werden, soweit der Vertrag auf ihnen aufbaut[1016].

I. Rechte des Schwarzarbeiters

Es fragt sich, ob der Schwarzarbeiter nach § 313 I Anpassung des Vertrags[1017] verlangen oder zumindest vom Vertrag zurücktreten (§ 313 III 1) bzw. den Vertrag kündigen (§ 313 III 2) kann.

In aller Regel dürfte der Schwarzarbeiter aufgrund der zu befürchtenden Kostennachteile nicht daran interessiert sein, die Dienst- oder Werkleistungen auf einen eingetragenen Handwerksbetrieb zu übertragen. Der Umstand, dass der Schwarzarbeiter seine Leistung ursprünglich unter Verstoß gegen die §§ 1 II, 8 I Nr. 1 SchwarzArbG (§ 1 I SchwarzArbG a.F.) erbringen wollte und dies auch zur Grundlage seiner Kalkulation gemacht hat, könnte insoweit zur Geschäftsgrundlage des Vertrages geworden sein. Dies ist allerdings nicht der Fall, wenn der Auftraggeber bei Abschluss des Vertrages vom beabsichtigten Verstoß ge-

---

[1013] BT-Drs. 14/6040, S. 175 re. Sp.

[1014] BT-Drs. 14/6040, S. 176 li. Sp.

[1015] BT-Drs. 14/6040, S. 176.

[1016] BT-Drs. 14/6040, S. 174; BGHZ 25, S. 390 (392); 84, S. 1 (8f.); 89, S. 226 (231); 131, S. 209 (214); 133, S. 281 (293); *BGH* NJW 1996, S. 2727. Zur Kritik an dieser Formel *Lorenz/Riehm*, Lehrbuch zum neuen Schuldrecht, Rn. 390.

[1017] Streitig ist, ob im Rahmen des § 313 I auch eine Heraufsetzung des vereinbarten Entgelts in Betracht kommt. Zu dieser Rechtsfolge *BGH* NJW 1969, S. 223. Ablehnend *Lorenz/Riehm*, Lehrbuch zum neuen Schuldrecht, Rn. 399, dort Fn. 488.

gen §§ 1 II, 8 I Nr. 1 SchwarzArbG (§ 1 I SchwarzArbG a.F.) seitens des Schwarzarbeiters keine Kenntnis hatte. Hier fehlt es an der gemeinsamen Vorstellung beider Parteien bzw. an der Erkennbarkeit dieses Umstandes für den Auftraggeber. Vielmehr fallen die aus der Schwarzarbeiterstellung folgenden Vertragsrisiken in die Sphäre des Schwarzarbeiters. Eine Anpassung des Vertrages gemäß § 313 I oder gar ein Rücktritt bzw. eine Kündigung gemäß § 313 III kommt daher nicht in Betracht.

II. Rechte des Auftraggebers

Der Umstand, dass der Auftragnehmer in der Handwerksrolle eingetragen ist und daher über die erforderliche berufliche und berufsrechtliche Qualifikation zur Ausführung der vereinbarten Dienst- oder Werkleistungen verfügt, stellt eine verkehrswesentliche Eigenschaft i.S. des § 119 II dar (s.o.); insoweit dürfte es sich auch um eine wesentliche Vorstellung i.S. des § 313 II handeln. Stellt sich nach Vertragsschluss heraus, dass der Auftragnehmer nicht über die erforderliche Eintragung in der Handwerksrolle verfügt, handelt es sich auch um eine falsche Vorstellung i.S. des § 313 II. Bei Bestehen eines Anfechtungsrechts nach §§ 123 I, 119 II ist diese Vorstellung jedoch Geschäftsinhalt, so dass eine Vertragsanpassung über das Institut des Wegfalls der Geschäftsgrundlage insoweit entfällt.

E. Kündigung gemäß § 314

Handelt es sich bei dem zwischen Schwarzarbeiter und Auftraggeber vereinbarten Vertrag um ein Dauerschuldverhältnis, so kommt auch eine Kündigung aus wichtigem Grund gemäß § 314 I 1 seitens des Auftraggebers in Betracht[1018].

F. Die Abwicklung wirksamer Verträge mit Schwarzarbeitern

Im Folgenden sollen mögliche Probleme und Besonderheiten bei der Abwicklung wirksamer „Schwarzarbeitsverträge" in den Blick genommen werden.

I. Der Erfüllungsanspruch des Auftraggebers

Ist der Vertrag wirksam zustande gekommen, so fragt sich, ob dem Auftraggeber daraus ein durchsetzbarer Anspruch auf Erbringung der Dienst- oder Werkleistungen gegen den Schwarzarbeiter zusteht.

[1018] Vgl. *BGH*, Urt. v. 19.1.1984 – VII ZR 121/83 (Oldenburg) = BGHZ 89, S. 369 ff. = NJW 1984, S. 1175 = JR 1985, S. 146 ff. m. Anm. *Schubert*.

1. § 275 I

Der Anspruch könnte nach § 275 I ausgeschlossen sein (was nach § 311 I für die Wirksamkeit des Vertrages ohne Bedeutung ist). Voraussetzung der Unmöglichkeit ist, dass die Leistung dauerhaft nicht erbringbar ist. Besteht das Leistungshindernis in der Person des Schuldners, handelt es sich um eine subjektive Unmöglichkeit; besteht das Leistungshindernis für jedermann, ist die Leistung objektiv unmöglich.

Handelt es sich um eine vom Schwarzarbeiter höchstpersönlich zu erbringende Leistung, dann begründet sein dauerhaftes persönliches Unvermögen, die Leistung zu erbringen (subjektive Unmöglichkeit) zugleich eine objektive Unmöglichkeit der Leistung[1019]; nach der hier vertretenen Auffassung ist der Vertrag in diesem Fall allerdings – weil auf eine verbotene Leistung gerichtet – bereits nach § 134 nichtig, so dass es insoweit schon an einem wirksamen Vertrag fehlt.

Zu erörtern sind daher nur die Fälle, bei denen der Schwarzarbeiter nicht zur persönlichen Leistung verpflichtet ist. Eine subjektive rechtliche Unmöglichkeit der Leistung ist hier denkbar, weil der Schwarzarbeiter durch §§ 1 II, 8 I Nr. 1 SchwarzArbG (§ 1 I SchwarzArbG a.F.) an einer persönlichen Leistung gehindert ist. Diese Schlussfolgerung wäre jedoch verfehlt. Denn die Pflicht des Schuldners beschränkt sich darauf, die Leistung auf einen eingetragenen Handwerksbetrieb zu übertragen, der die Dienst- oder Werkleistungen zu erbringen vermag und auch erbringt; *diese* Leistung ist dem Schwarzarbeiter rechtlich möglich. Der Anspruch ist daher nicht nach § 275 I ausgeschlossen.

2. § 275 II

Es fragt sich, ob dem Schwarzarbeiter ein Leistungsverweigerungsrecht nach § 275 II zusteht. Der Schuldner kann nach § 275 II 1 die Leistung verweigern, soweit sie einen unverhältnismäßigen finanziellen oder persönlichen Aufwand erfordert[1020]. Unverhältnismäßig ist ein Aufwand, wenn die Leistung des Schuldners unter Beachtung des Inhalts des Schuldverhältnisses und der Gebote von Treu und Glauben in einem groben Missverhältnis zum Leistungsinteresse des Gläubigers steht. Demnach kommt es für § 275 II nicht auf ein grobes Missverhältnis der Leistung zum Schuldnerinteresse, sondern allein zum Gläubigerinteresse an[1021]. Bei dem Gläubigerinteresse handelt es sich um die Kosten, die für eine Ersatzbeschaffung der Leistung aufzuwenden wären[1022]. Diese entsprechen jedoch den Kosten, die der Auftraggeber für die Erbringung der

---

[1019] Palandt/*Heinrichs*[61] § 275 Rn. 15, § 306 Rn. 4. A.A. Staudinger/*Löwisch* § 306 Rn. 20.

[1020] BT-Drs. 14/6040, S. 130.

[1021] BT-Drs. 14/6040, S. 130; *Lorenz/Riehm*, Lehrbuch zum neuen Schuldrecht, Rn. 305 f.

[1022] Sie entsprechen üblicherweise dem Marktwert der Leistungen zuzüglich entgehender Gewinne und Folgekosten, vgl. *Lorenz/Riehm*, Lehrbuch zum neuen Schuldrecht, Rn. 305.

Dienst- oder Werkleistungen durch einen eingetragenen Handwerksbetrieb aufwenden muss, so dass sich erhöhter Leistungsaufwand des Schuldners und Leistungsinteresse des Gläubigers hier regelmäßig die Waage halten und insoweit kein grobes, d.h. „besonders krasses, nach Treu und Glauben untragbares"[1023] Missverhältnis entsteht. Hinzu kommt, dass bei der Bestimmung der dem Schuldner zumutbaren Anstrengungen gemäß § 275 II 2 auch ein Vertretenmüssen des Schuldners zu berücksichtigen ist. Da dem Schwarzarbeiter bei einem Verstoß gegen §§ 1 II, 8 I Nr. 1 SchwarzArbG (§ 1 I SchwarzArbG a.F.) ein vorsätzliches Verhalten anzulasten ist, dürfte dies den Grad der dem Schuldner zumutbaren Anstrengungen nochmals erhöhen, so dass dem Schwarzarbeiter ein Leistungsverweigerungsrecht nach § 275 II regelmäßig nicht zusteht. Zudem wäre es vom Ergebnis her geradezu widersprüchlich, wenn der Schwarzarbeiter die Leistungen auf einen eingetragenen Handwerksbetrieb übertragen muss und die sich daraus ergebenden Kostennachteile hinzunehmen hat, ihm wegen dieser Nachteile ein Leistungsverweigerungsrecht nach § 275 II zuzubilligen.

Der Schwarzarbeiter kann sich daher nicht darauf berufen, dass die Übertragung der Dienst- oder Werkleistungen auf einen eingetragenen Handwerksbetrieb einen unverhältnismäßigen Aufwand erfordere.

3. § 275 III

Das Leistungsverweigerungsrecht des § 275 III erfasst nur Fälle, in denen der Schuldner die Leistung persönlich zu erbringen hat.

Nach der hier vertretenen Auffassung sind solche Verträge bei Verstößen gegen §§ 1 II Nr. 5, 8 I Nr. 1 lit. e) SchwarzArbG (§ 1 I Nr. 3 SchwarzArbG a.F.) – entsprechendes gilt für §§ 1 II Nr. 4, 2. Var., 8 I Nr. 1 lit. d) 2. Var. SchwarzArbG (§ 1 I Nr. 2, 2. Var. SchwarzArbG a.F.) – bereits nach § 134 nichtig, soweit der Verbotsverstoß bei persönlicher Leistung nicht vermeidbar ist. Insoweit stellt sich die Frage eines Leistungsverweigerungsrechts von vornherein nicht. Im Übrigen ist der Schuldner stets gehalten, das Leistungshindernis auch tatsächlich auszuräumen. Insbesondere ist dem Schwarzarbeiter die Erfüllung der Anzeige-, Beitrags- oder Meldepflichten nach § 1 II Nr. 1 und 2 SchwarzArbG und § 1 II Nr. 3 und 4 Var. 1 SchwarzArbG (§ 1 I Nr. 1 und 2 Var. 2 SchwarzArbG a.F.) ohne weiteres möglich und auch zumutbar. Eine Berufung auf § 275 III scheidet daher aus.

II. Verweigerte Leistungsannahme durch den Auftraggeber

Es fragt sich, ob der Auftraggeber die Annahme der Leistung durch den Schwarzarbeiter verweigern kann, ohne rechtliche Nachteile zu erleiden. Zu be-

---

[1023] BT-Drs. 14/6040, S. 130.

achten ist, dass die Leistung durch den Schwarzarbeiter in diesem Fall rechtswidrig wäre, §§ 1 II, 8 I Nr. 1 SchwarzArbG (§ 1 I SchwarzArbG a.F.). Bestünde für den Auftraggeber eine Obliegenheit oder gar eine Verpflichtung zur Annahme dieser Leistung, wäre er zumindest zur Duldung der Ordnungswidrigkeit des Schwarzarbeiters verpflichtet. Wäre der Auftraggeber darüber hinaus zur Mitwirkung verpflichtet (§ 642), bestünde für ihn auch die Gefahr einer Beteiligung an der Ordnungswidrigkeit des Schwarzarbeiters (§ 8 I Nr. 1 Schwarz-ArbG/ § 1 I SchwarzArbG, jeweils i.V.m. § 14 OWiG).

Zur Lösung dieses Problems sind die §§ 293 ff., 242 heranzuziehen. Gemäß § 293 kommt der Gläubiger in Verzug, wenn er die ihm angebotene Leistung nicht annimmt. Voraussetzung des Annahmeverzugs ist neben der Leistungsberechtigung und dem Leistungsvermögen des Schuldners, dass dieser dem Gläubiger die Leistung tatsächlich anbietet, und zwar so, „wie sie zu bewirken ist", § 294. Dazu muss der Schuldner die Leistung zur rechten Zeit, am rechten Ort und in der rechten Art und Weise anbieten[1024]. Da der Auftraggeber verlangen kann, dass der Schwarzarbeiter die Dienst- oder Werkleistungen einem ordnungsgemäß arbeitenden Handwerksbetrieb überträgt, entspricht ihre Erbringung durch den Schwarzarbeiter nicht der rechten Art und Weise, so dass der Auftraggeber die Annahme der Leistung und seine Mitwirkung berechtigt verweigern kann.

III. Der Nacherfüllungsanspruch des Auftraggebers

Bei Abschluss eines Werkvertrages kann der Auftraggeber vom Schwarzarbeiter die Herstellung des versprochenen Werkes in mangelfreiem Zustand verlangen, §§ 631, 633 I. Die Rechte des Auftraggebers bei Mängeln der in § 633 II, III beschriebenen Art bestimmen sich nach §§ 634 ff. Spezifische Besonderheiten bestehen hier lediglich bei dem Anspruch auf Nacherfüllung gemäß § 635 und dem Recht zur Selbstvornahme gemäß § 637.

Grundsätzlich hat der Anspruch auf Nacherfüllung Vorrang vor den weiteren Gewährleistungsrechten des Auftraggebers. Dabei hat der Unternehmer nach § 635 I die Wahl, ob er den Mangel beseitigen will oder stattdessen ein neues, mangelfreies Werk herstellt. Da der Nacherfüllungsanspruch die Fortsetzung des Erfüllungsanspruchs in modifizierter Form darstellt[1025], kann hinsichtlich seines Schicksals auf die obigen Ausführungen verwiesen werden. Auch muss sich der Auftraggeber nicht auf eine Nachbesserung durch den Schwarzarbeiter in Person einlassen. Einen solchen Nachbesserungsversuch kann der Auftraggeber ablehnen, ohne seine Rechte zu verlieren. Vielmehr muss der Schwarzarbeiter auch die Nachbesserung auf Dritte übertragen, die die im SchwarzArbG (a.F.) ge-

---

[1024] *Brox*, Allg. Schuldrecht, Rn. 306.
[1025] *Lorenz/Riehm*, Lehrbuch zum neuen Schuldrecht, Rn. 641.

nannten Pflichten erfüllen. Im Übrigen verweist § 635 III auf § 275 II, III, so dass die obigen Ausführungen hier ebenso gelten. Der Schwarzarbeiter ist daher regelmäßig nicht berechtigt, die Nacherfüllung nach § 635 III i.V.m. § 275 II, III zu verweigern. Über die Fälle des § 275 II, III hinaus kann der Unternehmer die Nacherfüllung jedoch auch dann verweigern, wenn sie nur mit unverhältnismäßigen Kosten möglich ist, § 635 III, 2. Halbs. Nach der Intention des Gesetzgebers soll die Schwelle der Unverhältnismäßigkeit dabei niedriger anzusetzen sein als im Rahmen des § 275 II, III[1026]; da § 635 III, 2. Halbs. die Regelung des § 633 II 3 a.F. in sprachlich leicht veränderter Form, aber ohne inhaltliche Änderungen übernimmt, kann zur Bestimmung der Unverhältnismäßigkeit auf die Regelung des § 633 II 2 a.F. zurückgegriffen werden. Unverhältnismäßigkeit liegt demnach vor, wenn der Aufwand des Unternehmers zur Mängelbeseitigung in keinem vernünftigen Verhältnis zu dem mit der Beseitigung der Mängel erzielbaren Erfolg stünde[1027]. Dabei sind alle Umstände des Einzelfalles zu berücksichtigen[1028]. Da § 635 III die Regelungen des § 275 II, III in ähnlicher Weise ergänzt wie § 439 III, erscheint es zudem als zulässig, zur Bestimmung der Unverhältnismäßigkeit die in § 439 III 2 genannten Kriterien entsprechend heranzuziehen[1029]. Hier sind also der Wert des Werkes in mangelfreiem Zustand und die Bedeutung des Mangels zu berücksichtigen[1030]. Grundsätzlich unberücksichtigt bleibt dabei aber das Verhältnis des Aufwandes zum vereinbarten Werklohn[1031]. Daher rechtfertigen die für den Schwarzarbeiter zu erwartenden höheren Kosten bei der Übertragung der Werkleistungen auf einen ordnungsgemäß arbeitenden Handwerksbetrieb den Einwand des § 635 III nicht. Im Übrigen schließt ein berechtigtes Interesse des Bestellers an der Beseitigung des Mangels den Einwand des § 635 III in der Regel aus[1032]. Der Schwarzarbeiter kann die Nacherfüllung daher in aller Regel nicht verweigern, muss sie aber, sofern er die in § 1 II, 8 I Nr. 1 SchwarzArbG (§ 1 I SchwarzArbG a.F.) genannten Pflichten nicht selbst zu erfüllen vermag, an einen ordnungsgemäß arbeitenden Handwerksbetrieb übertragen.

Somit kommt auch eine Selbstvornahme durch den Auftraggeber in der Regel erst nach Fristsetzung zur Nacherfüllung und erfolglosem Fristablauf in Betracht, § 637 I. Eine solche Fristsetzung ist dem Auftraggeber nicht von vorn-

---

[1026] BT-Drs. 14/6040, S. 232.
[1027] BGHZ 59, S. 365 (367 f.); 96, S. 111 (123); Palandt/*Sprau* § 635 Rn. 10.
[1028] *BGH*, NJW-RR 1997, S. 1106.
[1029] Dabei ist zu beachten, dass – im Unterschied zum Kaufrecht – dem Unternehmer das Wahlrecht hinsichtlich der Art der Nacherfüllung zusteht. Infolgedessen richtet sich der Anspruch des Bestellers nur auf Nacherfüllung; eine bestimmte Art der Nacherfüllung kann er nicht verlangen, BT-Drs. 14/6040, S. 265. Somit kommt dem letzten Halbsatz des § 439 III 1 für § 635 III keine Bedeutung zu.
[1030] BT-Drs. 14/6040, S. 232.
[1031] *OLG Düsseldorf*, NJW-RR 1997, S. 1450.
[1032] *BGH* NJW 1996, S. 3269.

herein unzumutbar i.S. des § 637 II, da der Schwarzarbeiter die Ausführung der Arbeiten auf einen ordnungsgemäß arbeitenden Handwerksbetrieb übertragen kann und muss. Die Auswahl des Betriebes obliegt hier zunächst dem Schwarzarbeiter, § 635 I.

IV. Der Vergütungsanspruch des Schwarzarbeiters
1. Leistung durch ordnungsgemäß eingetragene Handwerksbetriebe
Bei Wirksamkeit des Schwarzarbeitervertrages steht dem Schwarzarbeiter der Anspruch auf die vereinbarte Vergütung zu. Daran kann bei Leistung durch ordnungsgemäß eingetragene Handwerksbetriebe kein Zweifel bestehen.

Ist eine Vergütung nicht ausdrücklich vereinbart worden oder ist die Höhe der Vergütung nicht bestimmt, so finden im Rahmen von Dienst- oder Werkverträgen die §§ 612, 632 Anwendung. Fraglich ist, ob der Auftraggeber die für Schwarzarbeiter übliche Vergütung oder die für ordnungsgemäß eingetragene Handwerksbetriebe übliche Vergütung zu entrichten hat. Für die erstgenannte Variante könnte die präventionsbetonte Argumentation des *BGH* herangezogen werden, nach der die dem Schwarzarbeiter aus der Übertragung des Auftrags auf einen ordnungsgemäß eingetragenen Handwerksbetrieb entstehenden Mehrkosten auch eine gewisse Abschreckungswirkung entfalten sollen. Besteht zwischen Auftraggeber und Schwarzarbeiter keine Vereinbarung über die Vergütung, ginge dieser Aspekt ins Leere, wenn der Schwarzarbeiter die Vergütung gemäß § 632 auf der Basis eines eingetragenen Handwerksbetriebes berechnen könnte.

Andererseits sind die §§ 612, 632 nicht vom Präventionsgedanken, sondern vom Ausgleichsgedanken getragen. Überträgt der Schwarzarbeiter die Leistungen auf einen ordnungsgemäß arbeitenden Handwerksbetrieb, erhält der Auftraggeber eine Leistung, welche die Zahlung des dafür üblichen Entgelts rechtfertigt. Da er einen niedrigeren Preis nicht vereinbart hat und zudem nicht damit rechnen musste, an einen Schwarzarbeiter zu geraten, ist es auch gerechtfertigt, wenn er zur Zahlung des üblichen Preises verpflichtet ist.

2. Leistung unter Verstoß gegen § 8 I Nr. 1 lit. e) SchwarzArbG (§ 1 I Nr. 3 SchwarzArbG a.F.)
Es fragt sich, ob ein durchsetzbarer Vergütungsanspruch auch insoweit besteht, als der Schwarzarbeiter die Dienst- oder Werkleistungen bereits unter Verstoß gegen § 8 I Nr. 1 lit. e) SchwarzArbG (§ 1 I Nr. 3 SchwarzArbG a.F.) erbracht hat.

Da die tatbestandlichen Voraussetzungen des § 134 nicht vorliegen, kommt eine (Teil-)Nichtigkeit des Rechtsgeschäfts hier nicht in Betracht; allerdings ist der Auftraggeber nur zur Vergütung *vertragsgemäßer Leistungen* verpflichtet. Da der Auftraggeber verlangen kann, dass der Schwarzarbeiter die Leistung einem ordnungsgemäß arbeitenden Handwerksbetrieb überträgt, entspricht die Leistung durch den Schwarzarbeiter insoweit nicht der rechten Art und Weise; der Auftraggeber hätte die Leistung daher zurückweisen können[1033]. Aufgrund der verbotswidrigen Leistungserbringung durch den Schwarzarbeiter steht dem redlichen Auftraggeber deshalb ein Zurückbehaltungsrecht nach § 320 zu. Erst wenn – durch Sachverständigengutachten – zuverlässig festgestellt ist, dass die Leistung des Schwarzarbeiters der eines ordentlichen Handwerksbetriebes entspricht, kann der Schwarzarbeiter die vereinbarte Vergütung verlangen. Auf diese Weise wird sichergestellt, dass der Auftraggeber eine Leistung erhält, die der vertraglich vereinbarten Leistung gleichkommt. Aus zivilrechtlicher Sicht bestehen dann keine Bedenken, dem Schwarzarbeiter einen Anspruch auf die vertraglich vereinbarte Vergütung zu gewähren. Zugleich dürfte die notwendige „Abnahme" durch Sachverständige und durch die damit verbundenen Kosten und das damit verbundene Risiko der Aufdeckung der Schwarzarbeit dazu beitragen, dem Schwarzarbeiter den Anreiz zu nehmen, die Leistungen selbst unter Verstoß gegen § 8 I Nr. 1 lit. e) SchwarzArbG (§ 1 I Nr. 3 SchwarzArbG a.F.) zu erbringen.

[1033] Siehe oben, Dritter Teil, F. II., III.

Vierter Teil: Einseitige Verstöße gegen §§ 1 II, 8 I Nr. 2 SchwarzArbG (§ 2 I SchwarzArbG a.F.)

A. OLG Karlsruhe, Urt. v. 26.10.1976 – 8 U 111/75

Die Fallgruppe der einseitigen Verstöße des Auftraggebers gegen § 2 I SchwarzArbG a.F. (§ 8 I Nr. 2 SchwarzArbG) ist in Rechtsprechung und Schrifttum bislang kaum erörtert worden. Im Jahre 1976 bejahte jedoch das *OLG Karlsruhe*[1034] die Nichtigkeit des Vertrags gemäß § 134 bei einem einseitigen Verstoß des Auftraggebers gegen § 2 I SchwarzArbG a.F. (§ 8 I Nr. 2 SchwarzArbG). In dem entschiedenen Fall verpflichtete sich ein Bauarbeiter ohne eigenen Handwerksbetrieb gegenüber einem Bauingenieur zu umfangreichen Bauarbeiten an Einfamilienhäusern. Während der Bauingenieur nach Auffassung des Gerichts gegen § 2 SchwarzArbG a.F. (§ 8 I Nr. 2 SchwarzArbG) verstieß, bejahte das Gericht hinsichtlich des Bauarbeiters lediglich einen Verstoß gegen § 1 HwO. Der Verstoß des Auftraggebers gegen § 2 SchwarzArbG a.F. (§ 8 I Nr. 2 SchwarzArbG) führe zur Nichtigkeit gemäß § 134, da dieser nicht schutzbedürftig sei. Auch sei dem Auftragnehmer der Verstoß des Auftraggebers bekannt gewesen. Gewährleistungsansprüche gegen den Bauarbeiter seien infolge der Nichtigkeit ausgeschlossen[1035].

B. Stellungnahme

Bislang kam ein einseitiger Verstoß des Auftraggebers gegen § 2 I SchwarzArbG a.F. wie auch ein einseitiger Verstoß des Schwarzarbeiters gegen § 1 I SchwarzArbG a.F. nur in Betracht, wenn der Auftraggeber entweder Dienst- oder Werkleistungen an mehrere Auftragnehmer vergab, die nur in ihrer Gesamtheit den von §§ 1 I, 2 I SchwarzArbG a.F. vorausgesetzten erheblichen Umfang erreichten, oder wenn der Auftragnehmer subjektiv ohne Tatvorsatz handelte. Letzteres gilt für § 8 I SchwarzArbG nun nicht mehr: ein Verstoß des Auftraggebers gegen § 8 I Nr. 2 SchwarzArbG setzt nunmehr stets auch einen vorsätzlichen Verstoß des Auftragnehmers gegen eine der in § 8 I Nr. 1 SchwarzArbG genannten Vorschriften voraus.

I. Kenntnis des Auftragnehmers

Bei vorsätzlichem Handeln des Auftragnehmers kommt ein lediglich einseitiger Verstoß des Auftraggebers gegen § 8 I Nr. 2 SchwarzArbG (§ 2 I SchwarzArbG a.F.) nur in Betracht, wenn der an den Auftragnehmer erteilte Auftrag *keinen erheblichen Umfang* aufweist, da andernfalls ein beiderseitiger Verstoß gegen § 8 I SchwarzArbG (§§ 1 I, 2 I SchwarzArbG a.F.) vorliegt.

[1034] *OLG Karlsruhe*, Urt. v. 26.10.1976 – 8 U 111/75 = NJW 1977, S. 2076 f. = Die Justiz 1977, S. 13 ff. = OLGZ 77/194, S. 197.

[1035] *OLG Karlsruhe*, NJW 1977, S. 2076 (2077).

Wie schon im Rahmen einseitiger Verstöße gegen § 8 I Nr. 1 SchwarzArbG (§ 1 I SchwarzArbG a.f.) fragt sich, ob solche Verträge von Sinn und Zweck des SchwarzArbG (a.f.) erfasst werden. Obwohl die Tätigkeit des Auftragnehmers die Tatbestände des § 8 I Nr. 1 SchwarzArbG (§ 1 I SchwarzArbG a.f.) nicht erfüllt, ist sie damit jedoch keineswegs erlaubt, denn der Verstoß gegen die Anzeige-, Melde- und Erlaubnispflichten des § 8 I SchwarzArbG (§ 1 I SchwarzArbG a.f.) ist durch die Grundtatbestände der §§ 404 II Nr. 26 SGB III, 13 AsylbLG, 117 I Nr. 1, II HwO sowie §§ 145 I 1 Nr. 1, 146 II Nr. 1 GewO bußgeldbewehrt. Zudem liegt auch in diesem Fall zumindest eine (notwendige) Beihilfe nach § 14 OWiG vor. Um einen „lediglich" einseitigen Verstoß des Auftraggebers gegen § 8 I Nr. 2 SchwarzArbG (§ 2 I SchwarzArbG a.f.) handelt es sich somit auch in diesen Fällen nicht. Ein bloß einseitiger Verstoß gegen § 8 I Nr. 2 SchwarzArbG (§ 2 I SchwarzArbG a.f.) kann bei Kenntnis mithin nicht angenommen werden. Zudem liegt auch in diesen Fällen eine „Schwarzarbeitsabrede" vor: Beide Parteien wissen und wollen, dass die Leistungen unter Verstoß gegen Melde-, Anzeige- bzw. Erlaubnispflichten ausgeführt werden. Daher liegt auch hier ein Normkonflikt zwischen Verpflichtungsgeschäft und § 8 I Nr. 2 SchwarzArbG (§ 2 I SchwarzArbG a.f.) vor. Gleiches gilt auch für die Fälle des § 1 II Nr. 1 SchwarzArbG: zwar enthält das SchwarzArbG für qualifizierte Verstöße gegen diese Vorschriften keine eigenständige Sanktionsnorm; die entsprechenden Tätigkeiten sind jedoch bereits nach den einschlägigen Vorschriften des SGB IV und VII bußgeldbewehrt. Insoweit handelt es sich auch hier um verbotene Tätigkeiten.

Da es mit dem Prinzip der Einheit der Rechtsordnung nicht vereinbar wäre, wenn der Auftragnehmer durch den Vertrag zu einer verbotenen Tätigkeit verpflichtet würde, kann insoweit nichts anderes gelten als bei beiderseitigem Verstoß gegen die §§ 1 II, 8 I SchwarzArbG (§§ 1 I, 2 I SchwarzArbG a.f.). Demnach führt die Kenntnis des Auftragnehmers nach § 134 zur Nichtigkeit des Schwarzarbeitsvertrags.

II. Unkenntnis des Auftragnehmers

Diese Fallgruppe ist nur noch für Altfälle des SchwarzArbG a.F. von Bedeutung, da § 8 I Nr. 2 SchwarzArbG nunmehr einen vorsätzlichen Verstoß des Auftragnehmers gegen eine in § 8 I Nr. 1 SchwarzArbG genannte Vorschrift voraussetzt. Davon abgesehen dürften solche Fälle ausgesprochen selten sein: Wer Dienst- oder Werkleistungen in erheblichem Umfang erbringt, kennt in der Regel auch die nach § 1 I SchwarzArbG a.F. bestehenden Pflichten; wer z.B. Leistungen der gesetzlichen Arbeitslosen-, Kranken-, Pflege-, Renten- und Sozialversicherung oder nach dem AsylbLG in Anspruch nimmt (§ 1 I Nr. 1 SchwarzArbG a.F.), weiss auch, dass er dem jeweiligen Leistungsträger jede Änderungen in den Verhältnissen melden muss, die für die Leistung erheblich sind oder über die im Zusammenhang mit der Leistung Erklärungen abgegeben wurden, insbesondere die Aufnahme einer entgeltlichen selbständigen oder unselbständigen Tätigkeit[1036], darüber hinaus aber auch sonstige Veränderungen im Einkommen, soweit sie Einfluss auf die Bemessung der Leistung haben[1037]. Auch bei Gewerbetreibenden (§ 1 I Nr. 2 SchwarzArbG a.f.) oder Handwerkern (§ 1 I Nr. 3 SchwarzArbG a.f.) dürfte dies in aller Regel so sein. Solche Fälle können daher allenfalls in Betracht kommen, wenn der Auftragnehmer über seine Pflichten irrt oder einzelne Dienst- oder Werkleistungen von nicht erheblichem Umfang übernommen hat.

Da es in diesen Fällen an einer „Schwarzarbeitsabrede" fehlt, bleibt zu erwägen, ob der Auftragnehmer nicht – entsprechend den Fällen einseitiger Verstöße gegen § 1 I SchwarzArbG a.F. – zu rechtmäßigem Verhalten verpflichtet ist und der Vertrag mit entsprechendem Inhalt wirksam bestehen bleibt. Wie bereits im Rahmen der Erörterung der einseitigen Verstöße gegen § 1 I SchwarzArbG a.F. gezeigt wurde, ist die Aufrechterhaltung des Rechtsgeschäfts mit einem normkonformen Inhalt (insbesondere mit der Pflicht zur Übertragung der Tätigkeit auf ordentliche Handwerker oder Gewerbetreibende) nicht immer möglich; zum anderen wäre dies auch unbillig, da der Auftragnehmer in diesem Fall die wirtschaftlichen Nachteile (insbesondere bei Übertragung der Tätigkeit auf ordentliche Handwerker oder Gewerbetreibende in Fällen des § 1 I Nr. 2, 3 SchwarzArbG a.F.) zu tragen hätte. Daher muss in solchen Fällen des einseitigen Verstoßes gegen § 2 I SchwarzArbG a.F. *zum Schutze des gutgläubigen Auftragnehmers* Nichtigkeit nach § 134 eintreten.

Problematisch ist die Nichtigkeit des Rechtsgeschäfts nach § 134 in dieser Fallgruppe allerdings in Vorleistungsfällen: Hier würde der Auftragnehmer ungerechtfertigt benachteiligt, wenn es dem Auftraggeber gestattet wäre, die Gegenleistung unter Berufung auf den eigenen Gesetzesverstoß (!) zu verweigern. Zur sachgerechten Lösung solcher – wie gesehen äußerst seltener– Fälle erscheint es ausnahmsweise gerechtfertigt, wenn es dem Auftraggeber nach den Grundsätzen von Treu und Glauben (§ 242) in Gestalt des Verbots rechtsmissbräuchlichen Verhaltens versagt ist, sich auf die Nichtigkeit des Rechtsgeschäfts zu berufen.

[1036] *Ambs*, in: Erbs/Kohlhaas, Strafrechtliche Nebengesetze, Bd. III, S 34, § 1 Rn. 7.
[1037] *Mrozynski*, SGB I, § 60 Rn. 30.

Fünfter Teil: Verstöße gegen § 1 II Nr. 2 SchwarzArbG

Schwarzarbeit nach § 1 II Nr. 2 SchwarzArbG leistet, wer Dienst- oder Werkleistungen erbringt oder ausführen lässt und dabei als Steuerpflichtiger seine sich auf Grund der Dienst- oder Werkleistungen ergebenden steuerlichen Pflichten nicht erfüllt. Hierzu zählen ausweislich der Begründung des Entwurfs insbesondere Umsatzsteuer, Einkommenssteuer, Körperschaftssteuer und Gewerbesteuer, ferner auch die Lohnsteuer des Arbeitgebers für seine Arbeitnehmer[1038].

Die Neuregelung berücksichtigt erstmals die sog. „Ohne-Rechnung-Abreden" und damit den fiskalischen Aspekt der Schwarzarbeit. Nach h.M. in Rechtsprechung[1039] und Schrifttum[1040] ist zwar ein Vertrag, mit dem eine Steuerhinterziehung verbunden ist, grundsätzlich wirksam, es sei denn, die Steuerhinterziehung bildet den Hauptzweck des Vertrags[1041]; allerdings ist ein Kaufvertrag *insgesamt* nichtig, wenn die Parteien zum Zwecke der Steuerhinterziehung vereinbart haben, dass der Käufer keine Rechnung erhält oder das Geschäft nicht verbucht wird und sich diese Nebenabrede auf den Kaufpreis ausgewirkt hat[1042]. In gleicher Weise muss dies auch für Verträge über Dienst- oder Werkleistungen gelten. Wann sich die Schwarzarbeit i.S. des § 1 II SchwarzArbG auf den Preis der Dienst- oder Werkleistungen auswirkt, ist allerdings Tatfrage; bei beiderseitigen, bewussten Schwarzarbeitsabreden dürfte dies jedoch in aller Regel anzunehmen sein, da Auftraggeber und Auftragnehmer den durch die „eingesparten" Steuern erzielten Vorteil in der Regel untereinander aufteilen. Da § 134, 2. Halbs. – nach zutreffender Auffassung – auch die Möglichkeit zur Aufrechterhaltung des Rechtsgeschäfts eröffnet, soweit der *Schutzzweck des betreffenden Verbots* dies erfordert, dürfte sich die Nichtigkeit des Rechtsgeschäfts insoweit bereits unmittelbar aus § 134 ergeben. Denn es ist nicht ersichtlich, dass es nach Sinn und Zweck des SchwarzArbG geboten wäre, den Vertrag mit der Maßgabe aufrecht zu erhalten, dass der verbotswidrig handelnde Auftragnehmer das ausbedungene Entgelt lediglich zu versteuern hat und damit den gleichsam verbotswidrig handelnden Auftraggeber zu belohnen oder – umgekehrt – dem verbotswidrig han-

---

[1038] BT-Drs. 15/2573, S. 19.

[1039] BGHZ 14, S. 25 (30 f.); *BGH* NJW 1983, S. 1843 (1844). Vgl. auch *OLG Düsseldorf*, Urt. v. 8.1.1993 - 22 U 203/92 = OLGR Düsseldorf 1993, S. 177 = BauR 1993, S. 507: „Von einem wesentlichen Verstoßes gegen das SchwarzArbG [a.F., Anm. des Vf.] nichtigen Werkvertrag ist ein „Schwarzgeldgeschäft", welches nicht zur Nichtigkeit des Werkvertrages führt, zu unterscheiden".

[1040] *Staudinger/Sack* § 134 Rn. 287.

[1041] A.A. *Amm*, S. 165 ff./ 169 f.

[1042] *BGH*, Urt. v. 3.7.1968 – VIII ZR 113/66 (Celle) = *BGH* LM Nr. 57 zu § 134 = MDR 1968, S. 834 f. = BB 1968, S. 851 f, wobei die Nichtigkeit des gesamten Rechtsgeschäfts aus § 139 folgen soll; Erman/*Palm* § 134 Rn. 93; *Flume*, Allg. Teil, Bd. II, § 17, 4 (S. 346, Fn. 14 a); Soergel/*Hefermehl* § 134 Rn. 65; Staudinger/*Sack* § 134 Rn. 287; Staudinger/*Dilcher*[12] § 134 Rn. 11. A.A. *Canaris*, Gesetzliches Verbot und Rechtsgeschäft, S. 50.

delnden Auftragnehmer einen Anspruch auf die übliche Vergütung (§§ 612, 632) zuzubilligen[1043].

Beiderseitige, bewusste Verstöße gegen § 1 II Nr. 2 SchwarzArbG führen daher regelmäßig zur Vertragsnichtigkeit nach § 134. Bei einseitigen Verstößen des Auftragnehmers gegen § 1 II Nr. 2 SchwarzArbG bleibt der Vertrag entsprechend dem oben zu § 1 II Nr. 1 SchwarzArbG Gesagten wirksam. Hier ist es allein Sache des Auftraggebers, die steuerlichen Pflichten zu erfüllen.

[1043] Für § 139 dürfte es zudem bereits auf tatbestandlicher Ebene an der erforderlichen Teilbarkeit des Rechtsgeschäfts mangeln, da die „Ohne-Rechnung-Abrede" den Wert der für die Dienst- oder Werkleistungen zu erbringenden *Gegenleistung insgesamt* bestimmt; die Aufrechterhaltung des Rechtsgeschäfts nach § 139 würde damit auch in unzulässiger Weise in das von den Parteien zu bestimmende Äquivalenzverhältnis von Leistung und Gegenleistung eingreifen, vgl. Staudinger/*Roth* § 139 Rn. 70.

Zusammenfassung der Ergebnisse, Ausblick

1. Die §§ 1 II, 8 I SchwarzArbG (§§ 1 I, 2 I SchwarzArbG a.F.) setzen die *Ausführung* der Dienst- oder Werkleistungen (in erheblichem Umfang) unter Verstoß gegen die in §§ 1 II, 8 I SchwarzArbG (§ 1 I Nr. 1 bis 3 SchwarzArbG a.F.) genannten Vorschriften voraus[1044]; ein Verstoß gegen diese Tatbestände liegt folglich erst dann vor, wenn der Schwarzarbeiter durch die Ausführung der Dienst- oder Werkleistungen mit der *Erfüllung* des Schuldvertrages beginnt.

2. Für § 134 folgt daraus, dass der *Abschluss eines Vertrages* über die Erbringung entsprechender Dienst- oder Werkleistungen nicht „gegen ein gesetzliches Verbot" verstößt; ein Rechtsgeschäft zwischen Auftraggeber und Schwarzarbeiter verstößt somit nur dann „gegen ein gesetzliches Verbot" i.S. des § 134, wenn sein *Inhalt* verboten ist. Ob dies der Fall ist, ist durch Auslegung des zwischen Auftraggeber und Schwarzarbeiter geschlossenen Vertrags zu ermitteln.

3. Ein verbotswidriger Inhalt des Rechtsgeschäfts ist immer dann anzunehmen, wenn *beide Parteien* bei Vertragsschluss vom beabsichtigten Verstoß gegen das SchwarzArbG (a.F.) wissen. Beiderseitige Verstöße gegen die §§ 1 II, 8 I SchwarzArbG (§§ 1 I, 2 I SchwarzArbG a.F.) führen daher stets zur Nichtigkeit des Schwarzarbeitsvertrags. Denn in solchen Fällen liegt der übereinstimmende Wille vor, die Leistungen in Schwarzarbeit zu erbringen bzw. ausführen zu lassen. Diese „Schwarzarbeitsabrede" führt – unabhängig von der konkret verwirklichten Variante der §§ 1 II, 8 I Nr. 1 SchwarzArbG (§ 1 I SchwarzArbG a.F.) – stets zur Nichtigkeit des Rechtsgeschäfts nach § 134, da das SchwarzArbG (a.F.) *sämtliche* in § 1 II SchwarzArbG (§ 1 I SchwarzArbG a.F.) aufgeführten Erscheinungsformen der Schwarzarbeit missbilligt. Die Nichtigkeit erfasst das gesamte Rechtsgeschäft und wirkt von Anfang an. Vertragliche Primär- und Sekundäransprüche sind somit ausgeschlossen. In Vorleistungsfällen hat der Schwarzarbeiter einen bereicherungsrechtlichen Anspruch auf Wertersatz für die von ihm verwendeten Materialien. Der Kondiktionsausschluss des § 817 S. 2 ist entsprechend dem Zweck des SchwarzArbG (a.F.) auf die Vergütung der Tätigkeit des Schwarzarbeiters zu beschränken.

4. Ist der *Auftraggeber gutgläubig*, verstößt also nur der Auftragnehmer gegen §§ 1 II, 8 I Nr. 1 SchwarzArbG (§ 1 I SchwarzArbG a.F.), ist der Vertrag dagegen wirksam, soweit eine legale Leistungserbringung nach Art und Inhalt des Vertrags möglich ist. Gegebenenfalls muss der Auftragnehmer die Leistungen dazu auf eingetragene Handwerksbetriebe oder angemeldete Gewerbetreibende übertragen. Soweit er die Leistungen auf legale Weise erbringt, kann er dafür die vereinbarte Vergütung verlangen. Für illegal erbrachte Leistungen kann er dage-

---

[1044] Siehe Erster Teil, B. I. 2. c. sowie Erster Teil, B. I. 3.

gen Vergütung nur verlangen, wenn die Vertraggemäßheit der Leistungen durch Sachverständigengutachten zuverlässig festgestellt wurde.

5. Einseitige Verstöße des Auftraggebers gegen § 1 II, 8 I Nr. 2 SchwarzArbG (§ 2 I SchwarzArbG a.f.) führen bei vorsätzlichem Verstoß des Auftragnehmers gegen die in § 8 I Nr. 1 SchwarzArbG (§ 1 I SchwarzArbG a.f.) genannten Pflichten aufgrund der Tatbeteiligung des Auftragnehmers nach § 134 zur Nichtigkeit. In (seltenen) Altfällen zu § 2 I SchwarzArbG a.f. kann die Nichtigkeit des Vertrags nach § 134 zum Schutze des gutgläubigen Auftragnehmers vor gesetzwidrigen Verpflichtungen erforderlich sein; ausnahmsweise kann hier jedoch der Auftragnehmer bei unbewusstem, lediglich objektivem Verstoß gegen § 1 I SchwarzArbG a.f. Vergütung für von ihm erbrachte Vorleistungen verlangen, da es ein nach den Grundsätzen von Treu und Glauben (§ 242) untersagtes rechtsmissbräuchliches Verhalten darstellt, wenn der bösgläubige, gegen § 2 I SchwarzArbG a.f. verstoßende Auftraggeber die Gegenleistung unter Berufung auf den eigenen Gesetzesverstoß verweigert.

Es steht zu erwarten, dass die Neufassung des SchwarzArbG in Rechtsprechung und Schrifttum erneut Kontroversen über die Frage der zivilrechtliche Behandlung von Schwarzarbeitsverträgen auslösen wird. Mit Spannung bleibt daher zu erwarten, inwieweit Rechtsprechung und Schrifttum ihre bisherigen Lösungsansätze zur Behandlung von Verstößen gegen das SchwarzArbG a.F auf das SchwarzArbG übertragen und inwieweit sie neue Lösungsansätze entwickeln werden. Ziel der Novellierung ist – daran lassen Wortlaut und Begründung des Entwurfs keinen Zweifel – die Intensivierung der Bekämpfung der Schwarzarbeit im Sinne der Definition des § 1 II SchwarzArbG. Diese Erscheinungsformen der Schwarzarbeit im weiteren Sinne werden als „besonders schwerwiegende Formen der Wirtschaftskriminalität angesehen, die dem Gemeinwesen hohen Schaden zufügen und aufgrund dessen nicht hinnehmbar sind"[1045]. Das Verbot der Schwarzarbeit richtet sich auch weiter gegen Auftragnehmer und Auftraggeber; dies spricht dafür, dass auch das SchwarzArbG den Leistungsaustausch zwischen Schwarzarbeiter und Auftraggeber und damit den wirtschaftlichen Erfolg entsprechender Rechtsgeschäfte verhindern will. Mit Sinn und Zweck des SchwarzArbG wäre es nicht zu vereinbaren, Verträge, die auf eine bewusste Missachtung des Verbots der Schwarzarbeit gerichtet sind, als wirksam anzusehen. Blieben Verstöße gegen § 1 II SchwarzArbG zivilrechtlich ohne Folgen, bestünde für beide Parteien ein Anreiz, entsprechende Verträge abzuschließen und, in der Hoffnung, ihr verbotswidriges Tun werde nicht aufgedeckt, zunächst unter Verstoß gegen § 1 II SchwarzArbG auszuführen. Die „Intensivierung der Bekämpfung der Schwarzarbeit" (§ 1 I SchwarzArbG) erfordert

---

[1045] BT-Drs. 15/2573, S. 1/17. Siehe dazu auch die Stellungnahme des Bundesrates, BT-Drs. 15/2948, S. 6.

daher die Nichtigkeit von Verträgen über Dienst- oder Werkleistungen bei beiderseitigen, bewussten Verstößen gegen § 1 II SchwarzArbG.

Anhang

A. Gesetz zur Bekämpfung der Schwarzarbeit (SchwarzArbG a.F.)

§ 1
Schwarzarbeit

(1)   Ordnungswidrig handelt, wer Dienst- oder Werkleistungen in erheblichem Umfange erbringt, obwohl er

1.   der Mitteilungspflicht gegenüber einer Dienststelle der Bundesagentur für Arbeit, einem Träger der gesetzlichen Kranken-, Pflege-, Unfall- oder Rentenversicherung oder einem Träger der Sozialhilfe nach § 60 Abs. 1 Satz 1 Nr. 2 des Ersten Buches Sozialgesetzbuch oder der Meldepflicht nach § 8a des Asylbewerberleistungsgesetzes nicht nachgekommen ist,

2.   der Verpflichtung zur Anzeige vom Beginn des selbständigen Betriebes eines stehenden Gewerbes (§ 14 der Gewerbeordnung) nicht nachgekommen ist oder die erforderliche Reisegewerbekarte (§ 55 der Gewerbeordnung) nicht erworben hat oder

3.   ein Handwerk als stehendes Gewerbe selbständig betreibt, ohne in der Handwerksrolle eingetragen zu sein (§ 1 der Handwerksordnung).

(2)   Die Ordnungswidrigkeit kann in den Fällen des Absatzes 1 Nr. 1 oder 2 mit einer Geldbuße bis zu dreihunderttausend Euro, in den Fällen des Absatzes 1 Nr. 3 mit einer Geldbuße bis zu einhunderttausend Euro geahndet werden.

(3)   Absatz 1 gilt nicht für Dienst- oder Werkleistungen, die auf Gefälligkeit oder Nachbarschaftshilfe beruhen, sowie für Selbsthilfe im Sinne des § 36 Abs. 2 und 4 des Zweiten Wohnungsbaugesetzes in der Fassung der Bekanntmachung vom 30. Juli 1980 (BGBl. I S. 1085) oder Selbsthilfe im Sinne des § 12 Abs. 1 Satz 2 des Wohnraumförderungsgesetzes.

§ 2
Beauftragung mit Schwarzarbeit

(1)   Ordnungswidrig handelt, wer Dienst- oder Werkleistungen in erheblichem Umfange ausführen läßt, indem er eine oder mehrere Personen beauftragt, die diese Leistungen unter Verstoß gegen die in § 1 Abs. 1 genannten Vorschriften erbringen.

(2)   Die Ordnungswidrigkeit kann bei Beauftragung einer Person, die gegen § 1 Abs. 1 Nr. 1 oder 2 verstößt, mit einer Geldbuße bis zu dreihunderttausend Euro, sonst mit einer Geldbuße bis zu einhunderttausend Euro geahndet werden.

§ 3
Zusammenarbeit der Behörden

(1)   Die nach Landesrecht für die Verfolgung und Ahndung von Ordnungswidrigkeiten nach diesem Gesetz zuständigen Behörden arbeiten insbesondere mit folgenden Behörden zusammen:

1.   der Bundesagentur,

2.   den Trägern der Krankenversicherung als Einzugsstellen für die Sozialversicherungsbeiträge,

3.   den in § 63 des Ausländergesetzes genannten Behörden,

4.   den Finanzbehörden,

5.   den Trägern der Unfallversicherung,

6.   den für den Arbeitsschutz zuständigen Landesbehörden,

7.   den Behörden der Zollverwaltung;

8.   den Rentenversicherungsträgern,

9.   den Trägern der Sozialhilfe.

(2)   Ergeben sich für die nach Landesrecht für die Verfolgung und Ahndung von Ordnungswidrigkeiten nach diesem Gesetz zuständigen Behörden bei der Durchführung dieses Gesetzes im Einzelfall konkrete Anhaltspunkte für

1.   Verstöße gegen das Arbeitnehmerüberlassungsgesetz,

2.   eine Beschäftigung oder Tätigkeit von Ausländern ohne erforderliche Genehmigung nach § 284 Abs. 1 Satz 1 des Dritten Buches Sozialgesetzbuch.

3.   Verstöße gegen die Mitwirkungspflicht nach § 60 Abs. 1 Satz 1 Nr. 2 des Ersten Buches Sozialgesetzbuch gegenüber einer Dienststelle der Bundesagentur für Arbeit, einem Träger der gesetzlichen Kranken-, Pflege-, Unfall- oder Rentenversicherung oder einem Träger der Sozialhilfe oder gegen die Meldepflicht nach § 8a des Asylbewerberleistungsgesetzes,

4.   Verstöße gegen die Vorschriften des Vierten und Siebten Buches Sozialgesetzbuch über die Pflicht zur Zahlung von Sozialversicherungsbeiträgen,

5.   Verstöße gegen die Steuergesetze,

6.   Verstöße gegen das Ausländergesetz,

unterrichten sie die für die Verfolgung und Ahndung zuständigen Behörden, die Träger der Sozialhilfe sowie die Behörden nach § 63 des Ausländergesetzes.

(2a)   Ergeben sich für die in Absatz 1 Nr. 1 bis 3 und 5 bis 9 genannten Behörden im Zusammenhang mit der Erfüllung ihrer gesetzlichen Aufgaben Anhaltspunkte für Verstöße gegen die §§ 1, 2, 2a und 4, unterrichten sie die für die Verfolgung und Ahndung von Ordnungswidrigkeiten nach diesem Gesetz zuständigen Behörden.

(3)   Gerichte und Staatsanwaltschaft sollen den nach diesem Gesetz zuständigen Behörden Erkenntnisse übermitteln, die aus ihrer Sicht zur Verfolgung von Ordnungswidrigkeiten nach den §§ 1 oder 2 erforderlich sind, soweit nicht für das Gericht oder die Staatsanwaltschaft erkennbar ist, daß schutzwürdige Interessen des Betroffenen oder anderer Verfahrensbeteiligter an dem Ausschluß der Übermittlung überwiegen. Dabei ist zu berücksichtigen, wie gesichert die zu übermittelnden Erkenntnisse sind.

§ 4
Unlautere Werbung in Medien

(1)   Ordnungswidrig handelt, wer für die selbständige Erbringung handwerklicher Dienst- oder Werkleistungen durch eine Anzeige in Zeitungen, Zeitschriften oder anderen Medien oder auf andere Weise wirbt, ohne pflichtgemäß in die Handwerksrolle eingetragen zu sein.

(2)   Die Ordnungswidrigkeit kann mit einer Geldbuße bis zu fünfundzwanzigtausend Euro geahndet werden.

(3)   Erfolgen Werbemaßnahmen ohne Angabe von Name und Anschrift unter einem Telekommunikationsanschluss oder unter einer Chiffre und bestehen in diesem Zusammenhang Anhaltspunkte für einen Verstoß gegen Absatz 1, ist der Anbieter dieser Telekommunikationsleistung oder der Herausgeber der Chiffreanzeige verpflichtet, der Handwerkskammer Namen und Anschrift des Anschlussinhabers oder Auftraggebers der Chiffreanzeige unentgeltlich mitzuteilen. Für die Verfolgung und Ahndung von Ordnungswidrigkeiten nach Absatz 1 können die dafür nach Landesrecht zuständigen Behörden über zentrale Abfragestellen in entsprechender Anwendung des § 90 Abs. 3 und 4 des Telekommunikationsgesetzes Auskunft über Namen und Anschrift des Anschlussinhabers einholen.

§ 5
Ausschluss von öffentlichen Aufträgen

(1)   Von der Teilnahme an einem Wettbewerb um einen Bauauftrag der in § 98 Nr. 1 bis 3 und 5 des Gesetzes gegen Wettbewerbsbeschränkungen genannten Auftraggeber sollen Bewerber bis zu einer Dauer von drei Jahren ausgeschlossen werden, die oder deren nach Satzung oder Gesetz Vertretungsberechtigte

1. nach § 2 oder wegen illegaler Beschäftigung (§ 404 Abs. 1 Nr. 2, Abs. 2 Nr. 3, §§ 406, 407 des Dritten Buches Sozialgesetzbuch oder Artikel 1 §§ 15, 15 a, 16 Abs. 1 Nr. 1, 1b und 2 des Arbeitnehmerüberlassungsgesetzes) oder

2. nach § 266a Abs. 1, 2 und 4 des Strafgesetzbuches zu einer Freiheitsstrafe von mehr als drei Monaten oder einer Geldstrafe von mehr als 90 Tagessätzen verurteilt oder mit einer Geldbuße von wenigstens zweitausendfünfhundert Euro belegt worden sind.

Das Gleiche gilt auch schon vor Durchführung eines Straf- oder Bußgeldverfahrens, wenn im Einzelfall angesichts der Beweislage kein vernünftiger Zweifel an einer schwerwiegenden Verfehlung nach Satz 1 besteht. Die für die Verfolgung oder Ahndung zuständigen Behörden nach Satz 1 Nr. 1 und 2 dürfen den Vergabestellen auf Verlangen die erforderlichen Auskünfte geben. Öffentliche Auftraggeber nach Satz 1 fordern bei Bauaufträgen Auskünfte des Gewerbezentralregisters nach § 150a der Gewerbeordnung an oder verlangen vom Bewerber die Vorlage entsprechender Auskünfte aus dem Gewerbezentralregister, die nicht älter als drei Monate sein dürfen.

(2) Eine Verfehlung nach Absatz 1 steht einer Verletzung von Pflichten nach § 241 Abs. 2 des Bürgerlichen Gesetzbuchs gleich.

§ 6
Zuständigkeit und Vollstreckung
(1) Verwaltungsbehörden im Sinne des § 36 Abs. 1 Nr. 1 des Gesetzes über Ordnungswidrigkeiten

1. sind in den Fällen des § 1 Abs. 1 Nr. 1 und des § 2, soweit ein Zusammenhang mit der Ordnungswidrigkeit nach § 1 Abs. 1 Nr. 1 besteht, die Behörden der Zollverwaltung und der zuständige Leistungsträger für seinen Geschäftsbereich,

2. ist in den übrigen Fällen die nach Landesrecht zuständige Behörde.

(2) Die Geldbußen fließen in die Kasse der Verwaltungsbehörde, die den Bußgeldbescheid erlassen hat.

§ 7
(Inkrafttreten)

B. Gesetz zur Bekämpfung der Schwarzarbeit und illegalen Beschäftigung (Schwarzarbeitsbekämpfungsgesetz – SchwarzArbG) – Auszug

Abschnitt 1
Zweck

§ 1
Zweck des Gesetzes

(1) Zweck des Gesetzes ist die Intensivierung der Bekämpfung der Schwarzarbeit

(2) Schwarzarbeit leistet, wer Dienst- oder Werkleistungen erbringt oder ausführen lässt und dabei

1. als Arbeitgeber, Unternehmer oder versicherungspflichtiger Selbständiger seine sich auf Grund der Dienst- oder Werkleistungen ergebenden sozialversicherungsrechtlichen Melde-, Beitrags- oder Aufzeichnungspflichten nicht erfüllt,

2. als Steuerpflichtiger seine sich auf Grund der Dienst- oder Werkleistungen ergebenden steuerlichen Pflichten nicht erfüllt,

3. als Empfänger von Sozialleistungen seine sich auf Grund der Dienst- oder Werkleistungen ergebenden Mitteilungspflichten gegenüber dem Sozialleistungsträger nicht erfüllt,

4. als Erbringer von Dienst- oder Werkleistungen seiner sich daraus ergebenden Verpflichtung zur Anzeige vom Beginn des selbständigen Betriebes eines stehenden Gewerbes (§ 14 der Gewerbeordnung) nicht nachgekommen ist oder die erforderliche Reisegewerbekarte (§ 55 der Gewerbeordnung) nicht erworben hat,

5. als Erbringer von Dienst- oder Werkleistungen ein zulassungspflichtiges Handwerk als stehendes Gewerbe selbständig betreibt, ohne in der Handwerksrolle eingetragen zu sein (§ 1 der Handwerksordnung).

(3) Absatz 2 findet keine Anwendung für nicht nachhaltig auf Gewinn gerichtete Dienst- oder Werkleistungen, die

1. von Angehörigen im Sinne des § 15 der Abgabenordnung oder Lebenspartnern,

2. aus Gefälligkeit

3. im Wege der Nachbarschaftshilfe oder

4. im Wege der Selbsthilfe im Sinne des § 36 Abs. 2 und 4 des Zweiten Wohnungsbaugesetzes in der Fassung der Bekanntmachung vom 19. August 1994 (BGBl. I

S. 2137) oder als Selbsthilfe im Sinne des § 12 Abs. 1 Satz 2 des Wohnraumförderungsgesetzes vom 13. September 2001 (BGBl. I S. 2376), zuletzt geändert durch Art. 7 des Gesetzes vom 29. Dezember 2003 (BGBl. I S. 3076)

erbracht werden. Als nicht nachhaltig auf Gewinn gerichtet gilt insbesondere eine Tätigkeit, die gegen geringes Entgelt erbracht wird.

Abschnitt 3
Bußgeld- und Strafvorschriften

§ 8
Bußgeldvorschriften

(1) Ordnungswidrig handelt, wer

1. a) entgegen § 60 Abs. 1 Satz 1 Nr. 1 des Ersten Buches Sozialgesetzbuch eine Tatsache, die für eine Leistung nach dem Sozialgesetzbuch erheblich ist, nicht richtig oder nicht vollständig anzeigt,

 b) entgegen § 60 Abs. 1 Satz 1 Nr. 2 des Ersten Buches Sozialgesetzbuch eine Änderung in den Verhältnissen, die für eine Leistung nach dem Sozialgesetzbuch erheblich ist, nicht, nicht richtig, nicht vollständig oder nicht rechtzeitig mitteilt,

 c) entgegen § 8a des Asylbewerberleistungsgesetzes die Aufnahme einer Erwerbstätigkeit nicht, nicht richtig, nicht vollständig oder nicht rechtzeitig meldet,

 d) der Verpflichtung zur Anzeige vom Beginn des selbständigen Betriebes eines stehenden Gewerbes (§ 14 der Gewerbeordnung) nicht nachgekommen ist oder die erforderliche Reisegewerbekarte (§ 55 der Gewerbeordnung) nicht erworben hat oder

 e) ein zulassungspflichtiges Handwerk als stehendes Gewerbe selbständig betreibt, ohne in die Handwerksrolle eingetragen zu sein (§ 1 der Handwerksordnung)

 und Dienst- oder Werkleistungen in erheblichem Umfang erbringt oder

2. Dienst- oder Werkleistungen in erheblichem Umfang ausführen lässt, indem er eine oder mehrere Personen beauftragt, die diese Leistungen unter vorsätzlichem Verstoß gegen eine in Nummer 1 genannte Vorschriften erbringen.

(2) [...]

(3) Die Ordnungswidrigkeit kann in den Fällen des Absatzes 1 Nr. 1 Buchstabe a bis c sowie Nr. 2 in Verbindung mit Nr. 1 Buchstabe a bis c mit einer Geldbuße bis zu dreihunderttausend Euro, in den Fällen des Absatzes 1 Nr. 1 Buchstabe d und e sowie Nr. 2 in Verbindung mit Nr. 1 Buchstabe d und e mit einer Geldbuße bis zu fünfzig-

tausend Euro, in den Fällen des Absatzes 2 Nr. 1 Buchstabe a und Nr. 3 mit einer Geldbuße bis zu dreißigtausend Euro und in den übrigen Fällen mit einer Geldbuße bis zu tausend Euro geahndet werden.

(4) Absatz 1 findet keine Anwendung für nicht nachhaltig auf Gewinn gerichtete Dienst- oder Werkleistungen, die

1.   von Angehörigen im Sinne des § 15 der Abgabenordnung oder Lebenspartnern,

2.   aus Gefälligkeit

3.   im Wege der Nachbarschaftshilfe oder

4.   im Wege der Selbsthilfe im Sinne des § 36 Abs. 2 und 4 des Zweiten Wohnungs-baugesetzes in der Fassung der Bekanntmachung vom 19. August 1994 (BGBl. I S. 2137) oder als Selbsthilfe im Sinne des § 12 Abs. 1 Satz 2 des Wohnraumför-derungsgesetzes vom 13. September 2001 (BGBl. I S. 2376), zuletzt geändert durch Art. 7 des Gesetzes vom 29. Dezember 2003 (BGBl. I S. 3076)

erbracht werden. Als nicht nachhaltig auf Gewinn gerichtet gilt insbesondere eine Tä-tigkeit, die gegen geringes Entgelt erbracht wird.

(5) [...]

§ 9
Erschleichen von Sozialleistungen im Zusammenhang mit der Erbringung von Dienst- oder Werkleistungen

Wer eine in § 8 Abs. 1 Nr. 1 Buchstabe a, b oder c bezeichnete Handlung begeht und dadurch bewirkt, dass ihm eine Leistung nach einem dort genannten Gesetz zu Un-recht gewährt wird, wird mit Freiheitsstrafe bis zu drei Jahren oder mit Geldstrafe be-straft, wenn die Tat nicht in § 263 des Strafgesetzbuches mit Strafe bedroht ist.

241

Literaturverzeichnis

Achten, Johannes: Gesetz zur Bekämpfung der Schwarzarbeit, Textausgabe mit Erläuterungen, Berlin, 1957

Ackermann: Anmerkung, in: EWiR 1992, S. 159 f.

Alternativkommentar: Kommentar zum Bürgerlichen Gesetzbuch: in 6 Bänden / mitverf. von *Brüggemeier, Gert / Däubler, Wolfgang / Damm, Reinhard*

- Bd. 1. Allgemeiner Teil (§§ 1 – 240) / bearb. von Reinhard Damm; Neuwied, Darmstadt, 1987

  Zitiert: AK-BGB/*Bearbeiter*

Amm, Till: Rechtsgeschäft, Gesetzesverstoß und § 134 BGB, Bochum, Univ., Diss., 1982

Behm, Ulrich: Zur Wirksamkeit von Rechtsgeschäften über „Telefonsex", in: NJW 1990, S. 1822 ff.

Benöhr, Hans-Peter: Anmerkung, in: NJW 1973, S. 1286 f.

– *ders.*: Rechtsfragen des Schwarzarbeitsgesetzes, in: BB 1975, S. 232 ff.

– *ders.*: Anmerkung, in: NJW 1975, S. 1970 f.

Berwanger, Jörg: Private Putzhilfen und Schwarzarbeit, in: BB-Special 2/2004, S. 10 ff.

Bohnert, Joachim: OWiG : Kommentar zum Ordnungswidrigkeitenrecht, München, 2003

– *ders.*: Angemeldete Arbeit als Schwarzarbeit? in: Grundeigentum 2001, S. 818 ff.

Bourgon, Jaques: Die Schwarzarbeit in Frankreich, in: WiVerw. 1979, S. 244 ff.

Brandenstein, Pierre / Corino, Carsten / Petri, Thomas Bernhard: Tauschringe – ein juristisches Niemandsland?, in: NJW 1997, S. 825 ff.

Brox, Hans: Allgemeiner Teil des BGB, 27., neu bearb. Aufl., Köln, Berlin, Bonn, München, 2003; zitiert: *Brox*, Allg. Teil des BGB

– *ders.*: Allgemeines Schuldrecht, 26. Aufl., München, 1999; zitiert: *Brox*, Allg. Schuldrecht

– *ders.* / *Walker, Wolf-Dietrich*: Besonderes Schuldrecht, 29., akt. u. überarb. Aufl., München, 2004; zitiert: *Brox/Walker*, Bes. Schuldrecht

Buchner, Herbert: Die rechtliche Bewertung der Schwarzarbeit, in: WiVerw 1979, S. 212 ff.

– *ders.*: Schwarzarbeit und Rechtsordnung, in: GewArch 1990, S. 1 ff.

– *ders.*: Neuerlicher Anlauf zur Bewältigung der „Schwarzarbeit", in: GewArch 2004, S. 393 ff.

Bufe, Peter: § 817 S. 2 BGB, in: AcP, Bd. 157 (1958/1959), S. 215 ff.

Bunte, Hermann Josef: Der Gedanke der normativen Prävention im deutschen Zivilrecht, in: Freiheit und Zwang – Festschrift für Hans Giger, Bern, 1989, S. 55 ff.; zitiert: *Bunte*, FS Giger

Bürgerliches Gesetzbuch - Handkommentar: *Dörner, Heinrich* / *Ebert, Ina* / *Eckert, Jörn* / *Hoeren, Thomas* / *Kemper, Rainer* / *Schulte-Nölke, Hans* / *Schulze, Reiner* [Schriftleitung] / *Staudinger, Ansgar*, 3. Aufl., Baden-Baden, 2003; zitiert: Hk-BGB/*Bearbeiter*

Büttner, Erhard: Schwarzarbeit, Leistungsmißbrauch und kein Ende, in: GewArch 1994, S. 7 ff.

Caemmerer, Ernst von: Bereicherung und unerlaubte Handlung, in: Festschrift für Ernst Rabel, Tübingen 1954, S. 333 ff.; zitiert: v. *Caemmerer*, FS E. Rabel

Cahn, Andreas: Zum Begriff der Nichtigkeit im Bürgerlichen Recht, in: JZ 1997, S. 8 ff.

Canaris, Claus-Wilhelm: Gesetzliches Verbot und Rechtsgeschäft, Heidelberg, 1983

– *ders.*: Gesamtunwirksamkeit und Teilgültigkeit rechtsgeschäftlicher Regelungen, in: Festschrift für Ernst Steindorff zum 70. Geburtstag am 13. März 1990, hrsg. von Jürgen F. Baur, Berlin [u.a.], 1990, S. 519 ff.; zitiert: *Canaris*, FS Steindorff

– *ders.*: Anmerkung, in: NJW 1985, S. 2403 ff.

Dauner, Barbara: Der Kondiktionsausschluß gemäß § 817 Satz 2 BGB, in: JZ 1980, S. 495 ff.

Dette, Hans Walter: Venire contra factum proprium nulli conceditur: zur Konkretisierung eines Rechtssprichworts, Berlin, 1985

Ebert, Ina: Pönale Elemente im deutschen Privatrecht, Tübingen, 2004; zugl.: Kiel, Univ., Habil., 2002

Ebner, Hans-Christoph von: Novellierung oder Aufhebung des Gesetzes zur Bekämpfung der Schwarzarbeit?, in: ZRP 1978, S. 211 ff.

Einsele, Dorothee: Geschäftsführung ohne Auftrag bei nichtigen Verträgen? in: JuS 1998, S. 401 ff.

Emmerich, Volker: Anmerkung zu BGH, Urt. v. 23.09.1982 - VII ZR 183/80, in: JuS 1983, S. 220 f.

Erbs, Georg [Begr.] / *Kohlhaas, Max* / *Ambs, Friedrich* [Hrsg.]: Strafrechtliche Nebengesetze, Band III, München, Loseblattausgabe, Stand: 156. Ergänzungslieferung März 2005; zitiert: *Bearbeiter*, in: Erbs/Kohlhaas, Strafrechtliche Nebengesetze, Bd. III.

Erdmann, Joachim: Gesetz zur Bekämpfung der Schwarzarbeit: Kommentar. Stuttgart, München, Hannover, Berlin, Weimar, Dresden 1996; zitiert: *Erdmann*, SchwarzArbG

– *ders.*: Unlautere Werbung mit handwerklichen Leistungen in Medien als eigener Ordnungswidrigkeitstatbestand, in: GewArch 1998, S. 272 ff.

Erman Bürgerliches Gesetzbuch: Handkommentar mit EGBGB, ErbbauVO, HausratsVO, LPartG, ProdHaftG, UKlaG, VAHRG und WEG / hrsg. von Harm Peter Westermann.

– Band I, 11., neubearb. Aufl., Köln, 2004

– Band II, 11., neubearb. Aufl., Köln, 2004

Zitiert: Erman/*Bearbeiter*

Fabricius, Fritz: Einschränkung der Anwendung des § 817 S. 2 BGB durch den Zweck des Verbotsgesetzes?, in: JZ 1963, S. 85 ff.

Fenn, Herbert: Anmerkung, in: ZIP 1983, S. 466 f.

Flume, Werner: Allgemeiner Teil des Bürgerlichen Rechts, Zweiter Band, Das Rechtsgeschäft, 4. Aufl., Berlin, Heidelberg, [u.a.], 1992; zitiert: *Flume*, Allg. Teil, Bd. II

Friebe, Gunter: Das Gesetz zur Bekämpfung der Schwarzarbeit – Ansätze für eine Neugestaltung, Köln, Univ., Diss. 1970

Ganten, Hans / Jagenburg, Walter / Motzke, Gerd: Verdingungsordnung für Bauleistungen Teil B, München 1997

Gebhard, Albert: siehe *Schubert, Werner*

Giger, Hans: Rechtsfolgen norm- und sittenwidriger Verträge, Zürich, 1989

Glaremin, F: BGB-AT: Zur Unwirksamkeit von Verträgen, die gegen das Gesetz zur Bekämpfung der Schwarzarbeit verstoßen, in: JA 1983, S. 77 f.

Göhler, Erich: Gesetz über Ordnungswidrigkeiten / Erl. von Erich Göhler (1. bis 12 Aufl.), fortgef. von Peter König und Helmut Seitz, 13., neu bearb. Aufl., München, 2002

Grünberger, Johannes: Gesetz zur Änderung des Gesetzes zur Bekämpfung der Schwarzarbeit und zur Änderung anderer Gesetze, in: NJW 1995, S. 14 ff.

Hager, Johannes: Gesetzes- und sittenkonforme Auslegung und Aufrechterhaltung von Rechtsgeschäften, München, Univ., Diss., 1983.

Häsemeyer, Ludwig: Die gesetzliche Form der Rechtsgeschäfte, Frankfurt, 1971

Heck, Philipp: Die Ausdehnung des § 817 Satz 2 auf alle Bereicherungsansprüche, AcP, Bd. 124 (1925), S. 1 ff.

Helf, Martin: Zivilrechtliche Folgen eines Verstoßes gegen das Schwarzarbeitsgesetz, Bochum 1986, zugl.: Bochum, Univ., Diss., 1985

Heller, Heinz: Schwarzarbeit : Das Recht der Illegalen : Unter besonderer Berücksichtigung der Prostitution, Zürich 1999; zugl.: Zürich, Univ., Diss., 1998

Hepp, Camill: Makler- und Bauträgerverordnung und Bürgerliches Recht, in: NJW 1977, S. 617 f.

Honig, Gerhart: Handwerksordnung, München, 3. Aufl. 2004

– *ders.*: Anmerkung, in: GewArch 1976, S. 24 f.

Honsell, Heinrich: Die Rückabwicklung sittenwidriger oder verbotener Geschäfte – Eine rechtsgeschichtliche und rechtsvergleichende Untersuchung zu § 817 BGB, München, 1974; zugl.: München, Univ., Habil., 1972

Horter, Carsten: Der Strafgedanke im Bürgerlichen Recht – zugleich ein Versuch der Neubewertung der Rechtsfolgen mißbilliger Rechtsgeschäfte sowie Verletzungen des Körpers und des Persönlichkeitsrechts, Hamburg, 2004; zugl.: Marburg, Univ., Diss., 2003

Ingenstau, Heinz / Korbion, Hermann / Locher, Horst [Hrsg.] / *Vygen, Klaus* [Hrsg.]: VOB Teile A und B, Kommentar, 15. Aufl., Düsseldorf, 2004

Jagenburg, Walter: Die Entwicklung des privaten Bauvertragsrechts seit 1992: BGB- und Werkvertragsfragen, in: NJW 1995, S. 91 ff.

Jarass; *Hans D.* / *Pieroth, Bodo*: Grundgesetz für die Bundesrepublik Deutschland: Kommentar, 7. Aufl., München, 2004; zitiert: *Bearbeiter*, in: Jarass/Pieroth, GG

Jatsch, Jutta: Legale Schwarzarbeit – Anmerkungen zu § 1 Abs. 1 Nr. 1 SchwarzarbG – in: GewArch 1986, S. 189 ff.

Jauernig, Othmar [Hrsg.]: Bürgerliches Gesetzbuch : Kommentar, 11., neubearb. Aufl., München, 2004

– *ders.*: Trennungsprinzip und Abstraktionsprinzip, in: JuS 1994, S. 720 ff.

Joecks, Wolfgang: Bekämpfung der Schwarzarbeit und damit zusammenhängender Steuerhinterziehung, in: wistra 2004, S. 441 ff.

Karlsruher Kommentar zum Gesetz über Ordnungswidrigkeiten / Hrsg. von Karlheinz Boujong; 2., neubearb. Aufl., München, 2000

Kern, Bernd-Rüdiger: Die zivilrechtliche Beurteilung von Schwarzarbeitsverträgen, in: Festschrift für Joachim Gernhuber zum 70. Geburtstag; hrsg. von Hermann Lange; Tübingen, 1993, S. 191 ff.; zitiert: *Kern*, FS Gernhuber

– *ders.*: Der geprellte Schwarzarbeiter – BGHZ 111, 308, in: JuS 1993, S. 193 ff.

Kieserling: Anmerkung, in: IBR 1998, S. 437

– *ders.*: Anmerkung, in: IBR 2000, S. 224

Klinge, Gabriele: Die Bedeutung der Schwarzarbeit für das Handwerk, in: WiVerw 1986, S. 154 ff.

Köhler, Helmut: Anmerkung, in: JR 1983, S. 106 f.

– *ders.*: Kurzkommentar, in: EWiR § 817 BGB 1/90, S. 47 f.

– *ders.*: Schwarzarbeitsverträge: Wirksamkeit, Vergütung, Schadensersatz, in: JZ 1990, S. 466 ff.

– *ders.*: Anmerkung, in: JR 1991, S. 152 ff.

Kompaktkommentar: Kothe, Wolfhard / Micklitz, Hans-W / Rott, Peter / Tonner, Klaus / Willingmann, Armin: Das neue Schuldrecht, Kompaktkommentar, Neuwied, München, 2002; zitiert: KompaktKomm-BGB/*Bearbeiter*

Koppensteiner, Hans-Georg / *Kramer, Ernst A.*: Ungerechtfertigte Bereicherung, 2., neubearb. Aufl., Berlin, New York, 1988

Körner, Marita: Zur Aufgabe des Haftungsrechts – Bedeutungsgewinn präventiver und punitiver Elemente, in: NJW 2000, S. 241 ff.

Kossens, Michael: Das Gesetz zur Intensivierung der Bekämpfung der Schwarzarbeit und damit zusammenhängender Steuerhinterziehung, in: BB-Special 2/2004, S. 2 ff.

Kötz, Hein: Die Ungültigkeit von Verträgen wegen Gesetz- und Sittenwidrigkeit – Eine rechtsvergleichende Skizze, in: RabelsZ 58 (1994), S. 209 (225 f.).

Kramer, Rainer: Der Verstoß gegen ein gesetzliches Verbot und die Nichtigkeit von Rechtsgeschäften (§ 134 BGB), Mainz, Univ., Diss., 1976

Kreizberg, Kurt: Schwarzarbeit, in: Arbeitsrecht-Blattei, Systematische Darstellung, SD 1430, S. 1 ff.; Wiesbaden, Loseblatt-Ausgabe, Stand: 128. Lieferung, Juni 2004

Kropholler, Jan: Bürgerliches Gesetzbuch – Studienkommentar, 6. Aufl., München, 2003

Lange, Herman / *Schiemann, Gottfried*: Schadensersatz, 3., neubearb. Aufl., Tübingen, 2003

Langen, Eugen: Welche Bedeutung hat heutzutage der Ausdruck „gesetzliches Verbot" in § 134 BGB?, in: Festschrift für Rudolf Isay zu seinem siebzigsten Geburtstag; hrsg. von Eduard Reimer; Köln, Berlin, 1956, S. 321 ff.; zitiert: Langen, FS Isay

Larenz, Karl: Lehrbuch des Schuldrechts, Bd. I: Allgemeiner Teil, 14. Aufl., München, 1987; zitiert: *Larenz*, Schuldrecht, Bd. I

Larenz, Karl / *Canaris, Claus-Wilhelm*: Lehrbuch des Schuldrechts, Bd. II, 2. Halbband: Gesetzliche Schuldverhältnisse, 13. Aufl., München 1994; zitiert: *Larenz/Canaris*, Schuldrecht, Bd. II/2

Larenz, Karl / *Wolf, Manfred*: Allgemeiner Teil des Bürgerlichen Rechts, 8. Aufl., München, 1997; zitiert: *Larenz/Wolf*, Allg. Teil des Bürg. Rechts

Lattwin, Ernst: Die Bereicherung des Scheinarbeitgebers und seine Verpflichtung zum Wertersatz: zur Rückabwicklung nichtiger, aber „in Vollzug gesetzter" Arbeitsverhältnisse, München, 1987; zugl.: Marburg, Univ., Diss., 1987

Loewenheim, Ulrich: Bereicherungsrecht, 2., völlig neu bearb. Aufl., München, 1997

Lorenz, Stephan: Haftungsausfüllung bei der culpa in contrahendo: Ende der „Minderung durch c.i.c."?, in: NJW 1999, S. 1001 f.

– ders. / *Riehm, Thomas*: Lehrbuch zum neuen Schuldrecht, München, 2002

Lorenz, Werner: Das Problem der Aufrechterhaltung formnichtiger Schuldverträge, in: AcP, Bd. 156, S. 381 ff.

Mailänder, Karl Peter: Privatrechtliche Folgen unerlaubter Kartellpraxis, Karlsruhe, 1964

Marschall, Dieter: Bekämpfung illegaler Beschäftigung : Schwarzarbeit, illegale Ausländerbeschäftigung und illegale Arbeitnehmerüberlassung, 3. neu bearb. Aufl., München, 2003

Marschner, Andreas: Rechtliche Aspekte der Schwarzarbeit, in: AuA 1995, S. 84 ff.

Mayer-Maly, Theo: Handelsrechtliche Verbotsgesetze, in: Strukturen und Entwicklungen im Handels-, Gesellschafts- und Wirtschaftsrecht: Festschrift für Wolfgang Hefermehl zum 70. Geburtstag am 18. September 1976, hrsg. von Robert Fischer, München, 1976, S. 103 ff.; zitiert: *Mayer-Maly*, FS Hefermehl

Medicus, Dieter: Bürgerliches Recht, 19., neubearb. Aufl. - Köln, Berlin, Bonn, München, 2002

– ders.: Allgemeiner Teil des BGB : ein Lehrbuch, 8., neu bearb. Aufl., Heidelberg, 2002; zitiert: *Medicus*, Allg. Teil des BGB

Mrozynski, Peter: Sozialgesetzbuch – Allgemeiner Teil – (SGB I) Kommentar, 3. Aufl., München, 2003

Mugdan, Benno: Die gesamten Materialien zum Bürgerlichen Gesetzbuch für das Deutsche Reich, herausgegeben und bearbeitet

– Band 1. Einführungsgesetz und Allgemeiner Teil, Neudruck der Ausgabe Berlin 1899, Aalen, 1979

– Band 2. Recht der Schuldverhältnisse, Neudruck der Ausgabe Berlin 1899, Aalen, 1979

Müller, Gerhard: Schwarzarbeit – Problem ohne Lösung?, in: GewArch 1997, S. 187 ff.

Müller, Karl-Heinz: Schwarzarbeit, I, Anm. G, in: Arbeitsrecht-Blattei, Systematische Darstellung, Wiesbaden, Loseblatt-Ausgabe, Stand: 15. November 1982

Mummenhoff, Winfried: Schwarzarbeit, in: Ergänzbares Lexikon des Rechts, 12/1470 S. 1 f.; Red.: Rainer Winkler, Neuwied, Loseblatt-Ausgabe, Stand 81. Erg.-Lfg. 1996

Münchener Kommentar zum Bürgerlichen Gesetzbuch / hrsg. von *Rebmann, Kurt*; *Säcker, Franz Jürgen*; *Rixecker, Roland*:

–   Bd. 1. Allgemeiner Teil: §§ 1 – 240, AGB – Gesetz / Red.: Franz Jürgen Säcker, 4. Aufl., München, 2001

–   Bd. 2a Schuldrecht, Allgemeiner Teil (§§ 241 – 432) / Red.: Wolfgang Krüger, 4. Aufl., München, 2003

–   Bd. 5. Schuldrecht, Besonderer Teil III (§§ 705 - 853), Partnerschaftsgesellschaftsgesetz, Produkthaftungsgesetz / Red.: Peter Ulmer, 3. Aufl., München, 1997

–   Bd. 6. Sachenrecht (§§ 854 – 1296, WEG, ErbbauVO / Red.: Friedrich Quack, 3. Aufl., München, 1997

Zitiert: MünchKommBGB/*Bearbeiter*

Niederländer, Hubert: Nemo turpitudinem suam allegans auditur – Ein rechtsvergleichender Versuch, in: Ius et Lex, Festschrift für Max Gutzwiller, Basel, 1959, S. 621 ff.; zitiert: *Niederländer, FS Gutzwiller*

Palandt, Otto [Begr.]: Bürgerliches Gesetzbuch

–   61., neubearb. Aufl., München, 2002; zitiert: Palandt/*Bearbeiter*[61]

–   63., neubearb. Aufl., München 2004; zitiert: Palandt/Bearbeiter

Pansegrau, Jürgen: Die Fortwirkung der römischrechtlichen Dreiteilung der Verbotsgesetze in der Rechtsprechung des Reichsgerichts: Zur Vorgeschichte des § 134 BGB, Göttingen, 1989, zugl.: Göttingen, Univ., Diss., 1988

Pawlowski, Hans-Martin: Rechtsgeschäftliche Folgen nichtiger Willenserklärungen, Göttingen 1966; zugl.: Göttingen, Univ., Habil., 1963; zitiert: *Pawlowski*, Willenserklärungen

249

– *ders.*: Anmerkung, in: JZ 1970, S. 506 ff.

– *ders.*: Allgemeiner Teil des BGB, 7. Aufl., Heidelberg, 2003

Pfeifer: Anmerkung, in: LM H. 12/1992 § 134 BGB Nr. 141

Plagemann, Hermann: Kurzkommentar, in: EWiR § 104 SGB IV 1/93, S. 707 f.

Raestrup, Norbert: Ueber die Nichtigkeit von Rechtsgeschäften, die gegen ein gesetzliches Verbot im Sinne des § 134 BGB. verstoßen, Marburg, Univ., Diss. 1930

Reeb, Hartmut: Grundprobleme des Bereicherungsrechts, München, 1975

Reinicke, Dietrich: Rechtsfolgen formwidrig abgeschlossener Verträge, Bad Homburg v.d.H., Berlin, Zürich, 1969

Reuter, Dieter: Zivilrechtliche Probleme der Schwarzarbeit, in: Schattenwirtschaft und Schwarzarbeit, hrsg. von Albin Eser / J. Heinz Müller, Paderborn, München, Wien, Zürich, 1986, S. 31 ff.

Reuter, Dieter / Martinek, Michael: Ungerechtfertigte Bereicherung, Tübingen, 1983

RGRK-BGB: Das Bürgerliche Gesetzbuch: mit besonderer Berücksichtigung der Rechtsprechung des Reichsgerichts und des Bundesgerichtshofes; Kommentar / hrsg. von Mitgliedern des Bundesgerichtshofes

–   Bd. 1. §§ 1 – 240, 12. Aufl., Berlin, 1982

–   Bd. 2/ 4. Teil. §§ 631 – 811, 12. Aufl., Berlin, 1978

–   Bd. 2/ 5. Teil. §§ 812 – 831, 12. Aufl. Berlin, 1989

Zitiert: RGRK-BGB/*Bearbeiter*

Richardi, Reinhard [Hrsg.]: Münchener Handbuch zum Arbeitsrecht / Bd. 1 Individualarbeitsrecht, 2. Aufl., München, 2000; zitiert: *Bearbeiter*, in: Münchener Handbuch zum Arbeitsrecht, Bd. 1.

Riedl, Martin: Die Rechtsfolgen des Verstoßes gegen Verbotsgesetze, bei denen der Gesetzeszweck nicht die Nichtigkeit des Rechtsgeschäftes nach § 134 BGB erfordert, Aachen, 2002; zugl.: Hamburg, Univ., Diss., 2001

Rosengarten, Joachim: Der Präventionsgedanke im deutschen Zivilrecht, in: NJW 1996, S. 1935 ff.

Rost, Friedhelm: Probleme der Kondiktion wegen mißbilligter Leistungsannahme und ihres Ausschlusses bei gleichfalls mißbilligter Leistungshingabe, Marburg, Univ., Diss. 1972

Sannwald, Rüdiger: Gesetz zur Bekämpfung der Schwarzarbeit und Nebengesetze: Kommentar, Köln [u.a.], 1988

Schäfer, Carsten: Strafe und Prävention im Bürgerlichen Recht, in: AcP, Bd. 202 (2002), S. 397 ff.

Schaub, Günter / Koch, Ulrich / Linck, Rüdiger: Arbeitsrechts-Handbuch, 10., neu bearb. Aufl., München, 2002

Schlechtriem, Peter: Rechtsprechungsbericht zum Bereicherungsrecht – Teil 2, in: JZ 1993, S. 128 ff.

Schmidt, Hans Wolfgang: Nichtigkeit von Schwarzarbeitsverträgen, in: MDR 1966, S. 463 f.

– *ders.*: Die Rechtsprechung des Bundesgerichtshofs zum Bau-, Architekten- und Statikerrecht, in: WM 1985, S. 1085 ff.

Schmidt, Steffen: Die Bekämpfung der Schwarzarbeit : Die Ahndung der in § 1 und § 2 SchwarzArbG beschriebenen Handlungen nach dem Ordnungswidrigkeiten- und Strafrecht, Berlin, 2002; zugl.: Berlin, Univ. Diss., 2001

Schneider, E.: Tendenzen und Kontroversen in der Rechtsprechung, in: MDR 1998, S. 690 ff.

Schrittwieser, Gustav: Schwarzarbeit in Österreich, in: WiVerw. 1979 S. 229 ff.

Schubert, Werner [Hrsg]: Die Vorlagen der Redaktoren für die erste Kommission zur Ausarbeitung des Entwurfs eines Bürgerlichen Gesetzbuches – Allgemeiner Teil, Teil 2 / Verf: Albert Gebhard. Unveränderter photomechanischer Nachdruck der als Manuskript vervielfältigten Ausgabe aus den Jahren 1876 - 1887, Berlin [u.a.], 1981; zitiert: *Gebhard*, in: *Schubert*, Vorentwürfe

– *ders.*: Anmerkung, in: JR 1985, S. 148 f.

Schwab, Karl Heinz / Prütting, Hanns: Sachenrecht, 28. Aufl., München, 1999

Seiler, Hans Hermann: Über verbotswidrige Rechtsgeschäfte (§ 134 BGB) - Eine Bestandsaufnahme, in: Selmer, Peter/von Münch, Ingo [Hrsg.]: Gedächtnisschrift für Wolfgang Martens, Berlin, New York, 1987, S. 719 ff. Zitiert: *Seiler*, GS Martens

Siegle, Robert: Probleme bei der Bekämpfung der illegalen Beschäftigung mit den Mitteln des Straf- und Ordnungswidrigkeitenrechts, Tübingen, Univ., Diss., 1998

Singer, Reinhard: Das Verbot widersprüchlichen Verhaltens, München, 1993; zugleich: München, Univ., Diss., 1992

Soergel, Hs. Th. [Begr.] / *Siebert, W.* / *Baur, Jürgen F.* [Hrsg.]: Bürgerliches Gesetzbuch: mit Einführungsgesetz und Nebengesetzen; Kohlhammer-Kommentar.

- Bd. 2. Allgemeiner Teil 2 (§§ 104 - 240) / Red. Manfred Wolf, 13. Aufl., Stuttgart [u.a.], 1999

- Bd. 4. Teil. 1. Schuldrecht III/1 (§§ 516 - 651); Gesetz zur Regelung der Miethöhe, Verbraucherkreditgesetz / Red.: Otto Mühl, 12. Aufl., Stuttgart [u.a.], 1997

- Bd. 4. Schuldrecht III (§§ 705 – 853) / Red.: Otto Mühl, 11. Aufl., Stuttgart [u.a.], 1985

Zitiert: Soergel/*Bearbeiter*

Sonnenschein, Jürgen: Schwarzarbeit, in: JZ 1976, S. 497 ff.

Staudinger, Julius von [Begr.]: J. von Staudingers Kommentar zum Bürgerlichen Gesetzbuch mit Einführungsgesetz und Nebengesetzen.

- Buch 1. Allgemeiner Teil. §§ 90 – 240 / Erl. von Hermann Dilcher. Red. Helmut Coing; Norbert Habermann, 12., neubearb. Aufl., Berlin, 1980

Zitiert: Staudinger/*Bearbeiter*[12]

Staudinger, Julius von [Begr.] / *Beitzke, Günther* [Hrsg.]: J. von Staudingers Kommentar zum Bürgerlichen Gesetzbuch : mit Einführungsgesetzen und Nebengesetzen.

- Buch 1. Allgemeiner Teil. §§ 134 – 163 / von Reinhard Bork, 13. Bearb., Berlin [u.a.], 1996

- Buch 2. Recht der Schuldverhältnisse. §§ 255 – 292 / von Manfred Löwisch; Walter Selb, 13. Bearb., Berlin [u.a.], 1995

- Buch 2. Recht der Schuldverhältnisse. §§ 297 – 327 / von Manfred Löwisch, 13. Bearb., Berlin [u.a.], 1995

- Buch 2. Recht der Schuldverhältnisse. §§ 631 – 651 / von Frank Peters, 13. Bearb., Berlin, 1994

–   Buch 2. Recht der Schuldverhältnisse. §§ 812 – 822 / von Werner Lorenz. Red.
    Norbert Horn. Neubearb., Berlin [u.a.], 1999

–   Buch 3. Sachenrecht. §§ 925 – 984; Anhang zu §§ 929 ff.: Sonderformen der
    Übereignung / von Karl-Heinz Gursky, 13. Bearb., Berlin [u.a.], 1995
    Zitiert: Staudinger/*Bearbeiter*

Stober, Rolf: Zur zivilrechtlichen Wirkung wirtschaftsverwaltungsrechtlicher Verbote,
in: GewArch 1981, S. 313 ff.

Teichmann, Arndt: Die „Gesetzesumgehung" im Spiegel der Rechtsprechung, in: JZ
2003, S. 761 ff.

Tettinger, Peter J. / Wank, Rolf: Gewerbeordnung, 7. Aufl., München, 2004

Thilenius, Georg: Die Nichtigkeit von Schwarzarbeitsverträgen, Hamburg, Univ.,
Diss., 1980

Tiedke, Klaus: Die gegenseitigen Ansprüche des Schwarzarbeiters und seines Auftraggebers, in: DB 1990, S. 2307 ff.

– *ders.*: Kurzkommentar, in: EWiR § 817 BGB 2/90, S. 889 f.

– *ders.*: Kurzkommentar, in: EWiR § 254 BGB 1/91, S. 27 f.

– *ders.*: Kurzkommentar, in: EWiR § 134 BGB 1/91, S. 223 f.

Voß, Ulrich: Vertragliche und gesetzliche Ansprüche des Schwarzarbeiters, Berlin,
1994; zugl.: Würzburg, Univ., Diss., 1993

Weber, Wilhelm: Treu und Glauben (§ 242 BGB), Berlin 1961

Wegner, Carsten: Bekämpfung der Schwarzarbeit und damit zusammenhängender
Steuerhinterziehung, in: DB 2004, S. 758 ff.

Wellensiek, Tobias: Anmerkung, in: IBR 2000, S. 595

Wenner, Christian: Kurzkommentar, in: EWiR § 134 BGB, 1/01, S. 357 f.

Westermann, Harry [Begr.] / *Gursky, Karl-Heinz* [Hrsg.]: Sachenrecht. Band 1.
Grundlagen und Recht der beweglichen Sachen, 6. Aufl., Heidelberg, 1990

Westphal, Thomas: Zivilrechtliche Vertragsnichtigkeit wegen Verstoßes gegen gewerberechtliche Verbotsgesetze, Berlin 1985; zugl.: Hannover, Univ., Diss., 1984

– *ders*: Anmerkung, in: BB 1984, S. 1002 f.

Weyer, Hartmut: Leistungskondiktion und Normzweck des Verbotsgesetzes, WM 2002, S. 627 ff.

Wieling, Hans Josef: Bereicherungsrecht, 2., verb. und erg. Aufl., Berlin, Heidelberg, New York, Budapest, Hongkong, London, Mailand, Paris, Singapur, Tokio, 1998

Wittmann, Harald: Anmerkung, in: BB 1964, S. 904 ff.

Zimmermann, Reinhard: Richterliches Moderationsrecht oder Totalnichtigkeit? Die rechtliche Behandlung anstößig-übermäßiger Verträge, Berlin, 1979; zugl.: Hamburg, Univ., Diss., 1979

Schriften zum Handels- und Wirtschaftsrecht

Herausgegeben von Herbert Leßmann und Ralph Backhaus

www.peterlang.de